FiNALE
Prüfungstraining

Landesabitur 2016
Hessen

Mathematik

Heinz Klaus Strick
Gabriele Dybowski
Klaus Gerber

westermann

FiNALEonline.de

Liebe Abiturientin, lieber Abiturient,

FiNALEonline.de ist die optimale Ergänzung zu diesem Abiturtrainer. Hier finden Sie:

- die Original-Prüfungsaufgaben 2015 nach Eingabe des Codes: **MA4TG57**
- eine Abi-Checkliste für die effektive Zeitplanung
- allgemeine Tipps zur Prüfungsvorbereitung

Einfach mal reinschauen: www.finaleonline.de

Autoren: Heinz Klaus Strick, Gabriele Dybowski und Klaus Gerber

Bildquellenverzeichnis: 132 Deichbau, Roger Tidmann/CORBIS; 142 Kugelspeicher, imago/Schöning; 149 Weinkaraffe, Klaus Gerber; 157 Marienkirche Dortmund, wikimedia.commons; 192 Fußballstadion, Picture-Alliance GmbH/dpa-Zentralbild/euroluftbild.de.

Druck A[1] / Jahr 2015
Alle Drucke der Serie A sind im Unterricht parallel verwendbar.

Redaktion: Dr. Ulrich Kilian, science & more redaktionsbüro
Kontakt: finale@westermann.de
Layout: Druckreif! Sandra Grünberg, Braunschweig
Umschlaggestaltung: Janssen Kahlert Design & Kommunikation, Hannover
Zeichnungen: Michael Wojczak
Satz: CMS – Cross Media Solutions GmbH, Würzburg
Druck und Bindung: westermann druck GmbH, Braunschweig

ISBN 978-3-14-**271615**-2

Inhaltsverzeichnis

Original-Prüfungsklausuren 2015: www.finaleonline.de

Arbeiten mit **FiNALE**

Liebe Schülerin, lieber Schüler,

dieses Buch entstand aufgrund der Erfahrungen aus den bisher in Hessen durchgeführten Landesabiturprüfungen unter besonderer Beachtung der offiziellen Vorgaben für das Fach Mathematik.

Zur gezielten Vorbereitung auf das Landesabitur 2016 bietet **FiNALE**:

- vielfältige Aufgabenbeispiele mit ausformulierten Beispiellösungen, die alle Schwerpunkte im Grund- und Leistungskurs berücksichtigen;
- umfangreiche und gut strukturierte Angebote zur systematischen Wiederholung und zeitökonomischen Vertiefung des erforderlichen Basiswissens;
- Original-Prüfungsaufgaben von 2014 mit ausformulierten Lösungen unter Berücksichtigung der unterschiedlichen Varianten in Grund- und Leistungskurs. Das Landesabitur 2015 hat zum Zeitpunkt der Drucklegung dieses Buches noch nicht stattgefunden. Sobald die Prüfungsaufgaben zur Veröffentlichung freigegeben sind, können sie zusammen mit ausführlichen Lösungen kostenlos im Internet unter **www.finaleonline.de** heruntergeladen werden. Dazu müssen Sie folgendes Codewort eingeben: **MA4TG57**

FiNALE ist so konzipiert, dass bei der Arbeit mit dem Buch eine *individuelle* Vorbereitung möglich ist. Sie können sich schnell einen Überblick über Ihre persönlichen Stärken und Schwächen in den Themenbereichen Analysis, Analytische Geometrie oder Stochastik verschaffen und damit die Intensität der Arbeit nach eigenen Bedürfnissen genau dosieren.

Das detaillierte Inhaltsverzeichnis, das übersichtlich zusammengestellte Verzeichnis der für die Abiturprüfung notwendigen Kompetenzen (Abi-Checkliste), die alle Kompetenzen abdeckenden Trainingsaufgaben mit den entsprechenden Querverweisen zur Kompetenzübersicht erleichtern dabei die Orientierung in **FiNALE**.

Beachten Sie: Die Trainingsaufgaben sind teilweise erheblich umfangreicher als die in der Abiturprüfung gestellten Aufgaben. Ziel der Trainingsaufgaben ist eine *möglichst umfassende* Vorbereitung auf mögliche Aufgabenstellungen im Landesabitur.

Die angebotenen Trainingsaufgaben sind im Wesentlichen so konzipiert, dass sie sich ohne Einsatz eines GTR oder CAS-Systems bearbeiten lassen. Falls der Einsatz eines GTR oder CAS-Systems nötig ist, ist dies in den Aufgabenstellungen gekennzeichnet. Diese Teilaufgaben können auch zur gezielten Übung des Einsatzes der Werkzeuge GTR und CAS genutzt werden, falls sie im Unterricht verwendet wurden.

Der systematische Aufbau und die komprimierte Form fördern eine zeitökonomische und effektive Abiturvorbereitung. **FiNALE** empfiehlt sich von daher als sinnvolle Begleitung und Ergänzung des Fachunterrichts.

Wir wünschen Ihnen viel Erfolg!

Tipps zum Umgang mit FiNALE

Für die Vorbereitung auf die Landesabiturprüfung im Fach Mathematik schlagen wir folgende Arbeitsweisen vor:

Möglichkeit 1:
Um einen Überblick über die verschiedenen Themenbereiche zu erhalten, sollten Sie zunächst die Abi-Checkliste (Kompetenzübersicht) sowie die Ausführungen in Form des Basiswissens lesen und sich anhand der Beispiele verdeutlichen, welche Anforderungen mit den Kompetenzen zu erfüllen sind. Dabei können Sie gleichermaßen feststellen, welche Prüfungsinhalte Sie bereits gut beherrschen und was Ihnen noch Schwierigkeiten bereitet. Wir empfehlen Ihnen hier, sich zu notieren, welche Themen Sie noch intensiver wiederholen sollten, um damit die Vorbereitung auf die Abiturprüfung zu strukturieren. Wenn Sie hier systematisch vorgehen und sich über Ihre Stärken und Schwächen im Klaren sind, wird die Vorbereitung effizient und zielorientiert sein.

Nach der Entscheidung, in welchem Themenbereich für Sie in der persönlichen Vorbereitung auf das Landesabitur der größte Handlungsbedarf besteht, können Sie die entsprechenden Kapitel im Basiswissen nochmals intensiv durcharbeiten. Hier werden auch die im Basiswissen von **FiNALE** enthaltenen einfachen Aufgabenbeispiele als Muster hilfreich sein.

Nachdem Sie die Grundlagen wiederholt haben, bieten Ihnen die zugehörigen Trainingsaufgaben mit ihren ausführlichen Lösungen (auch mit Lösungsalternativen) ein umfangreiches Übungsfeld. Sie können für Ihre Vorbereitung besonders geeignete Aufgaben anhand der bei den Aufgabenstellungen notierten Kompetenzen schnell erkennen.

Versuchen Sie zunächst, die Aufgaben selbstständig zu bearbeiten, d.h., erst dann die angebotenen Lösungen einzusehen, wenn es nicht mehr anders geht. Wenn Ihnen die Bearbeitung ohne Blick in den Lösungsteil gelungen ist, sollten Sie dennoch Ihre eigenen Lösungen kontrollieren und mit den abgedruckten Lösungen und weiteren Lösungsvarianten vergleichen.

Treten auch nach der Durchsicht der angebotenen Lösungen Verständnisprobleme auf, dann hilft Ihnen das intensive Durcharbeiten der zugehörigen Stichwörter des Basiswissens sicherlich weiter. – Überhaupt lässt sich das *Basiswissen* wie ein Nachschlagewerk benutzen.

An den Original-Prüfungsaufgaben können Sie dann erproben, wie weit Sie mit Ihrer Vorbereitung bereits gekommen sind.

Möglichkeit 2:
Selbstverständlich können Sie **FiNALE** auch in anderer Reihenfolge nutzen: Wenn Sie unmittelbar mit den Trainingsaufgaben beginnen, werden Sie automatisch durch die Querverweise zu den zugehörigen Kompetenzen und dem entsprechenden Basiswissen hingeführt. Treten Schwierigkeiten bei der Lösung der Aufgaben auf, so können Sie Ihre Lücken genau erkennen und die entsprechenden Inhalte wiederholen. Allerdings erhalten Sie bei der oben beschriebenen Vorgehensweise schneller einen Überblick über Ihre Stärken und Schwächen.

Bei diesen Vorschlägen zur Arbeitsweise mit **FiNALE** handelt es sich natürlich nur um Anregungen, die Sie nach eigenen Vorstellungen variieren können.

Abi-Checkliste

ANALYSIS

Ich kann ...	Trifft zu	Trifft nicht zu	Seite
A Differenzialrechnung			
A1 ... Potenz-, Sinus- und Kosinusfunktion und Exponentialfunktionen ableiten; **LK** zusätzlich: Logarithmusfunktionen ableiten.	◯	◯	14
A2 ... einfache Funktionen mit der Summen- und Faktorregel und zusammengesetzte Funktionen mit der Produkt- und Kettenregel ableiten; **LK** zusätzlich: mit der Quotientenregel ableiten.	◯	◯	14
A3 ... die Tangentensteigung sowie die Gleichung einer Tangente und einer Normale an den Graphen einer Funktion in einem Punkt bestimmen.	◯	◯	16
A4 ... mittlere und momentane Änderungsraten angeben und berechnen.	◯	◯	17
A5 ... Schnittwinkel eines Graphen mit der x-Achse bestimmen.	◯	◯	18
A6 ... bei abschnittsweise definierten Funktionen überprüfen, ob die Übergänge stetig, differenzierbar bzw. ruckfrei sind.	◯	◯	19
B Untersuchung von Funktionsgraphen			
B1 ... Graphen auf Symmetrie untersuchen.	◯	◯	21
B2 ... Schnittpunkte des Graphen mit der x-Achse, Schnittpunkte zweier Graphen und Berührpunkte von Graphen berechnen sowie diese im Sachzusammenhang interpretieren.	◯	◯	22
B3 ... Graphen auf Monotonie und auf lokale und absolute Extrempunkte untersuchen und diese im Sachzusammenhang interpretieren.	◯	◯	24
B4 ... Graphen auf ihr Krümmungsverhalten und auf Wende- und Sattelpunkte untersuchen und diese im Sachzusammenhang interpretieren sowie die Wendestelle als Stelle mit extremaler Änderungsrate identifizieren.	◯	◯	26
B5 ... asymptotisches Verhalten bei Exponentialfunktionen untersuchen.	◯	◯	28
B6 ... Funktionenscharen (evtl. mittels Fallunterscheidungen) auf besondere Punkte (Schnittpunkte, Extrem- und Wendepunkte) untersuchen sowie gemeinsame Punkte der Kurvenschar ermitteln; **LK** zusätzlich: Ortslinien von Funktionenscharen bestimmen und die Ergebnisse im Sachzusammenhang interpretieren.	◯	◯	29
B7 ... Eigenschaften der Sinus- und Kosinusfunktion angeben und die Funktionsgleichung einer allgemeinen Sinusfunktion bestimmen.	◯	◯	33

Ich kann ...	Trifft zu	Trifft nicht zu	Seite
B8 ... Eigenschaften von Wurzelfunktionen bestimmen.	◯	◯	35
B9 ... Eigenschaften gebrochenrationaler Funktionen bestimmen.	◯	◯	36
C Mathematische Modellierungen mithilfe der Differenzialrechnung			
C1 ... eine sinnvolle Wahl des Koordinatensystems begründen und den Verlauf eines Graphen im Sachzusammenhang der Aufgabenstellung interpretieren.	◯	◯	39
C2 ... ganzrationale Funktionen mit vorgegebenen Eigenschaften bestimmen (auch in Sachzusammenhängen, z. B. Trassierungen).	◯	◯	40
C3 ... Exponentialfunktionen aus gegebenen Bedingungen bestimmen.	◯	◯	42
C4 ... in Anwendungen ein passendes Modell für das exponentielle Wachstum aufstellen, seine Tragfähigkeit untersuchen und Schlussfolgerungen im Sachzusammenhang interpretieren sowie Verdopplungs- und Halbwertszeiten berechnen; **LK** zusätzlich: auch beschränktes und logistisches Wachstum.	◯	◯	42
C5 ... Extremwertaufgaben mit Nebenbedingungen innermathematisch und in Sachzusammenhängen lösen.	◯	◯	45
D Integralrechnung			
D1 ... Stammfunktionen zu Grundtypen von Funktionen bestimmen und den Hauptsatz der Differenzial- und Integralrechnung (HDI) zur Berechnung bestimmter Integrale anwenden.	◯	◯	48
D2 ... Flächeninhalte von Flächenstücken zwischen einem Funktionsgraphen und der x-Achse und Flächeninhalte von Flächenstücken zwischen Funktionsgraphen berechnen.	◯	◯	49
D3 ... nur **LK**: Mittelwerte von kontinuierlich veränderten Größen mit der Integralrechnung berechnen.	◯	◯	51
D4 ... Gesamtänderungen aus gegebenen Änderungsraten exakt mit bestimmten Integralen berechnen.	◯	◯	52
D5 ... nur **LK**: Inhalte ins Unendliche reichender Flächen mit uneigentlichen Integralen und den dabei erforderlichen Grenzwertbetrachtungen ermitteln.	◯	◯	53
D6 ... das Volumen von Rotationskörpern berechnen und die erforderlichen Berandungsfunktionen für reale rotationssymmetrische Körper modellieren.	◯	◯	55
D7 ... Stammfunktionen mit dem Verfahren der partiellen Integration (nur **LK**) bzw. durch lineare Substitution bestimmen.	◯	◯	56
D8 ... nur **LK**: Verfahren der numerischen Integration beschreiben und anwenden.	◯	◯	58

LINEARE ALGEBRA/ANALYTISCHE GEOMETRIE

Ich kann ...	Trifft zu	Trifft nicht zu	Seite
E Vektorrechnung			
E1 ... Verschiebungen durch Vektoren sowie Punkte im Raum durch Ortsvektoren und Vektorketten beschreiben und damit realitätsnahe Situationen mathematisch modellieren.	◯	◯	59
E2 ... das Skalarprodukt zweier Vektoren berechnen und damit entscheiden, ob die Vektoren zueinander orthogonal sind.	◯	◯	59
E3 ... Längen von Strecken im Raum und den Betrag von Vektoren berechnen.	◯	◯	60
E4 ... nur **LK**: die Definition für die lineare (Un-)Abhängigkeit von Vektoren angeben und Vektoren auf lineare (Un-)Abhängigkeit untersuchen.	◯	◯	61
F Geraden und Ebenen im Raum			
F1 ... Parameterdarstellungen für Geraden aus zwei gegebenen Punkten ermitteln sowie überprüfen, ob ein Punkt auf einer gegebenen Gerade liegt (Punktprobe) und die Ergebnisse im Sachzusammenhang interpretieren.	◯	◯	63
F2 ... Geraden auf ihre gegenseitige Lage untersuchen und möglicherweise vorhandene Schnittpunkte bestimmen.	◯	◯	64
F3 ... Parameterdarstellungen für Ebenen aus drei gegebenen Punkten ermitteln sowie überprüfen, ob ein Punkt auf einer gegebenen Ebene liegt (Punktprobe) und die Ergebnisse im Sachzusammenhang interpretieren.	◯	◯	66
F4 ... Koordinatengleichungen für Ebenen ermitteln und Ebenen anhand ihrer Spurgeraden im Koordinatensystem darstellen.	◯	◯	67
F5 ... Schnittprobleme zwischen Geraden und Ebenen in Sachzusammenhängen (z. B. bei Schattenwürfen) untersuchen.	◯	◯	69
F6 ... Ebenen auf ihre gegenseitige Lage untersuchen und möglicherweise vorhandene Schnittgeraden bestimmen.	◯	◯	71
F7 ... die Koordinaten eines an einer Ebene gespiegelten Punktes bestimmen.	◯	◯	72
F8 ... die HESSE'sche Normalenform einer Ebenengleichung aufstellen.	◯	◯	73
F9 ... nur **LK**: Geraden- und Ebenenscharen innermathematisch und in Sachzusammenhängen untersuchen.	◯	◯	73
F10 ... lineare Gleichungssysteme systematisch lösen sowie die Gleichungen und die Lösungsmenge geometrisch interpretieren.	◯	◯	76

Ich kann …	Trifft zu	Trifft nicht zu	Seite
G Winkel und Abstände, Volumina im Raum			
G1 … Winkel zwischen zwei Vektoren, Schnittwinkel zwischen zwei Geraden, zwischen zwei Ebenen sowie zwischen einer Gerade und einer Ebene berechnen.	○	○	79
G2 … den Flächeninhalt eines Dreiecks und das Volumen eines Tetraeders nach elementaren Methoden bestimmen.	○	○	82
G3 … den Abstand eines Punktes von einer Ebene berechnen.	○	○	83
G4 … den Abstand eines Punktes von einer Geraden berechnen.	○	○	84
G5 … nur **LK**: den Abstand zweier windschiefer Geraden berechnen.	○	○	85
G6 … nur **LK**: das Vektorprodukt zweier Vektoren berechnen und seine Bedeutung angeben sowie mithilfe des Vektorprodukts Normalenvektoren bestimmen und das Vektorprodukt zur Berechnung von Dreiecksflächen und von Spatvolumina verwenden.	○	○	86
H Abbildungsmatrizen (nur LK)			
H1 … nur **LK**: die Matrixdarstellung für affine Abbildungen von Punkten bei Verschiebungen, Streckungen, Drehungen und Spiegelungen angeben.	○	○	88
H2 … nur **LK**: Abbildungsmatrizen für Parallelprojektionen anhand der Bilder der Einheitsvektoren ermitteln.	○	○	89
H3 … nur **LK**: Fixpunkte, Fixgeraden sowie Fixpunktgeraden und Fixpunktebenen von Abbildungen bestimmen und diese im Sachzusammenhang deuten.	○	○	91
H4 … nur **LK**: die Hintereinanderausführung von Abbildungen durch eine Matrizenmultiplikation beschreiben.	○	○	92
H5 … nur **LK**: inverse Matrizen ermitteln sowie die Umkehrung von affinen Abbildungen mit inversen Matrizen untersuchen.	○	○	93
I Übergangsmatrizen (nur LK)			
I1 … nur **LK**: Produktions-, Entwicklungs- und Zufallsprozesse durch Übergangsdiagramme und Matrizen beschreiben und Zustandsvektoren interpretieren.	○	○	94
I2 … nur **LK**: Zustände von Prozessen nach wiederholter Durchführung mithilfe der Matrizenmultiplikation berechnen und deuten, insbesondere bei zyklischen Prozessen.	○	○	97
I3 … nur **LK**: den Fixvektor einer Übergangsmatrix (d. h. eine stationäre Verteilung eines Zufallsprozesses) bestimmen und seine Bedeutung im Sachzusammenhang interpretieren.	○	○	98

I4 … nur **LK**: mithilfe von inversen Matrizen Zustandsvektoren zurückliegender Zustände berechnen.	◯	◯	99
I5 … nur **LK**: Koeffizienten in Übergangsmatrizen mit vorgegebenen Eigenschaften im Sachzusammenhang bestimmen.	◯	◯	100

Stochastik

Ich kann …	**Trifft zu**	**Trifft nicht zu**	**Seite**
J Wahrscheinlichkeitsrechnung			
J1 … mehrstufige Entscheidungsvorgänge mithilfe von Baumdiagrammen veranschaulichen und die Anzahl der Möglichkeiten mithilfe der Grundregel der Kombinatorik bestimmen.	◯	◯	101
J2 … mehrstufige Zufallsversuche mit Baumdiagrammen beschreiben und Wahrscheinlichkeiten mit den Pfadregeln berechnen (Pfadadditions- / Pfadmultiplikationsregel) sowie die Komplementärregel anwenden.	◯	◯	103
J3 … Daten aus Vierfeldertafeln als Wahrscheinlichkeiten von zweistufigen Zufallsversuchen interpretieren sowie Vierfeldertafeln zur Umkehrung von Baumdiagrammen nutzen.	◯	◯	105
J4 … bedingte Wahrscheinlichkeiten mithilfe des Satzes von Bayes bestimmen.	◯	◯	107
K Häufigkeits- und Wahrscheinlichkeitsverteilungen			
K1 … die Häufigkeitsverteilung eines Merkmals bestimmen sowie Mittelwert, Perzentile (Quantile) und Stichprobenstreuung berechnen.	◯	◯	108
K2 … die Wahrscheinlichkeitsverteilung einer Zufallsgröße bestimmen sowie den Erwartungswert und die Standardabweichung der Zufallsgröße berechnen.	◯	◯	110
K3 … geeignete Zufallsversuche mithilfe des Binomialmodells beschreiben und Wahrscheinlichkeiten mithilfe der Bernoulli-Formel berechnen und erläutern, unter welchen Bedingungen auch Ziehvorgänge ohne Zurücklegen näherungsweise als Bernoulli-Versuche interpretiert werden können.	◯	◯	114
K4 … das Auslastungsmodell und das Kugel-Fächer-Modell bei der Berechnung von Wahrscheinlichkeiten anwenden.	◯	◯	116
K5 … berechnen, wie oft ein Bernoulli-Versuch mindestens durchgeführt werden muss, um mit einer gegebenen Mindestwahrscheinlichkeit mindestens einen Erfolg zu erzielen.	◯	◯	117
K6 … den Erwartungswert und die Standardabweichung von Binomialverteilungen berechnen und mithilfe der Sigma-Regeln Umgebungen um den Erwartungswert bei vorgegebener Wahrscheinlichkeit der Umgebung bestimmen.	◯	◯	118

Ich kann …	**Trifft zu**	**Trifft nicht zu**	**Seite**
K7 … nur **LK**: die zur Standardisierung einer binomialverteilten Zufallsgröße notwendigen Schritte beschreiben und die Bedingung für eine gute Approximation durch die GAUSS'sche Dichtefunktion angeben.	○	○	119
K8 … nur **LK**: Wahrscheinlichkeiten für binomialverteilte Zufallsgrößen näherungsweise mit den Formeln von MOIVRE und LAPLACE berechnen.	○	○	120
K9 … nur **LK**: Wahrscheinlichkeitsberechnungen bei normalverteilten Zufallsgrößen durchführen.	○	○	121
L Beurteilende Statistik – Testen von Hypothesen			
L1 … für den Schluss von der Gesamtheit auf die Stichprobe die zu erwartenden absoluten bzw. relativen Häufigkeiten abschätzen und damit die Signifikanz von Aussagen bewerten.	○	○	122
L2 … das prinzipielle Vorgehen bei einem zweiseitigen Hypothesentest erläutern sowie zu einem vorgegebenem Niveau eine Entscheidungsregel aufstellen (und damit Annahme- und Verwerfungsbereich bestimmen).	○	○	123
L3 … die Bedeutung der Fehler 1. Art und 2. Art für einen Hypothesentest angeben sowie die Wahrscheinlichkeiten für diese Fehler berechnen.	○	○	124
L4 … nur **LK**: die Operationscharakteristik eines Hypothesentests ermitteln und interpretieren.	○	○	125
L5 … das prinzipielle Vorgehen bei einem einseitigen Hypothesentest erläutern sowie die beiden möglichen Standpunkte beschreiben und zugehörigen Entscheidungsregeln bestimmen.	○	○	125
L6 … am Beispiel zweier alternativer Hypothesen das prinzipielle Vorgehen beim Hypothesentest erläutern und Wahrscheinlichkeiten für fehlerhafte Entscheidungen berechnen.	○	○	127
L7 … nur **LK**: die Bestimmung eines genügend großen Umfangs einer Stichprobe vornehmen.	○	○	128

Basiswissen

A1 Potenz-, Sinus- und Kosinusfunktion und Exponentialfunktionen ableiten; LK zusätzlich: Logarithmusfunktionen ableiten.

Für das Ableiten gelten folgende Regeln:

(1) **Potenzregel für reelle Exponenten:**
Ist $f(x) = x^n$, $n \in \mathbb{R}$, dann gilt: $f'(x) = n \cdot x^{n-1}$.

Diese Regel gilt also nicht nur für natürliche Exponenten, sondern ebenso für beliebige ganzzahlige, für gebrochene und für irrationale Exponenten.

(2) Die Ableitung der Sinusfunktion ist gleich der Kosinusfunktion; die Ableitung der Kosinusfunktion ist gleich der negativen Sinusfunktion:
$f(x) = \sin(x) \Rightarrow f'(x) = \cos(x)$ $\quad$ $f(x) = \cos(x) \Rightarrow f'(x) = -\sin(x)$

(3) Die Ableitung der Exponentialfunktion zur Basis e (Euler'sche Zahl) stimmt mit der Funktion selbst überein: $f(x) = e^x \Rightarrow f'(x) = e^x$.

(4) (LK) Die Ableitung der Logarithmusfunktion zur Basis e ist gleich der Kehrwertfunktion:
$f(x) = \ln(x) \Rightarrow f'(x) = \frac{1}{x}$.

Beispiele zur Anwendung der Potenzregel:

$f(x) = x^5 \quad \Rightarrow f'(x) = 5 \cdot x^4$

$f(x) = \frac{1}{x} = x^{-1} \quad \Rightarrow f'(x) = (-1) \cdot x^{-2} = -\frac{1}{x^2}$

$f(x) = \frac{1}{x^3} = x^{-3} \quad \Rightarrow f'(x) = (-3) \cdot x^{-4} = -\frac{3}{x^4}$

$f(x) = \sqrt{x} = x^{\frac{1}{2}} \quad \Rightarrow f'(x) = \frac{1}{2} \cdot x^{-\frac{1}{2}} = \frac{1}{2\sqrt{x}}$

$f(x) = \frac{1}{\sqrt[3]{x}} = x^{-\frac{1}{3}} \quad \Rightarrow f'(x) = -\frac{1}{3} \cdot x^{-\frac{4}{3}} = -\frac{1}{3 \cdot \sqrt[3]{x^4}}$

A2 Einfache Funktionen mit der Summen- und Faktorregel und zusammengesetzte Funktionen mit der Produkt- und Kettenregel ableiten; LK zusätzlich: mit der Quotientenregel ableiten.

Für das Ableiten von Funktionen gelten folgende Regeln:

(1) **Summen- und Faktorregel (Linearität)**
$f(x) = k_1 \cdot f_1(x) + k_2 \cdot f_2(x) \Rightarrow f'(x) = k_1 \cdot f'_1(x) + k_2 \cdot f'_2(x)$

In Worten: Ein konstanter Faktor bleibt beim Ableiten erhalten. Die Ableitung einer Summe ist gleich der Summe der Ableitungen der Summanden.

(2) **Produktregel**
$f(x) = u(x) \cdot v(x) \Rightarrow f'(x) = u'(x) \cdot v(x) + u(x) \cdot v'(x)$

(3) Für geschachtelte Funktionsterme gilt eine besondere Ableitungsregel, die **Kettenregel:**

$$f(x) = g(h(x)) \Rightarrow f'(x) = g'(h(x)) \cdot h'(x)$$

Die äußere Funktion g wird abgeleitet und die innere Funktion h wie eine Variable behandelt. Dieser Term wird mit der Ableitung der inneren Funktion multipliziert.

(4) (LK) Für Funktionen, deren Funktionsterm als Bruch geschrieben werden kann, gilt die sogenannte **Quotientenregel**:

$$f(x) = \frac{u(x)}{v(x)} \Rightarrow f'(x) = \frac{u'(x) \cdot v(x) - u(x) \cdot v'(x)}{v^2(x)}$$

Statt der Quotientenregel kann man auch Produkt- und Kettenregel anwenden:

$$f(x) = \frac{u(x)}{v(x)} = u(x) \cdot (v(x))^{-1} \Rightarrow f'(x) = u'(x) \cdot (v(x))^{-1} + u(x) \cdot (-1) \cdot (v(x))^{-2} \cdot v'(x)$$
$$= \frac{u'(x)}{v(x)} - \frac{u(x) \cdot v'(x)}{v^2(x)}$$

Beispiele

(1) **Summen- und Faktorregel**

$f(x) = 5 \cdot x^3 + 4 \cdot x^2 \quad \Rightarrow f'(x) = 15 \cdot x^2 + 8 \cdot x$

$f(x) = \frac{3}{x^2} - 6 \cdot \sqrt{x} = 3 \cdot x^{-2} - 6 \cdot x^{\frac{1}{2}} \Rightarrow f'(x) = 3 \cdot (-2) \cdot x^{-3} - 6 \cdot \frac{1}{2} \cdot x^{-\frac{1}{2}} = -\frac{6}{x^3} - \frac{3}{\sqrt{x}}$

$f(x) = \log_2 x = \frac{\ln(x)}{\ln(2)} \Rightarrow f'(x) = \frac{1}{\ln(2)} \cdot \frac{1}{x} = \frac{1}{x \cdot \ln(2)}$

(2) **Folgerung für ganzrationale Funktionen:** Ist eine ganzrationale Funktion f gegeben durch $f(x) = a_n \cdot x^n + a_{n-1} \cdot x^{n-1} + \ldots + a_2 \cdot x^2 + a_1 \cdot x + a_0,\ n \in \mathbb{N}$, dann gilt:
$f'(x) = n \cdot a_n \cdot x^{n-1} + (n-1) \cdot a_{n-1} \cdot x^{n-2} + \ldots + 2 \cdot a_2 \cdot x + a_1$

(3) **Produktregel**

$f(x) = (2x + 5) \cdot e^x \Rightarrow f'(x) = 2 \cdot e^x + (2x + 5) \cdot e^x = (2x + 7) \cdot e^x$

$f(x) = (x^2 + 3x - 1) \cdot e^x \Rightarrow f'(x) = (2x + 3) \cdot e^x + (x^2 + 3x - 1) \cdot e^x = (x^2 + 5x + 2) \cdot e^x$

(4) **Kettenregel**

$f(x) = e^{-2x} \Rightarrow f'(x) = e^{-2x} \cdot (-2)$

$f(x) = e^{-x^2} \Rightarrow f'(x) = e^{-x^2} \cdot (-2x)$

$f(x) = 3^x = e^{x \cdot \ln(3)} \Rightarrow f'(x) = e^{x \cdot \ln(3)} \cdot \ln(3) = 3^x \cdot \ln(3)$

(5) **Produkt- und Kettenregel**

$f(x) = x^3 \cdot e^{-x} \Rightarrow f'(x) = 3x^2 \cdot e^{-x} + x^3 \cdot e^{-x} \cdot (-1) = (3x^2 - x^3) \cdot e^{-x}$

$f(x) = (x^2 + 1)^3 \cdot e^{-0,3x} \Rightarrow$

$$f'(x) = 3 \cdot (x^2 + 1)^2 \cdot (2x) \cdot e^{-0,3x} + (x^2 + 1)^3 \cdot e^{-0,3x} \cdot (-0,3)$$
$$= (x^2 + 1)^2 \cdot e^{-0,3x} \cdot (6x - 0,3 \cdot (x^2 + 1))$$
$$= (x^2 + 1)^2 \cdot e^{-0,3x} \cdot (-0,3 \cdot x^2 + 6x - 0,3)$$

(6) **Quotientenregel**

(1) $f(x) = \frac{x^2 + 2}{3x + 1}$;

Zählerfunktion: $u(x) = x^2 + 2$; $u'(x) = 2x$; Nennerfunktion: $v(x) = 3x + 1$; $v'(x) = 3$;

also $f'(x) = \frac{2x \cdot (3x + 1) - (x^2 + 2) \cdot 3}{(3x + 1)^2} = \frac{3x^2 + 2x - 6}{(3x + 1)^2}$.

(2) $f(x) = \frac{x^2+3}{(4x-5)^3} = (x^2+3)\cdot(4x-5)^{-3} \Rightarrow$

$f'(x) = (2x)\cdot(4x-5)^{-3} + (x^2+3)\cdot(-3)\cdot(4x-5)^{-4}\cdot 4 = \frac{2x}{(4x-5)^3} - \frac{12\cdot(x^2+3)}{(4x-5)^4}$

$= \frac{2x\cdot(4x-5) - 12\cdot(x^2+3)}{(4x-5)^4}.$

Nach der o. a. Quotientenregel wäre die Ableitung wie folgt gebildet worden:

$f(x) = \frac{x^2+3}{(4x-5)^3} \Rightarrow$

$f'(x) = \frac{2x\cdot(4x-5)^3 - 3\cdot(4x-5)^2\cdot 4\cdot(x^2+3)}{(4x-5)^6}$

$= (4x-5)^2\cdot\frac{2x\cdot(4x-5) - 3\cdot 4\cdot(x^2+3)}{(4x-5)^6} = \frac{2x\cdot(4x-5) - 12\cdot(x^2+3)}{(4x-5)^4}$

A3 Die Tangentensteigung sowie die Gleichung einer Tangente und einer Normale an den Graphen einer Funktion bestimmen.

Eine **Tangente** ist eine Gerade durch den Punkt eines Graphen, deren Steigung mit der des Graphen in diesem Punkt (dem Berührpunkt) übereinstimmt.

Die Gleichung der Geraden g, von der man die Steigung m und einen Punkt $(a|b)$ kennt, bestimmt man mithilfe der Punkt-Steigungsform: $g(x) = m\cdot(x-a) + b$.

Die Gleichung einer Tangente t an eine differenzierbare Funktion f im Punkt $(a|f(a))$ wird mithilfe der Ableitung $f'(a)$ bestimmt:

$t(x) = f'(a)\cdot(x-a) + f(a).$

Die **Normale** im Punkt P ist eine Gerade, die den Graphen der Funktion f im Punkt $P(x_0|f(x_0))$ orthogonal schneidet. Dabei ist die Steigung der negative Kehrwert der 1. Ableitung an dieser Stelle, also $m = \frac{-1}{f'(x_0)}$.

Beispiele

(1) Bestimmung der Tangente und der Normale des Graphen der Funktion f mit
$f(x) = 0{,}5\cdot x^3 - x^2 - 1$ an der Stelle $a = 2$:
Es gilt: $f(2) = -1$ und $f'(x) = 1{,}5\cdot x^2 - 2x$, also
$f'(2) = 2$.
Daher ist $t(x) = 2\cdot(x-2) - 1 = 2x - 4 - 1 = 2x - 5$
die Gleichung der Tangente t durch den Punkt $(2|-1)$
und $n(x) = -\frac{1}{2}\cdot(x-2) - 1 = -\frac{1}{2}x + 1 - 1 = -\frac{1}{2}x$
die Gleichung der Normalen n durch den Punkt $(2|-1)$.

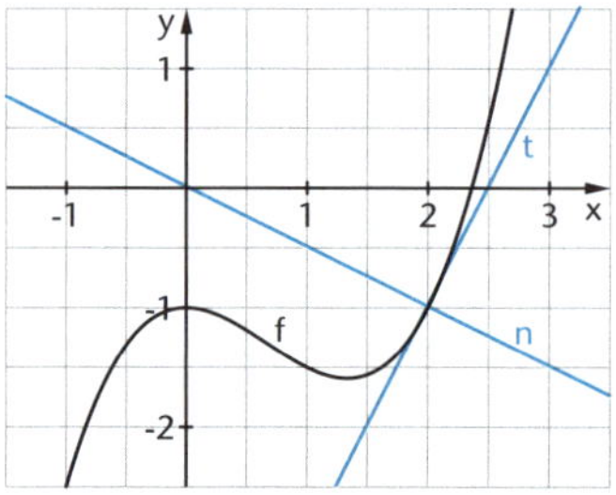

(2) Bestimmung der Tangente und der Normale des Graphen der Funktion f mit
$f(x) = x^2\cdot e^{-x}$ an der Stelle $a = -0{,}5$:
Es gilt: $f(-0{,}5) \approx 0{,}412$ und
$f'(x) = 2x\cdot e^{-x} + x^2\cdot e^{-x}\cdot(-1) = (-x^2 + 2x)\cdot e^{-x}$, also
$f'(-0{,}5) \approx -2{,}061$.
Daher ist
$t(x) \approx -2{,}061\cdot(x+0{,}5) + 0{,}412 \approx -2{,}061x - 0{,}619$
und $n(x) \approx 0{,}485\cdot(x+0{,}5) + 0{,}412 \approx 0{,}485x + 0{,}655$.

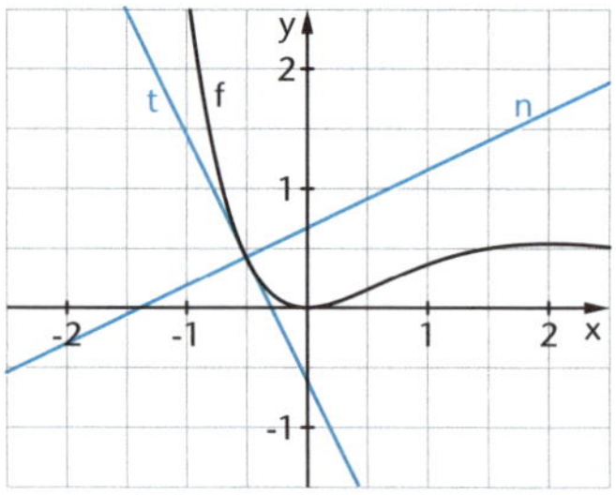

A4 Mittlere und momentane Änderungsraten angeben und berechnen.

Zeichnet man durch zwei Punkte $A(a|f(a))$ und $B(b|f(b))$ des Graphen einer Funktion f eine Gerade (also eine Sekante zum Graphen von f), so ist die Steigung dieser Geraden **die mittlere Änderungsrate der Funktion f im Intervall** [a; b], also:

$$\frac{f(b) - f(a)}{b - a}.$$

Die Ableitung einer Funktion an einer Stelle x_0 ist **die momentane Änderungsrate in** x_0 und der Grenzwert des Differenzenquotienten für $x \to x_0$:

$$f'(x_0) = \lim_{x \to x_0} \frac{f(x) - f(x_0)}{x - x_0}.$$

Dies kann man auch in der Form $f'(x_0) = \lim_{h \to 0} \frac{f(x_0 + h) - f(x_0)}{h}$ beschreiben.

Beispiel 1 *Mittlere Änderungsrate*

$f(x) = x^3 - x^2 - 4x + 4;\ f(2) = 0;\ f(3) = 10$

Die mittlere Änderungsrate der Funktion im Intervall [2; 3]: $\frac{f(3) - f(2)}{3 - 2} = \frac{10 - 0}{3 - 2} = 10.$

Beispiele 2 *Momentane Änderungsrate*

(1) Die momentane Änderungsrate der Funktion f mit $f(x) = x^2$ an der Stelle x_0 berechnet sich wie folgt:
Der Differenzenquotient an einer Stelle x_0 (für $x \neq x_0$) ist

$$\frac{f(x) - f(x_0)}{x - x_0} = \frac{x^2 - x_0^2}{x - x_0} = \frac{(x - x_0) \cdot (x + x_0)}{x - x_0} = x + x_0.$$

Daher ist die momentane Änderungsrate von f an der Stelle x_0 gleich
$f'(x_0) = \lim_{x \to x_0} (x + x_0) = 2x_0.$

(2) Die momentane Änderungsrate der Funktion f mit $f(x) = e^x$ an der Stelle x_0 ist gleich

$$f'(x) = \lim_{h \to 0} \frac{e^{x_0 + h} - e^{x_0}}{h} = \lim_{h \to 0} \frac{e^{x_0} \cdot (e^h - 1)}{h} = e^{x_0} \cdot \lim_{h \to 0} \frac{e^h - 1}{h} = e^{x_0} \cdot 1 = e^{x_0}.$$

Hinweis: Dass der Grenzwert von $\lim_{h \to 0} \frac{e^h - 1}{h}$ gleich 1 ist, kann man beispielsweise numerisch zeigen.

(3) In besonderen Anwendungssituationen gilt folgender Zusammenhang zwischen einer Größe und der momentanen Änderungsrate:

Größe	**momentane Änderungsrate**
Weg	Geschwindigkeit
Geschwindigkeit	Beschleunigung
Durchflussmenge eines Stoffes	momentane Durchflussänderung
Bestand	Wachstumsgeschwindigkeit

A5 Schnittwinkel eines Graphen mit der x-Achse bestimmen.

Als Schnittwinkel α eines Graphen mit der x-Achse bezeichnet man jeweils den spitzen Winkel der beiden Winkel, welche die Tangente in einer Nullstelle x_0 des Graphen mit der x-Achse bildet.
Aus dem Steigungsdreieck, das durch die Tangente gebildet wird, ergibt sich $\tan(\alpha) = m = f'(x_0)$ und hieraus dann $\alpha = \tan^{-1}(m) = \tan^{-1}(f'(x_0))$.
Da m auch negativ sein kann, definiert man allgemein:
$\alpha = |\tan^{-1}(f'(x_0))|$ als **Schnittwinkel des Graphen von f mit der x-Achse**

Beispiele

(1) Der Graph der Funktion f mit $f(x) = 0{,}25\,x^3 - 0{,}75\,x - 0{,}5$ hat eine Nullstelle bei $x_0 = 2$.
Die Steigung des Graphen an dieser Stelle, also die Steigung der Tangente, ist $f'(2) = 2{,}25$ (da $f'(x) = 0{,}75\,x^2 - 0{,}75$).
Daher ist $\alpha = \tan^{-1}(2{,}25) \approx 66{,}0°$.

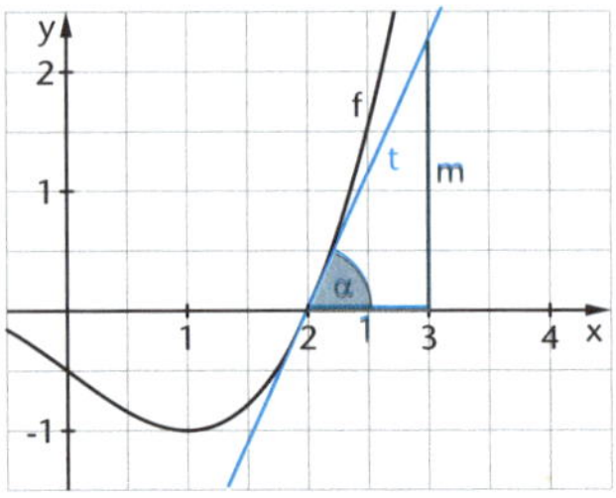

(2) Der Graph der Funktion f mit $f(x) = 2 - e^x$ hat eine Nullstelle bei $x_0 = \ln(2) \approx 0{,}693$.
Die Steigung des Graphen an dieser Stelle, also die Steigung der Tangente, ist $f'(\ln(2)) = -2$ (da $f'(x) = -e^x$).
Daher ist $\alpha = |\tan^{-1}(-2)| \approx 63{,}4°$.

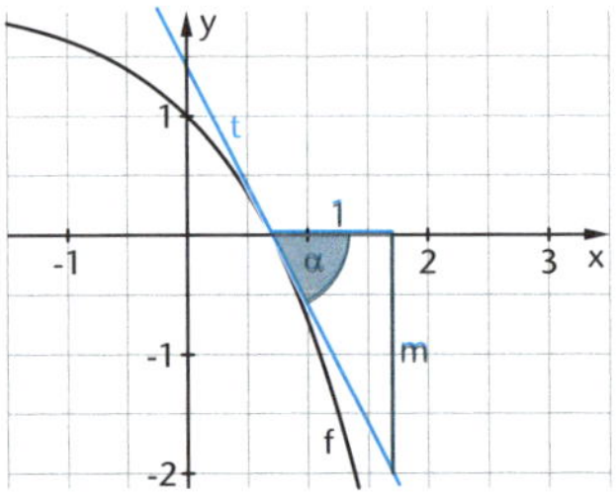

A6 Bei abschnittsweise definierten Funktionen überprüfen können, ob die Übergänge stetig, differenzierbar bzw. ruckfrei sind.

Bei abschnittsweise definierten Funktionen ist der Definitionsbereich unterteilt in aneinander anschließende Intervalle, auf denen die Funktion jeweils durch einen anderen Funktionsterm definiert ist.
Die Übergänge zwischen den verschiedenen Abschnitten können stetig, differenzierbar oder ruckfrei sein.
Eine Funktion f sei für $x < a$ definiert durch den Funktionsterm $f_1(x)$ und für $x \geq a$ durch den Funktionsterm $f_2(x)$. Gilt an dieser Übergangsstelle a zwischen den Definitionsbereichen, dass

- $\lim\limits_{x \to a} f_1(x) = \lim\limits_{x \to a} f_2(x)$, dann ist der Übergang **stetig** (nahtlos), d. h., an der Übergangsstelle stimmen die Funktionswerte überein;
- $\lim\limits_{x \to a} f_1(x) = \lim\limits_{x \to a} f_2(x)$ und $\lim\limits_{x \to a} f_1'(x) = \lim\limits_{x \to a} f_2'(x)$, dann ist der Übergang **differenzierbar** (glatt, knickfrei), d. h., an der Übergangsstelle stimmen die Funktionswerte sowie die (Tangenten-)Steigungen überein;
- $\lim\limits_{x \to a} f_1(x) = \lim\limits_{x \to a} f_2(x)$, $\lim\limits_{x \to a} f_1'(x) = \lim\limits_{x \to a} f_2'(x)$ und $\lim\limits_{x \to a} f_1''(x) = \lim\limits_{x \to a} f_2''(x)$, dann ist der Übergang (krümmungs-)**ruckfrei**, d. h., an der Übergangsstelle stimmen die Funktionswerte, die (Tangenten-)Steigungen sowie die Krümmungen der Graphen überein.

Beispiel

$f_1(x) = -x + 1$ für $x < 1$
$f_2(x) = x^2 - 4x + 2$ für $x \geq 1$

Der Übergang an der Stelle $x = 1$ ist nicht stetig:
$\lim\limits_{x \to 1} f_1(x) = 0 \neq -1 = f_2(1)$

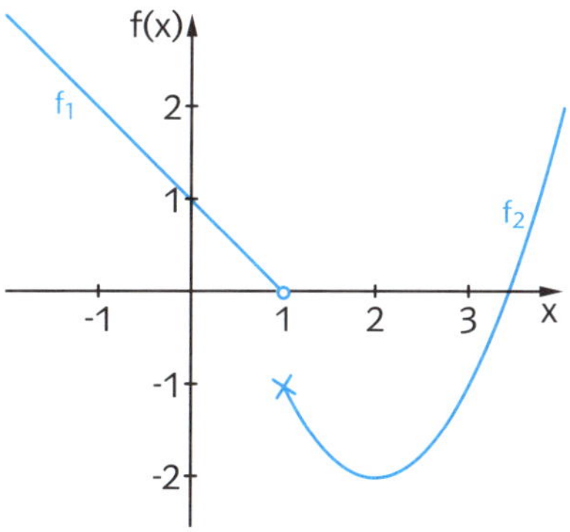

$f_1(x) = -x + 2$ für $x < 1$
$f_2(x) = -x^2 + 4x - 2$ für $x \geq 1$

Der Übergang an der Stelle $x = 1$ ist nahtlos, aber nicht knickfrei:
$\lim\limits_{x \to 1} f_1(x) = 1 = f_2(1)$
$\lim\limits_{x \to 1} f_1'(x) = -1 \neq +2 = \lim\limits_{x \to 1} f_2'(x)$

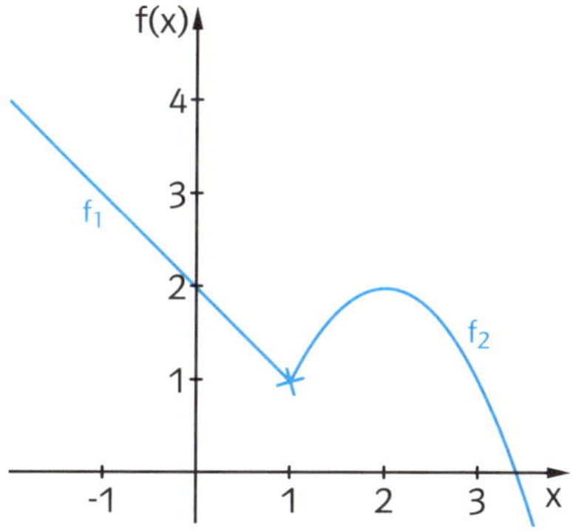

$f_1(x) = x^3$ für $x < 1$
$f_2(x) = -1{,}5\,x^2 + 6\,x - 3{,}5$ für $x \geq 1$

Der Übergang an der Stelle $x = 1$ ist knickfrei, aber nicht ruckfrei:

$\lim\limits_{x \to 1} f_1(x) = 1 = f_2(1)$

$\lim\limits_{x \to 1} f_1'(x) = 3 = \lim\limits_{x \to 1} f_2'(x)$

$\lim\limits_{x \to 1} f_1''(x) = 6 \neq -3 = \lim\limits_{x \to 1} f_2''(x)$

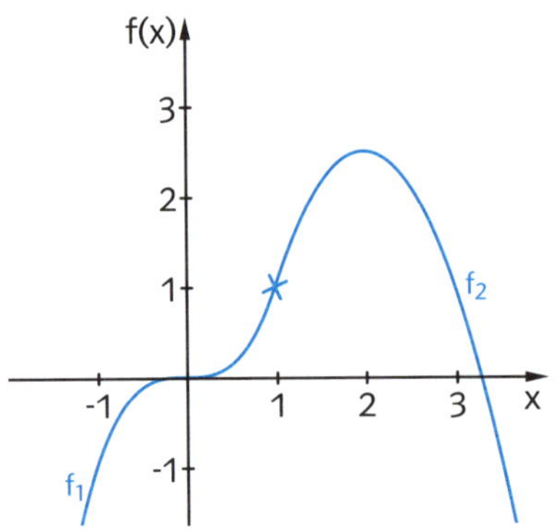

$f_1(x) = \frac{1}{3}x^3 - x$ für $x < 1$

$f_2(x) = x^2 - 2\,x + \frac{1}{3}$ für $x \geq 1$

Der Übergang an der Stelle $x = 1$ ist ruckfrei:

$\lim\limits_{x \to 1} f_1(x) = -\frac{2}{3} = f_2(1)$

$\lim\limits_{x \to 1} f_1'(x) = 0 = \lim\limits_{x \to 1} f_2'(x)$

$\lim\limits_{x \to 1} f_1''(x) = 2 = \lim\limits_{x \to 1} f_2''(x)$

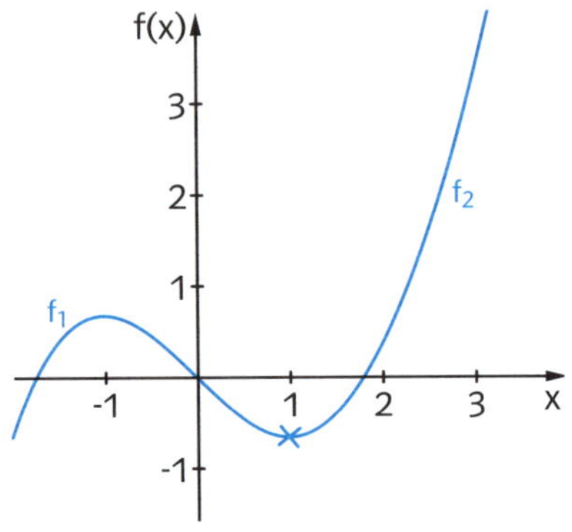

B1 Graphen auf Symmetrie untersuchen.

- *Achsensymmetrie zur y-Achse:*
  Der Graph der Funktion f ist achsensymmetrisch zur y-Achse, wenn für alle x aus dem Definitionsbereich von f gilt:

  $f(-x) = f(x)$.

  Für ganzrationale Funktionen f gilt zusätzlich:
  Der Graph von f ist genau dann achsensymmetrisch zur y-Achse, wenn der Funktionsterm f(x) nur Potenzen von x mit geraden Exponenten enthält.

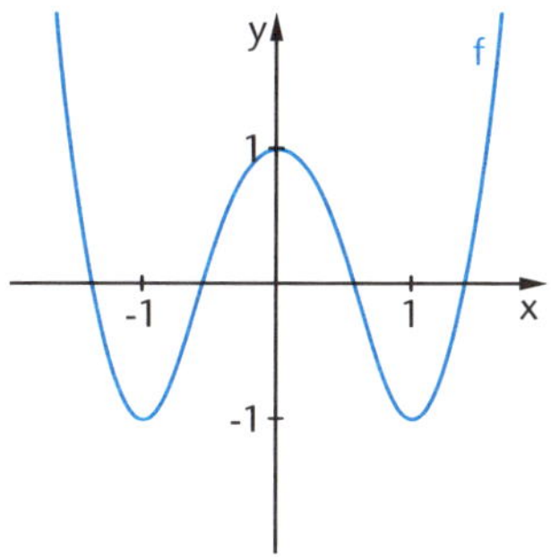

- *Punktsymmetrie zum Ursprung:*
  Der Graph der Funktion f ist punktsymmetrisch zum Ursprung, wenn für alle x aus dem Definitionsbereich von f gilt:

  $f(-x) = -f(x)$.

  Für ganzrationale Funktionen f gilt zusätzlich:
  Der Graph von f ist genau dann punktsymmetrisch zum Ursprung, wenn der Funktionsterm f(x) nur Potenzen von x mit ungeraden Exponenten enthält.

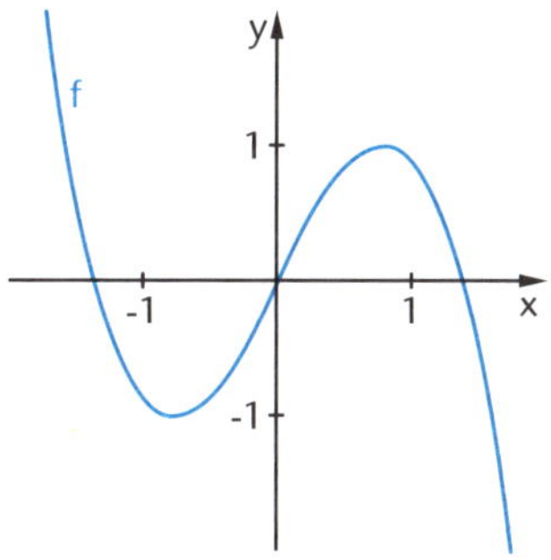

Beispiele

Der Graph der Funktion f mit
$f(x) = x^4 - 2x^2 + 1$ ist achsensymmetrisch zur y-Achse, da im Funktionsterm nur gerade Exponenten auftreten.
Dabei kann der letzte Summand 1 gedeutet werden als $1 \cdot x^0$ (0 ist eine gerade Zahl!).

Der Graph der Funktion g mit
$g(x) = x^3 - 2x$ ist punktsymmetrisch zum Ursprung, da im Funktionsterm nur ungerade Exponenten auftreten.

Der Graph der Funktion h mit
$h(x) = x^2 - 2x - 1$ ist weder achsensymmetrisch zur y-Achse noch punktsymmetrisch zum Ursprung, da im Funktionsterm sowohl gerade als auch ungerade Exponenten auftreten.

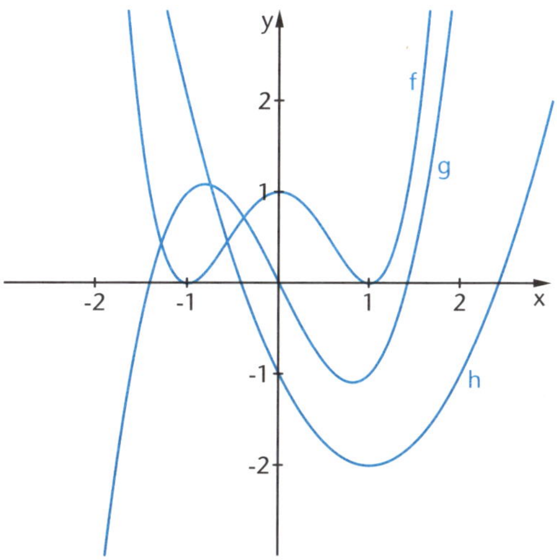

B2 Schnittpunkte des Graphen mit der x-Achse, Schnittpunkte zweier Graphen und Berührpunkte von Graphen berechnen sowie diese im Sachzusammenhang interpretieren.

- *Schnittpunkte mit der x-Achse:*
  Zur Bestimmung der Schnittpunkte des Graphen der Funktion f mit der x-Achse wird der Funktionsterm f(x) gleich null gesetzt und die sich ergebende Gleichung f(x) = 0 nach x aufgelöst.
  Als Lösungen der Gleichung erhält man die Nullstellen x_{N_1}, x_{N_2}, x_{N_3}, … der Funktion. Die Schnittpunkte des Graphen mit der x-Achse sind $(x_{N_1}|0)$, $(x_{N_2}|0)$, $(x_{N_3}|0)$, … .

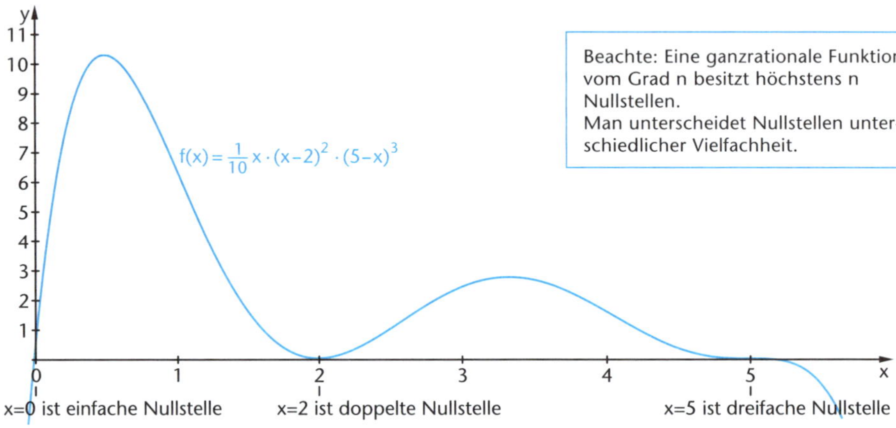

Beachte: Eine ganzrationale Funktion vom Grad n besitzt höchstens n Nullstellen.
Man unterscheidet Nullstellen unterschiedlicher Vielfachheit.

Falls die Nullstellen algebraisch bestimmt werden sollen, kann eines der folgenden Verfahren bei der Lösung hilfreich sein:
- Klammere, falls möglich, x (oder sogar x^2, x^3, …) im gesamten Funktionsterm aus.
- Löse eine quadratische Gleichung mit dem Verfahren der quadratischen Ergänzung, mit der p-/q-Formel oder mit dem Satz von Vieta.
- Kennt man ganzzahlige Nullstellen, dann kann man den Funktionsterm teilweise mithilfe von Linearfaktoren darstellen und dann einen Koeffizientenvergleich vornehmen.

- *Schnittpunkte zweier Graphen:*
  Sind zwei Funktionen f und g gegeben, dann bestimmt man die Schnittpunkte der Graphen durch Lösen der Gleichung f(x) = g(x).
  Wenn man die Gleichung umformt, sodass auf der linken Seite ein Term steht, und auf der rechten Seite null, dann wird das Problem „Schnittstellen zweier Graphen berechnen“ zum Problem „Nullstellen bestimmen“, vgl. Lösungsverfahren in Punkt 1. Anschließend darf man nicht vergessen, die y-Koordinaten der Schnittpunkte zu bestimmen, wenn dieses verlangt ist. Dazu setzt man die erhaltenen Schnittstellen (x-Koordinaten) in die Funktionsgleichung von f oder g ein, oder man macht beides zur Kontrolle, denn es muss in beiden Fällen das gleiche Ergebnis herauskommen.

- *Berührpunkte zweier Graphen:*
  Wenn sich die Graphen der Funktionen f und g in einem gemeinsamen Punkt $(x_B|f(x_B))$ nur berühren, dann haben die beiden Graphen nicht nur einen Punkt $(x_B|f(x_B))$ gemeinsam, sondern auch die Tangenten stimmen in diesem gemeinsamen Punkt überein. Es gilt daher $f(x_B) = g(x_B)$ und $f'(x_B) = g'(x_B)$.

Beispiel 1 *Schnittpunkte mit der x-Achse*

- Um die Schnittpunkte des Graphen von f mit $f(x) = -x^3 + 4x^2$ und der x-Achse zu ermitteln, hilft das Ausklammern von $-x^2$:
  $f(x) = 0 \Leftrightarrow -x^3 + 4x^2 = 0 \Leftrightarrow -x^2 \cdot (x - 4) = 0 \Leftrightarrow x = 0 \vee x = 4$.
  Dabei ist $x = 0$ eine doppelte und $x = 4$ eine einfache Nullstelle.
  Die Schnittpunkte mit der x-Achse lauten: $(0|0)$ und $(4|0)$.

- Um die Schnittpunkte des Graphen von g mit $g(x) = x^3 - 4x^2 - 4x + 16$ und der x-Achse zu ermitteln, versucht man, die erste Nullstelle zu erraten: $x = 2$. Der Funktionsterm lässt sich dann darstellen in der Form $(x - 2) \cdot (x^2 + ax + b)$. Nach Ausmultiplizieren findet man durch Koeffizientenvergleich oder Polynomdivision: $a = -2$ und $b = -8$.
  Man erhält alle Nullstellen nach Lösen der quadratischen Gleichung:
  $x^2 - 2x - 8 = 0 \Leftrightarrow x = -2 \vee x = 4$.
  Also: $g(x) = 0 \Leftrightarrow x^3 - 4x^2 - 4x + 16 = 0 \Leftrightarrow (x - 2) \cdot (x^2 - 2x - 8) = 0$
  $\Leftrightarrow x = 2 \vee x^2 - 2x - 8 = 0 \Leftrightarrow x = 2 \vee x = -2 \vee x = 4$.
  Alle Nullstellen sind einfache Nullstellen.
  Die Schnittpunkte mit der x-Achse lauten: $(-2|0)$, $(2|0)$ und $(4|0)$.

Beispiel 2 *Schnittpunkte zweier Graphen*

Bestimmen der Schnittpunkte der Graphen von f mit $f(x) = -x^3 + 4x^2$ und g mit $g(x) = x^3 - 4x^2 - 4x + 16$:
Die Vereinfachung von $f(x) = g(x)$ führt zur Gleichung $2x^3 - 8x^2 - 4x + 16 = 0$.
Diese hat die Lösung $x = 4$ (wie man durch Probieren/Einsetzen herausfindet oder ggf. auch aus der Untersuchung der Nullstellen der Funktionen f und g weiß).
Der Funktionsterm lässt sich dann darstellen in der Form $2(x - 4) \cdot (x^2 + ax + b)$.
Durch Koeffizientenvergleich oder Polynomdivision ergibt sich: $a = 0$ und $b = -2$.
Also: $f(x) = g(x) \Leftrightarrow -x^3 + 4x^2 = x^3 - 4x^2 - 4x + 16 \Leftrightarrow 2x^3 - 8x^2 - 4x + 16 = 0$
$\Leftrightarrow 2(x - 4)(x^2 - 2) = 0 \Leftrightarrow x = 4 \vee x = -\sqrt{2} \vee x = \sqrt{2}$.
Mit $f(-\sqrt{2}) \approx 10{,}83$, $f(\sqrt{2}) \approx 5{,}17$ und $f(4) = 0$ erhält man die Schnittpunkte der Graphen von f und g: $(-\sqrt{2}|10{,}83)$, $(\sqrt{2}|5{,}17)$ und $(4|0)$.

Beispiel 3 *Berührpunkt zweier Graphen*

Als Schnittpunkte der Graphen f mit $f(x) = -x^3 + 4x^2$ und h mit $h(x) = x^2 + 4$ erhält man die Punkte $(2|8)$ und $(-1|5)$.
Da außerdem $f'(2) = h'(2) = 4$, ist der Punkt $(2|8)$ ein Berührpunkt der beiden Graphen.

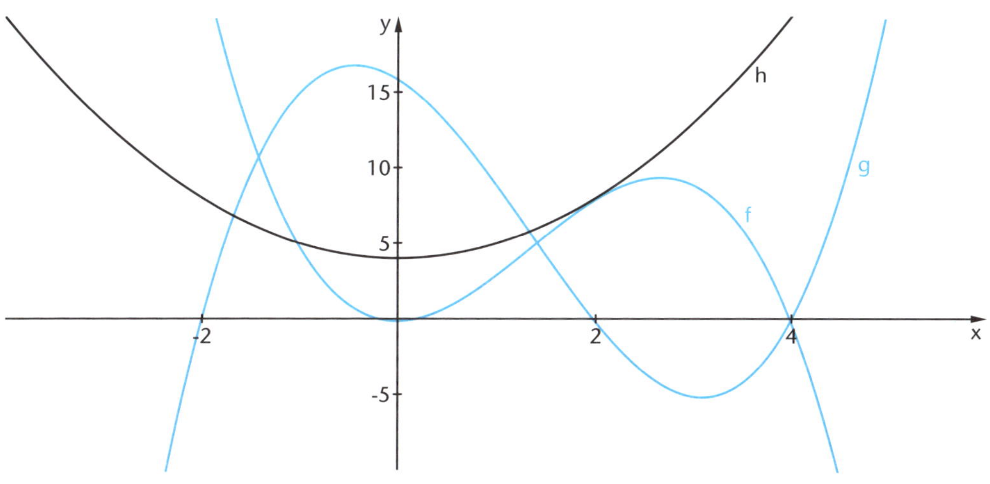

B3 Graphen auf Monotonie und auf lokale und absolute Extrempunkte untersuchen und diese im Sachzusammenhang interpretieren.

Wir betrachten eine auf dem Intervall I differenzierbare Funktion f.

- *Monotonie:*
  Der Graph von f ist auf dem Intervall I …
  … streng monoton steigend genau dann, wenn $f'(x) > 0$ für alle $x \in I$.
  … streng monoton fallend genau dann, wenn $f'(x) < 0$ für alle $x \in I$.

Die Umkehrung dieser Aussage ist nicht richtig. Beispiel: Der Graph von $f(x) = x^3$ ist streng monton steigend auf $\mathbb{R}$, aber es gilt: $f'(0) = 0$.

- *Lokale Extrempunkte:*
  Notwendige Bedingung:
  Wenn f an der inneren Stelle x_0 einen Extremwert hat, so gilt $f'(x_0) = 0$.

  Die Bedingung $f'(x) = 0$ bedeutet anschaulich, dass die Tangente an der Extremstelle parallel zur x-Achse verläuft.

  Hinreichende Bedingung (mit der zweiten Ableitung):
  Falls $f'(x_0) = 0$ und $f''(x_0) > 0$ [$f''(x_0) < 0$], so befindet sich an der Stelle x_0 ein lokales Minimum [Maximum].

  Hinreichende Bedingung (Vorzeichenwechselkriterium):
  Falls $f'(x_0) = 0$ und f′ einen Vorzeichenwechsel (VZW) von – nach + VZW [von + nach –] hat, so befindet sich an der Stelle x_0 ein lokales Minimum [Maximum].

- *Absolute Extrempunkte:*
  Vergleicht man alle lokalen Minima [Maxima] und die Funktionswerte an den Rändern des Intervalls I, so ist der kleinste [größte] Wert daraus das absolute Minimum [Maximum].

Bei der Untersuchung von Extremstellen in einem Sachzusammenhang, der mit einer mathematischen Funktion beschrieben wird, können diese im Kontext gedeutet werden.

Beispiel 1 *Bestimmung von Extrempunkten*

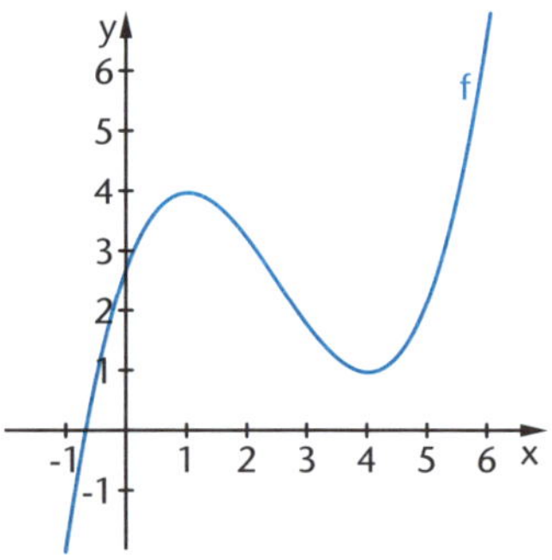

Gegeben ist die Funktion f mit

$f(x) = \frac{1}{9}(2x^3 - 15x^2 + 24x + 25)$.

Die Ableitungen sind:

$f'(x) = \frac{1}{9}(6x^2 - 30x + 24) = \frac{2}{3}(x^2 - 5x + 4) = \frac{2}{3}(x - 1)(x - 4)$

und

$f''(x) = \frac{2}{3}(2x - 5)$.

Untersuchung auf Monotonie mit einer Vorzeichentabelle für f′:
Zuerst werden die Nullstellen der ersten Ableitung bestimmt:
$f'(x) = 0 \Leftrightarrow x^2 - 5x + 4 = 0 \Leftrightarrow (x - 1)(x - 4) = 0 \Leftrightarrow x = 1 \vee x = 4$.
Mit einer Vorzeichentabelle kann das Vorzeichen der ersten Ableitung auf den Teilintervallen zwischen und neben deren Nullstellen bestimmt werden. Dazu bestimmt man jeweils das Vorzeichen aller Linearfaktoren von f′ auf den Teilintervallen und erhält daraus leicht das Vorzeichen von f′.

	$x < 1$	$x = 1$	$1 < x < 4$	$x = 4$	$x > 4$
$(x - 1)$	–	0	+		+
$(x - 4)$	–		–	0	+
f′	+	0	–	0	+
		+/–VZW		–/+VZW	

Also ist f streng monoton wachsend für $x < 1$ und für $x > 4$ und streng monoton fallend für $1 < x < 4$.
Mit dem Vorzeichenwechselkriterium folgt bereits aus dieser Tabelle, dass an der Stelle $x = 1$ ein lokales Maximum und an der Stelle $x = 4$ ein lokales Minimum vorliegt.

Untersuchung auf lokale Extrempunkte mit der zweiten Ableitung:
Notwendige Bedingung: $f'(x) = 0 \Leftrightarrow x^2 - 5x + 4 = 0 \Leftrightarrow (x-1)(x-4) = 0 \Leftrightarrow x = 1 \vee x = 4$
Hinreichende Bedingung: Da $f'(1) = 0 \wedge f''(1) = -2 < 0$, liegt an der Stelle $x = 1$ ein lokales Maximum vor.
Da $f'(4) = 0 \wedge f''(4) = 2 > 0$, liegt an der Stelle $x = 4$ ein lokales Minimum vor.
Mit $f(1) = 4$ und $f(4) = 1$ erhält man den lokalen Hochpunkt $H(1|4)$ und den lokalen Tiefpunkt $T(4|1)$.

Beispiel 2 *Untersuchung von Extrema in einem Sachzusammenhang*

Eine besondere Silvesterrakete wird senkrecht nach oben abgeschossen und beim Start kurz beschleunigt. Sie schlägt nach 6 Sekunden wieder auf dem Boden auf. Während des freien Fluges kann die Höhe der Rakete über dem Boden näherungsweise durch die Funktion h mit $h(t) = 30t - 5t^2$ beschrieben werden. Dabei wird die Höhe h in Metern und die Zeit t in Sekunden angegeben. Wie hoch fliegt die Rakete?

Gesucht ist also das absolute Maximum der Funktion h auf dem Intervall [0;6]:
Ableitungen: $h'(t) = 30 - 10t$ und $h''(t) = -10$
Notwendige Bedingung: $h'(t) = 0 \Leftrightarrow 30 - 10t = 0 \Leftrightarrow t = 3$
Hinreichende Bedingung: Da $h'(3) = 0 \wedge h''(3) = -10 < 0$, liegt an der Stelle $t = 3$ ein lokales Maximum vor.
Da der Graph von h eine nach unten geöffnete Parabel ist oder durch Vergleich von $h(3) = 45$ mit den Funktionswerten $h(0) = 0$ und $h(6) = 0$ an den Rändern des Intervalls folgt, dass an der Stelle $t = 3$ ein absolutes Maximum vorliegt.

Also fliegt die Rakete 45 m hoch.

Beispiel 3 *Extrempunkte bei Exponentialfunktionen*

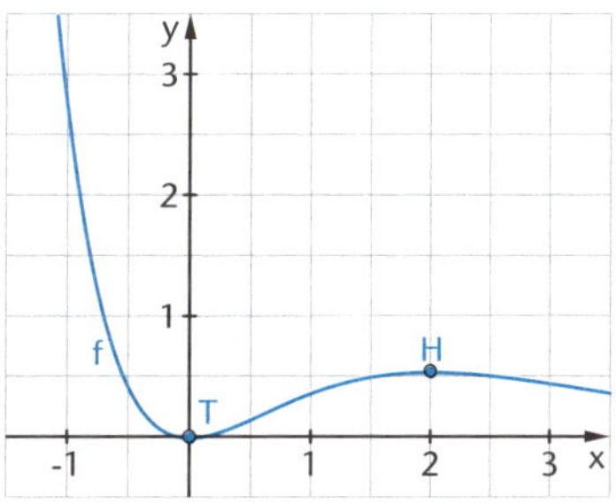

Gegeben ist die Funktion f mit $f(x) = x^2 \cdot e^{-x}$.
Die Ableitungen erhält man durch die Anwendung der Produkt- und Kettenregel:
$f'(x) = 2x \cdot e^{-x} - x^2 \cdot e^{-x} = (2x - x^2) \cdot e^{-x} = x \cdot (2 - x) \cdot e^{-x}$
$f''(x) = (2 - 2x) \cdot e^{-x} - (2x - x^2) \cdot e^{-x} = (x^2 - 4x + 2) \cdot e^{-x}$
Durch die Anwendung der notwendigen Bedingung $f'(x) = 0 \Leftrightarrow x = 0 \vee x = 2$ erhält man zwei Kandidaten für lokale Extremstellen, die nun weiter untersucht werden.
Mit der hinreichenden Bedingung $f'(0) = 0 \wedge f''(0) = 2 > 0$ ist nachgewiesen, dass an der Stelle $x = 0$ ein lokales Minimum vorliegt. Mit $f'(2) = 0 \wedge f''(2) = -2 \cdot e^{-2} < 0$ wird gezeigt, dass an der Stelle $x = 2$ ein lokales Maximum vorliegt. Durch Einsetzen der Extremstellen in die Funktionsgleichung erhält man den lokalen Tiefpunkt $T(0|0)$ und den lokalen Hochpunkt $H(2|4 \cdot e^{-2})$.

B4 Graphen auf ihr Krümmungsverhalten und auf Wende- und Sattelpunkte untersuchen und diese im Sachzusammenhang interpretieren. Die Wendestelle als Stelle mit extremaler Änderungsrate identifizieren.

Wir betrachten eine Funktion f und ihre Ableitungen.

Der Graph von f heißt auf I linksgekrümmt [rechtsgekrümmt] genau dann, wenn f′ auf I streng monoton steigend [fallend] ist.

- *Kriterium für das Krümmungsverhalten:*
  Wenn $f''(x) > 0$ [$f''(x) < 0$] für alle $x \in I$ gilt, dann ist der Graph von f auf I linksgekrümmt [rechtsgekrümmt].
  Die Umkehrung des Satzes ist nicht richtig. Beispiel: Der Graph von $f(x) = x^4$ ist auf $\mathbb{R}$ linksgekrümmt, aber $f''(0) = 0$.

- *Wendepunkte:*
  Notwendige Bedingung:
  Wenn x_0 eine Wendestelle von f ist, so gilt $f''(x_0) = 0$.

  > Wendestellen sind also Extremstellen der ersten Ableitung.

  Hinreichende Bedingung (mit der dritten Ableitung):
  Falls $f''(x_0) = 0$ und $f'''(x_0) \neq 0$, so liegt an der Stelle x_0 eine Wendestelle vor.

  Hinreichende Bedingung (Vorzeichenwechselkriterium):
  Falls $f''(x_0) = 0$ und f″ einen Vorzeichenwechsel (VZW) hat, so liegt an der Stelle x_0 eine Wendestelle vor.

- *Sattelpunkte:*
  Sattelpunkte sind Wendepunkte mit einer zur x-Achse parallelen Tangente.
  Daher gilt die **hinreichende Bedingung**:
  Falls $f'(x_0) = 0$ und $f''(x_0) = 0$ und $f'''(x_0) \neq 0$, so befindet sich an der Stelle x_0 ein Sattelpunkt.

Bei der Untersuchung von Wendestellen in einem Sachzusammenhang, der mit einer mathematischen Funktion beschrieben wird, können diese als Stellen mit maximaler oder minimaler Änderungsrate im Kontext gedeutet werden.

Beispiel 1 *Bestimmung des Krümmungsverhaltens und von Wendepunkten*

Gegeben ist die Funktion f mit $f(x) = \frac{1}{4}x^4 - x^3 + 4x$.

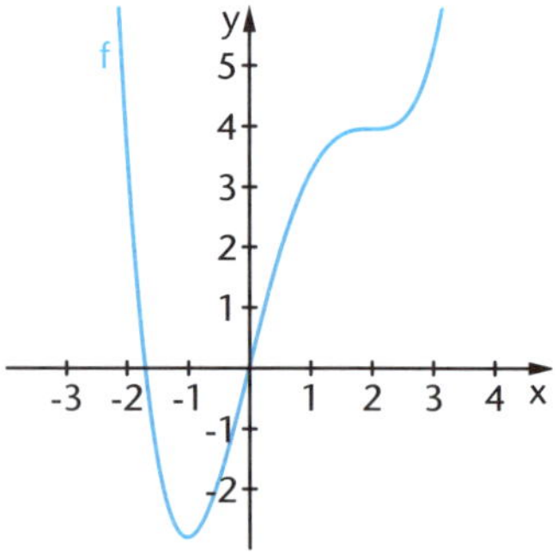

Die Ableitungen sind:
$f'(x) = x^3 - 3x^2 + 4$
$f''(x) = 3x^2 - 6x = 3x(x-2)$
$f'''(x) = 6x - 6 = 6(x-1)$

Untersuchung des Krümmungsverhaltens mit einer Vorzeichentabelle für f″:
Zuerst werden die Nullstellen der zweiten Ableitung bestimmt:
$f''(x) = 0 \Leftrightarrow 3x^2 - 6x = 0 \Leftrightarrow 3x(x-2) = 0 \Leftrightarrow x = 0 \vee x = 2$

Mit einer Vorzeichentabelle kann das Vorzeichen der zweiten Ableitung auf den Teilintervallen zwischen und neben deren Nullstellen bestimmt werden. Dazu bestimmt man jeweils das Vorzeichen aller Linearfaktoren von f″ auf den Teilintervallen und erhält daraus leicht das Vorzeichen von f″. Hier sind also die Linearfaktoren (x) und (x – 2) zu untersuchen:

	$x < 0$	$x = 0$	$0 < x < 2$	$x = 2$	$x > 2$
(x)	–	0	+		+
(x – 2)	–		–	0	+
f″	+	0	–	0	+
		+/–VZW		–/+VZW	

Also ist der Graph von f für $x < 0$ sowie für $x > 2$ linksgekrümmt und für $0 < x < 2$ rechtsgekrümmt.
Mit dem Vorzeichenwechselkriterium folgt bereits aus dieser Tabelle, dass $x = 0$ und $x = 2$ Wendestellen sind.

Untersuchung auf Wendepunkte mit der dritten Ableitung:

Notwendige Bedingung: $f''(x) = 0 \Leftrightarrow 3x^2 - 6x = 0 \Leftrightarrow 3x(x-2) = 0 \Leftrightarrow x = 0 \vee x = 2$

Hinreichende Bedingung: Da $f''(0) = 0 \wedge f'''(0) = -6 < 0$, ist $x = 0$ eine Wendestelle.
Da $f''(2) = 0 \wedge f'''(2) = 6 > 0$, ist $x = 2$ eine Wendestelle, da zusätzlich $f'(2) = 0$, liegt hier sogar ein Sattelpunkt vor.

Mit $f(0) = 0$ und $f(2) = 4$ erhält man den Wendepunkt $W(0|0)$ und den Sattelpunkt $S(2|4)$.

Beispiel 2 *Untersuchung auf Wendestellen in einem Sachzusammenhang*

Der Temperaturverlauf an einem Frühlingstag kann näherungsweise beschrieben werden durch die Funktion f mit $f(t) = 0{,}00067\,t^4 - 0{,}038\,t^3 + 0{,}6\,t^2 - 1{,}7\,t + 15{,}8$. Dabei wird die Zeit t in Stunden und die Temperatur f(t) in °C angegeben.
Zu welchem Zeitpunkt ist der Temperaturanstieg am größten gewesen?

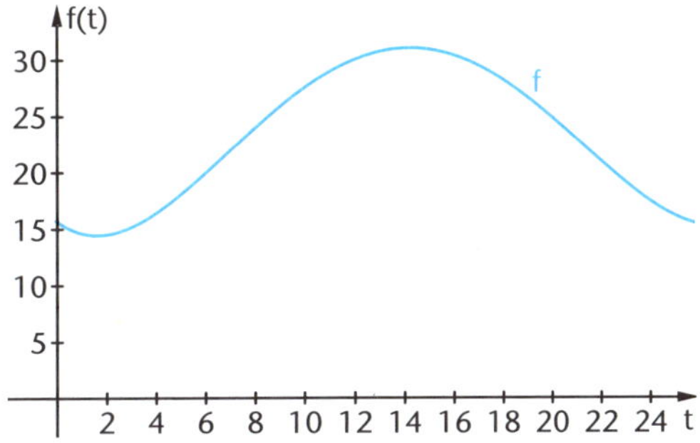

Hier ist nach einer Extremstelle der ersten Ableitung, also nach einer Wendestelle gefragt. Zusätzlich muss die erste Ableitung dort positiv sein, da ein Temperaturanstieg vorliegen soll.

Ableitungen:
$f'(t) = 0{,}00268\,t^3 - 0{,}114\,t^2 + 1{,}2\,t - 1{,}7$
$f''(t) = 0{,}00804\,t^2 - 0{,}228\,t + 1{,}2$
$f'''(t) = 0{,}01608\,t - 0{,}228$

Notwendige Bedingung: $f''(t) = 0 \Leftrightarrow 0{,}00804\,t^2 - 0{,}228\,t + 1{,}2 = 0 \Leftrightarrow$
$t^2 - 28{,}358\,t + 149{,}254 = 0 \Leftrightarrow$
$t \approx 14{,}179 \pm \sqrt{51{,}79} \Leftrightarrow$
$t_1 \approx 7{,}0 \vee t_2 \approx 21{,}4$

Hinreichende Bedingung: Da $f''(t_1) = 0 \wedge f'''(t_1) = -0{,}116 < 0$ ist $t_1 \approx 7{,}0$ eine Wendestelle.
Da $f''(t_2) = 0 \wedge f'''(t_2) = 0{,}116 > 0$ ist $t_2 \approx 21{,}4$ eine Wendestelle.

Weiterhin ist $f'(t_1) \approx 2{,}03$ und $f'(t_2) \approx -1{,}96$.
Der Temperaturanstieg war also um 7 Uhr mit etwa $2{,}03\ \frac{°C}{h}$ am größten.

Beispiel 3 *Wendepunkte bei Exponentialfunktionen*

Gegeben ist die Funktion f mit
$f(x) = x^2 \cdot e^{-x}$.
Die Ableitungen erhält man durch die Anwendung der Produkt- und Kettenregel:

$f'(x) = (-x^2 + 2x) \cdot e^{-x}$,
$f''(x) = (x^2 - 4x + 2) \cdot e^{-x}$,
$f'''(x) = (2x - 4) \cdot e^{-x} - (x^2 - 4x + 2) \cdot e^{-x}$
$= (-x^2 + 6x - 6) \cdot e^{-x}$

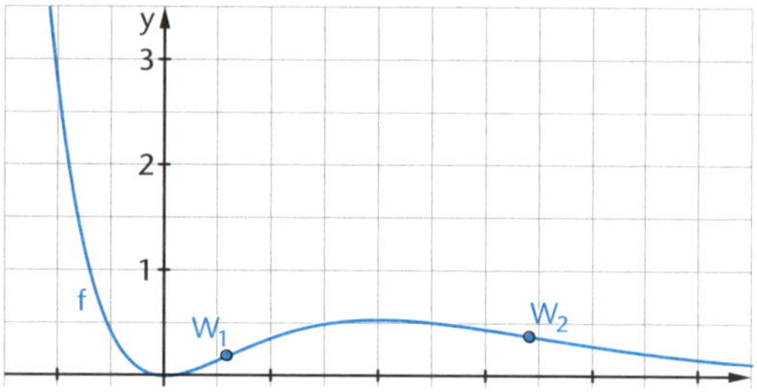

Durch die Anwendung der notwendigen Bedingung
$f''(x) = 0 \Leftrightarrow (x^2 - 4x + 2) = 0 \Leftrightarrow x = 2 - \sqrt{2} \approx 0{,}59 \vee x = 2 + \sqrt{2} \approx 3{,}41$ erhält man zwei Kandidaten für Wendestellen, die nun weiter untersucht werden.
Mit den hinreichenden Bedingungen $f''(2 - \sqrt{2}) = 0 \wedge f'''(2 - \sqrt{2}) \approx -1{,}57 \neq 0$ und
$f''(2 - \sqrt{2}) = 0 \wedge f'''(2 - \sqrt{2}) \approx 0{,}09 \neq 0$ ist nachgewiesen, dass die betrachteten Stellen Wendestellen sind.
Durch Einsetzen der Wendestellen in die Funktionsgleichung erhält man die Wendepunkte $W_1(0{,}59 \mid 0{,}19)$ und $W_2(3{,}41 \mid 0{,}38)$.

B5 Asymptotisches Verhalten bei Exponentialfunktionen untersuchen.

Für die Exponentialfunktion f mit $f(x) = e^x$ gilt:
$\lim\limits_{x \to -\infty} e^x = 0$ und $\lim\limits_{x \to +\infty} e^x = +\infty$.

Die Annäherung des Graphen von $f(x) = e^x$ an die x-Achse für $x \to -\infty$ erfolgt so stark, dass auch die Multiplikation mit beliebigen Potenzen von x diesen Grenzwert nicht verändert:
$\lim\limits_{x \to -\infty} (x^n \cdot e^x) = 0$ für $n \geq 1$.

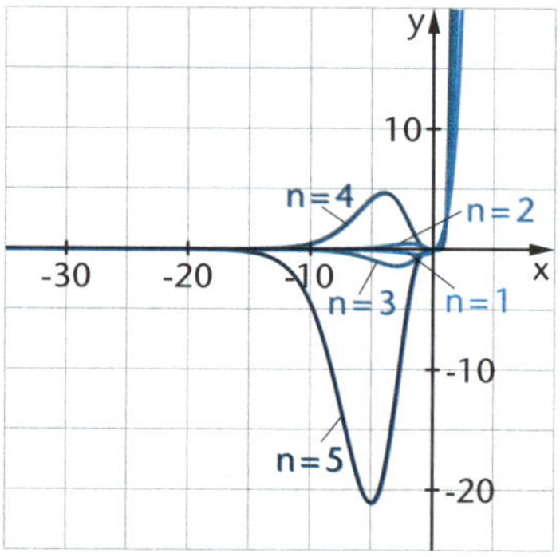

Die negative x-Achse ist eine **Asymptote***) für alle Funktionen vom Typ $x^n \cdot e^x$, $n \in \mathbb{N}$.
Analog gilt: $\lim\limits_{x \to +\infty} e^{-x} = 0$ und $\lim\limits_{x \to -\infty} e^{-x} = +\infty$

sowie $\lim\limits_{x \to +\infty} (x^n \cdot e^{-x}) = 0$.

*) Eine Funktion a wird als Asymptotenfunktion einer Funktion f bezeichnet, wenn gilt
$\lim\limits_{x \to -\infty} (f(x) - a(x)) = 0$ oder $\lim\limits_{x \to +\infty} (f(x) - a(x)) = 0$.

Dies bedeutet, dass sich der Graph der Funktion f dem Graphen der Asymptotenfunktion a für $x \to +\infty$ oder für $x \to -\infty$ beliebig gut annähert.

Beispiel

Gegeben ist die Funktion f durch $f(x) = (-x^3 + 2x^2) \cdot e^{-x}$.

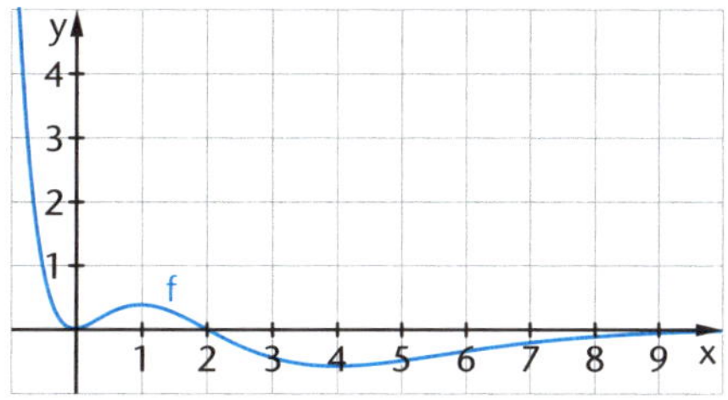

Ihr Graph nähert sich für $x \to +\infty$ der x-Achse asymptotisch an.
Es gilt: $\lim\limits_{x \to +\infty} f(x) = 0$.

Für $x \to -\infty$ wachsen die Funktionswerte über alle Grenzen. Es gilt: $\lim\limits_{x \to -\infty} f(x) = +\infty$. Zur Begründung des Vorzeichens reicht es aus, das Vorzeichen des Summanden mit dem höchsten Exponenten, hier $-x^3$ zu betrachten. Für $x < 0$ ist $-x^3$ positiv.

B6 Funktionenscharen (falls erforderlich, mithilfe von Fallunterscheidungen) auf besondere Punkte (Schnittpunkte, Extrem- und Wendepunkte) untersuchen sowie gemeinsame Punkte der Kurvenschar ermitteln; LK zusätzlich: Ortslinien von Funktionenscharen bestimmen und die Ergebnisse im Sachzusammenhang interpretieren.

Eine Funktionenschar f_k ergibt sich, wenn der Funktionsterm einen Parameter k enthält, für den man verschiedene Zahlen einsetzen kann. Man erhält dann nicht nur einen, sondern abhängig von der Einsetzung für den Parameter, verschiedene Graphen. Bei der Untersuchung der Funktionenschar wird der Parameter k so behandelt, als stehe er für eine zwar beliebige dann aber als konstant angenommene Zahl.

Zur **Untersuchung einer Funktionenschar auf besondere Punkte** wird analog zu den in B2, B3 und B4 beschriebenen Verfahren vorgegangen. Allerdings können die Ableitungen, die Bedingungen und die Koordinaten der Punkte von dem Parameter k abhängig sein. Weiterhin können auch die Eigenschaften besonderer Punkte z. B. vom Vorzeichen des Parameters abhängen. Dann wird eine Fallunterscheidung erforderlich sein.
Zur **Bestimmung aller gemeinsamen Punkte** der Funktionenschar verwendet man den Ansatz $f_{k_1}(x) = f_{k_2}(x)$ mit der Voraussetzung $k_1 \neq k_2$. Alle Lösungen dieser Gleichung sind die x-Koordinaten der gemeinsamen Punkte.

Ortslinien: Der Graph, auf dem die Extrempunkte [Wendepunkte] aller Funktionen einer Funktionenschar liegen, heißt **Ortslinie** der Extrempunkte [Wendepunkte]. Um die Gleichung einer Ortslinie der Extrempunkte [Wendepunkte] zu ermitteln, bestimmt man zunächst die vom Parameter k abhängigen Koordinaten $E(x_e(k)|y_e(k))$ der Punkte. Dann löst man die Gleichung $x = x_e(k)$ nach k auf und setzt das Ergebnis für k in die Gleichung $y = y_e(k)$ ein.

Beispiel 1 *Untersuchung einer Funktionenschar*

Gegeben ist die Funktionenschar f_k durch
$f_k(x) = -2x^3 + kx$ mit $k \in \mathbb{R}$.

Die Ableitungen sind: $f_k'(x) = -6x^2 + k$, $f_k''(x) = -12x$ und $f_k'''(x) = -12$.
Die Graphen der Schar sind punktsymmetrisch zum Ursprung, da der Funktionsterm nur ungerade Exponenten von x enthält.

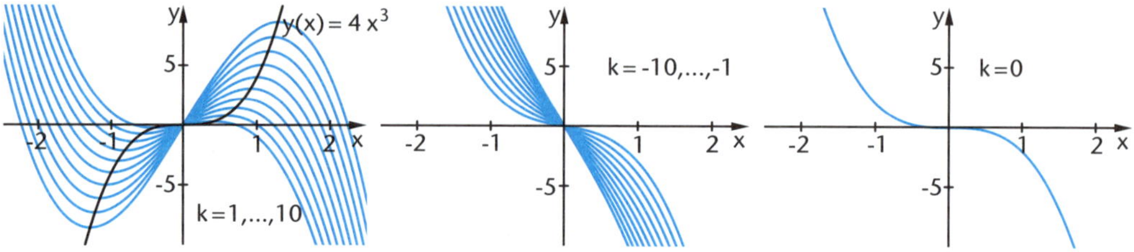

Schnittpunkte mit der x-Achse:
$f_k(x) = 0 \Leftrightarrow -2x^3 + kx = 0 \Leftrightarrow x(-2x^2 + k) = 0 \Leftrightarrow x = 0 \vee x^2 = \frac{k}{2}$.
Falls $k > 0$ hat die Gleichung drei Lösungen: $x = 0 \vee x = -\frac{\sqrt{2k}}{2} \vee x = \frac{\sqrt{2k}}{2}$.
Die Schnittpunkte sind dann $(0|0)$, $\left(-\frac{\sqrt{2k}}{2}\middle|0\right)$ und $\left(\frac{\sqrt{2k}}{2}\middle|0\right)$.
Falls $k \leq 0$, ist nur $(0|0)$ Schnittpunkt mit der x-Achse.

Extrempunkte:
Notwendige Bedingung: $f_k'(x) = 0 \Leftrightarrow -6x^2 + k = 0 \Leftrightarrow x^2 = \frac{k}{6}$.
Falls $k > 0$, hat die Gleichung zwei Lösungen: $x = -\frac{\sqrt{6k}}{6} \vee x = \frac{\sqrt{6k}}{6}$.
In diesem Fall ergibt die hinreichende Bedingung: $f_k'\left(-\frac{\sqrt{6k}}{6}\right) = 0 \wedge f_k''\left(-\frac{\sqrt{6k}}{6}\right) = 2\sqrt{6k} > 0$.
Mit $f_k\left(-\frac{\sqrt{6k}}{6}\right) = -\frac{\sqrt{6k^3}}{9}$ ist daher $T\left(-\frac{\sqrt{6k}}{6}\middle|-\frac{\sqrt{6k^3}}{9}\right)$ ein lokaler Tiefpunkt für $k > 0$.
Aufgrund der Punktsymmetrie zum Ursprung ist $H\left(\frac{\sqrt{6k}}{6}\middle|\frac{\sqrt{6k^3}}{9}\right)$ für $k > 0$ ein lokaler Hochpunkt.
Falls $k = 0$, hat die Gleichung $f_k'(x) = 0$ nur die Lösung $x = 0$. Da auch $f_k''(0) = 0$, ist mit der hinreichenden Bedingung hier noch keine Aussage möglich.
Falls $k < 0$, hat die Gleichung $f_k'(x) = 0$ keine Lösung. In diesem Fall liegen also keine Extrempunkte vor.

Wendepunkte:
Notwendige Bedingung: $f_k''(x) = 0 \Leftrightarrow -12x = 0 \Leftrightarrow x = 0$
Hinreichende Bedingung: $f_k''(0) = 0 \wedge f_k''(0) = -12 \neq 0$
Also ist $W(0|0)$ ein Wendepunkt für alle k. Falls $k = 0$, ist dies sogar ein Sattelpunkt.

Gemeinsame Punkte aller Graphen der Funktionenschar:
Aus dem Ansatz $f_{k_1}(x) = f_{k_2}(x)$ mit $k_1 \neq k_2$ folgt
$-2x^3 + k_1x = -2x^3 + k_2x \Leftrightarrow k_1x = k_2x \Leftrightarrow (k_1 - k_2)x = 0$.
Da nach Voraussetzung $k_1 \neq k_2$ ist, bedeutet dies, dass $x = 0$.
Daher ist der Punkt $(0|0)$ der einzige gemeinsame Punkt.

Ortslinie der Extrempunkte:

$x = \frac{\sqrt{6k}}{6} \Rightarrow x^2 = \frac{k}{6} \Rightarrow k = 6x^2 \rightarrow y = \frac{\sqrt{6k^3}}{9}$

Durch Einsetzen von k in die letzte Gleichung erhält man die Gleichung der Ortslinie der Hochpunkte:

$y(x) = \frac{\sqrt{6(6x^2)^3}}{9} = 4x^3$ für $x > 0$.

Durch analoges Vorgehen erhält man für $x < 0$ dieselbe Gleichung für die Ortslinie der Tiefpunkte.

Beispiel 2 *Ortslinienbestimmung*

Gesucht ist die Gleichung der Kurve, auf der alle Tiefpunkte der Kurvenschar f_t mit $f_t(x) = x^2 + tx - t$ liegen.

Man findet die Tiefpunkte $T_t\left(-\frac{t}{2}\middle|-\frac{1}{4}t^2 - t\right)$.

Aus $x = -\frac{t}{2}$ erhält man $t = -2x$ und setzt diesen Wert in $y = -\frac{1}{4}t^2 - t$ ein:

$y = -\frac{1}{4}(-2x)^2 - (-2x)$.

Die gesuchte Ortslinie besitzt die Gleichung $y = -x^2 + 2x$.

Kurvenscharen auf gemeinsame Punkte der Schar untersuchen:
Zeigen Sie, dass alle Kurven zu f_t mit $f_t(x) = x^2 + tx - t$ durch den Punkt $S(1|1)$ gehen.
Der Ansatz lautet: $f_{t_1}(x) = f_{t_2}(x)$, $t_1 \neq t_2$, also

$x^2 + t_1x - t_1 = x^2 + t_2x - t_2 \Leftrightarrow t_1x - t_2x = t_1 - t_2 \Leftrightarrow x = \frac{t_1 - t_2}{t_1 - t_2} \Leftrightarrow x = 1.$

Es ist $f_t(1) = 1$. Also verlaufen alle Kurven durch den Punkt $S(1|1)$.

Beispiel 3 *Kurvenschar mit Exponentialfunktionen*

Hat die Kurvenschar mit $f_k(x) = (e^x - k)^2$ gemeinsame Punkte?
Dazu untersuchen wir: Für welche $x \in \mathbb{R}$ gilt: $k_1(x) = k_2(x)$ sofern $k_1 \neq k_2$?
$(e^x - k_1)^2 = (e^x - k_2)^2 \Leftrightarrow e^{2x} - 2k_1e^x + k_1^2 = e^{2x} - 2k_2e^x + k_1^2 \Leftrightarrow 2\cdot(k_1 - k_2)\cdot e^x = k_1^2 - k_2^2$

$\Leftrightarrow e^x = \frac{1}{2}\cdot(k_1 + k_2) \Leftrightarrow x = \ln\left(\frac{1}{2}\cdot(k_1 + k_2)\right)$.

Da der gemeinsame Punkt des Graphen von f_k und von $f_{k'}$ von den Werten von k_1 und k_2 abhängt, gibt es keinen gemeinsamen Punkt, der gleichzeitig zu allen Graphen der Schar gehört.

Ortskurve der Wendepunkte:
$f_k'(x) = 2\cdot(e^x - k)\cdot e^x = 2e^{2x} - 2ke^x$ (nach Kettenregel)
$f_k''(x) = 4e^{2x} - 2ke^x = 2e^x\cdot[2e^x - k]$
Da $e^x > 0$ für alle $x \in \mathbb{R}$ gilt: $f_k''(x) = 0 \Leftrightarrow 2e^x = k$
Diese Gleichung hat nur für positive Werte von k eine Lösung, nämlich: $x = \ln\left(\frac{k}{2}\right)$.

Überprüfung der hinreichenden Bedingung für das Vorliegen eines Wendepunkts:
Es ist:
$f_k'''(x) = 8e^{2x} - 2ke^x = 2e^x\cdot[4e^x - k]$
und $f_k'''\left(\ln\left(\frac{k}{2}\right)\right) = k\cdot[2k - k] = k^2 > 0$.

Die Wendepunkte haben die y-Koordinate: $y_w = f_k\left(\ln\left(\frac{k}{2}\right)\right) = \frac{k^2}{4}$.

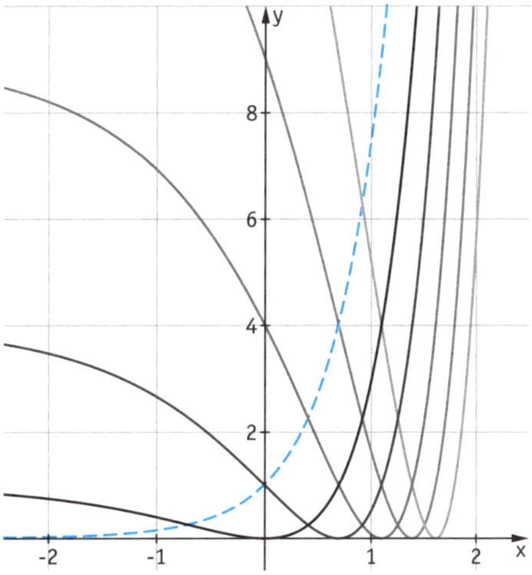

Kurvenschar für k = 1, 2, …, 5
mit Ortslinie der Wendepunkte

Wir lösen $x_w = \ln\left(\frac{k_1}{2}\right)$ nach k_1 auf: $k_1 = 2 \cdot e^{x_w}$.

Einsetzen in $y_w = \frac{k_1^{\,2}}{4}$: $y_w = \frac{1}{4} \cdot (2 \cdot e^{x_w})^2 = (e^{x_w})^2 = e^{2x_w}$.

Die Wendepunkte liegen auf einer Kurve mit der Gleichung $y = e^{2x}$.

Beispiel 4 *Kurvenschar zu einer Logarithmusfunktion*

Wir betrachten die Schar mit $f_k(x) = x + \ln(x^2 + k)$ für $k \in \mathbb{N}$
Die Funktion ist für alle $x \in \mathbb{R}$ definiert, da $x^2 + k > 0$ für $x \in \mathbb{R}$.

Es gilt: $f_k'(x) = 1 + \frac{2x}{x^2 + k}$ und weiter $f_k''(x) = \frac{2 \cdot (x^2 + k) - 2x \cdot 2x}{(x^2 + k)^2} = \frac{2 \cdot (k - x^2)}{(x^2 + k)^2}$.

Die Kurven haben Wendepunkte an den Stellen $x_w = -\sqrt{k}$ und $x_w = \sqrt{k}$ (das hinreichende Kriterium kann man überprüfen, indem man die Zahlen $x = -k$, $x = 0$ und $x = k$ einsetzt und damit nachweist, dass die 2. Ableitung einen Vorzeichenwechsel hat).
Die y-Koordinaten der Wendepunkte sind
$f_k(\sqrt{k}) = \sqrt{k} + \ln(2k)$ bzw. $f_k(-\sqrt{k}) = -\sqrt{k} + \ln(2k)$.

Aus $k = x_w^2$ erhalten wir durch Einsetzen in die Funktionsgleichung:
$y_w = x_w + \ln(2x_w^2)$.

Die Wendepunkte liegen auf einer Kurve mit der Gleichung $y = x + \ln(2x^2)$ – die Kurve besteht aus zwei Teilgraphen, da die zugehörige Funktion an der Stelle $x = 0$ nicht definiert ist (Polstelle), vgl. Abbildung.

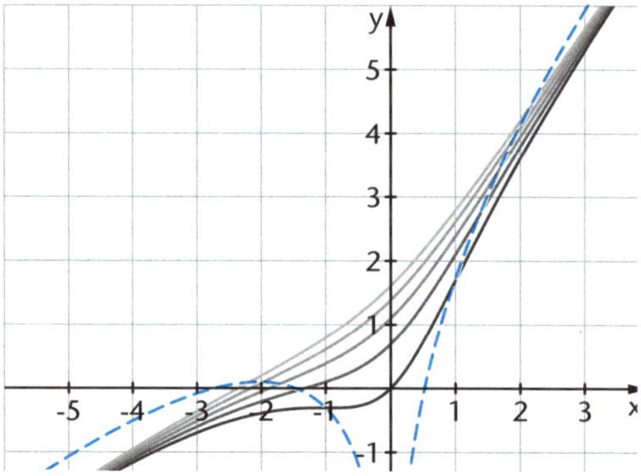

Kurvenschar für k = 1, 2, …, 5
mit Ortslinie der Wendepunkte

B7 Eigenschaften der Sinus- und Kosinusfunktion angeben und die Funktionsgleichung einer allgemeinen Sinusfunktion bestimmen.

Die Funktion mit der Gleichung $y = \sin x$ und $\mathbb{R}$ (bzw. einer Teilmenge von $\mathbb{R}$) als Definitionsmenge heißt **Sinusfunktion**. Ihr Graph heißt auch *Sinuskurve*.
Die Funktion mit der Gleichung $y = \cos x$ und $\mathbb{R}$ (bzw. einer Teilmenge von $\mathbb{R}$) als Definitionsmenge heißt **Kosinusfunktion**. Ihr Graph heißt auch *Kosinuskurve*.

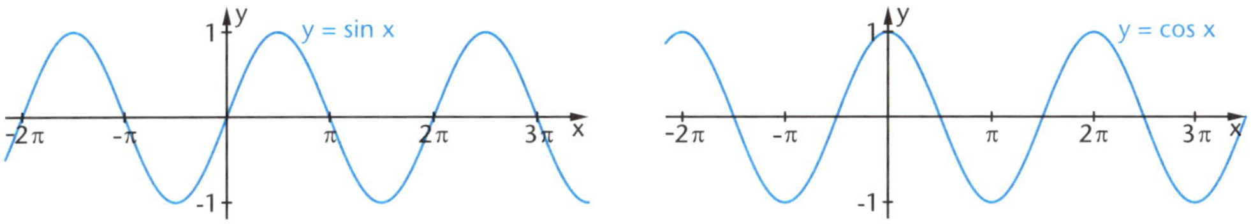

Die Wertemenge ist jeweils die Menge aller reellen Zahlen, für die gilt: $-1 \leq y \leq 1$.

Die Sinus- und die Kosinusfunktion sind periodische Funktionen mit der Periode 2π:
$\sin(x + 2\pi) = \sin x$ $\qquad \cos(x + 2\pi) = \cos x$.
Allgemein gilt $\sin(x + k \cdot 2\pi) = \sin x$ und $\cos(x + k \cdot 2\pi) = \cos x$ für $k \in \mathbb{Z}$.

Der Graph der Sinusfunktion ist punktsymmetrisch zum Koordinatenursprung.
Für alle Winkelgrößen x gilt: $\sin(-x) = -\sin x$.
Der Graph der Kosinusfunktion ist achsensymmetrisch zur y-Achse.
Für alle Winkelgrößen x gilt: $\cos(-x) = \cos x$.

Die Nullstellen der Sinusfunktion liegen bei ganzzahligen Vielfachen von π:
$x = k \cdot \pi,\ k \in \mathbb{Z}$.

Die Nullstellen der Kosinusfunktion liegen bei ungeradzahligen Vielfachen von $\frac{\pi}{2}$:
$x = (2k + 1) \cdot \frac{\pi}{2},\ k \in \mathbb{Z}$.

Die Sinus- und die Kosinusfunktion sind für alle $x \in \mathbb{R}$ differenzierbar und es gilt:
$\sin' x = \cos x$ und $\cos' x = -\sin x$.
Weiter gilt: $\sin'' x = -\sin x$ und $\cos'' x = -\cos x$.

Beide Funktionen haben wegen der Periodizität unendlich viele Hoch- und Tiefpunkte:

$y = \sin x$: $H\left(\frac{1}{2}\pi + k \cdot 2\pi \,\middle|\, 1\right)$, $T\left(\frac{3}{2}\pi + k \cdot 2\pi \,\middle|\, -1\right)$,

$y = \cos x$: $H(k \cdot 2\pi \,|\, 1)$, $T(\pi + k \cdot 2\pi \,|\, -1) = ((2k + 1) \cdot \pi \,|\, -1)$.

Die Nullstellen der Sinus- und Kosinusfunktion sind auch deren Wendestellen.

Den Graphen der Kosinusfunktion kann man durch Verschieben parallel zur x-Achse aus dem der Sinusfunktion erhalten. Beispielsweise gilt:

$\cos x = \sin\left(x + \frac{\pi}{2}\right)$ und umgekehrt: $\sin x = \cos\left(x - \frac{\pi}{2}\right)$.

Aus dem Graphen der Sinusfunktion mit $y = \sin x$ erhält man den Graphen zur allgemeinen Sinusfunktion mit $y = a \cdot \sin(b(x + c)) + d$ durch
(1) Strecken mit dem Faktor a parallel zur y-Achse;
(2) anschließendes Strecken mit dem Faktor $\frac{1}{b}$ parallel zur x-Achse;
(3) anschließendes Verschieben um $|c|$ parallel zur x-Achse;
wenn $c < 0$, wird nach rechts verschoben; wenn $c > 0$, wird nach links verschoben;
(4) anschließendes Verschieben um $|d|$ parallel zur y-Achse;
wenn $d > 0$, wird nach oben verschoben; wenn $d < 0$, wird nach unten verschoben.

Beispiel 1

Der Graph der Funktion f mit

$f(x) = 3 \cdot \sin\left(2 \cdot \left(x - \frac{\pi}{4}\right)\right) - \frac{1}{2}$

entsteht aus dem Graphen der Sinusfunktion durch

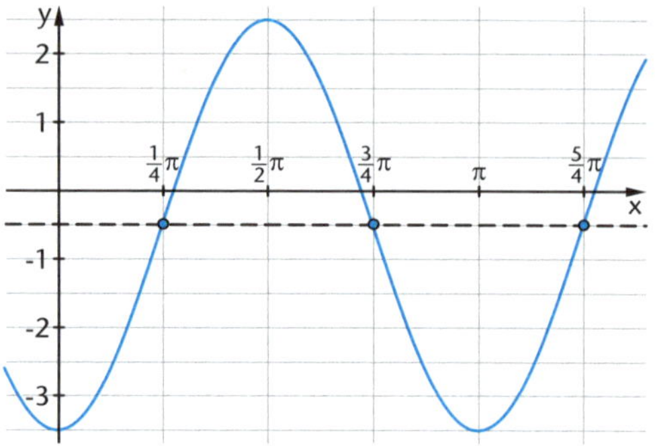

- Verschieben um $\frac{\pi}{4}$ nach rechts,
- Verschieben um $\frac{1}{2}$ nach unten,
- Strecken mit dem Faktor 3 in Richtung der y-Achse (dadurch wird die Auslenkung gegenüber der mittleren Lage verdreifacht) und
- Strecken mit dem Faktor 2 in Richtung der x-Achse (dadurch wird die Periodenlänge halbiert).

Beispiel 2

Am Graphen der abgebildeten allgemeinen Sinusfunktion lesen wir ab:

Verschiebung um $\frac{5\pi}{3}$ nach links, d. h. $c = \frac{5\pi}{3}$,

Verschiebung um 1 nach oben, d. h. $d = +1$.

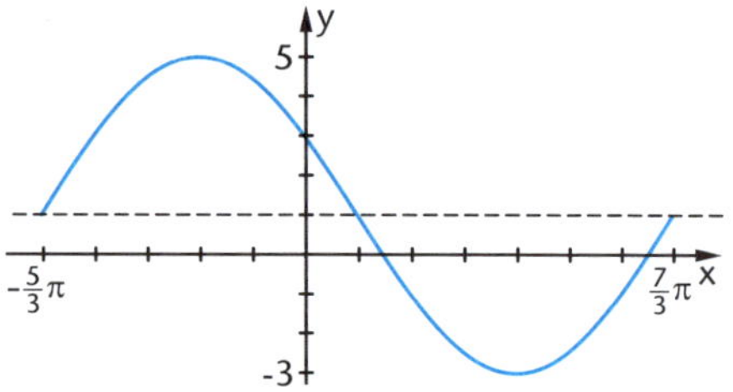

Die Auslenkung gegenüber der mittleren Lage beträgt 4 Einheiten, d. h. der Graph ist mit dem Faktor 4 in Richtung der y-Achse gestreckt worden, d. h. $a = 4$.

Die Periodenlänge beträgt $p = 4\pi$, d. h. der Graph ist mit dem Faktor 2 in Richtung der x-Achse gestreckt worden, d. h. $b = \frac{1}{2}$.

Die Funktionsgleichung lautet also $f(x) = 4 \cdot \sin\left(\frac{1}{2} \cdot \left(x + \frac{5}{3}\pi\right)\right) + 1$.

Beispiel 3

Von einer allgemeinen Sinusfunktion sind einige charakteristische Punkte einer Periode gegeben.

x	1	2	3	4	5
f (x)	1	3	1	–1	1

Der periodische Verlauf ist durch den „Anfangspunkt" (1|1) gegeben, d. h. der gesamte Graph ist um 1 nach oben und um 1 nach rechts verschoben, d. h. $c = -1$ und $d = +1$. Der größte Funktionswert ist $f(2) = 3$, der kleinste $f(4) = -1$; die Auslenkung gegenüber der mittleren Lage beträgt $\Delta = 2$, d. h. der Faktor der Streckung parallel zur y-Achse ist $a = 2$. Die Periodenlänge beträgt $5 - 1 = 4$ Einheiten; daher ist die Länge einer Periode nicht $p = 2\pi$. Der Faktor der Streckung beträgt $b = \frac{(2\pi)}{4} = \frac{\pi}{2}$.

Der Funktionsterm lautet daher $f(x) = 2 \cdot \sin\left(\frac{\pi}{2} \cdot (x - 1)\right) + 1$.

B8 Eigenschaften von Wurzelfunktionen bestimmen.

Die Untersuchung der Eigenschaften von Wurzelfunktionen unterscheidet sich von der anderer Funktionstypen vor allem dadurch, dass ggf. eine Einschränkung der Definitionsmenge beachtet werden muss; außerdem kann es vorkommen, dass die Funktionen an den Rändern der Definitionsmenge nicht differenzierbar sind (man könnte dort eine Parallele zur y-Achse als Tangente einzeichnen, deren Steigung „unendlich" ist):

- Wurzelfunktionen sind für alle diejenigen x definiert, für die der Radikand (Term, der unter dem Wurzelzeichen steht) nicht negativ ist,
- an der Stelle oder den Stellen, an denen der Radikand den Wert null annimmt, ist die Wurzelfunktion nicht differenzierbar, denn beim Differenzieren einer Wurzelfunktion entsteht ein Bruchterm, dessen Nennerfunktion nicht null werden darf.

Beispiele

(1) $f(x) = \sqrt{x} = x^{\frac{1}{2}}$, $D_f = \{x \mid x \geq 0\}$; f ist differenzierbar auf $D_f \setminus \{0\} = \{x \mid x > 0\}$ und es gilt nach Potenzregel, vgl. A1: $f'(x) = \frac{1}{2} \cdot x^{-\frac{1}{2}} = \frac{1}{2\sqrt{x}}$.

(2) $f(x) = \sqrt{x^2 - 4x + 3}$, $D_f = \{x \mid x^2 - 4x + 3 \geq 0\} = \{x \mid x \leq +1 \lor x \geq +3\}$; f ist differenzierbar auf $D_f \setminus \{+1; +3\} = \{x \mid x < +1 \lor x > +3\}$ und es gilt nach Kettenregel, vgl. A2:

$$f'(x) = \frac{1}{2} \cdot (x^2 - 4x + 3)^{-\frac{1}{2}} \cdot (2x - 4) = \frac{2x - 4}{2\sqrt{x^2 - 4x + 3}} = \frac{x - 2}{\sqrt{x^2 - 4x + 3}}.$$

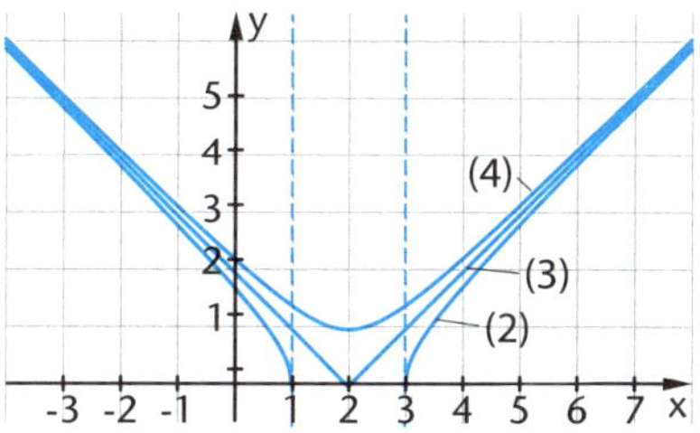

(3) $f(x) = \sqrt{x^2 - 4x + 4} = \sqrt{(x - 2)^2} = |x - 2|$, $D_f = \mathbb{R}$; f ist differenzierbar auf $D_f \setminus \{+2\} = \mathbb{R} \setminus \{+2\}$ und es gilt nach Kettenregel, vgl. A2:

$$f'(x) = \frac{1}{2} \cdot (x^2 - 4x + 4)^{-\frac{1}{2}} \cdot (2x - 4) = \frac{2x - 4}{2\sqrt{x^2 - 4x + 4}} = \frac{x - 2}{\sqrt{x^2 - 4x + 4}} = \frac{x - 2}{|x - 2|};$$ dabei ist

$f'(x) = -1$ für $x < +2$ und $f'(x) = +1$ für $x > +2$, vgl. Abbildung.

(4) $f(x) = \sqrt{x^2 - 4x + 5}$, $D_f = \{x \mid x^2 - 4x + 5 \geq 0\} = \{x \mid (x - 2)^2 + 1 \geq 0\} = \mathbb{R}$; f ist differenzierbar auf $D_f = \mathbb{R}$ und es gilt nach Kettenregel, vgl. A2:

$$f'(x) = \frac{1}{2} \cdot (x^2 - 4x + 5)^{-\frac{1}{2}} \cdot (2x - 4) = \frac{2x - 4}{2\sqrt{x^2 - 4x + 5}} = \frac{x - 2}{\sqrt{x^2 - 4x + 5}}.$$

(5) $f(x) = \sqrt{x \cdot (4 - x)}$, $D_f = \{x \mid x \cdot (4 - x) \geq 0\} = \{x \mid 0 \leq x \leq +4\}$; f ist differenzierbar auf $D_f \setminus \{0; +4\} = \{x \mid 0 < x < +4\}$ und es gilt nach Kettenregel, vgl. A2:

$$f'(x) = \frac{1}{2} \cdot (x \cdot (4 - x))^{-\frac{1}{2}} \cdot (4 - 2x) = \frac{4 - 2x}{2\sqrt{x \cdot (4 - x)}} = \frac{2 - x}{\sqrt{x \cdot (4 - x)}}.$$

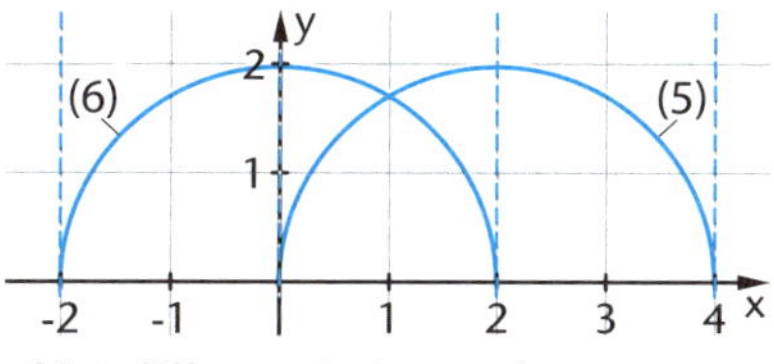

(6) $f(x) = \sqrt{4 - x^2}$, $D_f = \{x \mid 4 - x^2 \geq 0\} = \{x \mid -2 \leq x \leq +2\}$; f ist differenzierbar auf $D_f \setminus \{-2; +2\} = \{x \mid -2 < x < +2\}$ und es gilt nach Kettenregel, vgl. A2:

$$f'(x) = \frac{1}{2} \cdot (4 - x^2)^{-\frac{1}{2}} \cdot (-2x) = \frac{-2x}{2\sqrt{4 - x^2}} = -\frac{x}{\sqrt{4 - x^2}}.$$

B9 Eigenschaften von gebrochenrationalen Funktionen untersuchen.

Bei der Funktionsuntersuchung von Quotientenfunktionen müssen einige Besonderheiten beachtet werden, die wir im Folgenden ansprechen (hier also keine vollständige Untersuchung der Eigenschaften):

Definitionsbereich: Hat eine Funktion innerhalb eines Intervalls, auf dem sie ansonsten definiert ist, einzelne Stellen, an denen sie nicht definiert ist, so heißen diese Stellen **Definitionslücken.** Bei Funktionen der Form $f(x) = \frac{z(x)}{n(x)}$, also Quotienten aus einer Zählerfunktion $z(x)$ und einer Nennerfunktion $n(x)$, sind die Definitionslücken die Stellen, an denen die Nennerfunktion $n(x)$ gleich null wird. Hier gibt es folgende Möglichkeiten:

$z(x_0)$	$n(x_0)$	$f(x_0)$ (mit Bemerkungen)
$\neq 0$	$\neq 0$	$f(x_0) = \frac{z(x_0)}{n(x_0)}$ normaler Punkt
$\neq 0$	$= 0$	Polstelle
$= 0$	$\neq 0$	Nullstelle
$= 0$	$= 0$	überprüfen, ob die Definitionslücke bei x_0 hebbar ist; dies ist der Fall, wenn der $\lim\limits_{x \to x_0} f(x)$ existiert.

Polstellen: Die Definitionsmenge einer Quotientenfunktion hängt wesentlich von den Nullstellen der Nennerfunktion ab:
Ist die Nullstelle des Nennerfunktion nicht zugleich Nullstelle der Zählerfunktion, liegt an dieser Definitionslücke x_0 eine Polstelle vor.

Man unterscheidet Polstellen **mit** bzw. **ohne Vorzeichenwechsel (VZW)**, je nachdem, ob die Teilgraphen links und rechts der Polgeraden nach oben oder nach unten ins Unendliche verlaufen (Schreibweise: $f(x) \to -\infty$ oder $f(x) \to \infty$ für $x \to x_0$).
Gelegentlich werden Polgeraden auch als **senkrechte Asymptoten** bezeichnet.

Asymptoten: Das Verhalten von $f(x)$ für $x \to \infty$ bzw. für $x \to -\infty$ wird durch das Verhalten von Zähler- und Nennerfunktion bestimmt. Falls eine Funktion a existiert, für die gilt: $\lim\limits_{x \to -\infty} [f(x) - a(x)] = 0$ oder $\lim\limits_{x \to +\infty} [f(x) - a(x)] = 0$, dann wird der Graph von a als Asymptote des Graphen von f bezeichnet. Anschaulich bedeutet die Grenzwerteigenschaft, dass sich der Graph der Funktion f dem Graphen der Funktion a für $x \to -\infty$ oder $x \to +\infty$ beliebig annähert.

Beispiele zu Definitionslücken

Beispiel 1 *Polstelle ohne Vorzeichenwechsel*

$f(x) = \frac{1}{(x+2)^2}$

Für $x \to -2$, $x < -2$ und $x > -2$ gilt $f(x) \to +\infty$.
Der Graph von f hat an der Stelle $x = -2$ eine Polstelle ohne Vorzeichenwechsel.

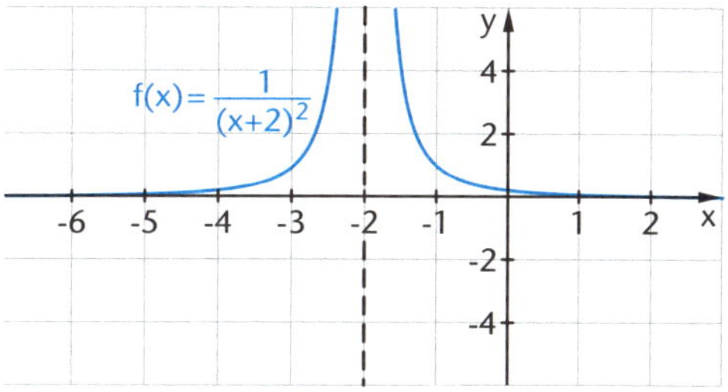

Beispiel 2 *Polstelle mit Vorzeichenwechsel*

$f(x) = \frac{e^x}{x+1}$

Für $x \to -1$, $x < -1$ gilt: $f(x) \to -\infty$, für $x \to -1$, $x > -1$ gilt $f(x) \to +\infty$.
Der Graph von f hat an der Stelle $x = -1$ eine Polstelle mit Vorzeichenwechsel.

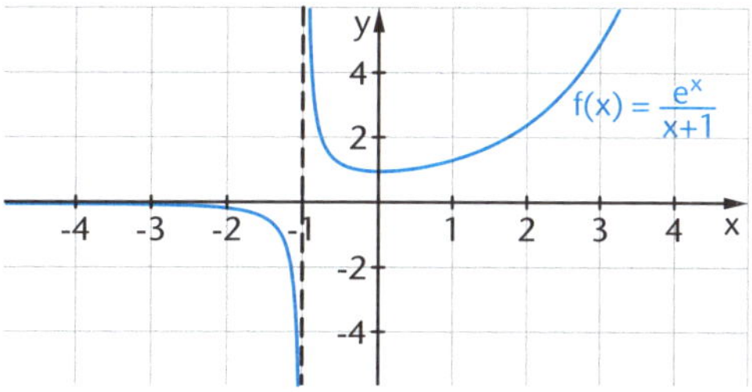

Beispiel 3 *Hebbare Definitionslücke*

$f(x) = \frac{x-1}{x^2-1}$

Für $x \neq 1$ kann man den Funktionsterm umformen:

$$f(x) = \frac{x-1}{(x+1)(x-1)} = \frac{1}{x+1}.$$

Da $\lim\limits_{x \to 1} f(x) = \frac{1}{2}$, hat die Funktion f an der Stelle $x = +1$ eine hebbare Definitionslücke.

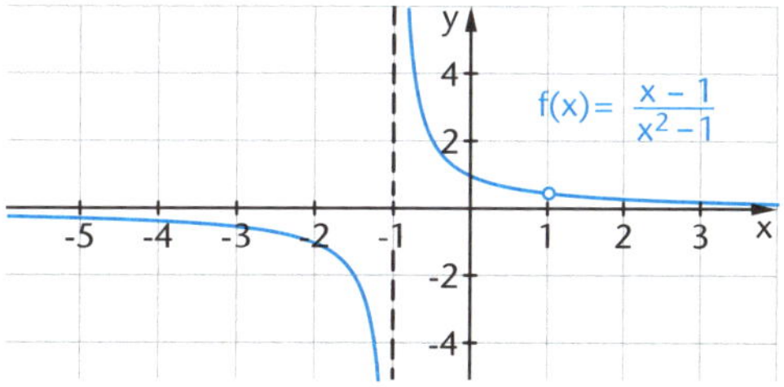

Beispiel 4 *„Einseitige" Polstelle*

$f_t(x) = \frac{t + \ln(x)}{x}$

Für $x \to 0$, $x > 0$ gilt $f_t(x) \to -\infty$.

Die Funktionen der Funktionenschar haben an der Stelle $x = 0$ eine „einseitige" Polstelle, da die Funktion nur für $x > 0$ definiert ist.

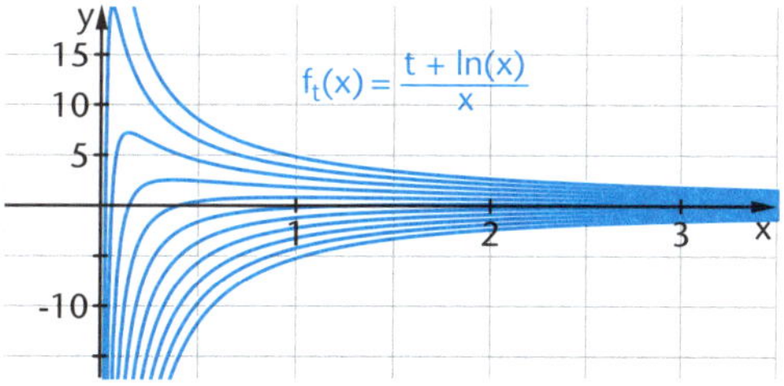

Beispiele zu Asymptoten

(1) **Senkrechte Asymptote**

$f(x) = \frac{x-1}{x+2}$, $D_f = \mathbb{R} \setminus \{-2\}$,

Definitionslücke bei $x = -2$.
Für $x \to -2$ und $x < -2$ (Annäherung von links) strebt $f(x) \to \infty$ und für $x \to -2$ und $x > -2$ (Annäherung von rechts) strebt $f(x) \to -\infty$.
Der Graph von f hat an der Stelle $x = -2$ eine Polstelle mit VZW. Die durch $x = -2$ definierte Gerade ist eine senkrechte Asymptote. Die Parallele zur x-Achse mit $a(x) = 1$ ist eine waagerechte Asymptote.

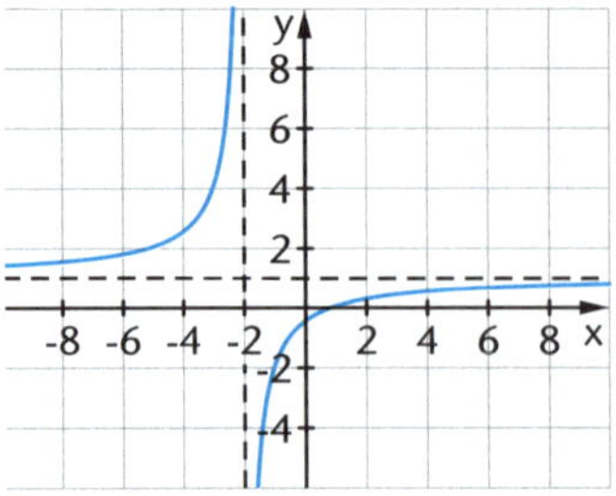

(2) **Waagerechte Asymptote**

$f(x) = \frac{x+1}{x^2+2}$, $D_f = \mathbb{R}$.

Für $x \to \pm\infty$ strebt $f(x) \to 0$. Die x-Achse ist waagerechte Asymptote ($a(x) = 0$).

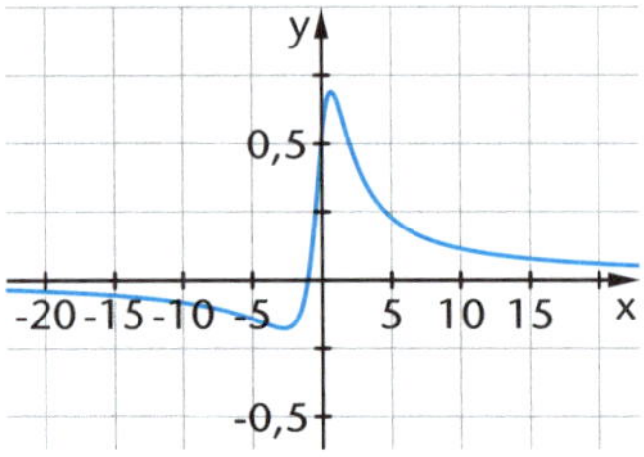

(3) **Schiefe Asymptote**

$f(x) = \frac{2x^2 - 3x}{x-2}$, $D_f = \mathbb{R} \setminus \{+2\}$.

Nach Umformung erhält man $f(x) = 2x + 1 + \frac{2}{x-2}$.

Der Graph besitzt eine schiefe Asymptote mit der Gleichung $a(x) = 2x + 1$ sowie eine senkrechte Asymptote mit $x = 2$.

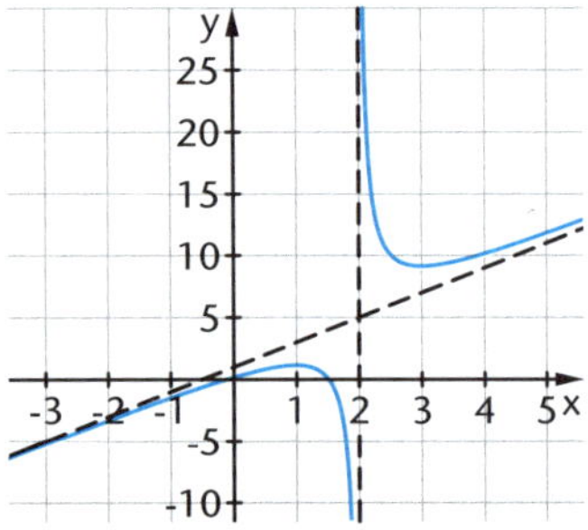

(4) **Sonstige Asymptote**

$f(x) = \frac{x^2 \cdot e^x + 1}{x^2 - 1}$, $D_f = \mathbb{R} \setminus \{-1; +1\}$

Der Graph von $a(x) = e^x$ ist Asymptote zum Graphen von f für $x \to \pm\infty$.

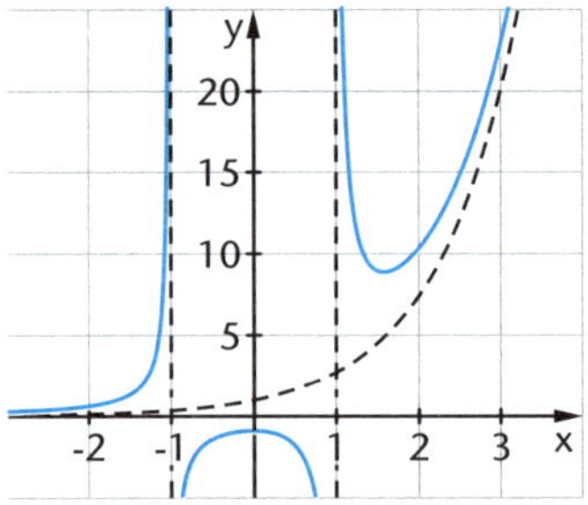

C1 Eine sinnvolle Wahl des Koordinatensystems begründen und den Verlauf eines Graphen im Sachzusammenhang der Aufgabenstellung interpretieren.

Bei der Entwicklung eines mathematischen Modells für einen anschaulichen Zusammenhang kann die Festlegung eines Koordinatensystems erforderlich sein, so dass anschließend der Zusammenhang mit geeigneten Funktionen beschrieben werden kann. Dabei müssen drei Entscheidungen getroffen werden:

1. Lage des Ursprungs $O(0|0)$ des Koordinatensystems
2. Richtung der Achsen
3. Skalierung der Achsen

Wer die Wahl hat, hat die Qual, denn hier gibt es oft verschiedene, mehr oder weniger sinnvolle Lösungen. Die Entscheidungen sollten immer so getroffen werden, dass die funktionale Beschreibung anschließend möglichst einfach wird. Dazu können die folgenden Empfehlungen hilfreich sein:

- Lege den Ursprung des Koordinatensystems in einen wichtigen Punkt und die Achsen entlang oder parallel zu auftretenden Linien.
- Nutze den Ursprung, wenn möglich, als Symmetriezentrum oder die y-Achse als Symmetrieachse.
- Skaliere die Achsen mit kleinen ganzen Zahlen (z. B. 1, 2, 3, … für 100 kg, 200 kg, 300 kg, …).

In einem so festgelegten Koordinatensystem kann dann die mathematische Beschreibung des zu untersuchenden Zusammenhangs erfolgen. Für die Beurteilung der Tragfähigkeit eines solchen mathematischen Modells oder um Schlussfolgerungen für den betrachteten Zusammenhang zu ziehen, kann der Graph einer aufgestellten Funktion im zuvor festgelegten Koordinatensystem dienen.
Dazu können Vergleiche zwischen Realität und Modell oder Konsequenzen anhand

- einzelner Punkte,
- besonderer Punkte, wie Extrem-, Wende- oder Sattelpunkte,
- des Monotonie- oder Krümmungsverhaltens,
- des Globalverhaltens für $x \to +\infty$ oder für $x \to -\infty$,
- von Flächeninhalten z. B. zwischen dem Graphen und den Achsen

betrachtet werden.

Beispiel

Ein Kanuclub möchte für ein neues Clubhaus mit Anlegestelle ein Grundstück an der Wupper erwerben. Der bisherige Eigentümer, ein Landwirt, bietet das Grundstück über einen Makler zu einem Preis von 12 € pro m^2 an. Die Vermessung ergab eine Breite von 460 m. Von der Mitte der geraden Gebietsgrenze beträgt die rechtwinklig gemessene Distanz zum Wasser 50 m.

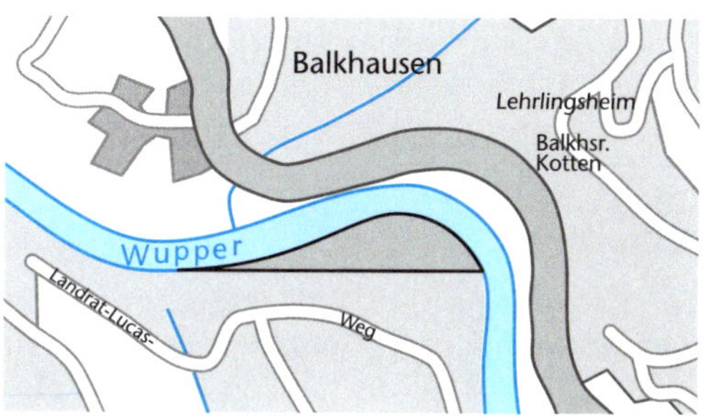

Zur Ermittlung einer Funktion, die den Uferverlauf beschreibt, ist zunächst die Wahl eines geeigneten Koordinatensystems erforderlich. Da keine Symmetrie zu erkennen ist, wird der Ursprung hier an die linke Grenze, und die x-Achse entlang der unteren, gerade verlaufenden Grenze des Grundstücks gelegt. Für die Skalierung der Achsen kann man 1 LE für 100 m in der Natur wählen.

Der Verlauf des Graphen einer aus den Vorgaben ermittelten ganzrationalen Funktion stimmt qualitativ gut mit dem in der Karte dargestellten Verlauf des Ufers überein. Mithilfe der Integralrechnung kann daher nun der Flächeninhalt des Grundstücks berechnet werden.

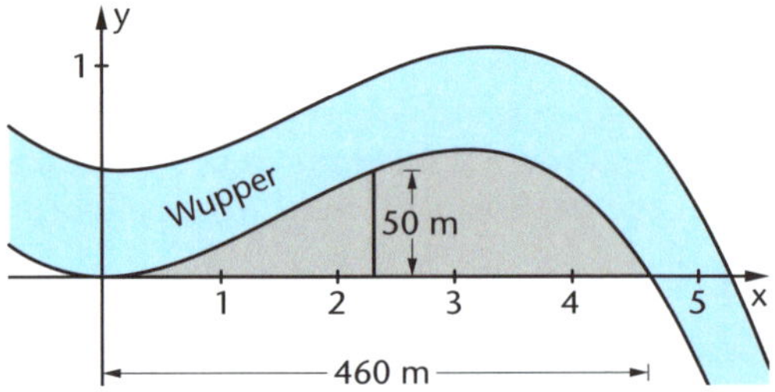

C2 Ganzrationale Funktionen mit vorgegebenen Eigenschaften bestimmen (auch in Sachzusammenhängen, z. B. bei Trassierungen).

Zur Bestimmung einer ganzrationalen Funktion f vom Grad n sind (n + 1) Bedingungen an die gesuchte Funktion erforderlich. Diese können in einer Grafik dargestellt, in einem Text verdeutlicht oder auch schon in Form von Gleichungen formuliert sein.

Vorgehensweise:

1. Setzen Sie an mit einem Funktionsterm, der variable Koeffizienten a, b, c, … enthält. Der Grad der Funktion muss dabei um eins niedriger gewählt werden als die Anzahl der bekannten Bedingungen.
   Falls 5 Bedingungen bekannt sind, lautet der Ansatz: $f(x) = ax^4 + bx^3 + cx^2 + dx + e$
2. Stellen Sie die gegebenen Bedingungen als Gleichungen mit den Termen $f(x)$, $f'(x)$, $f''(x)$, … dar.
3. Notieren Sie daraus ein Gleichungssystem mit n + 1 Gleichungen zur Bestimmung der n + 1 unbekannten Koeffizienten a, b, c, … .
4. Lösen Sie das Gleichungssystem und setzen Sie die gefundene Lösung in den Funktionsterm $f(x)$ ein.
5. Prüfen Sie das Ergebnis auch an eventuell vorliegenden hinreichenden Bedingungen z. B. für Hoch-, Tief- oder Wendepunkte.

Falls bekannt ist, dass der Graph der gesuchten Funktion achsensymmetrisch zur y-Achse [punktsymmetrisch zum Ursprung] ist, enthält der Funktionsterm nur Summanden mit geraden [ungeraden] Potenzen von x. Dies sollte bereits beim Ansatz berücksichtigt werden, da sich dadurch das Gleichungssystem deutlich vereinfacht.

Beispiel 1

Die Punkte $A(0|3)$, $B(2|5)$ und $C(6|-3)$ liegen auf einer quadratischen Parabel.
Zur Bestimmung des Funktionsterms der zugehörigen quadratischen Funktion dient der Ansatz $f(x) = ax^2 + bx + c$ mit $a, b, c \in \mathbb{R}$. Aus den Bedingungen $f(0) = 3$, $f(2) = 5$ und $f(6) = -3$ folgt das Gleichungssystem:

$$\left|\begin{array}{r} c=3 \\ 4a+2b+c=5 \\ 36a+6b+c=-3 \end{array}\right| \Leftrightarrow \left|\begin{array}{r} c=3 \\ 4a+2b=2 \\ 36a+6b=-6 \end{array}\right| \Leftrightarrow \left|\begin{array}{r} c=3 \\ 2a+b=1 \\ 6a+b=-1 \end{array}\right| \Leftrightarrow \left|\begin{array}{r} c=3 \\ 2a+b=1 \\ 4a\quad=-2 \end{array}\right| \Leftrightarrow \left|\begin{array}{r} c=3 \\ -1+b=1 \\ a=-\frac{1}{2} \end{array}\right| \Leftrightarrow \left|\begin{array}{l} c=3 \\ b=2 \\ a=-\frac{1}{2} \end{array}\right|$$

Also lautet das Ergebnis $f(x) = -\frac{1}{2}x^2 + 2x + 3$.

Wurde der Funktionsterm wie hier so bestimmt, dass der Graph durch gegebene Punkte verlaufen soll, so bezeichnet man den Term auch als Stützstellenpolynom.

Beispiel 2

Der Graph einer ganzrationalen Funktion 4. Grades soll symmetrisch zur y-Achse sein und diese im Punkt $A(0|-2)$ schneiden. Weiterhin soll $H(2|4)$ ein Hochpunkt sein.
Da sich aus diesen Vorgaben drei Bedingungen ergeben und aufgrund der Symmetrie wird $f(x) = ax^4 + bx^2 + c$ als Ansatz gewählt.
Aus den Bedingungen $f(0) = -2 \wedge f(2) = 4 \wedge f'(2) = 0$ ergibt sich mit $f'(x) = 4ax^3 + 2bx$ das Gleichungssystem:

$$\left|\begin{array}{r} c=-2 \\ 16a+4b+c=4 \\ 32a+4b=0 \end{array}\right| \Leftrightarrow \left|\begin{array}{r} c=-2 \\ 16a+4b=6 \\ 32a+4b=0 \end{array}\right| \Leftrightarrow \left|\begin{array}{r} c=-2 \\ 16a+4b=6 \\ 16a\quad=-6 \end{array}\right| \Leftrightarrow \left|\begin{array}{r} c=-2 \\ -6+4b=6 \\ a=-\frac{3}{8} \end{array}\right| \Leftrightarrow \left|\begin{array}{l} c=-2 \\ b=3 \\ a=-\frac{3}{8} \end{array}\right|$$

Also lautet das Ergebnis $f(x) = -\frac{3}{8}x^4 + 3x^2 - 2$.

Da mit $f''(x) = -\frac{9}{2}x^2 + 6$ außerdem auch $f''(2) = -12 < 0$, ist H tatsächlich ein Hochpunkt.

Beispiel 3

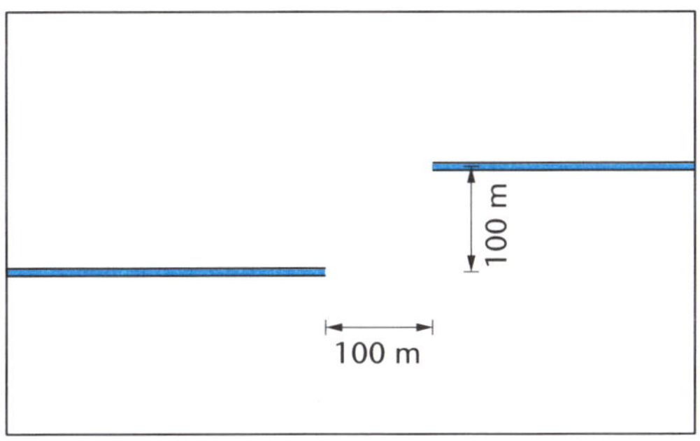

Die beiden dargestellten Straßenabschnitte sollen so miteinander verbunden werden, dass sich an den Anschlussstellen keine Knicke ergeben.
Zunächst wird ein geeignetes Koordinatensystem festgelegt. Dabei entspricht 1 Längeneinheit 100 m in der Natur. Da sich aus den Vorgaben vier Bedingungen ergeben, kann eine ganzrationale Funktion dritten Grades als Ansatz gewählt werden:
$f(x) = ax^3 + bx^2 + cx + d$.
Die Bedingungen $f(0) = 0 \wedge f(1) = 1 \wedge f'(0) = 0 \wedge f'(1) = 0$ führen mit $f'(x) = 3ax^2 + 2bx + c$ zum Gleichungssystem:

$$\left|\begin{array}{r} d=0 \\ a+b+c+d=1 \\ c=0 \\ 3a+2b+c=0 \end{array}\right| \Leftrightarrow \left|\begin{array}{r} d=0 \\ a+b=1 \\ c=0 \\ 3a+2b=0 \end{array}\right| \Leftrightarrow \left|\begin{array}{r} d=0 \\ a+b=1 \\ c=0 \\ a=-2 \end{array}\right| \Leftrightarrow \left|\begin{array}{l} d=0 \\ b=3 \\ c=0 \\ a=-2 \end{array}\right|$$

Lösung: $a = -2 \wedge b = 3 \wedge c = d = 0$

Also kann der neue Straßenabschnitt für $0 \le x \le 1$ mit $f(x) = -2x^3 + 3x^2$ beschrieben werden.

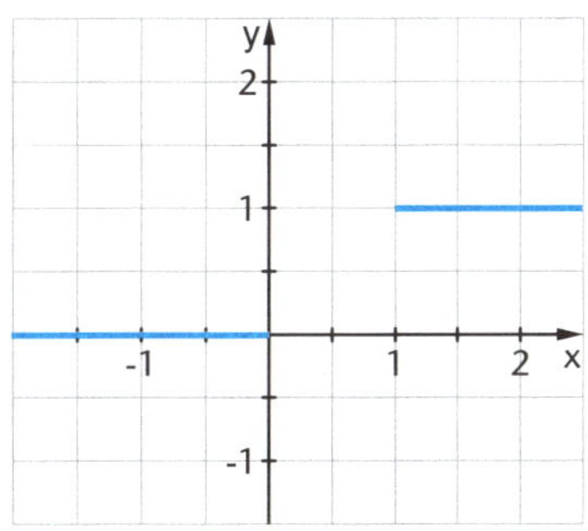

C3 Exponentialfunktionen aus gegebenen Bedingungen bestimmen.

„Einfache" Exponentialfunktionen, mit deren Hilfe beispielsweise Wachstumsprozesse modelliert werden können, sind vom Typ $f(x) = a \cdot e^{bx}$.
Funktionen dieses Typs sind durch die Angabe von zwei Eigenschaften, z. B. von zwei Punkten, eindeutig bestimmt.

Beispiele

(1) Gesucht ist eine Exponentialfunktion f vom Typ $f(x) = a \cdot e^{bx}$, deren Graph durch die Punkte $(0|3)$ und $(5|2)$ verläuft.
Aus den Koordinaten der Punkte ergeben sich die Bedingungen
(I) $3 = a \cdot e^0 = a \cdot 1 = a$ und (II) $2 = a \cdot e^{5b}$.
Einsetzen von $a = 3$ aus (I) in (II) ergibt: $2 = 3 \cdot e^{5b}$,
also $\frac{2}{3} = e^{5b} \Leftrightarrow 5b = \ln\left(\frac{2}{3}\right) \Leftrightarrow b = \frac{1}{5} \cdot \ln\left(\frac{2}{3}\right) \approx -0{,}081$.
Die Funktion f mit $f(x) = 3 \cdot e^{-0{,}081x}$ erfüllt also die geforderten Bedingungen.

(2) Gesucht ist eine Exponentialfunktion f vom Typ $f(x) = a \cdot e^{bx}$, deren Graph im Punkt $(2|1)$ die Steigung 3 hat.
Wegen $f(x) = a \cdot e^{bx}$ und $f'(x) = a \cdot b \cdot e^{bx}$ ergeben sich die Bedingungen:
(I) $1 = a \cdot e^{2b}$ und (II) $3 = a \cdot b \cdot e^{2b}$.
Einsetzen von (I) in (II) ergibt: $3 = a \cdot b \cdot e^{2b} = b \cdot (a \cdot e^{2b}) = b \cdot 1 = b$,
also aus (I): $1 = a \cdot e^6 \Leftrightarrow a = e^{-6}$.
Die Funktion f mit $f(x) = e^{-6} \cdot e^{3x} = 0{,}002479 \cdot e^{3x}$ erfüllt also die geforderten Bedingungen.

Entsprechend benötigt man für die Bestimmung von Funktionen, mit deren Hilfe beschränkte Wachstumsprozesse modelliert werden können, also Funktionen f vom Typ $f(x) = c - a \cdot e^{bx}$, die Vorgabe von drei Eigenschaften, um die Koeffizienten a, b, c zu berechnen.

C4 In Anwendungen ein passendes Modell für das exponentielle Wachstum aufstellen, seine Tragfähigkeit untersuchen und Schlussfolgerungen im Sachzusammenhang interpretieren sowie Verdopplungs- und Halbwertszeiten berechnen; LK zusätzlich: auch beschränktes oder logistisches Wachstum.

Wachstums- und Abnahmeprozesse lassen sich durch Exponentialfunktionen beschreiben.

Beim **exponentiellen Wachstum** ändert sich der Bestand in gleichen Zeitintervallen immer mit demselben Faktor, d. h. die Änderungsrate ist stets derselbe Anteil des vorhandenen Bestandes.

$B(t) = B(0) \cdot e^{k \cdot t}$ ($B(0)$ ist der Bestand zur Zeit $t = 0$)

Bei einem (positiven) exponentiellen Wachstum heißt die Zeitdauer, in der sich der Bestand verdoppelt, **Verdopplungszeit**.
Bei einem exponentiellen Zerfall heißt die Zeitdauer, in der sich der Bestand halbiert, **Halbwertszeit**.

Der Ansatz zur Berechnung lautet bei der

Verdopplungszeit

$B(t) = 2 \cdot B(0)$

Halbwertszeit

$B(t) = \frac{1}{2} \cdot B(0)$

In der Realität wird es immer eine Grenze für das Wachstum geben, diese wird als Sättigungsgrenze S bezeichnet.
Von einem **beschränkten Wachstum** spricht man, wenn die Änderungsrate stets derselbe Anteil von der Differenz von der Sättigungsgrenze S und dem augenblicklichen Bestand B (t) ist

$B(t) = S + [B(0) - S] \cdot e^{-k \cdot t}$.

Beim beschränkten Wachstum ist die Parallele zur x-Achse mit y = S (Sättigungsgrenze) eine Asymptote für die Wachstumsfunktion.

Ein Wachstum heißt **logistisches Wachstum,** wenn die Änderungsrate stets derselbe Anteil von dem Produkt aus B (t) und der Differenz S – B (t) ist. Man kann den augenblicklichen Bestand wie folgt beschreiben

$B(t) = \frac{B(0) \cdot S}{B(0) + [S - B(0)] \cdot e^{-S \cdot k \cdot t}}$.

In Formelsammlungen findet man auch die Darstellung

$B(t) = \frac{S}{1 + \left[\frac{S}{B(0)} - 1\right] \cdot e^{-S \cdot k \cdot t}} = \frac{c}{1 + a \cdot e^{-b \cdot t}}$ wobei also $a = \frac{S}{B(0)} - 1$ und c = S.

Beispiele

(1) Der Luftdruck nimmt mit größer werdendem Abstand zur Erdoberfläche ab, und zwar um 12 % je 1000 m. Zur Zeit ist der Luftdruck auf Meereshöhe 1018 mbar. Welcher Luftdruck herrscht in 6000 m Höhe?

$B(6) = B(0) \cdot 0{,}88^6 = 1018 \cdot 0{,}88^6 \approx 473$ mbar.
Man kann dies auch so notieren: $B(6) = B(0) \cdot e^{6 \cdot \ln(0{,}88)} = 1018 \cdot 0{,}4644 \approx 473$ mbar.

(2) Ein Anfangsbestand B (0) von Bakterien erhöht sich täglich um 10 %. Den Funktionsterm erhält man aus folgenden Bedingungen:
Bakterienbestand nach dem 1. Tag: $B(1) = B(0) \cdot 1{,}1$
nach dem 2. Tag: $B(2) = B(0) \cdot 1{,}1^2$
nach dem n-ten Tag: $B(n) = B(0) \cdot 1{,}1^n$
also: $B(t) = B(0) \cdot 1{,}1^t$ und wegen $k = \ln(1{,}1) \approx 0{,}095$ kann man dies auch wie folgt notieren:
$B(t) = B(0) \cdot e^{\ln(1{,}1) \cdot t} = B(0) \cdot e^{0{,}095\,t}$.

(3) Zu Beginn des Jahres 2000 hatte Indien etwa 1 Milliarde Einwohner. Es wird angenommen, dass das jährliche Bevölkerungswachstum 1,4 % beträgt. In welchem Zeitraum verdoppelt sich die Bevölkerungszahl (sofern die Wachstumsrate gleich bleibt)?

Der Wachstumsprozess kann modelliert werden mithilfe von
$B(t) = 1{,}014^t = e^{\ln(1{,}014)\cdot t} = e^{0{,}0139\cdot t}$,
wobei t die Zeit in Jahren ab dem Jahr 2000 angibt.
Verdopplungszeit aus $B(t) = 1 \cdot e^{\ln(1{,}014)\cdot t} = 2 \cdot B(0)$.

Man erhält für die Verdopplungszeit: $t = \frac{\ln(2)}{\ln(1{,}014)} \approx 49{,}9$ Jahre, d. h. nach etwa 50 Jahren wird sich die indische Bevölkerung verdoppelt haben (sofern die Wachstumrate unverändert bleibt).

(4) Wann ist ein Auto mit 30 000 € Neuwert bei einem jährlichen Wertverlust von 20 % nur noch die Hälfte wert?

Der Abnahmeprozess wird modelliert mithilfe von
$B(t) = 30\,000 \cdot 0{,}8^t = 30\,000 \cdot e^{\ln(0{,}8)\cdot t} = 30\,000 \cdot e^{-0{,}223\cdot t}$
(wobei t die Zeit in Jahren nach dem Neukauf angibt).

Ansatz: $B(t) = \frac{1}{2} \cdot B(0) \Leftrightarrow 15\,000 = 30\,000 \cdot e^{\ln(0{,}8)\cdot t} \Leftrightarrow \frac{1}{2} = e^{\ln(0{,}8)\cdot t} \Leftrightarrow t = \frac{\ln\left(\frac{1}{2}\right)}{\ln(0{,}8)} = 3{,}1.$

Nach etwas mehr als 3 Jahren besitzt das Fahrzeug nur noch den halben Wert.

(5) In einer Minute kühlt sich eine warme Flüssigkeit um etwa 20 % der Differenz zur Raumtemperatur ab. Die aktuelle Raumtemperatur beträgt 20°.
Nach welcher Zeit ist ein 90 °C heißer Kaffee auf 50 °C abgekühlt?

Es ist $T(t) = 20 + [90 - 20] \cdot 0{,}8^t$, also wegen $\ln(0{,}8) \approx -0{,}223$:
$T(t) = 20 + 70 \cdot e^{-0{,}223t}$.
Aus $50 = 20 + 70 \cdot e^{-0{,}223t}$ folgt: $\frac{3}{7} = e^{-0{,}223t}$, und damit

$\ln\left(\frac{3}{7}\right) = -0{,}223t$ und $t = 3{,}8$ (nach ca. 3,8 min ist der Kaffee auf 50 °C abgekühlt).

(6) Ein Apfelbaum einer bestimmten Sorte bringt bis zu 100 kg Obst. Nach dem Pflanzen eines solchen Baumes beträgt die erste Ernte 10 kg (t = 0), nach dem ersten Jahr (t = 1) 20 kg.

Die Gleichung des Wachstums wird durch folgende Bedingungen festgelegt:
$B(0) = 10;\ B(1) = 20;\ S = 100$

$$B(1) = 20 = \frac{10 \cdot 100}{10 + (100 - 10) \cdot e^{-100 \cdot k \cdot 1}}$$

Der Wert von B(1) liefert einen Schätzwert für den Parameter k. Diesen Schätzwert erhalten wir durch Auflösen nach der Variablen k.

$$20 = \frac{1000}{10 + 90 \cdot e^{-100k}} \Rightarrow 200 + 1800\,e^{-100k} = 1000 \Rightarrow e^{-100k} = \frac{4}{9} \Rightarrow k \approx 0{,}008$$

$$B(t) = \frac{1000}{10 + 90 \cdot e^{-0{,}8t}}$$

C5 Extremwertaufgaben mit Nebenbedingungen innermathematisch und in Sachzusammenhängen lösen.

Folgende Schritte sind zu beachten:

- Alle wichtigen Größen sind zu benennen. Für die Größe, für die ein Extremum (Maximum oder Minimum) zu bestimmen ist (sogenannte Extremalgröße), muss eine Gleichung aufgestellt werden. Die durch die Gleichung bestimmte Zielfunktion enthält i. A. noch mehrere Variablen.
- Eine Nebenbedingung wird aufgestellt; diese gibt an, wie die auftretenden Variablen voneinander abhängen. Diese Nebenbedingung wird so in den Funktionsterm der Zielfunktion eingesetzt, dass im Funktionsterm nur noch die eine Variable vorkommt, deren Extremum gesucht wird.
- Von dieser Zielfunktion werden die lokalen Extremstellen und die zugehörigen Funktionswerte bestimmt
- Ist der Definitionsbereich eingeschränkt, müssen auch die Funktionswerte an den Rändern berechnet und mit den Funktionswerten der lokalen Extremstellen verglichen werden.
- Wenn so der Extremwert für die betrachtete Extremalgröße gefunden ist, müssen noch alle im ersten Ansatz aufgetretenen Größen berechnet werden.

Beispiel 1

$P(x_P \mid y_P)$ sei ein beliebiger Punkt des Graphen der Funktion f mit $f(x) = -\frac{1}{2}x^2 + 2$, der oberhalb der x-Achse liegt.
Die Parallele zur y-Achse durch den Punkt P, die x-Achse und die Gerade, die durch $A(-2 \mid 0)$ und P verläuft, bestimmen ein Dreieck. Für welche Lage des Punktes P ist der Flächeninhalt des Dreiecks maximal?

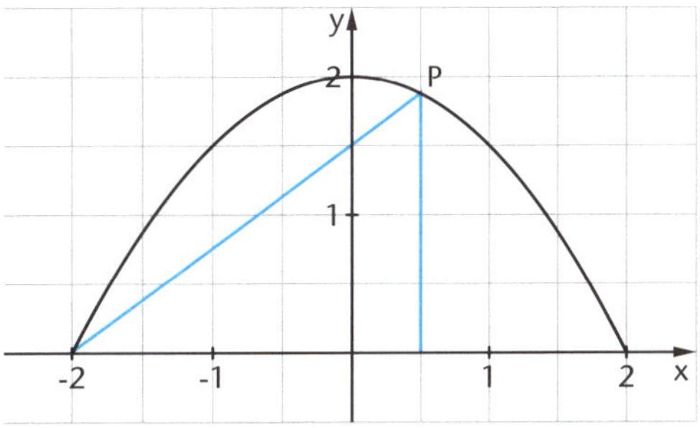

Gesucht ist der maximale Flächeninhalt, deshalb wird ein Funktionsterm zur Berechnung des Flächeninhalts aufgestellt:

$A(x_P, y_P) = \frac{1}{2} \cdot (x_P - (-2)) \cdot y_P = \frac{1}{2} \cdot (x_P + 2) \cdot y_P$

Die Nebenbedingung „P ist Punkt des Graphen“ liefert $y_P = -\frac{1}{2}x_P^2 + 2$.

Diese Bedingung für y_P wird in den Term der Zielfunktion eingesetzt:

$A(x_P) = \frac{1}{2} \cdot (x_P + 2) \cdot (-\frac{1}{2}x_P^2 + 2) = -\frac{1}{4}x_P^3 - \frac{1}{2}x_P^2 + x_P + 2.$

Von dieser Funktion wird das lokale Extremum bestimmt:

$A'(x_P) = -\frac{3}{4}x_P^2 - x_P + 1;\ A'(x_P) = 0 \Leftrightarrow x_P = \frac{2}{3} \vee x_P = -2.$

Für $x_P = -2$ liegt der Punkt P auf der x-Achse.

$A''(x_P) = -\frac{3}{2}x_P - 1$; $A''\left(\frac{2}{3}\right) = -2 < 0$,

an der Stelle $x_P = \frac{2}{3}$ hat die Zielfunktion also ein lokales Maximum. An den Rändern der Definitionsmenge (= Nullstellen der Funktion f) ist der Flächeninhalt des Dreiecks gleich null. Daher ist das Dreieck mit dem größten Flächeninhalt gegeben, wenn $x_P = \frac{2}{3}$ und

$y_P = f\left(\frac{2}{3}\right) = \frac{16}{9}$.

Der maximale Flächeninhalt ist: $A\left(\frac{2}{3}\right) = \frac{64}{27}$ FE. ≈ 2,37 FE.

Beispiel 2

Aus einem DIN-A 4-Blatt soll eine offene Schachtel mit möglichst großem Volumen gebastelt werden. (Die Klebefalze können vernachlässigt werden.)

Bezeichnen wir die Länge der offenen Schachtel mit a, die Breite mit b und die Höhe mit h, dann ergibt sich das Volumen gemäß der Formel:
$V(a, b, h) = a \cdot b \cdot h$.

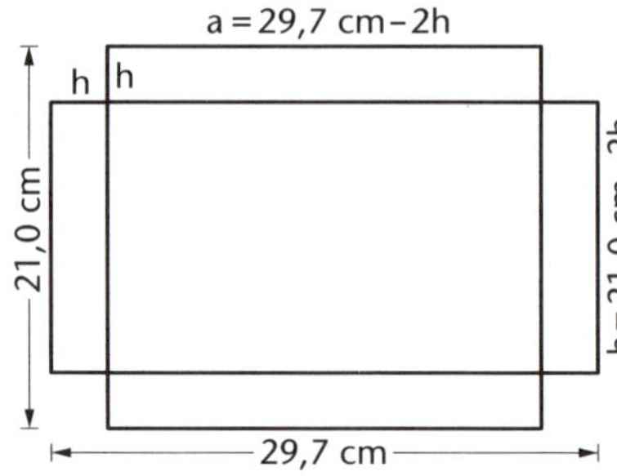

Die Schachtel entsteht durch das Aufklappen von rechteckigen Streifen der Höhe h. Aus dem Sachzusammenhang ergibt sich, dass diese Höhe h größer sein muss als null, aber kleiner als die halbe Breite des DIN-A 4-Blattes, d. h. 0 cm < h < 10,5 cm.

Durch die Länge des DIN-A 4-Blattes (29,7 cm) wird auch die Länge der Schachtel begrenzt; daher gilt die erste Nebenbedingung: $a = 29{,}7 - 2h$.

Durch die Breite des DIN-A 4-Blattes (21,0 cm) wird auch die Breite der Schachtel begrenzt; daher gilt die zweite Nebenbedingung: $b = 21{,}0 - 2h$.

Wenn wir diese beiden Bedingungen in den o. a. Term V(a, b, h) einsetzen, erhalten wir die Zielfunktion

$V(h) = (29{,}7 - 2h) \cdot (21{,}0 - 2h) \cdot h = 4h^3 - 101{,}4h^2 + 623{,}7h$, wobei $0 < h < 10{,}5$ (s. o.).

Um das Maximum dieser Funktion zu bestimmen, bilden wir die 1. Ableitung:

$V'(h) = 12h^2 - 202{,}8h + 623{,}7$.

Die quadratische Gleichung $V'(h) = 0$ hat zwei Lösungen:

$h_1 \approx 4{,}04$ und $h_2 \approx 12{,}86$.

Die zweite Lösung entfällt im Sachzusammenhang, stellt sich aber auch als Tiefpunkt heraus, wenn man die hinreichenden Kriterien untersucht oder den Graphen insgesamt betrachtet.

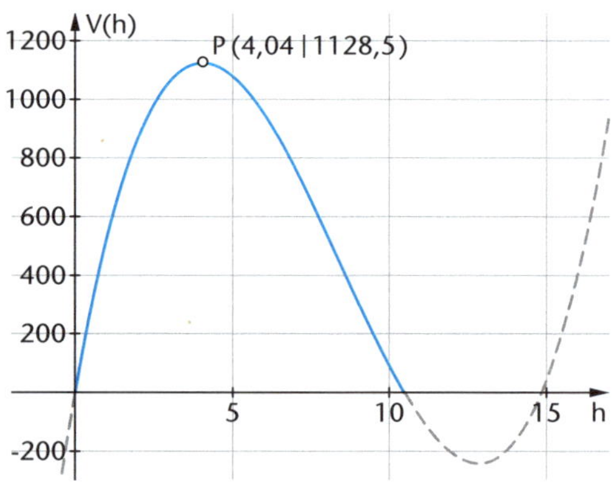

Das maximal erreichbare Volumen der offenen Schachtel beträgt

$V(h_{max}) = V(4{,}04) \approx 1128{,}5\ cm^3$.

Beispiel 3

An einer wertvollen Glasscheibe ist ein Stück abgebrochen, das mithilfe einer quadratischen Funktion f mit $f(x) = 45 - 0{,}05 \cdot x^2$ modelliert werden kann. Aus dem Rest kann aber noch ein rechteckiges Flächenstück abgeschnitten werden. Wie muss geschnitten werden, damit dessen Fläche maximal ist?

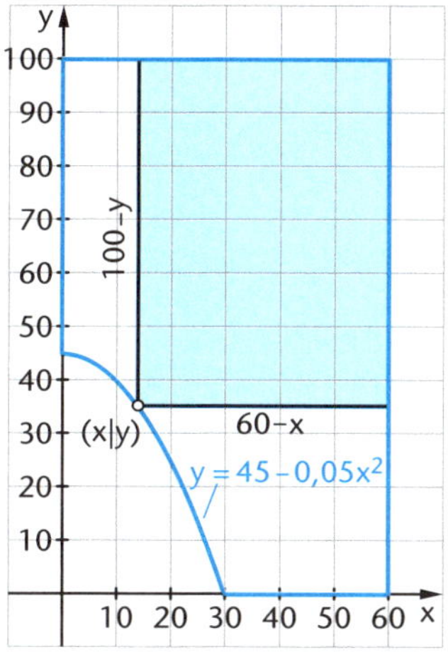

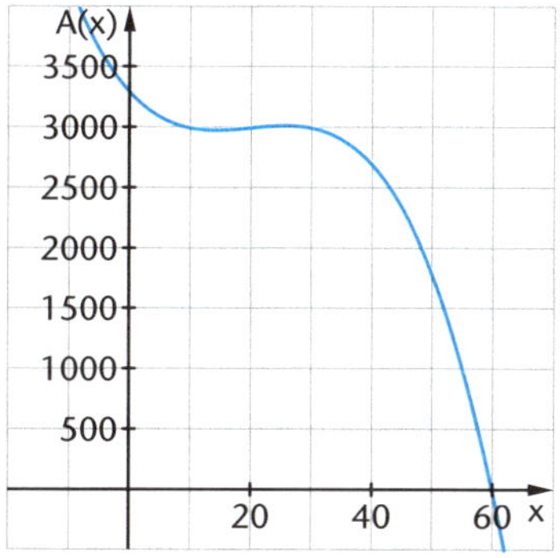

Der Flächeninhalt A des Rechtecks ergibt sich aus
$A(x, y) = (60 - x) \cdot (100 - y)$ und nach Einsetzen der Funktionsgleichung $y = 45 - 0{,}05\,x^2$:
$A(x) = (60 - x) \cdot (55 + 0{,}05\,x^2) = 3300 - 55\,x + 3\,x^2 - 0{,}05\,x^3$
$A'(x) = -55 + 6\,x - 0{,}15\,x^2$; $A''(x) = 6 - 0{,}3\,x$

Notwendige Bedingung:
$A'(x) = 0 \Leftrightarrow x^2 - 40\,x = -\frac{1100}{3} \Leftrightarrow (x - 20)^2 = \frac{100}{3} \Leftrightarrow x \approx 14{,}23 \vee x \approx 25{,}77.$

Hinreichende Bedingung:
$A''(14{,}23) > 0$ (lokales Minimum), $A''(25{,}77) < 0$ (lokales Maximum).

Es gilt: $A(25{,}77) \approx 3019$. Die Funktion hat jedoch am Rand einen noch größeren Funktionswert (ein absolutes Maximum): $A(0) = 3300$, d. h. das größte Flächenstück erhält man, wenn man nur den unbeschädigten (oberen) Teil der Glasplatte abtrennt.

D1 Stammfunktionen zu Grundtypen von Funktionen bestimmen und den Hauptsatz der Differenzial- und Integralrechnung (HDI) zur Berechnung bestimmter Integrale anwenden.

Jede differenzierbare Funktion F mit $F'(x) = f(x)$ für alle $x \in \mathbb{D}_f$ heißt **Stammfunktion** von f.

Der Nachweis hierfür erfolgt, indem man die angegebene Stammfunktion ableitet. Das Bilden von Stammfunktionen ist nicht eindeutig, da die Konstante beim Ableiten wegfällt (vgl. Beispiel). In der folgenden Tabelle kann daher zu jeder angegebenen Stammfunktion auch eine beliebige Konstante addiert werden.

$f(x)$	c	x^n für $n \neq -1$	$\frac{1}{x}$ $\mathbb{D}_f = \mathbb{R} \setminus \{0\}$	$\sqrt{x}$ $\mathbb{D}_f = \mathbb{R}^+$	e^x	$\ln(x)$	$\sin(x)$	$\cos(x)$
$F(x) = \int f(x)\,dx$	$c\,x$	$\frac{1}{n+1}x^{n+1}$	$\ln(\lvert x\rvert)$	$\frac{2}{3}x^{\frac{3}{2}}$	e^x	$x \cdot \ln(x) - x$	$-\cos(x)$	$\sin(x)$

Integralfunktion:
Gegeben sei eine Funktion f in einem Intervall J und $a \in J$. Dann heißt die Funktion I_a mit

$$I_a(x) = \int_a^x f(t)\,dt.$$

Integralfunktion von f mit unterer Grenze a. Die Funktion f wird hier auch als *Integrandenfunktion* bezeichnet.

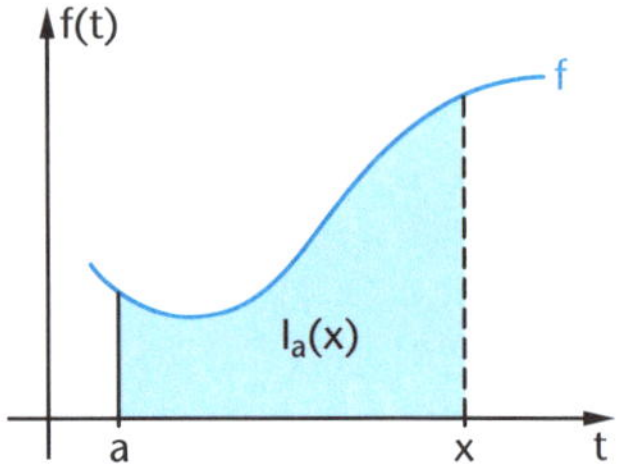

Hauptsatz der Differenzial- und Integralrechnung:
Wenn die Integrandenfunktion f stetig auf dem Intervall J ist, dann ist die Integralfunktion I_a sogar differenzierbar, und es gilt: $I_a'(x) = f(x)$
In Worten: Die Ableitung der Integralfunktion ergibt die Integrandenfunktion.

Man kann also zu jeder stetigen Funktion f eine Stammfunktion angeben – ggf. in der Form als Integralfunktion.

Folgerung aus dem Hauptsatz:
Ist die Funktion f auf einem Intervall J stetig und F eine beliebige Stammfunktion von f, so gilt für alle $a, b \in J$:

$$\int_a^b f(x)\,dx = F(b) - F(a).$$

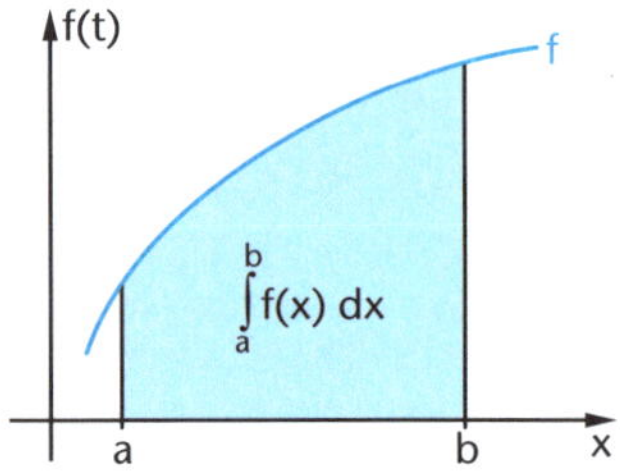

Beispiel *Nachweis einer Stammfunktion*

Zum Nachweis, dass $F(x) = (x-1) \cdot e^x$ eine Stammfunktion für $f(x) = x \cdot e^x$ ist, wird die Ableitung von F gemäß Produktregel gebildet:
$F'(x) = 1 \cdot e^x + (x-1) \cdot e^x = e^x + x \cdot e^x - e^x = x \cdot e^x = f(x)$

Beispiele *Bestimmung von Stammfunktionen*

- Zu $f(x) = 5x^4 - 8x^3 + 3x^2 - 6x + 3$ erhält man eine Stammfunktion mit $F(x) = x^5 - 2x^4 + x^3 - 3x^2 + 3x$. Dabei wird der Exponent von x um eins erhöht und der entsprechende Summand mit dem Kehrwert des neuen Exponenten multipliziert.

- Zu $f(x) = 4 \cdot e^{2x+1}$ erhält man eine Stammfunktion mit $F(x) = 4 \cdot \frac{1}{2} \cdot e^{2x+1} = 2 \cdot e^{2x+1}$. Da beim Ableiten von F mit der inneren Ableitung multipliziert wird, muss hier im Funktionsterm der Stammfunktion der Faktor $\frac{1}{2}$ ergänzt werden.
- Eine Stammfunktion zu $f(x) = \sin\left(\frac{1}{2}x + \pi\right)$ ist $F(x) = -2 \cdot \cos\left(\frac{1}{2}x + \pi\right)$.

Allgemein gilt: Ist F eine Stammfunktion für eine Funktion f, dann ist $\frac{1}{a} \cdot F(ax + b)$ eine Stammfunktion für $f(ax + b)$.

Beispiele *Berechnung bestimmter Integrale*

Zur Berechnung bestimmter Integrale muss zunächst eine Stammfunktion zur Integrandenfunktion bestimmt werden. In diese wird dann zuerst die obere Integrationsgrenze und dann die untere Integrationsgrenze eingesetzt. Der Wert des bestimmten Integrals ist dann die Differenz der beiden Einsetzungen.

(1) $\int_1^2 (3x^2 - 1)\,dx = \left[x^3 - x\right]_1^2 = (2^3 - 2) - (1^3 - 1) = 6$

(2) $\int_{-1}^3 (2x - 1)^2\,dx = \left[\frac{1}{6}(2x - 1)^3\right]_{-1}^3 = 25\frac{1}{3}$

(3) $\int_0^1 (2 - e^{-x})\,dx = \left[2x + e^{-x}\right]_0^1 = (2 + e^{-1}) - (0 + e^{-0}) = 1 + \frac{1}{e}$

Hinweis: Die Stammfunktionen zu Beispiel (2) und (3) wurden durch Ausprobieren gefunden: Dabei überlegt man, wie der Funktionsterm entstanden sein könnte, wenn man die betreffende Ableitungsregel (hier: die Kettenregel) anwendet. In D7 wird das systematische Verfahren erläutert.

D2 Flächeninhalte zwischen einem Funktionsgraphen und der x-Achse und Flächeninhalte zwischen mehreren Funktionsgraphen berechnen.

Ist f in [a;b] stetig und $f(x) \neq 0$ für alle $x \in]a; b[$, dann gilt für den Inhalt der Fläche zwischen dem Graphen von f und der x-Achse über dem Intervall [a; b]:

$$A = \left|\int_a^b f(x)\,dx\right|$$

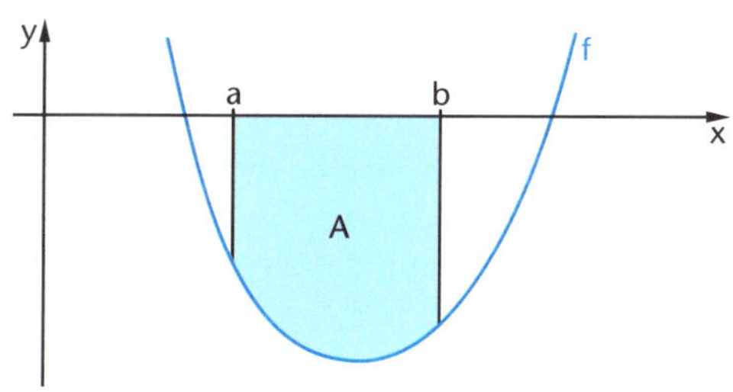

Hat f in [a; b] die Nullstellen $x_1, x_2, \ldots, x_k$ mit $x_1 < x_2 < \ldots < x_k$, dann gilt für den Inhalt der Fläche, welche der Graph von f mit der x-Achse einschließt:

$$A = \left|\int_{x_1}^{x_2} f(x)\,dx\right| + \left|\int_{x_2}^{x_3} f(x)\,dx\right| + \ldots + \left|\int_{x_{k-1}}^{x_k} f(x)\,dx\right|$$

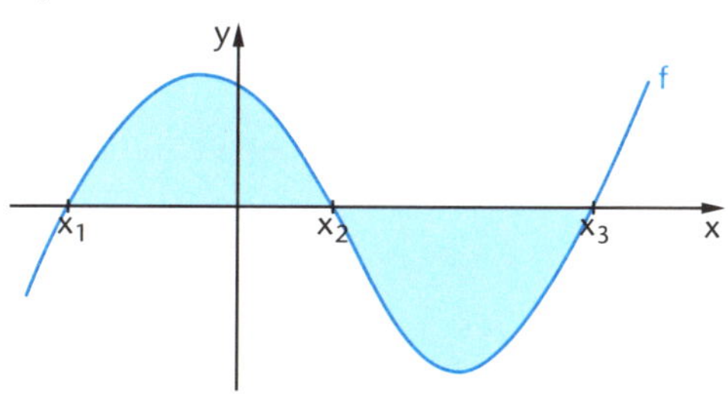

Haben die in [a;b] stetigen Funktionen f und g die Schnittstellen $x_1, x_2, \ldots, x_k$ mit $x_1 < x_2 < \ldots < x_k$, dann gilt für den Inhalt der von den Graphen eingeschlossenen Fläche:

$$A = \left|\int_{x_1}^{x_2}(f(x) - g(x))\,dx\right| + \left|\int_{x_2}^{x_3}(f(x) - g(x))\,dx\right| + \ldots + \left|\int_{x_{k-1}}^{x_k}(f(x) - g(x))\,dx\right|$$

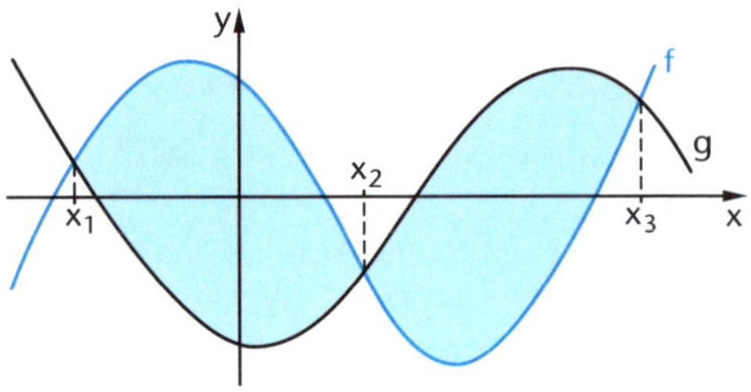

Beispiel *Berechnung des Flächeninhalts in einer Anwendung*

Das abgebildete Grundstück steht zum Verkauf. Es wird an einer Seite durch einen Fluss begrenzt. Zur Ermittlung des Verkaufspreises soll der Flächeninhalt des Grundstücks bestimmt werden.

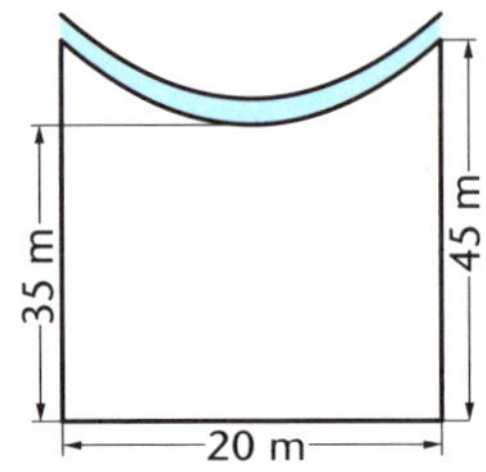

In dem gemäß nebenstehender Abbildung gewählten Koordinatensystem kann das südliche Ufer des Flusses durch eine quadratische Funktion f mit $f(x) = a\,x^2 + 35$ beschrieben werden. Dabei ist die Konstante a durch die Bedingung $f(10) = 45$ zu $a = 0{,}1$ festgelegt.
Für den Flächeninhalt des Grundstücks in m^2 folgt:

$$A = 2 \cdot \int_0^{10}(0{,}1x^2 + 35)\,dx = 2 \cdot \left[\frac{1}{30}x^3 + 35\,x\right]_0^{10} = 766\tfrac{2}{3}.$$

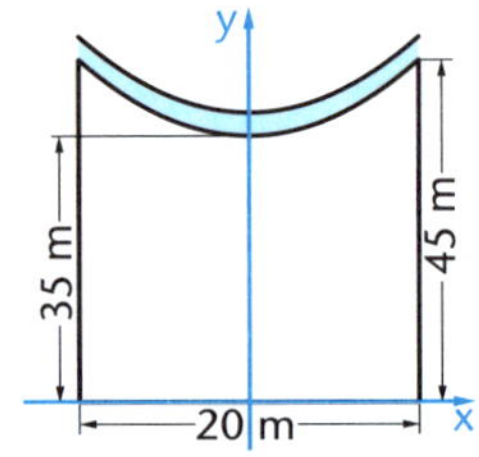

Beispiel *Berechnung des Flächeninhalts eines Flächenstücks, das von einem Graphen und der x-Achse eingeschlossen ist*

Wie groß ist der Flächeninhalt des Flächenstücks, das vom Graphen von f mit $f(x) = (x - 1) \cdot (x - 3) \cdot (x - 6)$ und der x-Achse eingeschlossen wird?
Da der Funktionsterm von f in faktorisierter Form gegeben ist, können die Nullstellen sofort abgelesen werden:
$x_{01} = 1, \quad x_{02} = 3, \quad x_{03} = 6$

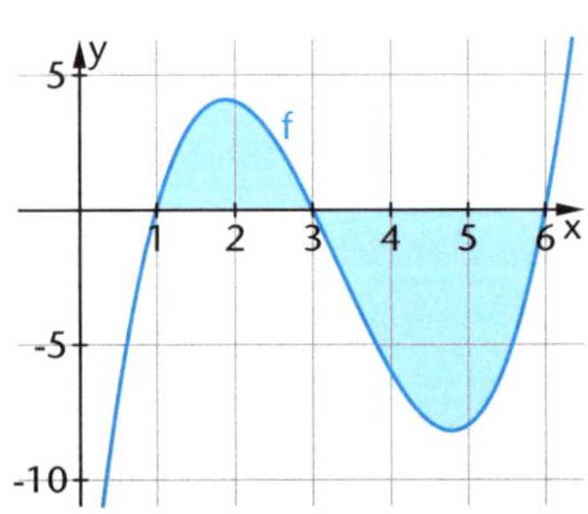

Um den gesuchten Flächeninhalt zu bestimmen, sind hier zwei Integrale zu berechnen. Da Flächeninhalte stets positiv sind, müssen die Beträge der berechneten Integrale addiert werden.

$$A = \left|\int_1^3(x^3 - 10\,x^2 + 27\,x - 18)\,dx\right| + \left|\int_3^6(x^3 - 10\,x^2 + 27\,x - 18)\,dx\right| = \left|5\tfrac{1}{3}\right| + \left|-15\tfrac{3}{4}\right| = 21\tfrac{1}{12}.$$

Beispiel *Berechnung des Flächeninhalts eines Flächenstücks, das von zwei Graphen eingeschlossen ist*

Wie groß ist der Flächeninhalt des Flächenstücks, das von den Graphen von f und g mit $f(x) = -x^2 + 2x + 2$ und $g(x) = x^2 - 2$ eingeschlossen wird?
Man berechnet die Schnittstellen der Graphen durch Lösen der Gleichung $f(x) = g(x)$: $x_{S1} = -1$, $x_{S2} = 2$
Für den Flächeninhalt erhält man:

$$A = \left|\int_{-1}^{2}((-x^2 + 2x + 2) - (x^2 - 2))\,dx\right| = \left|\int_{-1}^{2}(-2x^2 + 2x + 4)\,dx\right|$$

$$= \left|\left[-\frac{2}{3}x^3 + x^2 + 4x\right]_{-1}^{2}\right| = |9| = 9.$$

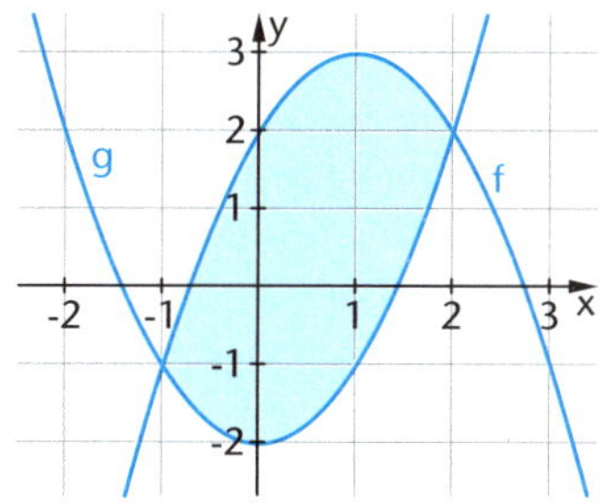

D3 Nur LK: Mittelwerte von kontinuierlich veränderten Größen mit der Integralrechnung berechnen.

Unter dem Mittelwert $\bar{f}$ der Funktionswerte einer stetigen Funktion f über dem Intervall [a;b] versteht man die reelle Zahl

$$\bar{f} = \frac{1}{b-a}\cdot\int_{a}^{b} f(x)\,dx$$

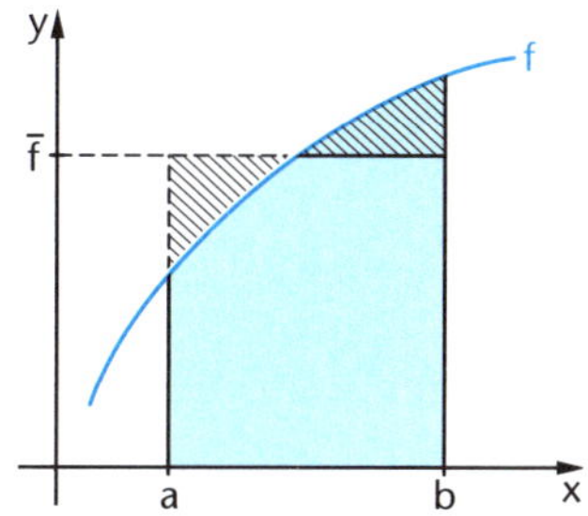

Beispiel

Die Geschwindigkeit eines ICE bei der Ausfahrt aus einem Bahnhof lässt sich in den ersten 6 Minuten mithilfe der Funktion v mit $v(t) = -0{,}0005 \cdot t^2 + 0{,}4 \cdot t$ beschreiben. Dabei wird die Zeit t in Sekunden und die Geschwindigkeit v in Meter pro Sekunde angegeben.
Wie groß ist die mittlere Geschwindigkeit des Zuges in den ersten 6 Minuten der Fahrt?

$$\bar{v} = \frac{1}{360-0}\cdot\int_{0}^{360}(-0{,}0005\cdot t^2 + 0{,}4\cdot t)\,dt = \frac{1}{360}\cdot\left[-\frac{1}{6000}t^3 + \frac{1}{5}t^2\right]_{0}^{360} = \frac{1}{360}\cdot 18144 = 50{,}4.$$

Die mittlere Geschwindigkeit des Zuges beträgt $50{,}4\,\frac{m}{s}\left(\approx 181{,}44\,\frac{km}{h}\right)$.

D4 Gesamtänderungen aus gegebenen Änderungsraten exakt mit bestimmten Integralen berechnen.

Ist eine stetige Funktion v für die momentane Änderungsrate (z. B. Zuflussgeschwindigkeit, Bewegungsgeschwindigkeit,...) einer Größe in Abhängigkeit von der Zeit t gegeben, so wird die Gesamtänderung (z. B. Füllmenge, zurückgelegte Wegstrecke, ...) im Zeitintervall $[t_a; t_e]$ mit dem Integral $\int_{t_a}^{t_e} v(t)\,dt$ berechnet.

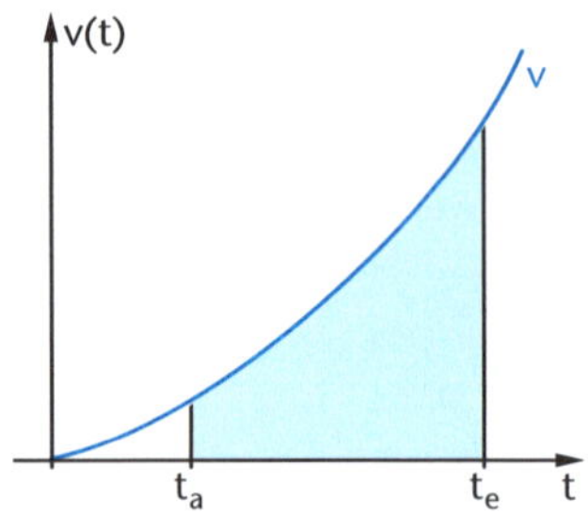

Zu einer gegebenen Messreihe für die momentane Änderungsrate in verschiedenen Zeitpunkten kann oft eine Funktion v durch eine sinnvolle Regression ermittelt werden.

Beispiel *Gegeben ist die Bewegungsgeschwindigkeit*

Die Geschwindigkeit v eines aus der Ruhe von einem Turm fallenden Steins ist gegeben durch $v(t) = 9{,}81 \cdot t$. Dabei wird die Zeit t in Sekunden und die Geschwindigkeit v in Meter pro Sekunde angegeben.

- Beobachtet man, dass der Stein nach einer Falldauer von 3,2 Sekunden auf dem Boden aufschlägt, kann man die Höhe des Turms berechnen, indem man die als momentane Änderungsrate gegebene Geschwindigkeit v(t) über dem Zeitintervall [0; 3,2] integriert:

  $$h = \int_0^{3{,}2} 9{,}81 \cdot t\,dt = \left[\frac{9{,}81}{2} t^2\right]_0^{3{,}2} \approx 50{,}23.$$

  Der Turm hat eine Höhe von etwa 50,23 m.

- Ist andererseits die Fallhöhe mit h = 100 m gegeben, so kann man auch die entsprechende Falldauer berechnen. Diesmal ist der Wert des Integrals bekannt. Zu bestimmen ist die obere Integrationsgrenze t_e.

  $$\int_0^{t_e} 9{,}81 \cdot t\,dt = 100 \;\Leftrightarrow\; \left[\frac{9{,}81}{2} t^2\right]_0^{t_e} = 100 \;\Leftrightarrow\; \frac{9{,}81}{2} t_e^2 = 100 \;\Leftrightarrow\; t_e = \sqrt{\frac{200}{9{,}81}} \approx 4{,}5 \vee t_e \approx -4{,}5$$

  Hinweis: Die negative Lösung der quadratischen Gleichung entfällt hier im Sachzusammenhang.

  Der Stein trifft nach etwa 4,5 Sekunden auf dem Boden auf.

Beispiel *Gegeben ist die Zulaufgeschwindigkeit*

Ein zunächst leeres Getreidesilo wird mit Weizen gefüllt. Die Zulaufgeschwindigkeit ist in den ersten 15 Minuten konstant und beträgt 45 Zentner/min. Dann nimmt sie entsprechend dem Graphen ab, bis nach insgesamt 30 Minuten der Zufluss stoppt.

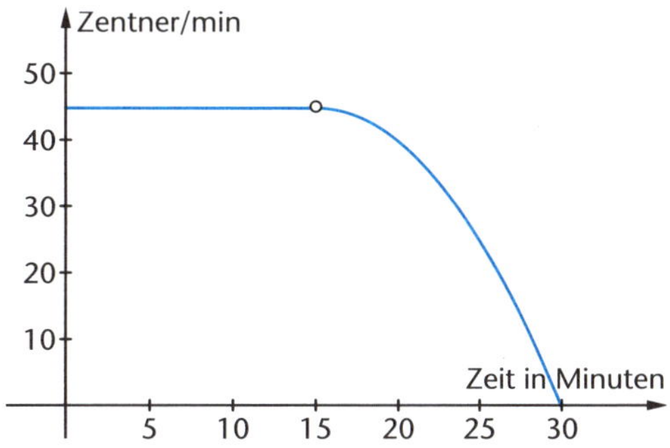

Die Funktion f mit $f(x) = -\frac{1}{5}x^2 + 6x$ beschreibt den Zulauf in der Zeit zwischen der 15. und der 30. Minute, denn der Scheitelpunkt der Parabel liegt im Punkt $S(15\,|\,45)$ und eine Nullstelle bei $x = 30$.
Um die gesamte Füllmenge des Silos zu bestimmen, bestimmt man den Flächeninhalt des Flächenstücks zwischen Graph und Zeitachse im Intervall [0; 30]:
Im Zeitintervall [0; 15] ist dies ein Rechteck; für das Zeitintervall [15; 30] muss die Integralrechnung angewendet werden:

$$15 \cdot 45 + \int_{15}^{30}\left(-\frac{1}{5}x^2 + 6x\right)dx = 675 + \left[-\frac{1}{15}x^3 + 3x^2\right]_{15}^{30} = 675 + 450 = 1125.$$

Insgesamt wurden 1125 Zentner Weizen in das Silo gefüllt.

D5 Nur LK: Inhalte ins Unendliche reichender Flächen mit uneigentlichen Integralen und den dabei erforderlichen Grenzwertbetrachtungen ermitteln.

- **Integration über unbeschränkte Intervalle:**
  Falls die Funktion f auf dem Intervall $[a; +\infty[$ stetig ist und der Grenzwert $\lim\limits_{b \to +\infty} \int_a^b f(x)\,dx$ existiert, so heißt dieser Grenzwert das **Uneigentliche Integral** von f über dem Intervall $[a; +\infty[$.
  Man notiert dann auch $\int_a^{+\infty} f(x)\,dx$.
  (Entsprechend wird $\int_{-\infty}^{b} f(x)\,dx$ definiert.)

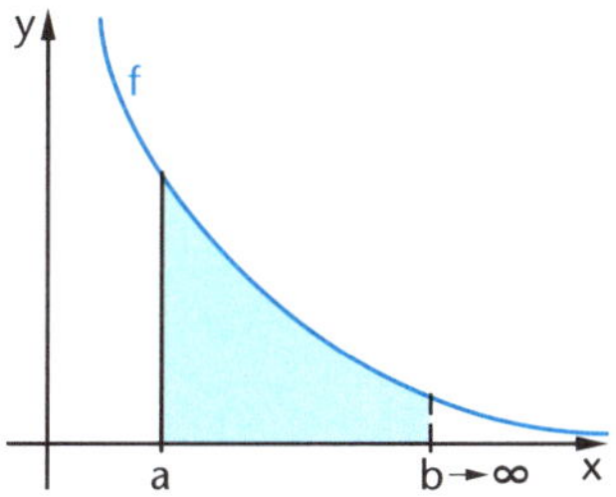

- **Integration über unbeschränkte Funktionen:**
  Falls die Funktion f auf dem Intervall $]a; b]$ stetig ist und der Grenzwert $\lim\limits_{z \to a} \int_z^b f(x)\,dx$ existiert, so heißt dieser Grenzwert das Uneigentliche Integral von f über dem Intervall $]a; b]$.
  Man notiert dann auch $\int_a^b f(x)\,dx$.
  (Entsprechend wird $\lim\limits_{z \to b} \int_a^z f(x)\,dx$ über dem Intervall $[a; b[$ definiert.)

Beispiele *Uneigentliche Integrale*

- Der Graph der Funktion f mit $f(x) = \frac{4}{x^2}$ schließt über dem Intervall $[1; +\infty[$ eine Fläche mit dem Flächeninhalt 4 FE ein:

  Es gilt: $\int_1^b \frac{4}{x^2}\,dx = \left[-\frac{4}{x}\right]_1^b = 4 - \frac{4}{b}$.

  Damit existiert der Grenzwert: $\lim\limits_{b\to+\infty} \int_1^b \frac{4}{x^2}\,dx = \lim\limits_{b\to+\infty}\left(4 - \frac{4}{b}\right) = 4$.

- Dagegen ist der Flächeninhalt der Fläche zwischen x-Achse und Graph der Funktion f mit $f(x) = \frac{1}{(x-2)^2}$ über dem Intervall $]2; 4]$ nicht endlich:

  Es gilt: $\int_a^4 \frac{1}{(x-2)^2}\,dx = \left[-\frac{1}{(x-2)}\right]_a^4 = \frac{1}{a-2} - \frac{1}{2}$.

  Da der erste Summand für $a \to 2$ über alle Grenzen wächst, existiert das Uneigentliche Integral nicht.

- Der Graph der Funktion f mit $f(x) = x \cdot e^{-x}$ schließt mit der positiven x-Achse einen endlichen Flächeninhalt ein:

  $$\int_0^a x \cdot e^{-x}\,dx = [-(x+1)\cdot e^{-x}]_0^a$$
  $$= (-(a+1)\cdot e^{-a}) - (-(0+1)\cdot e^{-0})$$
  $$= (-(a+1)\cdot e^{-a}) + 1.$$

  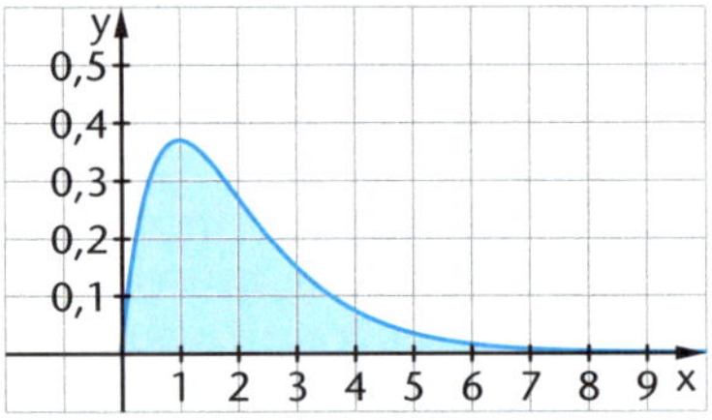

  Da die Werte mit der Funktion $e(x) = e^{-x}$ für $x \to \infty$ schneller gegen null gehen als die Werte einer beliebigen ganzrationalen Funktion $p(x)$ wachsen, gilt allgemein: $\lim\limits_{x\to\infty} p(x)\cdot e^{-x} = 0$.

  Also folgt $\int_0^\infty x \cdot e^{-x}\,dx = 1$.

D6 Das Volumen von Rotationskörpern berechnen und die erforderlichen Berandungsfunktionen für reale rotationssymmetrische Körper modellieren.

Rotiert der Graph einer stetigen Berandungsfunktion f mit nicht negativen Funktionswerten über dem Intervall [a;b] um die x-Achse, so entsteht ein Rotationskörper

mit dem Volumen $V = \pi \cdot \int_a^b (f(x))^2\,dx$.

Beispiele

(1) Das abgebildete Fass hat eine Höhe von 22 cm. Die Dicke der Fasswandung soll vernachlässigt werden. Der Radius beträgt am oberen und unteren Rand 8,1 cm, an der bauchigsten Stelle 8,8 cm. Zur Berechnung des Fassinhaltes legen wir das Fass auf die Seite. Das Koordinatensystem wird so gewählt, dass die x-Achse die Symmetrieachse des Fasses bildet, und dass der Graph der Berandungsfunktion symmetrisch zur y-Achse verläuft.

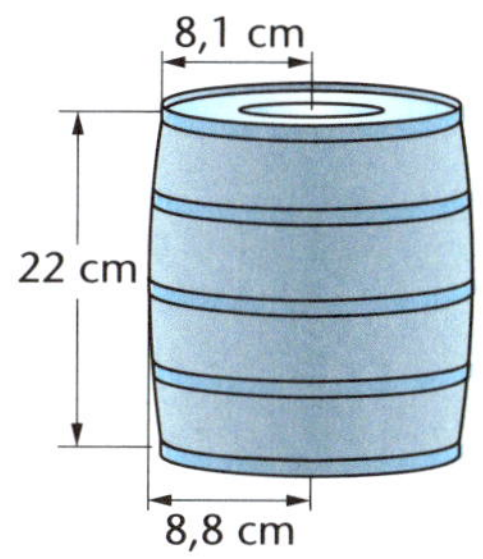

Aus dem Ansatz $f(x) = a\,x^2 + b$ mit $f(0) = 8{,}8$ und $f(11) = 8{,}1$ folgt $b = 8{,}8$ und $a \cdot 11^2 + 8{,}8 = 8{,}1$.

Die Koeffizienten werden berechnet zu $a = -\frac{7}{1210}$ und $b = \frac{44}{5}$.

Für die Berandungsfunktion gilt damit $f(x) = -\frac{7}{1210}x^2 + \frac{44}{5}$.

Das Volumen des Fasses kann nun unter Ausnutzung der Symmetrie berechnet werden:

$$V = 2\pi \cdot \int_0^{11} \left(-\frac{7}{1210}x^2 + \frac{44}{5}\right)^2 dx \approx 5075.$$

Also beträgt das Volumen des Fasses 5075 ml ≈ 5 ℓ.

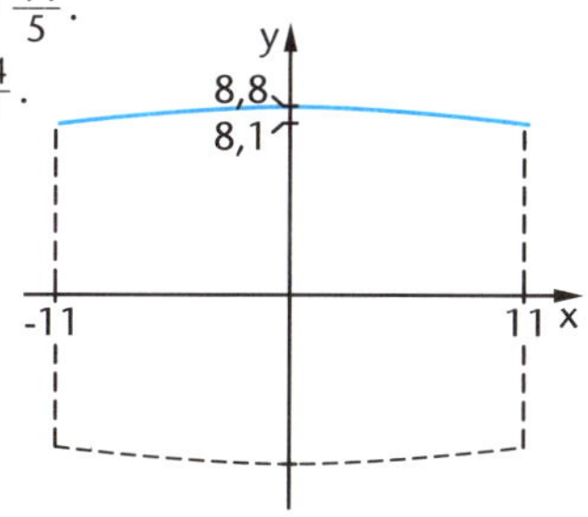

(2) Ein Blumenkübel entsteht durch Rotation des Graphen einer Funktion f mit $f(x) = 0{,}1x^3 - x^2 + 2{,}5x + 2$ über dem Intervall [0; 6] (1 Einheit = 1 dm). Bestimmen Sie das Volumen des Gefäßes.

$$V = 2\pi \int_0^6 f^2(x)\,dx$$

$$= \pi \cdot \int_0^6 (0{,}1x^3 - x^2 + 2{,}5x + 2)^2\,dx \approx 167\ \ell.$$

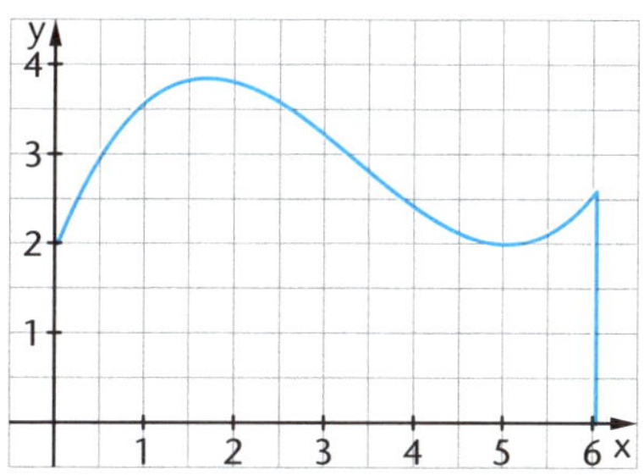

Beispiel *Ins Unendliche reichender Rotationskörper*

Gegeben ist die Funktion f durch $f(x) = \frac{1}{x} - \frac{1}{x^2}$; $x \neq 0$.

Die Fläche zwischen dem Graphen der Funktion f und der x-Achse über dem Intervall [1; ∞[rotiert um die x-Achse.
Hat der entstehende, ins Unendliche reichende Rotationskörper einen endlichen Rauminhalt?

Es gilt:

$$V_b = \pi \int_1^b \left(\frac{1}{x} - \frac{1}{x^2}\right)^2 dx$$

$$= \pi \int_1^b \left(\frac{1}{x^2} - \frac{2}{x^3} + \frac{1}{x^4}\right) dx = \pi\left[-\frac{1}{x} + \frac{1}{x^2} - \frac{1}{3x^3}\right]_1^b$$

$$= \pi\left(\left(-\frac{1}{b} + \frac{1}{b^2} - \frac{1}{3b^3}\right) - \left(-\frac{1}{3}\right)\right)$$

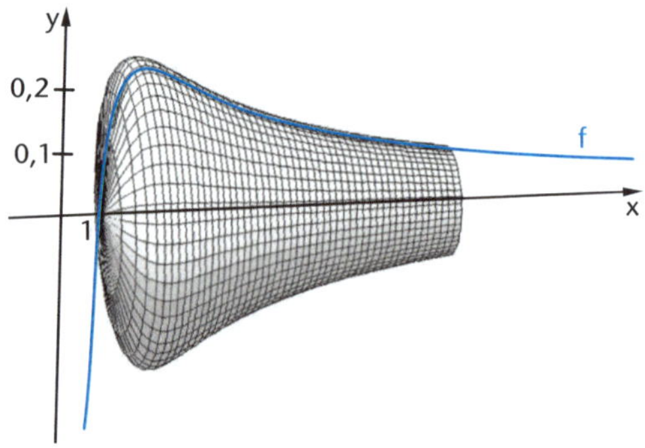

Da der Grenzwert

$$\lim_{b \to +\infty} V_b = \pi \cdot \lim_{b \to +\infty} \left(\left(-\frac{1}{b} + \frac{1}{b^2} - \frac{1}{3b^3}\right) - \left(-\frac{1}{3}\right)\right) = \frac{\pi}{3}$$

existiert, hat der Rotationskörper das Volumen $\frac{\pi}{3}$.

D7 Stammfunktionen mit dem Verfahren der partiellen Integration (nur LK) bzw. durch lineare Substitution bestimmen.

- **Partielle Integration:**
  Aus der Produktregel der Differenzialrechnung folgt:

  $$\int_a^b u(x) \cdot v'(x)\,dx = \left[u(x) \cdot v(x)\right]_a^b - \int_a^b u'(x) \cdot v(x)\,dx.$$

  Bei der Anwendung der Methode der Partiellen Integration müssen $u(x)$ und $v'(x)$ so gewählt werden, dass das auf der rechten Seite der Gleichung stehende Integral leichter berechnet werden kann.

- **Lineare Substitution:**
  Aus der Kettenregel der Differenzialrechnung folgt für den Fall der linearen Verkettung:

  $$\int_a^b f(m \cdot x + n)\,dx = \frac{1}{m} \cdot \left[F(m \cdot x + n)\right]_a^b \quad \text{mit } m \neq 0.$$

  Hierbei ist F eine Stammfunktion zu f.

Beispiele *Partielle Integration*

(1) $\int_0^1 (x-1) \cdot e^x\,dx = ?$

Mit $u(x) = x - 1$ und $v'(x) = e^x$ erhält man: $u'(x) = 1$ und $v(x) = e^x$, also:

$$\int_0^1 (x-1) \cdot e^x\,dx = \left[(x-1) \cdot e^x\right]_0^1 - \int_0^1 1 \cdot e^x\,dx = \left[(x-1) \cdot e^x\right]_0^1 - \left[e^x\right]_0^1 = 1 - (e-1) = 2 - e;$$

(2) $\int_0^\infty x^2 \cdot e^{-x}\,dx = ?$

Mit $u(x) = x^2$ und $v'(x) = e^{-x}$ erhält man: $u'(x) = 2x$ und $v(x) = -e^{-x}$, also:

$$\int_0^\infty x^2 \cdot e^{-x}\,dx = \left[x^2 \cdot (-e^{-x})\right]_0^\infty - \left(-\int_0^\infty 2x \cdot e^{-x}\,dx\right) = (0-0) + 2 \cdot \int_0^\infty x \cdot e^{-x}\,dx;$$

Erneuter Ansatz für eine partielle Integration: Aus $u(x) = x$ und $v'(x) = e^{-x}$ folgt $u'(x) = 1$ und $v(x) = -e^{-x}$, also:

$$\int_0^\infty x \cdot e^{-x}\,dx = \left[x \cdot (-e^{-x})\right]_0^\infty - \left(-\int_0^\infty 1 \cdot e^{-x}\,dx\right) = (0-0) + \int_0^\infty e^{-x}\,dx = \left[-e^{-x}\right]_0^\infty = 0 - (-1) = 1,$$

also insgesamt: $\int_0^\infty x^2 \cdot e^{-x}\,dx = 2 \cdot \int_0^\infty x \cdot e^{-x}\,dx = 2 \cdot 1 = 2.$

(3) $\int_a^b \ln(x)\,dx = ?$

Ansatz: $u(x) = \ln(x)$, $v'(x) = 1$, also $u'(x) = \frac{1}{x}$; $v(x) = x$;

daher: $u(x) \cdot v(x) = x \cdot \ln(x)$; $u'(x) \cdot v(x) = \frac{1}{x} \cdot x =$

$$\int_a^b \ln(x)\,dx = \int_a^b 1 \cdot \ln(x)\,dx = \left[x \cdot \ln(x)\right]_a^b - \int_a^b 1\,dx = \left[x \cdot \ln(x) - x\right]_a^b$$

(4) $\int_a^b e^x \cos x\,dx = ?$

Ansatz: $u(x) = e^x$; $v'(x) = \cos x$, also $u'(x) = e^x$; $v(x) = \sin x$;
daher: $u(x) \cdot v(x) = e^x \cdot \sin x$; $u'(x) \cdot v(x) = e^x \cdot \sin x$.

Die Methode der partiellen Integration muss ein zweites Mal angewandt werden:
Ansatz: $u(x) = e^x$; $v'(x) = \sin x$, also $u'(x) = e^x$; $v(x) = -\cos x$;
daher: $u(x) \cdot v(x) = -e^x \cdot \cos x$; $u'(x) \cdot v(x) = -e^x \cdot \cos x$.

$$\int_a^b e^x \cdot \sin x\,dx = \left[-e^x \cdot \cos x\right]_a^b + \int_a^b e^x \cdot \cos x\,dx.$$

Oben eingesetzt: $\int_a^b e^x \cdot \cos x\,dx = \left[e^x \cdot \sin x\right]_a^b + \left[e^x \cdot \cos x\right]_a^b - \int_a^b e^x \cdot \cos x\,dx$, also:

$$2 \cdot \int_a^b e^x \cdot \cos x\,dx = \left[e^x \cdot \sin x\right]_a^b + \left[e^x \cdot \cos x\right]_a^b,$$

$$\int_a^b e^x \cdot \cos x\,dx = \frac{1}{2}\left[e^x(\sin x + \cos x)\right]_a^b.$$

Beispiele *Lineare Substitution*

(1) $\int_0^1 e^{3 \cdot x + 5}\,dx = \frac{1}{3} \cdot \left[e^{3 \cdot x + 5}\right]_0^1 = \frac{1}{3} \cdot (e^8 - e^5) \approx 944{,}18$

(2) $\int_0^\pi \sin(2 \cdot x - 1)\,dx = \frac{1}{2} \cdot \left[-\cos(2 \cdot x - 1)\right]_0^\pi = \frac{1}{2} \cdot (-\cos(2\pi - 1) + \cos(-1)) = 0$

D8 Nur LK: Verfahren zur numerischen Integration beschreiben und anwenden.

Mit den Numerischen Integrationsverfahren können Näherungswerte für bestimmte Integrale berechnet werden, insbesondere auch dann, wenn zu einer stetigen Integrandenfunktion keine Stammfunktion bestimmt werden kann.

- **Kepler'sche Fassregel:**
  Zur Herleitung der Kepler'schen Fassregel wird eine quadratische Funktion p mit $p(x) = r \cdot x^2 + s \cdot x + t$ bestimmt, so dass $p(a) = f(a) \wedge p\left(\frac{a+b}{2}\right) = f\left(\frac{a+b}{2}\right) \wedge p(b) = f(b)$.
  Integriert man dann $p(x)$ statt $f(x)$ über dem Intervall $[a; b]$, so erhält man:
  $$\int_a^b f(x)\,dx \approx \frac{b-a}{6} \cdot \left[f(a) + 4 \cdot f\left(\frac{a+b}{2}\right) + f(b)\right]$$
- **Simpson'sche Regel:**
  Das Intervall $[a; b]$ wird in eine gerade Anzahl n gleich breiter Teilintervalle zerlegt. Es ergeben sich die Stützstellen $a, x_1, x_2, \ldots, x_{n-1}, b$. Indem man die Kepler'sche Fassregel auf je zwei benachbarte Teilintervalle anwendet, erhält man:
  $$\int_a^b f(x)\,dx \approx \frac{b-a}{3n} \cdot [f(a) + 4 \cdot f(x_1) + 2 \cdot f(x_2) + 4 \cdot f(x_3) + \ldots + 2 \cdot f(x_{n-2}) + 4 \cdot f(x_{n-1}) + f(b)]$$
- **Sehnentrapezregel:**
  Das Intervall $[a; b]$ wird in n gleich breite Teilintervalle zerlegt. Auf jedem Teilintervall wird der Flächeninhalt zwischen dem Graphen von f und der x-Achse durch Trapeze angenähert:
  $$\int_a^b f(x)\,dx \approx \frac{b-a}{2n} \cdot [f(a) + 2 \cdot f(x_1) + 2 \cdot f(x_2) + \ldots + 2 \cdot f(x_{n-1}) + f(b)]$$

Beispiele *Berechnung eines Näherungswertes*

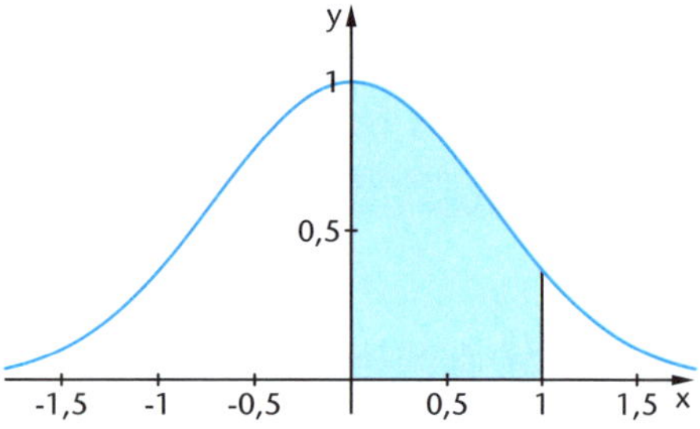

für das Integral $\int_0^1 e^{-x^2}\,dx$:

- Mit der Kepler'schen Fassregel:
  $$\int_0^1 e^{-x^2}\,dx \approx \frac{1}{6} \cdot [f(0) + 4 \cdot f(0{,}5) + f(1)] \approx 0{,}74718$$
- Mit der Simpson'schen Regel für n = 10:
  $$\int_0^1 e^{-x^2}\,dx \approx \frac{1}{30} \cdot [f(0) + 4 \cdot f(0{,}1) + 2 \cdot f(0{,}2) + 4 \cdot f(0{,}3) + 2 \cdot f(0{,}4) + 4 \cdot f(0{,}5) + 2 \cdot f(0{,}6) + 4 \cdot f(0{,}7) + 2 \cdot f(0{,}8) + 4 \cdot f(0{,}9) + f(1)] \approx 0{,}74682$$
- Mit der Sehnentrapezregel für n = 5:
  $$\int_0^1 e^{-x^2}\,dx \approx \frac{1}{10} \cdot [f(0) + 2 \cdot f(0{,}2) + 2 \cdot f(0{,}4) + 2 \cdot f(0{,}6) + 2 \cdot f(0{,}8) + f(1)] \approx 0{,}74437$$

E1 Verschiebungen durch Vektoren sowie Punkte im Raum durch Ortsvektoren und Vektorketten beschreiben und damit realitätsnahe Situationen mathematisch modellieren.

Vektoren im Raum sind geordnete Zahlentripel, die in Spaltenform notiert werden.

Der Vektor $\vec{u} = \begin{pmatrix} u_1 \\ u_2 \\ u_3 \end{pmatrix}$ kann interpretiert werden als der **Ortsvektor** des Punktes $U(u_1|u_2|u_3)$,

als **Pfeil** vom Ursprung $O(0|0|0)$ zum Punkt $U(u_1|u_2|u_3)$ oder auch als eine **Verschiebung** parallel zu diesem Pfeil.
Bei der Addition zweier Vektoren werden zugehörige Pfeile aneinandergesetzt. Es gilt die sogenannte **Dreiecksregel:** $\overrightarrow{XY} + \overrightarrow{YZ} = \overrightarrow{XZ}$ (**Vektorkette** von X über Y nach Z).
Bei der Subtraktion wird der Gegenvektor addiert: Der **Verbindungsvektor** $\overrightarrow{PQ}$ lässt sich schreiben als Differenzvektor der beiden Ortsvektoren:

$\overrightarrow{PQ} = \overrightarrow{PO} + \overrightarrow{OQ} = \overrightarrow{OQ} + (-\overrightarrow{OP}) = \overrightarrow{OQ} - \overrightarrow{OP} = \vec{q} - \vec{p}$.

Der **Nullvektor** $\vec{o} = \begin{pmatrix} 0 \\ 0 \\ 0 \end{pmatrix}$ lässt sich als eine geschlossene Vektorkette auffassen:

$\vec{o} = \overrightarrow{OA} + \overrightarrow{AB} + \overrightarrow{BC} + \ldots + \overrightarrow{ZO}$.

Der Ortsvektor $\overrightarrow{OM}$ des **Mittelpunkts M einer Strecke AB** wird dargestellt in der Form

$\overrightarrow{OM} = \overrightarrow{OA} + \frac{1}{2} \cdot \overrightarrow{AB} = \overrightarrow{OA} + \frac{1}{2} \cdot (\overrightarrow{OB} - \overrightarrow{OA}) = \frac{1}{2} \cdot (\overrightarrow{OA} + \overrightarrow{OB})$.

Beispiel

Der Verbindungsvektor der Punkte $P(2|-3|5)$ und $Q(4|1|-2)$ ist: $\overrightarrow{PQ} = \begin{pmatrix} 4 \\ 1 \\ -2 \end{pmatrix} - \begin{pmatrix} 2 \\ -3 \\ 5 \end{pmatrix} = \begin{pmatrix} 2 \\ 4 \\ -7 \end{pmatrix}$.

Der Mittelpunkt der Strecke PQ ist $M\left(\frac{1}{2} \cdot (2+4) \,|\, \frac{1}{2} \cdot (-3+1) \,|\, \frac{1}{2} \cdot (5+(-2))\right) = (3|-1|1{,}5)$.

E2 Das Skalarprodukt zweier Vektoren berechnen und damit entscheiden, ob die Vektoren zueinander orthogonal sind.

Das Skalarprodukt zweier Vektoren $\vec{u} = \begin{pmatrix} u_1 \\ u_2 \\ u_3 \end{pmatrix}$ und $\vec{v} = \begin{pmatrix} v_1 \\ v_2 \\ v_3 \end{pmatrix}$ ist definiert als die Summe der Produkte der Komponenten der beiden Vektoren, also durch

$\vec{u} * \vec{v} = \begin{pmatrix} u_1 \\ u_2 \\ u_3 \end{pmatrix} * \begin{pmatrix} v_1 \\ v_2 \\ v_3 \end{pmatrix} = u_1 \cdot v_1 + u_2 \cdot v_2 + u_3 \cdot v_3$.

Die beiden Vektoren spannen einen Winkel φ auf.
Für diesen gilt: $\vec{u} * \vec{v} = |\vec{u}| \cdot |\vec{v}| \cdot \cos(\varphi)$
In Worten: Das Skalarprodukt zweier Vektoren ist gleich dem Produkt aus der Länge des einen Vektors mit der Länge der orthogonalen Projektion des anderen Vektors auf diesen Vektor.

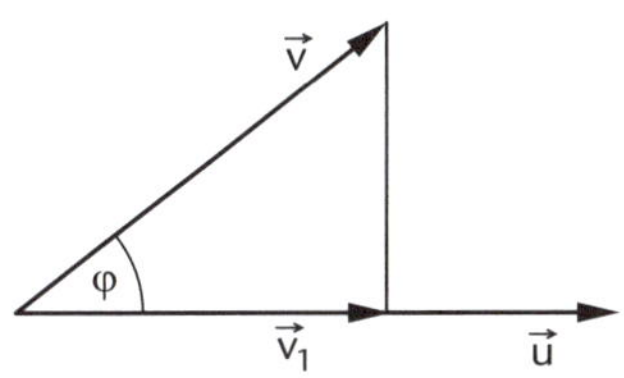

$|\vec{v}_1| = |\vec{v}| \cdot \cos\varphi$

Daher gilt: Das Skalarprodukt zweier gleichgerichteter Vektoren ist gleich dem Produkt der Längen der Vektoren, das Skalarprodukt zweier entgegengerichteter Vektoren gleich dem negativen Produkt ihrer Längen. Und:
Das Skalarprodukt zweier Vektoren ist genau dann gleich null, wenn diese zueinander orthogonal sind.

Hinweis: Das Skalarprodukt zweier Vektoren $\vec{u} * \vec{v}$ (dies ist eine reelle Zahl!) darf nicht verwechselt werden mit dem Vervielfachen eines Vektors mit einer Zahl $s \in \mathbb{R}$, also $s \cdot \vec{v}$ (dies ist ein Vektor). In diesem Buch verwenden wir konsequent die Zeichen $*$ bzw. $\cdot$, um den Unterschied zwischen den beiden Vektoroperationen hervorzuheben, auch wenn es oft üblich ist, für beide Operationen dasselbe Zeichen zu verwenden.

Beispiele

(1) Die Vektoren $\vec{u} = \begin{pmatrix} 3 \\ -1 \\ 2 \end{pmatrix}$ und $\vec{v} = \begin{pmatrix} -1 \\ -1 \\ 1 \end{pmatrix}$ sind orthogonal zueinander, denn
$\begin{pmatrix} 3 \\ -1 \\ 2 \end{pmatrix} * \begin{pmatrix} -1 \\ -1 \\ 1 \end{pmatrix} = 3 \cdot (-1) + (-1) \cdot (-1) + 2 \cdot 1 = -3 + 1 + 2 = 0.$

(2) Jeder Vektor der Form $\vec{n} = \begin{pmatrix} 2a \\ b \\ -a \end{pmatrix}$ ist orthogonal zu $\vec{u} = \begin{pmatrix} 1 \\ 0 \\ 2 \end{pmatrix}$, denn $2a + 0 \cdot b - 2a = 0$.

E3 Längen von Strecken im Raum und den Betrag von Vektoren berechnen.

Der **Betrag eines Vektors** $\vec{u} = \begin{pmatrix} u_1 \\ u_2 \\ u_3 \end{pmatrix}$ (oder auch Länge des zugehörigen Pfeils) berechnet sich nach dem Satz des Pythagoras mithilfe von $|\vec{u}| = \sqrt{\vec{u} * \vec{u}} = \sqrt{u_1^2 + u_2^2 + u_3^2}$.

Einen Vektor mit dem Betrag 1 nennt man **Einheitsvektor.**
Zu einem Vektor $\vec{v}$ erhält man den zugehörigen Einheitsvektor $\vec{v_0}$, indem man den Vektor mit dem Faktor $\frac{1}{|\vec{v}|}$ multipliziert: $\vec{v}_0 = \frac{1}{|\vec{v}|} \cdot \vec{v}$.

Die **Länge einer Strecke** PQ im Raum ist gleich dem Betrag des zugehörigen Verbindungsvektors der Endpunkte der Strecke:

$$|\overrightarrow{PQ}| = \sqrt{\overrightarrow{PQ} * \overrightarrow{PQ}} = \sqrt{\begin{pmatrix} q_1 - p_1 \\ q_2 - p_2 \\ q_3 - p_3 \end{pmatrix} * \begin{pmatrix} q_1 - p_1 \\ q_2 - p_2 \\ q_3 - p_3 \end{pmatrix}} = \sqrt{(q_1 - p_1)^2 + (q_2 - p_2)^2 + (q_3 - p_3)^2}$$

Beispiele

(1) Der Betrag des Vektors $\vec{u} = \begin{pmatrix} -2 \\ 0 \\ 3 \end{pmatrix}$ ist $|\vec{u}| = \sqrt{(-2)^2 + 0^2 + 3^2} = \sqrt{4 + 0 + 9} = \sqrt{13}$

Der zum Vektor $\vec{u} = \begin{pmatrix} -2 \\ 0 \\ 3 \end{pmatrix}$ gehörende Einheitsvektor ist $u_0 = \frac{1}{\sqrt{13}} \cdot \begin{pmatrix} -2 \\ 0 \\ 3 \end{pmatrix}$.

Die Länge der Strecke PQ mit $P(1|3|-1)$ und $Q(5|-2|0)$ ist
$|\overrightarrow{PQ}| = \sqrt{(5-1)^2 + (-2-3)^2 + (0-(-1))^2} = \sqrt{16 + 25 + 1} = \sqrt{42}$.

(2) Das Tetraeder ABCD mit $A(0|-6|0)$, $B(6\sqrt{3}|0|0)$, $C(0|6|0)$ und $D(2\sqrt{3}|0|4\sqrt{6})$ ist ein reguläres Tetraeder, da alle Seiten gleich lang sind:
$|AB|^2 = 6^2 + 3 \cdot 6^2 = 144$; $|AC|^2 = 12^2 = 144$; $|AD|^2 = 3 \cdot 2^2 + 6^2 + 6 \cdot 4^2 = 144$;
$|BC|^2 = 6^2 + 3 \cdot 6^2 = 144$; $|BD|^2 = 3 \cdot 4^2 + 6 \cdot 4^2 = 144$; $|CD|^2 = 3 \cdot 2^2 + 6^2 + 6 \cdot 4^2 = 144$

E4 Nur LK: Die Definition für die lineare (Un-)Abhängigkeit von Vektoren angeben und Vektoren auf lineare (Un-)Abhängigkeit untersuchen.

Eine Summe von Vielfachen von Vektoren wird als **Linearkombination** der Vektoren bezeichnet. Vektoren heißen **voneinander linear abhängig**, wenn sich wenigstens einer der Vektoren als eine Linearkombination der übrigen darstellen lässt; sie heißen **voneinander linear unabhängig**, wenn keiner der Vektoren als Linearkombination der anderen dargestellt werden kann.
Spezialfälle: Zwei Vektoren $\vec{u} \neq \vec{o}$ und $\vec{v} \neq \vec{o}$ werden auch als **kollinear** bezeichnet, wenn der Vektor $\vec{u}$ als ein Vielfaches des Vektors $\vec{v}$ dargestellt werden kann, d. h., wenn es ein $r \in \mathbb{R} \setminus \{0\}$ gibt, so dass gilt: $\vec{u} = r \cdot \vec{v}$. Drei Vektoren $\vec{u} \neq \vec{o}$, $\vec{v} \neq \vec{o}$ und $\vec{w} \neq \vec{o}$ heißen **komplanar**, wenn $\vec{u}$ als eine Linearkombination der Vektoren $\vec{v}$ und $\vec{w}$ dargestellt werden kann, d. h., wenn es ein Zahlenpaar $(r, s) \in \mathbb{R} \times \mathbb{R} \setminus \{(0|0)\}$ gibt, so dass gilt: $\vec{u} = r \cdot \vec{v} + s \cdot \vec{w}$.

Beispiele

(1) Spannen drei Vektoren $\vec{u}$, $\vec{v}$, $\vec{w}$ einen Spat auf, dann sind sie voneinander linear unabhängig, z. B.

$$\vec{u} = \begin{pmatrix}1\\2\\0\end{pmatrix},\ \vec{v} = \begin{pmatrix}0\\1\\1\end{pmatrix},\ \vec{w} = \begin{pmatrix}1\\0\\2\end{pmatrix}.$$

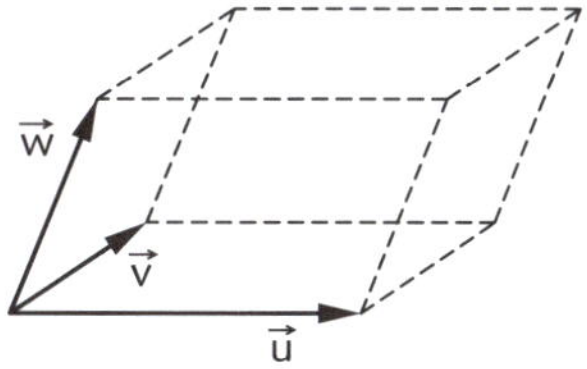

(2) In einem 3-dimensionalen Raum lässt sich jeder Vektor eindeutig als Linearkombination von irgendwelchen drei voneinander linear unabhängigen Vektoren darstellen; diese bilden eine Basis des 3-dimensionalen Raums.

Die zugehörige Linearkombination für die Darstellung eines Vektors $\vec{x} = \begin{pmatrix}5\\3\\5\end{pmatrix}$ mithilfe der drei (Basis-) Vektoren $\vec{u}$, $\vec{v}$, $\vec{w}$ erhält man durch Lösen des folgenden Gleichungssystems:

$$\left|\begin{matrix}1r + 0s + 1t = 5\\2r + 1s + 0t = 3\\0r + 1s + 2t = 5\end{matrix}\right| \Leftrightarrow \left|\begin{matrix}1r + 0s + 1t = 5\\0r + 1s - 2t = -7\\0r + 1s + 2t = 5\end{matrix}\right| \Leftrightarrow \left|\begin{matrix}1r + 0s + 1t = 5\\0r + 1s - 2t = -7\\0r + 0s + 4t = 12\end{matrix}\right| \Leftrightarrow \left|\begin{matrix}r = 2\\s = -1\\t = 3\end{matrix}\right|$$

Probe: $2 \cdot \vec{u} + (-1) \cdot \vec{v} + 3 \cdot \vec{w} = \begin{pmatrix}2 - 0 + 3\\4 - 1 + 0\\0 - 1 + 6\end{pmatrix} = \begin{pmatrix}5\\3\\5\end{pmatrix}$

Man kann auch sagen: Bzgl. der Basis $\vec{u}$, $\vec{v}$, $\vec{w}$ hat der Punkt (5|3|5) die Koordinaten (2|−1|3), vgl. E6.

(3) Anwendung der linearen Unabhängigkeit zur Bestimmung von Teilverhältnissen

In einem Parallelogramm ABCD wird die Strecke AB durch den Punkt E im Verhältnis 2 : 1 geteilt, die Strecke DA durch den Punkt F halbiert. In welchem Verhältnis werden die Strecken AC und EF durch den Schnittpunkt S geteilt?

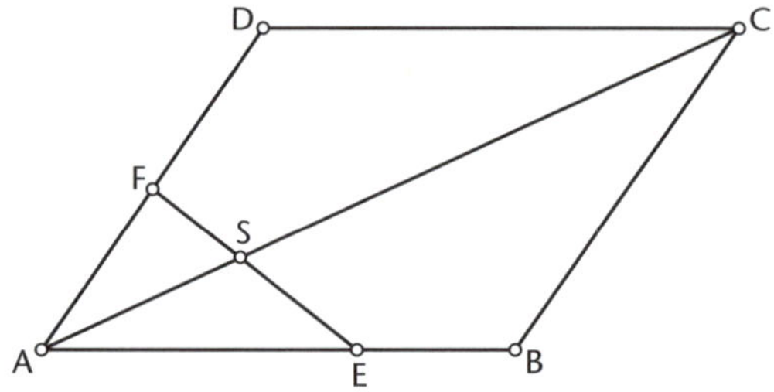

Wählt man den Punkt A als Ursprung des Koordinatensystems, dann lässt sich der Schnittpunkt S als gemeinsamer Punkt der Geraden g und h darstellen mit

g: $\vec{x} = r \cdot \overrightarrow{AC} = r \cdot (\overrightarrow{AB} + \overrightarrow{BC}) = r \cdot (\overrightarrow{AB} + \overrightarrow{AD})$

h: $\vec{x} = \overrightarrow{AE} + s \cdot \overrightarrow{EF} = \frac{2}{3} \cdot \overrightarrow{AB} + s \cdot (\overrightarrow{EA} + \overrightarrow{AF})$

$= \frac{2}{3} \cdot \overrightarrow{AB} + s \cdot \left(-\frac{2}{3} \cdot \overrightarrow{AB} + \frac{1}{2} \cdot \overrightarrow{AD}\right)$,

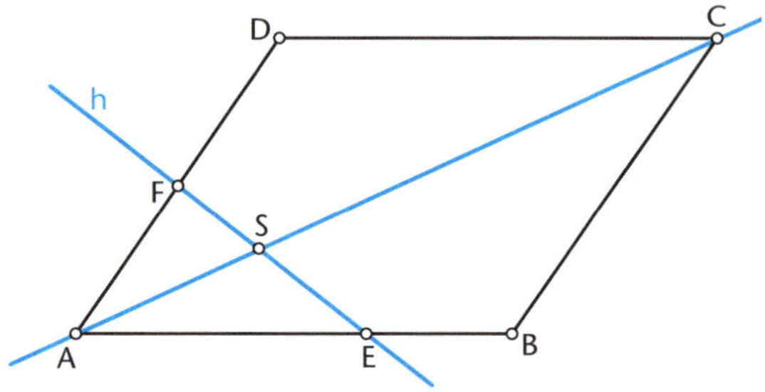

d. h. es gilt

$\overrightarrow{AS} = r \cdot (\overrightarrow{AB} + \overrightarrow{AD}) = \frac{2}{3} \cdot \overrightarrow{AB} + s \cdot \left(-\frac{2}{3} \cdot \overrightarrow{AB} + \frac{1}{2} \cdot \overrightarrow{AD}\right)$.

Durch Umformen erhält man hieraus

$\left(r + \frac{2}{3} \cdot s - \frac{2}{3}\right) \cdot \overrightarrow{AB} = \left(-r + \frac{1}{2} \cdot s\right) \cdot \overrightarrow{AD}$.

Da die beiden Richtungsvektoren der Geraden g und h linear unabhängig voneinander sind, müssen die beiden Vorfaktoren gleich null sein, d. h. es gilt:

$$\left| \begin{array}{l} r + \frac{2}{3}s = \frac{2}{3} \\ r - \frac{1}{2}s = 0 \end{array} \right|.$$

Dieses lineare Gleichungssystem hat die Lösung $(r; s) = \left(\frac{2}{7}; \frac{4}{7}\right)$, d. h. vom Punkt A aus muss man $\frac{2}{7}$ der Strecke in Richtung auf den Punkt C zu voranschreiten, und man muss vom Punkt E aus $\frac{4}{7}$ der Strecke in Richtung auf den Punkt F gehen, um zum Punkt S zu kommen.

F1 Parameterdarstellungen für Geraden aus zwei gegebenen Punkten ermitteln sowie überprüfen, ob ein Punkt auf einer gegebenen Gerade liegt (Punktprobe) und die Ergebnisse im Sachzusammenhang interpretieren.

Auch im Raum ist eine Gerade g durch zwei Punkte A, B festgelegt. Zu einem Punkt X der Geraden gelangt man so: Vom Ursprung O geht man zu einem der beiden Punkte der Geraden, dann trägt man ein Vielfaches des Verbindungsvektors $\overrightarrow{AB}$ (sogen. *Richtungsvektor* der Geraden) ab.

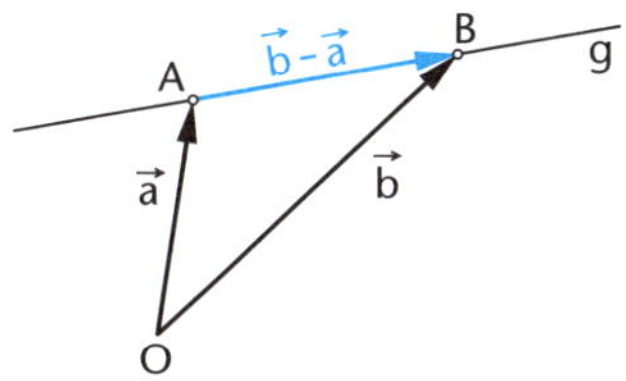

Als Richtungsvektor kann auch irgendein Vielfaches von $\overrightarrow{AB}$, z. B. mit möglichst kleinen ganzzahligen Komponenten verwendet werden.

g: $\vec{x} = \overrightarrow{OX} = \overrightarrow{OA} + r \cdot \overrightarrow{AB} = \vec{a} + r \cdot (\vec{b} - \vec{a})$ oder g: $\vec{x} = \overrightarrow{OX} = \overrightarrow{OB} + s \cdot \overrightarrow{BA} = \vec{b} + s \cdot (\vec{a} - \vec{b})$

Punktprobe: Ein Punkt P liegt genau dann auf einer Geraden g, wenn seine Koordinaten die Parameterdarstellung der Geraden erfüllen, d. h. wenn ein $r \in \mathbb{R}$ (bzw. $s \in \mathbb{R}$) existiert derart, dass alle drei Gleichungen des zugehörigen linearen Gleichungssystems, erfüllt werden.

Beispiel

Gegeben sind die Punkte A(2|3|−1) und B(4|−2|2). Punkte der Geraden g durch A, B können dargestellt werden mithilfe der Parameterdarstellung:

$$g: \vec{x} = \overrightarrow{OX} = \begin{pmatrix} 2 \\ 3 \\ -1 \end{pmatrix} + r \cdot \begin{pmatrix} 4-2 \\ -2-3 \\ 2-(-1) \end{pmatrix} = \begin{pmatrix} 2 \\ 3 \\ -1 \end{pmatrix} + r \cdot \begin{pmatrix} 2 \\ -5 \\ 3 \end{pmatrix} = \begin{pmatrix} 2+2r \\ 3-5r \\ -1+3r \end{pmatrix} \text{ oder } g: \vec{x} = \overrightarrow{OX} = \begin{pmatrix} 4 \\ -2 \\ 2 \end{pmatrix} + s \cdot \begin{pmatrix} -2 \\ 5 \\ -3 \end{pmatrix}$$

Der Punkt P(0|8|−4) liegt auf der Geraden g, weil das lineare Gleichungssystem mit drei Gleichungen und einer Variablen (eindeutig) lösbar ist:

$$\begin{vmatrix} 2+2r = 0 \\ 3-5r = 8 \\ -1+3r = -4 \end{vmatrix} \Leftrightarrow \begin{vmatrix} 2r = -2 \\ -5r = 5 \\ 3r = -3 \end{vmatrix} \Leftrightarrow \begin{vmatrix} r = -1 \\ r = -1 \\ r = -1 \end{vmatrix}$$

Der Punkt Q(4|−2|5) liegt nicht auf der Geraden g, weil das lineare Gleichungssystem keine Lösung besitzt:

$$\begin{vmatrix} 2+2r = 4 \\ 3-5r = -2 \\ -1+3r = 5 \end{vmatrix} \Leftrightarrow \begin{vmatrix} 2r = 2 \\ -5r = -5 \\ 3r = 6 \end{vmatrix} \Leftrightarrow \begin{vmatrix} r = 1 \\ r = 1 \\ r = 2 \end{vmatrix}$$

F2 Geraden auf ihre gegenseitige Lage untersuchen und möglicherweise vorhandene Schnittpunkte bestimmen.

Zwei Geraden g und h im Raum, die durch eine Parameterdarstellung gegeben sind g: $\vec{x} = \vec{a} + r \cdot \vec{u}$ und h: $\vec{x} = \vec{b} + s \cdot \vec{v}$, sind entweder (1) identisch, (2) liegen zueinander echt parallel, (3) verlaufen zueinander windschief oder (4) haben genau einen Punkt gemeinsam (schneiden sich in genau einem Punkt).

(1) Die beiden Geraden sind identisch, wenn die gegebenen Parameterdarstellungen dieselbe Gerade auf verschiedene Weise darstellen. Dies erkennt man daran, dass die beiden Richtungsvektoren zueinander parallel sind (Vielfache voneinander) und der Auf(hänge)punkt der einen Geraden auch auf der anderen Geraden liegt.

(2) Die beiden Geraden sind zueinander echt parallel, wenn die beiden Richtungsvektoren zueinander parallel sind (Vielfache voneinander), jedoch der Auf(hänge)punkt der einen Geraden nicht auf der anderen Geraden liegt.

(3) Die beiden Geraden sind zueinander windschief, wenn die Richtungsvektoren nicht zueinander parallel sind (nicht Vielfache voneinander) und kein Punkt der einen Geraden auf der anderen Geraden liegt.

(4) Die beiden Geraden schneiden sich in genau einem Punkt, wenn dieser Punkt mithilfe der Parameterdarstellungen der beiden Geraden darstellbar ist und die Richtungsvektoren keine Vielfachen voneinander sind.

Vorgehensweise zur Überprüfung der gegenseitigen Lage von Geraden

- Mit einem Blick kann man erkennen, ob die Richtungsvektoren $\vec{u}$, $\vec{v}$ der beiden Geraden Vielfache voneinander sind:
  Wenn dies der Fall ist, sind die beiden Geraden entweder identisch oder zueinander parallel.
  Wenn dies nicht der Fall ist, sind sie zueinander windschief oder haben genau einen Punkt gemeinsam.

- In einem zweiten Schritt überprüft man, ob das Gleichungssystem $\vec{a} + r \cdot \vec{u} = \vec{b} + s \cdot \vec{v}$ mit drei Gleichungen und zwei Variablen r, s eindeutig lösbar ist.
  Wenn dies der Fall ist, dann existiert ein gemeinsamer Punkt (ein Schnittpunkt) oder es existieren unendlich viele gemeinsame Punkte (identische Geraden).
  Wenn dies nicht der Fall ist, dann sind die Geraden zueinander parallel oder zueinander windschief.

Beispiel

Für die Geraden g_1: $\vec{x} = \begin{pmatrix} 1 \\ -2 \\ 2 \end{pmatrix} + r \cdot \begin{pmatrix} 2 \\ 1 \\ -1 \end{pmatrix}$, g_2: $\vec{x} = \begin{pmatrix} 2 \\ -1 \\ 2 \end{pmatrix} + s \cdot \begin{pmatrix} -4 \\ -2 \\ 2 \end{pmatrix}$, g_3: $\vec{x} = \begin{pmatrix} 1 \\ 3 \\ -3 \end{pmatrix} + t \cdot \begin{pmatrix} -1 \\ 2 \\ -2 \end{pmatrix}$, g_4: $\vec{x} = \begin{pmatrix} 5 \\ 0 \\ 0 \end{pmatrix} + r \cdot \begin{pmatrix} 4 \\ 2 \\ -2 \end{pmatrix}$ gelten folgende Lagebeziehungen:

- Die Geraden g_1: $\vec{x} = \begin{pmatrix} 1 \\ -2 \\ 2 \end{pmatrix} + r \cdot \begin{pmatrix} 2 \\ 1 \\ -1 \end{pmatrix}$ und g_4: $\vec{x} = \begin{pmatrix} 5 \\ 0 \\ 0 \end{pmatrix} + r \cdot \begin{pmatrix} 4 \\ 2 \\ -2 \end{pmatrix}$ sind identisch, denn die

  Richtungsvektoren sind Vielfache voneinander und die Auf(hänge)punkte der Geraden lassen sich durch die jeweils andere Parameterdarstellung beschreiben:

  $\begin{pmatrix} 5 \\ 0 \\ 0 \end{pmatrix} = \begin{pmatrix} 1 \\ -2 \\ 2 \end{pmatrix} + 2 \cdot \begin{pmatrix} 2 \\ 1 \\ -1 \end{pmatrix}$ bzw. $\begin{pmatrix} 1 \\ -2 \\ 2 \end{pmatrix} = \begin{pmatrix} 5 \\ 0 \\ 0 \end{pmatrix} + (-1) \cdot \begin{pmatrix} 4 \\ 2 \\ -2 \end{pmatrix}$

- g_1 ist echt parallel zu g_2

  denn die beiden Richtungsvektoren sind Vielfache voneinander: $\begin{pmatrix}-4\\-2\\2\end{pmatrix} = (-2)\cdot\begin{pmatrix}2\\1\\-1\end{pmatrix}$

  und der Auf(hänge)punkt von g_1 liegt nicht auf g_2, d. h. das Gleichungssystem

  $\begin{pmatrix}1\\-2\\2\end{pmatrix} = \begin{pmatrix}2\\-1\\2\end{pmatrix} + s\cdot\begin{pmatrix}-4\\-2\\2\end{pmatrix}$ hat keine Lösung: $\left|\begin{matrix}1 = 2-4s\\-2 = -1-2s\\2 = 2+2s\end{matrix}\right| \Leftrightarrow \left|\begin{matrix}-1 = -4s\\-1 = -2s\\0 = s\end{matrix}\right| \Leftrightarrow \left|\begin{matrix}s = \frac{1}{4}\\s = \frac{1}{2}\\s = 0\end{matrix}\right|$

  (umgekehrt könnte man auch prüfen, ob der Auf(hänge)punkt von g_2 auf g_1 liegt).

- g_2 und g_3 sind nicht parallel zueinander und haben keinen gemeinsamen Punkt, sind also windschief zueinander, denn die Richtungsvektoren sind keine Vielfachen voneinander und das lineare Gleichungssystem mit drei Gleichungen und zwei Variablen hat keine Lösung:

  $\begin{pmatrix}2\\-1\\2\end{pmatrix} + s\cdot\begin{pmatrix}-4\\-2\\2\end{pmatrix} = \begin{pmatrix}1\\3\\-3\end{pmatrix} + t\cdot\begin{pmatrix}-1\\2\\-2\end{pmatrix} \Leftrightarrow \left|\begin{matrix}2-4s = 1-t\\-1-2s = 3+2t\\2+2s = -3-2t\end{matrix}\right| \Leftrightarrow \left|\begin{matrix}-4s+t = -1\\2s+2t = -4\\2s+2t = -5\end{matrix}\right|$

- g_1 und g_3 sind nicht parallel zueinander und haben (genau) einen Schnittpunkt
  Das Gleichungssystem mit drei Gleichungen und zwei Variablen ist eindeutig lösbar:

  $\begin{pmatrix}1\\-2\\2\end{pmatrix} + r\cdot\begin{pmatrix}2\\1\\-1\end{pmatrix} = \begin{pmatrix}1\\3\\-3\end{pmatrix} + t\cdot\begin{pmatrix}-1\\2\\-2\end{pmatrix} \Leftrightarrow \left|\begin{matrix}1+2r = 1-t\\-2+r = 3+2t\\2-r = -3-2t\end{matrix}\right| \Leftrightarrow \left|\begin{matrix}2r+t = 0\\r-2t = 5\\-r+2t = -5\end{matrix}\right| \Leftrightarrow \left|\begin{matrix}r = 1\\t = -2\end{matrix}\right|$

  Der Schnittpunkt $S(3|-1|1)$ wird bestimmt durch die beiden Parameterdarstellungen:

  $\vec{x} = \begin{pmatrix}1\\-2\\2\end{pmatrix} + 1\cdot\begin{pmatrix}2\\1\\-1\end{pmatrix} = \begin{pmatrix}3\\-1\\1\end{pmatrix}$ und $\vec{x} = \begin{pmatrix}1\\3\\-3\end{pmatrix} + (-2)\cdot\begin{pmatrix}-1\\2\\-2\end{pmatrix} = \begin{pmatrix}3\\-1\\1\end{pmatrix}$

F3 Parameterdarstellungen für Ebenen aus drei gegebenen Punkten ermitteln sowie überprüfen, ob ein Punkt auf einer gegebenen Ebene liegt (Punktprobe) und die Ergebnisse im Sachzusammenhang interpretieren.

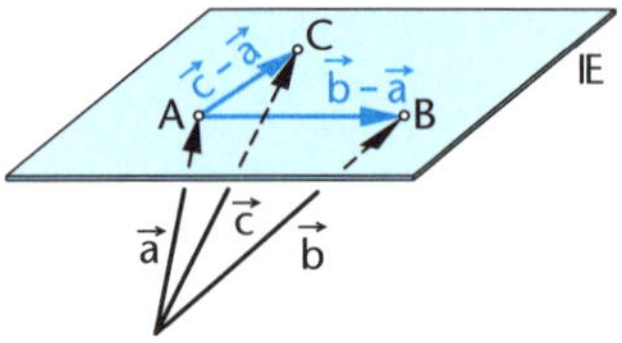

Drei Punkte $A(a_1|a_2|a_3)$, $B(b_1|b_2|b_3)$, $C(c_1|c_2|c_3)$, die nicht auf einer Geraden liegen, bestimmen eindeutig eine Ebene E. Ein Punkt X der Ebene kann beispielsweise dadurch dargestellt werden, dass man irgendeinen der drei Punkte als Auf(hänge)punkt der Ebene wählt und die Verbindungsvektoren zu den beiden anderen Punkten als Richtungsvektoren der Ebene (man sagt: diese spannen die Ebene auf).

$$E: \vec{x} = \overrightarrow{OA} + r \cdot \overrightarrow{AB} + s \cdot \overrightarrow{AC} = \vec{a} + r \cdot (\vec{b} - \vec{a}) + s \cdot (\vec{c} - \vec{a}),\ r, s \in \mathbb{R}$$

Punktprobe: Ein Punkt P liegt genau dann in der durch eine Parameterdarstellung gegebenen Ebene E, wenn seine Koordinaten die Parameterdarstellung erfüllen, d. h. wenn zwei Zahlen $r, s \in \mathbb{R}$ existieren, für die das folgende lineare Gleichungssystem mit drei Gleichungen und zwei Variablen erfüllt ist:

$$\begin{pmatrix} p_1 \\ p_2 \\ p_3 \end{pmatrix} = \begin{pmatrix} a_1 \\ a_2 \\ a_3 \end{pmatrix} + r \cdot \begin{pmatrix} b_1 - a_1 \\ b_2 - a_2 \\ b_3 - a_3 \end{pmatrix} + s \cdot \begin{pmatrix} c_1 - a_1 \\ c_2 - a_2 \\ c_3 - a_3 \end{pmatrix}$$

Beispiel

Aus den Koordinaten der Punkte $A(2|2|4)$, $B(-1|5|2)$, $C(1|-2|-4)$ kann man beispielsweise die folgende Parameterdarstellung gewinnen:

$$E: \vec{x} = \begin{pmatrix} 2 \\ 2 \\ 4 \end{pmatrix} + r \cdot \begin{pmatrix} -1-2 \\ 5-2 \\ 2-4 \end{pmatrix} + s \cdot \begin{pmatrix} 1-2 \\ -2-2 \\ -4-4 \end{pmatrix} = \begin{pmatrix} 2 \\ 2 \\ 4 \end{pmatrix} + r \cdot \begin{pmatrix} -3 \\ 3 \\ -2 \end{pmatrix} + s \cdot \begin{pmatrix} -1 \\ -4 \\ -8 \end{pmatrix}$$

Der Punkt $P(3|1|-2)$ liegt nicht in der Ebene E, da das Gleichungssystem keine Lösung hat:

$$\begin{pmatrix} 3 \\ 1 \\ -2 \end{pmatrix} = \begin{pmatrix} 2 \\ 2 \\ 4 \end{pmatrix} + r \cdot \begin{pmatrix} -3 \\ 3 \\ -2 \end{pmatrix} + s \cdot \begin{pmatrix} -1 \\ -4 \\ -8 \end{pmatrix} \Leftrightarrow \left| \begin{aligned} 3r + s &= -1 \\ 3r - 4s &= -1 \\ 2r + 8s &= 6 \end{aligned} \right| \Leftrightarrow \left| \begin{aligned} r &= -\tfrac{1}{3} \\ s &= 0 \\ r + 4s &= 3 \end{aligned} \right|$$

Hinweis: Aus den ersten beiden Gleichungen wurde die Lösung $r = -\frac{1}{3}$ und $s = 0$ gewonnen, die aber nicht die dritte Gleichung erfüllt.

F4 Koordinatengleichungen für Ebenen ermitteln und damit Ebenen anhand ihrer Spurgeraden oder Spurpunkte im Koordinatensystem darstellen.

Parameterdarstellungen und Koordinatengleichungen

Eine Ebene im Raum kann beschrieben werden durch eine Parameterdarstellung der Form $\vec{x} = \vec{a} + r \cdot \vec{u} + s \cdot \vec{v}$ oder durch eine Koordinatengleichung $a x_1 + b x_2 + c x_3 = d$.

- Bei den Parameterdarstellungen wird beschrieben, wie man von einem Auf(hänge)-punkt A der Ebene mithilfe einer Linearkombination der beiden Richtungsvektoren $\vec{u}$, $\vec{v}$ der Ebene zu einem Punkt der Ebene kommt.
- An den Koordinatengleichungen kann man unmittelbar ablesen, welche Lage die Ebene im Koordinatensystem hat, d. h. welche Richtung der auf ihr senkrecht stehende Normalenvektor hat, nämlich $\vec{n} = \begin{pmatrix} a \\ b \\ c \end{pmatrix}$, und in welchen Punkten die Ebene ggf. die Koordinatenachsen und die Koordinatenebenen schneidet. Die Koordinatengleichung kann man auch in der Form $\vec{n} * \vec{x} = \vec{n} * \vec{p}$ schreiben, wobei P irgendein Punkt der Ebene ist.
- Punkte der Ebene auf den Koordinatenachsen (Spurpunkte) haben folgende Eigenschaft:
  $(p_1|p_2|p_3) \in$ x-Achse $\Leftrightarrow p_2 = 0 \wedge p_3 = 0 \wedge p_1 = \frac{d}{a}$
  $(p_1|p_2|p_3) \in$ y-Achse $\Leftrightarrow p_1 = 0 \wedge p_3 = 0 \wedge p_2 = \frac{d}{b}$
  $(p_1|p_2|p_3) \in$ z-Achse $\Leftrightarrow p_1 = 0 \wedge p_2 = 0 \wedge p_3 = \frac{d}{c}$

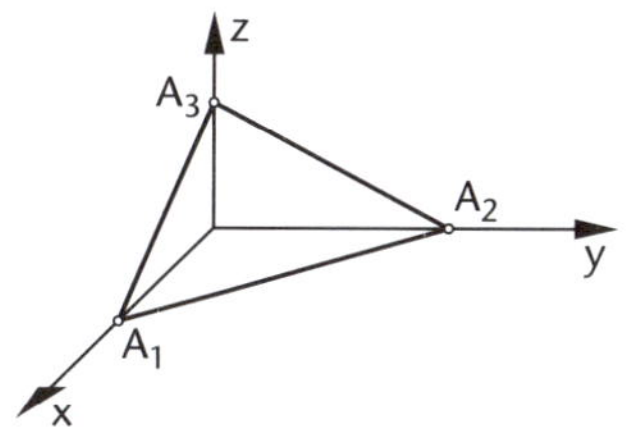

- Geraden in den Koordinatenebenen (Spurgeraden) haben folgende Eigenschaft: Setzt man in einer Koordinatengleichung eine Koordinate gleich null, dann erhält man eine Koordinatengleichung mit zwei Variablen – das ist die Gleichung einer Geraden in der Ebene:
  $a x_1 + b x_2 = d$ ist Koordinatengleichung der Spurgerade in der x-y-Ebene
  $a x_1 + c x_3 = d$ ist Koordinatengleichung der Spurgerade in der x-z-Ebene
  $b x_2 + c x_3 = d$ ist Koordinatengleichung der Spurgerade in der y-z-Ebene
  Mithilfe der Spurpunkte (Spurgeraden) kann man Skizzen der Lage einer Ebene im Koordinatensystem anfertigen.

Umwandeln von einer Koordinatengleichung in eine Parameterdarstellung und umgekehrt

Ist eine Ebene durch eine Koordinatengleichung gegeben, dann findet man eine Parameterdarstellung für diese Ebene, indem man
- irgendwelche drei Punkte der Ebene wählt und hieraus eine Parameterdarstellung der Ebene bestimmt oder
- irgendeinen Punkt der Ebene und irgend zwei (nicht zueinander parallele) Vektoren als Richtungsvektoren wählt, die orthogonal zum Normalenvektor der Ebene sind.

Ist eine Ebene durch eine Parameterdarstellung gegeben, dann findet man eine Koordinatengleichung für diese Ebene, indem man einen Normalenvektor für die Ebene sucht, also einen Vektor, der orthogonal zu beiden Richtungsvektoren ist (einen solchen findet man durch Lösen eines entsprechenden Gleichungssystems mit zwei Gleichungen und drei Variablen oder mithilfe des Vektorprodukts, vgl. Basiswissen G6) und hiermit den Koeffizienten d der Koordinatengleichung bestimmt, wobei $d = \vec{a} * \vec{n}$.

Beispiele

(1) Gegeben ist eine Ebene E durch eine Koordinatengleichung E: $3x_1 - 4x_2 + 2x_3 = 1$. Um eine Parameterdarstellung für die Ebene E zu bestimmen, sucht man einen Punkt der Ebene sowie zwei Vektoren, die orthogonal zum Normalenvektor $\vec{n} = \begin{pmatrix} 3 \\ -4 \\ 2 \end{pmatrix}$ sind. Die Koordinaten des Punktes $P(1|1|1)$ erfüllen die Koordinatengleichung der Ebene, denn $3 - 4 + 2 = 1$. Zwei orthogonale Vektoren sind beispielsweise $\vec{u} = \begin{pmatrix} 4 \\ 3 \\ 0 \end{pmatrix}$ und $\vec{v} = \begin{pmatrix} 0 \\ 1 \\ 2 \end{pmatrix}$.

Daher ist E: $x = \begin{pmatrix} 1 \\ 1 \\ 1 \end{pmatrix} + r \cdot \begin{pmatrix} 4 \\ 3 \\ 0 \end{pmatrix} + s \cdot \begin{pmatrix} 0 \\ 1 \\ 2 \end{pmatrix}$ mit $r, s \in \mathbb{R}$ eine mögliche Parameterdarstellung der Ebene.

(2) Gegeben ist eine Parameterdarstellung einer Ebene E: $\vec{x} = \begin{pmatrix} 3 \\ 0 \\ 1 \end{pmatrix} + r \cdot \begin{pmatrix} 1 \\ 2 \\ 1 \end{pmatrix} + s \cdot \begin{pmatrix} -1 \\ 1 \\ 2 \end{pmatrix}$.

Um eine Koordinatengleichung der Ebene zu bestimmen, sucht man einen Normalenvektor der Ebene. Dessen Komponenten müssen das folgende Gleichungssystem mit zwei Gleichungen und drei Variablen erfüllen:

$$\vec{n} * \begin{pmatrix} 1 \\ 2 \\ 1 \end{pmatrix} = 0 \wedge \vec{n} * \begin{pmatrix} -1 \\ 1 \\ 2 \end{pmatrix} = 0 \Leftrightarrow \left| \begin{array}{r} n_1 + 2n_2 + n_3 = 0 \\ -n_1 + n_2 + 2n_3 = 0 \end{array} \right| \Leftrightarrow \left| \begin{array}{r} n_1 + 2n_2 + n_3 = 0 \\ 3n_2 + 3n_3 = 0 \end{array} \right|$$

$$\Leftrightarrow \left| \begin{array}{r} n_1 + 2n_2 + n_3 = 0 \\ n_2 = -n_3 \end{array} \right| \Leftrightarrow \left| \begin{array}{l} n_1 = n_3 \\ n_2 = -n_3 \end{array} \right|$$

Der Vektor $\vec{n} = \begin{pmatrix} 1 \\ -1 \\ 1 \end{pmatrix}$ ist ein solcher Vektor. Wegen $d = \vec{n} * \vec{a} = \begin{pmatrix} 1 \\ -1 \\ 1 \end{pmatrix} * \begin{pmatrix} 3 \\ 0 \\ 1 \end{pmatrix} = 4$ ist $x_1 - x_2 + x_3 = 4$ eine Koordinatengleichung der Ebene.

(3) Für die Skizze der Ebene, die durch die Parameterdarstellung $\vec{x} = \begin{pmatrix} 3 \\ 0 \\ 1 \end{pmatrix} + r \cdot \begin{pmatrix} 1 \\ 2 \\ 1 \end{pmatrix} + s \cdot \begin{pmatrix} -1 \\ 1 \\ 2 \end{pmatrix}$ gegeben ist, bestimmen wir die Spurpunkte aus dem Gleichungssystem $\left| \begin{array}{l} x_1 = 3 + r - s \\ x_2 = 2r + s \\ x_3 = 1 + r + 2s \end{array} \right|$

Spurpunkt auf der x-Achse: $\left| \begin{array}{r} x_1 = 3 + r - s \\ 2r + s = 0 \\ 1 + r + 2s = 0 \end{array} \right| \Leftrightarrow \left| \begin{array}{r} x_1 = 3 + r - s \\ s = -2r \\ 1 + r - 4r = 0 \end{array} \right| \Leftrightarrow \left| \begin{array}{r} x_1 = 3 + \frac{1}{3} + \frac{2}{3} = 4 \\ s = -\frac{2}{3} \\ r = \frac{1}{3} \end{array} \right|$

also $A_1(4|0|0)$ und analog: $A_2(0|-4|0)$ und $A_3(0|0|4)$

Alternatives Vorgehen: Man bestimmt erst eine Koordinatengleichung (vgl. (2)) und dann die Spurpunkte.

Die Spurgeraden in den Koordinatenebenen haben die Gleichungen:
in der x-y-Ebene: $x_1 - x_2 = 4$; in der x-z-Ebene: $x_1 + x_3 = 4$; in der y-z-Ebene: $-x_2 + x_3 = 4$

(4) Die Ebene mit der Koordinatengleichung E: $2x_1 + 3x_2 = 6$ verläuft parallel zur z-Achse (hat also keinen Punkt mit dieser Achse gemeinsam). Sie hat die Spurpunkte $A_1(3|0|0)$ und $A_2(0|2|0)$.

F5 Schnittprobleme zwischen Geraden und Ebenen in Sachzusammenhängen (z. B. bei Schattenwürfen) untersuchen.

Zur Vereinfachung betrachten wir nur den Fall, dass die Ebene E durch eine Koordinatengleichung gegeben ist; andernfalls wandelt man die Parameterdarstellung der Ebene in eine Koordinatengleichung um, vgl. Basiswissen F4.
Zwischen einer Geraden g und eine Ebene E können folgende Lagebeziehungen bestehen:
(1) die Gerade g verläuft parallel zu E oder
(2) die Gerade g verläuft innerhalb der Ebene E oder
(3) die Gerade g durchstößt die Ebene E in genau einem Punkt.

Interpretiert man diese Fragestellung als Lösen eines linearen Gleichungssystems, dann bedeuten die drei Fälle: (1) das LGS hat keine Lösung, (2) das LGS hat unendlich viele Lösungen, (3) das LGS hat genau eine Lösung.

Will man nur die Frage klären, welche Lage vorliegt, und ist an dem konkreten Schnittpunkt im Fall (3) nicht interessiert, kann man zunächst prüfen, ob der Normalenvektor der Ebene orthogonal ist zum Richtungsvektor der Geraden. Wenn dies der Fall ist, kommen nur die Fälle (1) und (2) in Frage. Um zu entscheiden, welcher dieser beiden Fälle vorliegt, prüft man noch, ob der Auf(hänge)punkt der Geraden die Koordinatengleichung der Ebene erfüllt (Punktprobe).

Beispiele

(1) Gegeben ist die Gerade g: $\vec{x} = \begin{pmatrix} 1 \\ -1 \\ -2 \end{pmatrix} + r \cdot \begin{pmatrix} 4 \\ -1 \\ 5 \end{pmatrix}$ und die Ebene E: $4x_1 + x_2 - 3x_3 = 9$

Da das Skalarprodukt des Normalenvektors der Ebene $\vec{n} = \begin{pmatrix} 4 \\ 1 \\ -3 \end{pmatrix}$ mit dem Richtungsvektor der Geraden $\vec{v} = \begin{pmatrix} 4 \\ -1 \\ 5 \end{pmatrix}$ gleich null ist: $\vec{n} * \vec{v} = \begin{pmatrix} 4 \\ 1 \\ -3 \end{pmatrix} * \begin{pmatrix} 4 \\ -1 \\ 5 \end{pmatrix} = 16 - 1 - 15 = 0$

folgt unmittelbar, dass die Gerade entweder parallel zur Ebene oder innerhalb der Ebene verläuft. Dies wird durch die Punktprobe mit dem Auf(hänge)punkt der Geraden entschieden: $4 \cdot 1 + (-1) - 3 \cdot (-2) = 9$, d. h. die Gerade verläuft innerhalb der Ebene, hat also unendlich viele gemeinsame Punkte mit der Ebene.
Alternativ hätte man das folgende Gleichungssystem mit (eigentlich) vier Gleichungen und vier Variablen lösen können:

$$\left| \begin{array}{c} 4x_1 + x_2 - 3x_3 = 9 \\ x_1 = 1 + 4r \\ x_2 = -1 - r \\ x_3 = -2 + 5r \end{array} \right| \Leftrightarrow \left| \begin{array}{c} 4 \cdot (1 + 4r) + (-1 - r) - 3 \cdot (-2 + 5r) = 9 \\ x_1 = 1 + 4r \\ x_2 = -1 - r \\ x_3 = -2 + 5r \end{array} \right| \Leftrightarrow \left| \begin{array}{c} 9 = 9 \\ x_1 = 1 + 4r \\ x_2 = -1 - r \\ x_3 = -2 + 5r \end{array} \right|$$

$$\Leftrightarrow \left| \begin{array}{c} x_1 = 1 + 4r \\ x_2 = -1 - r \\ x_3 = -2 + 5r \end{array} \right|$$

Man setzt die drei unteren Gleichungen in die obere Gleichung ein und erhält eine wahre Aussage, d. h. die gemeinsamen Punkte von Gerade und Ebene sind genau die Punkte der Geraden.

(2) Die Bodenplatte eines Hauses ist in einem lokalen Koordinatensystem bestimmt durch die Eckpunkte A(3|1|0), B(11|–1|0), C(14|11|0), D(6|13|0). Die Seitenwände sind 6 m hoch; der Dachfirst hat die Eckpunkte E(7|0|10) und F(10|12|10) – Angaben in Metern. An welcher Stelle durchstößt der Kamin das Dach, der im Punkt K(10|2|0) auf die Bodenplatte gesetzt ist?

Die beiden Dachflächen werden aufgespannt durch den Firstvektor $\overrightarrow{EF} = \begin{pmatrix} 3 \\ 12 \\ 0 \end{pmatrix}$ und durch $\overrightarrow{EA_1} = \begin{pmatrix} 3 \\ 1 \\ 6 \end{pmatrix} - \begin{pmatrix} 7 \\ 0 \\ 10 \end{pmatrix} = \begin{pmatrix} -4 \\ 1 \\ -4 \end{pmatrix}$ bzw. $\overrightarrow{EB_1} = \begin{pmatrix} 11 \\ -1 \\ 6 \end{pmatrix} - \begin{pmatrix} 7 \\ 0 \\ 10 \end{pmatrix} = \begin{pmatrix} 4 \\ -1 \\ -4 \end{pmatrix}$, vgl. Abbildung bei (3).

Ein Normalenvektor der einen Dachfläche ist $\vec{x} = \begin{pmatrix} 16 \\ -4 \\ -17 \end{pmatrix}$,

ein Normalenvektor der anderen Dachfläche ist $\vec{x} = \begin{pmatrix} 16 \\ -4 \\ 17 \end{pmatrix}$.

Eine Koordinatengleichung der beiden Dachflächen ist (E lässt sich als Auf(hänge)punkt wählen): E_1: $16x_1 - 4x_2 - 17x_3 = \begin{pmatrix} 16 \\ -4 \\ -17 \end{pmatrix} * \begin{pmatrix} 7 \\ 0 \\ 10 \end{pmatrix} = -58$

bzw. E_2: $16x_1 - 4x_2 + 17x_3 = \begin{pmatrix} 16 \\ -4 \\ 17 \end{pmatrix} * \begin{pmatrix} 7 \\ 0 \\ 10 \end{pmatrix} = 282$.

Der Kamin kann durch die Gerade $\vec{x} = \begin{pmatrix} 10 \\ 2 \\ 0 \end{pmatrix} + r \cdot \begin{pmatrix} 0 \\ 0 \\ 1 \end{pmatrix} = \begin{pmatrix} 10 \\ 2 \\ r \end{pmatrix}$ beschrieben werden.

Nach Lage im Grundriss wird der Kamin aus der „rechten" Dachhälfte heraustreten; man bestimmt also den Schnittpunkt mit der Ebene E_2: $16 \cdot 10 - 4 \cdot 2 + 17 \cdot r = 282$, d.h. $17r = 130$, also $r = 130/17 \approx 7{,}65$.

Der Kamin tritt „im Punkt" K′(10|2|7,65) aus der Dachfläche heraus.

(3) Das Haus aus (2) wirft bei Sonnenschein einen Schatten; zu einem bestimmten Zeitpunkt liegt der Schatten des Firstpunktes E in E′(20|–20|0). Bestimme den Schattenbereich des Hauses.

Sonnenstrahlen verlaufen parallel zum Vektor $\overrightarrow{EE'} = \begin{pmatrix} 20 \\ -20 \\ 0 \end{pmatrix} - \begin{pmatrix} 7 \\ 0 \\ 10 \end{pmatrix} = \begin{pmatrix} 13 \\ -20 \\ -10 \end{pmatrix}$.

Der Sonnenstrahl vom First-Eckpunkt F schneidet in F′(10 + 13|12 – 20|10 – 10) = (23|–8|0).

Der Sonnenstrahl vom Punkt A_1 (3|1|6) erzeugt eine Gerade mit der Parameterdarstellung:

$\vec{x} = \begin{pmatrix} 3 \\ 1 \\ 6 \end{pmatrix} + r \cdot \begin{pmatrix} 13 \\ -20 \\ -10 \end{pmatrix}$.

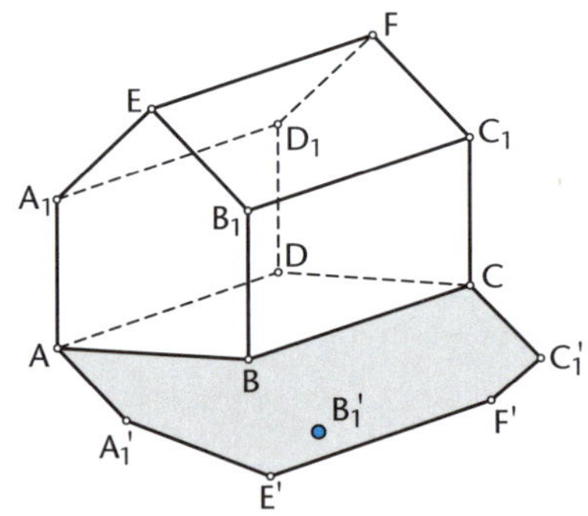

Diese schneidet die x-y-Ebene, wenn $6 + r \cdot (-10) = 0$, also wenn $r = 0{,}6$.

Das Schattenbild von A_1 ist also:

A_1'(3 + 0,6 · 13|1 + 0,6 · (–20)|6 + 0,6 · (–10)) = (10,8|–11|0).

Analog ergibt sich das Schattenbild von C_1: C_1'(21,8|–1|0) bzw. von B_1: B_1'(18,8|–13|0); letzteres liegt im Schattenbereich des Hauses (in der Zeichnung durch einen kleinen Kreis markiert).

F6 Ebenen auf ihre gegenseitige Lage untersuchen und möglicherweise vorhandene Schnittgeraden bestimmen.

Zwei Ebenen E_1 und E_2 im Raum sind entweder (1) zueinander parallel oder (2) identisch oder (3) haben eine Schnittgerade gemeinsam.
Wenn die Normalenvektoren der beiden Ebenen Vielfache voneinander sind, liegt Fall (1) oder Fall (2) vor; dann wählt man irgendeinen Punkt der einen Ebene aus und prüft, ob dieser in der anderen Ebene liegt. Falls dies der Fall ist, sind die Ebenen identisch, sonst zueinander parallel.
Wenn die beiden Normalenvektoren nicht Vielfache voneinander sind, muss es eine Schnittgerade geben. Deren Parameterdarstellung erhält man aus dem Gleichungssystem, das sich aus den Darstellungen der beiden Ebenen ergibt:

Aufgabentyp 1: Die beiden Ebenen sind durch Koordinatengleichungen gegeben:

$$\left|\begin{array}{l} a_1 x_1 + b_1 x_2 + c_1 x_3 = d_1 \\ a_2 x_1 + b_2 x_2 + c_2 x_3 = d_2 \end{array}\right|$$

ist ein Gleichungssystem mit zwei Gleichungen und drei Variablen (x_1, x_2, x_3), das entweder keine Lösung hat (Ebenen parallel) oder nach Umformung zu zwei identischen Gleichungen führt (beide Ebenen sind identisch) oder als Lösungsmenge eine Parameterdarstellung mit einem Parameter hat, also die Darstellung einer Geraden.

Aufgabentyp 2: Die eine Ebene ist durch eine Koordinatengleichung gegeben und die andere durch eine Parameterdarstellung:

$$\left|\begin{array}{l} a x_1 + b x_2 + c x_3 = d \\ x_1 = e_1 + r \cdot u_1 + s \cdot v_1 \\ x_2 = e_2 + r \cdot u_2 + s \cdot v_2 \\ x_3 = e_3 + r \cdot u_3 + s \cdot v_3 \end{array}\right|$$

ist eigentlich ein Gleichungssystem mit vier Gleichungen und fünf Variablen (x_1, x_2, x_3, r, s).

Wenn man die drei unteren Gleichungen in die obere Gleichung einsetzt, erhält man entweder eine falsche Aussage (Ebenen zueinander parallel) oder eine wahre Aussage (Ebenen identisch) oder eine Beziehung zwischen r und s. Ersetzt man dann in der Parameterdarstellung der einen Ebene beispielsweise den Parameter s durch einen Term, der die Variable r enthält, bleibt eine Parameterdarstellung von Punkten im Raum mit einem Parameter, also die Darstellung einer Geraden – der Schnittgeraden der beiden Ebenen.

Aufgabentyp 3: Beide Ebenen sind durch eine Parameterdarstellung gegeben: Man wandelt eine Parameterdarstellung in die Koordinatenform um (vgl. Basiswissen F4) und geht dann wie beim Aufgabentyp 2 vor.

Beispiele

(1) Die beiden Ebenen sind durch Koordinatengleichungen gegeben; sie sind offensichtlich weder identisch noch zueinander parallel:

$$\left|\begin{array}{r} x_1 + x_2 - x_3 = 1 \\ 4x_1 - x_2 - x_3 = 3 \end{array}\right| \Leftrightarrow \left|\begin{array}{r} x_1 + x_2 - x_3 = 1 \\ 5x_1 - 2x_3 = 4 \end{array}\right| \Leftrightarrow \left|\begin{array}{r} -2x_1 - 2x_2 + 2x_3 = -2 \\ 5x_1 - 2x_3 = 4 \end{array}\right|$$

$$\Leftrightarrow \left|\begin{array}{r} 3x_1 - 2x_2 = 2 \\ 5x_1 - 2x_3 = 4 \end{array}\right| \Leftrightarrow \left|\begin{array}{l} x_2 = 1{,}5\,x_1 - 1 \\ x_3 = 2{,}5\,x_1 - 2 \end{array}\right|$$

Mit $x_1 = r$ ergibt sich die Schnittgerade: $\vec{x} = \begin{pmatrix} x_1 \\ x_2 \\ x_3 \end{pmatrix} = \begin{pmatrix} r \\ 1{,}5r - 1 \\ 2{,}5r - 2 \end{pmatrix} = \begin{pmatrix} 0 \\ -1 \\ -2 \end{pmatrix} + r \cdot \begin{pmatrix} 1 \\ 1{,}5 \\ 2{,}5 \end{pmatrix}.$

(2) Die eine Ebene ist durch eine Koordinatengleichung gegeben und die andere durch eine Parameterdarstellung: E_1: $x_1 + x_2 + x_3 = 5$ und E_2: $\vec{x} = \begin{pmatrix}1\\3\\1\end{pmatrix} + r \cdot \begin{pmatrix}2\\1\\0\end{pmatrix} + s \cdot \begin{pmatrix}1\\-1\\1\end{pmatrix} = \begin{pmatrix}1+2r+s\\3+r-s\\1+s\end{pmatrix}$.

Der Normalenvektor von E_1 ist nicht orthogonal zu den beiden Richtungsvektoren von

E_2: $\begin{pmatrix}1\\1\\1\end{pmatrix} * \begin{pmatrix}2\\1\\0\end{pmatrix} = 3 \wedge \begin{pmatrix}1\\1\\1\end{pmatrix} * \begin{pmatrix}1\\-1\\1\end{pmatrix} = 1$

daher muss eine Schnittgerade vorliegen. Einsetzen der drei Koordinatengleichungen für x_1, x_2, x_3 aus der Parameterdarstellung von E_2 in die Koordinatengleichung von E_1 ergibt: $(1 + 2r + s) + (3 + r - s) + (1 + s) = 5 \Leftrightarrow 5 + 3r + s = 5 \Leftrightarrow s = -3r$
und Rückeinsetzen in die Parameterdarstellung von E_2 ergibt eine Parameterdarstellung für die Schnittgerade:

$$\vec{x} = \begin{pmatrix}1\\3\\1\end{pmatrix} + r \cdot \begin{pmatrix}2\\1\\0\end{pmatrix} + (-3r) \cdot \begin{pmatrix}1\\-1\\1\end{pmatrix} = \begin{pmatrix}1+2r-3r\\3+r+3r\\1-3r\end{pmatrix} = \begin{pmatrix}1\\3\\1\end{pmatrix} + r \cdot \begin{pmatrix}-1\\4\\-3\end{pmatrix}.$$

F7 Die Koordinaten eines an einer Ebene gespiegelten Punktes bestimmen.

Gegeben sei ein Punkt $P(p_1|p_2|p_3)$ und eine Ebene durch eine Koordinatengleichung E: $a x_1 + b x_2 + c x_3 = d$.
Eine Lotgerade l vom Punkt P auf die Ebene kann beschrieben werden durch:

$$l: \vec{x} = \begin{pmatrix}p_1\\p_2\\p_3\end{pmatrix} + r \cdot \begin{pmatrix}a\\b\\c\end{pmatrix}.$$

Um den Fußpunkt F des Lotes zu bestimmen, setzt man die Koordinatengleichungen für x_1, x_2, x_3 aus der Parameterdarstellung der Geraden in die Koordinatengleichung der Ebene ein und löst diese Gleichung nach r auf (vgl. Basiswissen G3):

$$a \cdot (p_1 + r \cdot a) + b \cdot (p_2 + r \cdot b) + c \cdot (p_3 + r \cdot c) = d \Leftrightarrow (a \cdot p_1 + b \cdot p_2 + c \cdot p_3) + r \cdot (a^2 + b^2 + c^2) = d$$
$$\Leftrightarrow r = \frac{d - (a p_1 + b p_2 + c p_3)}{a^2 + b^2 + c^2}.$$

Setzt man diesen so erhaltenen Wert für r in die Parameterdarstellung der Lotgeraden ein, dann erhält man den Fußpunkt F; setzt man stattdessen den doppelten Wert ein, so erhält man einen Punkt P′, das Bild des an der Ebene E gespiegelten Punktes P.

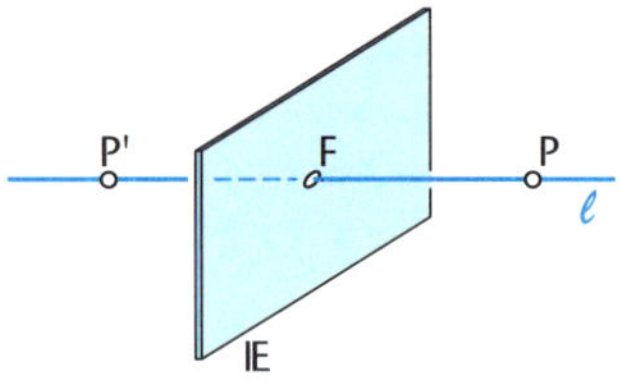

Beispiel

Den Bildpunkt des an der Ebene E: $x_1 + x_2 - x_3 = 6$ gespiegelten Punktes $P(3|-1|2)$ berechnen wir wie folgt.
Aufstellen der Parameterdarstellung der Lotgeraden:

$$l: \vec{x} = \begin{pmatrix}3\\-1\\2\end{pmatrix} + r \cdot \begin{pmatrix}1\\1\\-1\end{pmatrix}.$$

Um den Fußpunkt F zu erhalten:
Einsetzen in die Koordinatengleichung der Ebene: $(3 + r) + (-1 + r) - (2 - r) = 6$
Auflösen nach r: $3r = 6 \Leftrightarrow r = 2$. Setzt man statt $r = 2$ den Wert $r = 4$ in die Parameterdarstellung der Lotgeraden ein, so erhält man: $P'(7|3|-2)$ als Spiegelpunkt.

F8 Die HESSE'sche Normalenform einer Ebenengleichung aufstellen.

Die HESSE'sche Normalenform ist eine besondere Form einer Koordinatengleichung der Ebene. Formt man die Gleichung $a x_1 + b x_2 + c x_3 = d$ um zu $a x_1 + b x_2 + c x_3 - d = 0$ und dividiert beide Seiten der Gleichung durch die Länge (den Betrag) des Normalenvektors $\vec{n} = \begin{pmatrix} a \\ b \\ c \end{pmatrix}$, dann erhält man die nach dem Mathematiker L. O. HESSE benannte Form:

$$\frac{a x_1 + b x_2 + c x_3 - d}{\sqrt{a^2 + b^2 + c^2}} = 0.$$

Diese Form der Ebenengleichung ist nützlich bei der Bestimmung des Abstands eines Punktes von einer Ebene (vgl. Basiswissen G3).

Beispiel

Aus der Ebenengleichung $3 x_1 + 2 x_2 - x_3 = 4$ erhält man nach Umformen die HESSE'sche Normalenform: $\frac{3 x_1 + 2 x_2 - x_3 - 4}{\sqrt{14}} = 0.$

F9 Nur LK: Geraden- und Ebenenscharen innermathematisch und in Sachzusammenhängen untersuchen.

Unter einer Geraden- bzw. Ebenenschar versteht man eine Menge verschiedener Geraden bzw. Ebenen, deren Gleichungen sich in mindestens einem Parameter, dem sogenannten Scharparameter, unterscheiden.

Aufgabenstellungen im Zusammenhang mit Scharen bestehen meist darin, die gemeinsamen Eigenschaften der Geraden bzw. Ebenen zu untersuchen.

Die Geraden einer Schar können z. B. alle einen gemeinsamen Punkt besitzen (Geradenbündel) oder in einer gemeinsamen Ebene liegen. Bei einer Parallelenschar haben alle Geraden dieselbe Richtung.

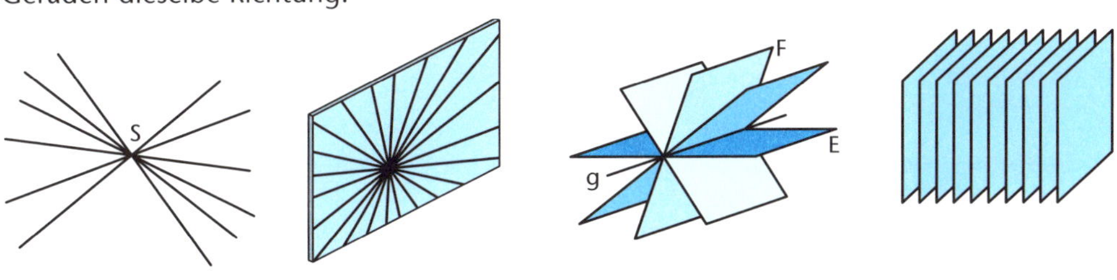

Die Ebenen einer Schar können beispielsweise alle durch einen bestimmten Punkt verlaufen (Ebenenbündel), eine gemeinsame Schnittgerade, auch Trägergerade genannt, haben (Ebenenbüschel), oder parallel zueinander liegen (Parallelenschar).

Beispiele *Geradenscharen*

Gegeben sei die Geradenschar g_a: $\vec{x} = \begin{pmatrix} 0 \\ 2 \\ 0 \end{pmatrix} + r \cdot \begin{pmatrix} -1 \\ 4 - a \\ a \end{pmatrix} = \begin{pmatrix} -r \\ 2 + r \cdot (4 - a) \\ r \cdot a \end{pmatrix}$ mit $a, r \in \mathbb{R}$;

alle Geraden verlaufen durch den Punkt $S(0|2|0)$.

(1) Gezeigt werden soll, dass alle Geraden g_a der Schar in einer gemeinsamen Ebene liegen.
Man wählt zunächst zwei spezielle Geraden der Schar aus, z. B. für a = 0 und a = 4, und bestimmt die Ebene, welche von diesen beiden Geraden aufgespannt wird. Die Richtungsvektoren der Geraden g_0: $\vec{x} = \begin{pmatrix} 0 \\ 2 \\ 0 \end{pmatrix} + r \cdot \begin{pmatrix} -1 \\ 4 \\ 0 \end{pmatrix}$ und g_4: $\vec{x} = \begin{pmatrix} 0 \\ 2 \\ 0 \end{pmatrix} + s \cdot \begin{pmatrix} -1 \\ 0 \\ 4 \end{pmatrix}$ spannen die Ebene E: $\vec{x} = \begin{pmatrix} 0 \\ 2 \\ 0 \end{pmatrix} + r \cdot \begin{pmatrix} -1 \\ 4 \\ 0 \end{pmatrix} + s \cdot \begin{pmatrix} -1 \\ 0 \\ 4 \end{pmatrix}$ mit $r, s \in \mathbb{R}$ auf. Da $\vec{n} = \begin{pmatrix} 4 \\ 1 \\ 1 \end{pmatrix}$ Normalenvektor zu den beiden Richtungsvektoren ist, kann diese Ebene auch durch die Koordinatengleichung E: $4x_1 + x_2 + x_3 = 2$ beschrieben werden.
Um zu zeigen, dass alle Schargeraden g_a in dieser Ebene E enthalten sind, muss man die Komponenten der Parameterdarstellung der Geradenschar $x_1 = -r$, $x_2 = 2 + r \cdot (4 - a)$ und $x_3 = r \cdot a$ in die Koordinatengleichung von E einsetzen:

$$4 \cdot (-r) + 2 + r \cdot (4 - a) + r \cdot a = 2 \Leftrightarrow 0 = 0.$$

Dies ist eine allgemeingültige Aussage, d. h. alle Geraden g_a der Schar liegen in der gemeinsamen Ebene E mit E: $4x_1 + x_2 + x_3 = 2$.

(2) Gesucht ist diejenige Gerade g_a aus der Schar, welche durch den Punkt Q(1 | 3 | −5) verläuft.
Die Punktprobe liefert das folgende Gleichungssystem:

$$\left| \begin{array}{r} -r = 1 \\ 2 + (4 - a) \cdot r = 3 \\ a \cdot r = -5 \end{array} \right| \Leftrightarrow \left| \begin{array}{r} r = -1 \\ 2 + (4 - a) \cdot r = 3 \\ a \cdot r = -5 \end{array} \right|.$$

Aus der 1. Zeile des Gleichungssystems ergibt sich r = −1. Setzt man dies in die 3. Zeile des Gleichungssystems ein. so erhält man a = 5. Durch Einsetzen überprüft man, ob auch die Gleichung in der 2. Zeile des Gleichungssystems für r = −1 und a = 5 erfüllt ist. Es ergibt sich eine wahre Aussage, d. h. die Gerade g_5 mit der Parameterdarstellung g_5: $\vec{x} = \begin{pmatrix} 0 \\ 2 \\ 0 \end{pmatrix} + r \cdot \begin{pmatrix} -1 \\ -1 \\ 5 \end{pmatrix}$ mit $r \in \mathbb{R}$ verläuft durch den Punkt Q(1 | 3 | −5).

(3) Gesucht ist diejenige Gerade g_a der Schar, welche die Gerade h: $\vec{x} = \begin{pmatrix} 3 \\ 1 \\ -3 \end{pmatrix} + s \cdot \begin{pmatrix} -2 \\ 3 \\ 1 \end{pmatrix}$ schneidet.
Zu lösen ist das Gleichungssystem: $\left| \begin{array}{r} -r = 3 - 2 \cdot s \\ 2 + (4 - a) \cdot r = 1 + 3 \cdot s \\ a \cdot r = -3 + s \end{array} \right| \Leftrightarrow \left| \begin{array}{r} -r + 2 \cdot s = 3 \\ (4 - a) \cdot r - 3 \cdot s = -1 \\ a \cdot r - s = -3 \end{array} \right|$
Um die Variable s zu eliminieren, multipliziert man beispielsweise die 3. Zeile des Gleichungssystems mit dem Faktor 2 und addiert diese zur 1. Zeile. Man erhält dann aus der 1. Zeile $r = \frac{-3}{2a - 1}$, durch Einsetzen in die 3. Zeile ergibt sich $s = \frac{-3a}{2a - 1} + 3 = \frac{3a - 3}{2a - 1}$. Setzt man die Ausdrücke für r und s in die 2. Zeile ein, so erhält man die Gleichung $(4 - a) \cdot \frac{-3}{2a - 1} - 3 \cdot \frac{3a - 3}{2a - 1} = -1$. Multiplikation von beiden Seiten mit $(2a - 1)$ ergibt $-3 \cdot (4 - a) - 3 \cdot (3a - 3) = -1 \cdot (2a - 1)$. Hieraus folgt a = −1, d. h. die Gerade g_{-1} mit der Parameterdarstellung g_{-1}: $\vec{x} = \begin{pmatrix} 0 \\ 2 \\ 0 \end{pmatrix} + r \cdot \begin{pmatrix} -1 \\ 5 \\ -1 \end{pmatrix}$ mit $r \in \mathbb{R}$ schneidet die Gerade h.

Beispiele *Ebenenscharen*

Gegeben sei die Ebenenschar E_a: $x_1 + 2x_2 + \frac{20-a}{2a}x_3 - 20 = 0$, $a \in \mathbb{R}$, $a \neq 0$.

(1) Gezeigt werden soll, dass alle Ebenen E_a der Schar eine Gerade g gemeinsam haben. Zunächst wird die Schnittgerade zweier spezieller Ebenen der Schar bestimmt, z. B. für a = 2 und a = 4. Die Punkte der Schnittgeraden müssen die beiden Koordinatengleichungen erfüllen.

$$\left| \begin{array}{l} x_1 + 2x_2 + 4{,}5x_3 = 20 \\ x_1 + 2x_2 + 2x_3 = 20 \end{array} \right| \Leftrightarrow \left| \begin{array}{r} x_1 + 2x_2 + 4{,}5x_3 = 20 \\ x_3 = 0 \end{array} \right|$$

Setzt man $x_2 = r$, dann ergibt sich die Parameterdarstellung der Schnittgerade:

$$g\colon \vec{x} = \begin{pmatrix} x_1 \\ x_2 \\ x_3 \end{pmatrix} = \begin{pmatrix} 20-2r \\ r \\ 0 \end{pmatrix} = \begin{pmatrix} 20 \\ 0 \\ 0 \end{pmatrix} + r \cdot \begin{pmatrix} -2 \\ 1 \\ 0 \end{pmatrix} \text{ mit } r \in \mathbb{R}.$$

Die Punkte dieser Geraden liegen aber in allen Ebenen der Ebenenschar, wie man durch Einsetzen erkennt. Für beliebige $a, r \in \mathbb{R}$ gilt:

$$20 - 2r + 2 \cdot r + \frac{20-a}{2a} \cdot 0 - 20 = 0 \Leftrightarrow 0 = 0 \qquad \text{(allgemeingültige Aussage)}$$

Alle Ebenen E_a haben also die Gerade $g\colon \vec{x} = \begin{pmatrix} 20 \\ 0 \\ 0 \end{pmatrix} + r \cdot \begin{pmatrix} -2 \\ 1 \\ 0 \end{pmatrix}$ mit $r \in \mathbb{R}$ gemeinsam.

(2) Untersucht werden soll die Lage der Schnittpunkte P_a der Scharebene E_a mit der

Geraden $h\colon \vec{x} = \begin{pmatrix} 6 \\ 2 \\ 0 \end{pmatrix} + t \cdot \begin{pmatrix} 3 \\ 1 \\ 10 \end{pmatrix} = \begin{pmatrix} 6+3t \\ 2+t \\ 10t \end{pmatrix}$ mit $t \in \mathbb{R}$.

Das Einsetzen der Komponenten in die Gleichung der Scharebene E_a liefert

$6 + 3t + 2 \cdot (2+t) + \frac{20-a}{2a} \cdot 10t - 20 = 0 \Leftrightarrow t = \frac{1}{10} \cdot a$, d. h. die Schnittpunkte $P_a\left(6 + \frac{3a}{10} \middle| 2 + \frac{a}{10} \middle| a\right)$ der Scharebene mit der Geraden h liegen auf einer Geraden, die gegeben ist durch $\vec{x} = \begin{pmatrix} 6 \\ 2 \\ 0 \end{pmatrix} + a \cdot \begin{pmatrix} 0{,}3 \\ 0{,}1 \\ 1 \end{pmatrix}$, $a \in \mathbb{R}$.

(3) Wenn eine Ebenenschar durch eine Parameterdarstellung gegeben ist, dann lassen sich gemeinsame Eigenschaften leicht ablesen:
Tritt der Scharparameter nur in einem der Richtungsvektoren auf, dann liegt ein Ebenenbüschel vor, z. B. hat die Ebenenschar

$E_a\colon \vec{x} = \begin{pmatrix} 2 \\ 1 \\ -1 \end{pmatrix} + r \cdot \begin{pmatrix} 1 \\ -1 \\ 2 \end{pmatrix} + s \cdot \begin{pmatrix} a \\ 1 \\ 0 \end{pmatrix}$ die Gerade $g\colon \begin{pmatrix} 2 \\ 1 \\ -1 \end{pmatrix} + r \cdot \begin{pmatrix} 1 \\ -1 \\ 2 \end{pmatrix}$ als gemeinsame Gerade.

Tritt der Scharparameter nur in beiden Richtungsvektoren auf, dann liegt ein Ebenenbündel vor, z. B. hat die Ebenenschar

$E_{a,b}\colon \vec{x} = \begin{pmatrix} 1 \\ 3 \\ 1 \end{pmatrix} + r \cdot \begin{pmatrix} a \\ 0 \\ -1 \end{pmatrix} + s \cdot \begin{pmatrix} 2 \\ b \\ 1 \end{pmatrix}$ den Punkt P (1 | 3 | 1) gemeinsam.

Im Übrigen ist es stets möglich zu einer durch eine Parameterdarstellung gegebene Ebenenschar eine Koordinatengleichung zu bestimmen (vgl. F4).

F10 Lineare Gleichungssysteme systematisch lösen sowie die Gleichungen und die Lösungsmenge geometrisch interpretieren.

Lineare Gleichungssysteme (LGS) **mit n Variablen** bestehen aus zwei oder mehreren linearen Gleichungen, die gleichzeitig erfüllt sein sollen. Sofern eine Lösung existiert oder unendlich viele Lösungen existieren, lassen sich diese wie Punkte $(x_1, x_2, \ldots, x_n)$ im n-dimensionalen Raum notieren.
Ein lineares Gleichungssystem kann man durch **elementare Zeilenumformungen** (EZU) vereinfachen (Gauss'sches Lösungsverfahren). Bei den Umformungen darf man nur dann eine Gleichung weglassen, wenn zwei identische Gleichungen auftreten, oder wenn in einer Zeile eine wahre Aussage (wie beispielsweise $0 = 0$) entsteht.
Durch folgende elementare Zeilenumformungen wird die Lösungsmenge eines Gleichungssystems nicht verändert:
- Multiplikation einer Zeile mit einem Faktor (ungleich null)
- Addition des Vielfachen einer Zeile zu einer anderen Zeile
- Vertauschen von Zeilen

Am Übersichtlichsten ist es, wenn man die Gleichungen des Systems in Form einer Tabelle (als **erweiterte Koeffizientenmatrix**) notiert. Ziel der elementaren Zeilenumformungen ist es, im linken Teil der erweiterten Koeffizientenmatrix
- eine **Dreiecksform** (ref = Row Echelon Form) zu erzeugen, so dass man die Lösungen von unten nach oben ablesen bzw. berechnen kann, oder
- eine **Diagonalform** (rref = Reduced Row Echelon Form) herzustellen, aus der sich die Lösungen unmittelbar ergeben.

Lineare Gleichungssysteme mit *drei* Variablen lassen sich geometrisch als Systeme von Ebenen in einem 3-dimensionalen Koordinatensystem interpretieren. Bei der gegenseitigen Lage dieser Ebenen können die in F6 und F9 beschriebenen Fälle auftreten.
(a) Zwei Gleichungen (unterbestimmtes Gleichungssystem): Die beiden Ebenen schneiden sich in einer gemeinsamen Gerade oder sind zueinander parallel oder identisch.
(b) Drei Gleichungen: Die drei Ebenen schneiden sich in einem Punkt oder haben unendlich viele Punkte gemeinsam, die auf einer Geraden liegen, oder haben unendlich viele Punkte gemeinsam, weil drei identische Ebenen gegeben sind, oder haben keine gemeinsamen Punkte.
(c) Vier oder mehr Gleichungen (überbestimmtes Gleichungssystem):
  - das LGS hat eine eindeutig bestimmte Lösung (bei den EZU bleiben drei Gleichungen übrig, aus denen das Lösungstripel abgelesen werden kann): Die Ebenen verlaufen alle durch einen Punkt (Ebenenbündel).
  - das LGS hat unendlich viele Lösungen: Entweder bleiben bei den EZU zwei Gleichungen übrig, die eine Parameterdarstellung der gemeinsamen Gerade bestimmen (Ebenenbüschel), oder bei den EZU bleibt nur eine Gleichung übrig, die eine Parameterdarstellung *einer* Ebene darstellt (d. h. alle Ebenen sind identisch).
  - das LGS hat keine Lösung: Bei den EZU tritt eine falsche Aussage auf: Die Ebenen verlaufen nicht durch einen gemeinsamen Punkt.

Beispiele

(a) $\left|\begin{array}{l} 1x_1 - 3x_2 + 1x_3 = 1 \\ 2x_1 + 0x_2 - 2x_3 = 3 \end{array}\right|$

Das LGS mit zwei Gleichungen und drei Variablen notiert man als erweiterte Koeffizientenmatrix in der Form

$$\left|\begin{array}{ccc|c} 1 & -3 & 1 & 1 \\ 2 & 0 & -2 & 3 \end{array}\right| \begin{array}{l} \cdot(-2) \\ \oplus \end{array} \Leftrightarrow \left|\begin{array}{ccc|c} 1 & -3 & 1 & 1 \\ 0 & 6 & -4 & 1 \end{array}\right| \begin{array}{ll} \oplus & \\ \cdot\frac{1}{6} & \cdot\frac{1}{2} \end{array} \Leftrightarrow \left|\begin{array}{ccc|c} 1 & 0 & -1 & 1{,}5 \\ 0 & 1 & -\frac{2}{3} & \frac{1}{6} \end{array}\right|$$

Im wissenschaftlichen Taschenrechner müssen in der 3. Zeile lauter Nullen eingegeben werden:

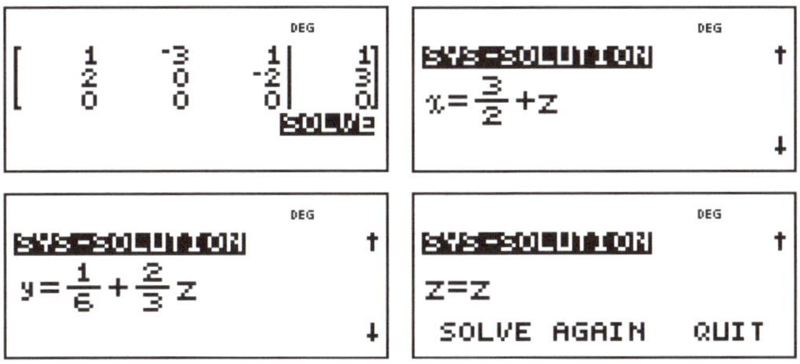

Aus der umgeformten erweiterten Koeffizientenmatrix in Diagonalform liest man eine Parameterdarstellung für die unendlich vielen Lösungstripel ab: $(x_1 \,|\, x_2 \,|\, x_3)$ mit

$x_1 = 1{,}5 + x_3$ und $x_2 = \frac{1}{6} + \frac{2}{3}x_3$, wobei $x_3 \in \mathbb{R}$ beliebig gewählt werden kann.

Geometrische Interpretation:
Die beiden Gleichungen beschreiben zwei Ebenen im 3-dimensionalen Raum; sie schneiden sich in einer Geraden, die mithilfe einer Parameterdarstellung beschrieben werden kann.

$$\vec{x} = \begin{pmatrix} 1{,}5 \\ \frac{1}{6} \\ 0 \end{pmatrix} + t \cdot \begin{pmatrix} 1 \\ \frac{2}{3} \\ 1 \end{pmatrix}$$

(b) $\left|\begin{array}{l} 1x_1 - 2x_2 + x_3 = 0 \\ 3x_1 - 1x_2 + 2x_3 = 7 \\ 1x_1 + 2x_2 - x_3 = 2 \end{array}\right|$

Das LGS mit drei Gleichungen und drei Variablen notiert man als erweiterte Koeffizientenmatrix in der Form

$$\left|\begin{array}{ccc|c} 1 & -2 & 1 & 0 \\ 3 & -1 & 2 & 7 \\ 1 & 2 & -1 & 2 \end{array}\right| \begin{array}{ll} \cdot(-3) & \cdot(-1) \\ \oplus & \\ & \oplus \end{array} \Leftrightarrow \left|\begin{array}{ccc|c} 1 & -2 & 1 & 0 \\ 0 & 5 & -1 & 7 \\ 0 & 4 & -2 & 2 \end{array}\right| \begin{array}{lll} \oplus & & \\ \cdot\frac{1}{5} & \cdot\frac{2}{5} & \cdot\left(-\frac{4}{5}\right) \\ & & \oplus \end{array}$$

$$\left|\begin{array}{ccc|c} 1 & 0 & 0{,}6 & 2{,}8 \\ 0 & 1 & -0{,}2 & 1{,}4 \\ 0 & 0 & -1{,}2 & -3{,}6 \end{array}\right| \begin{array}{llll} \oplus & & & \\ \oplus & & & \\ \cdot\left(-\frac{5}{6}\right) & \cdot\frac{1}{2} & \cdot\left(-\frac{1}{6}\right) & \end{array} \Leftrightarrow \left|\begin{array}{ccc|c} 1 & 0 & 0 & 1 \\ 0 & 1 & 0 & 2 \\ 0 & 0 & 1 & 3 \end{array}\right|$$

Aus der umgeformten erweiterten Koeffizientenmatrix in Diagonalform liest man das eindeutig bestimmte Lösungstripel ab: (1 | 2 | 3).

Geometrische Interpretation:
Die drei Gleichungen beschreiben drei Ebenen im 3-dimensionalen Raum; sie haben den Punkt (1 | 2 | 3) gemeinsam.

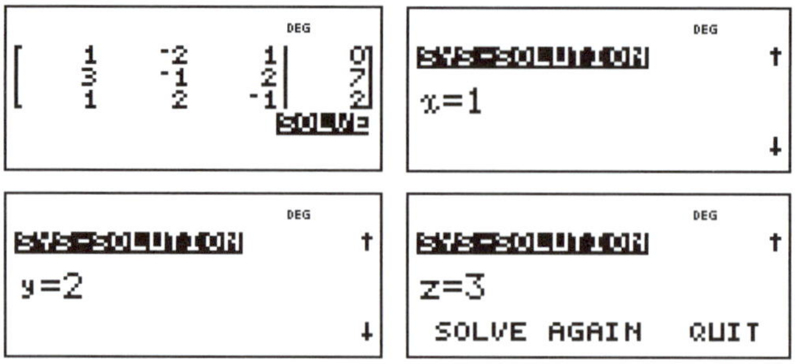

(c) $\left|\begin{array}{l} 1x_1 + 1x_2 + 2x_3 = 4 \\ 2x_1 - 1x_2 + 1x_3 = 5 \\ 1x_1 - 2x_2 - x_3 = 1 \\ 1x_1 + 3x_2 + 4x_3 = 6 \end{array}\right| \Leftrightarrow \ldots \Leftrightarrow \left|\begin{array}{ccc|c} 1 & 0 & 1 & 3 \\ 0 & 1 & 1 & 1 \\ 0 & 0 & 0 & 0 \\ 0 & 0 & 0 & 0 \end{array}\right|$

Aus der erweiterten Koeffizientenmatrix in Diagonalform liest man eine Parameterdarstellung für die unendlich vielen Lösungstripel ab: $(x_1 | x_2 | x_3)$ mit $x_1 = 3 - x_3$ und $x_2 = 1 - x_3$, wobei $x_3 \in \mathbb{R}$ beliebig gewählt werden kann.

Geometrische Interpretation:
Die vier Gleichungen beschreiben vier Ebenen im 3-dimensionalen Raum; diese schneiden sich in *einer* Geraden, die mithilfe einer Parameterdarstellung beschrieben werden kann.

$$\vec{x} = \begin{pmatrix} 3 \\ 1 \\ 0 \end{pmatrix} + t \cdot \begin{pmatrix} -1 \\ -1 \\ 1 \end{pmatrix}$$

Ein LGS mit 4 Gleichungen kann vom wissenschaftlichen Taschenrechner nicht gelöst werden.

G1 Winkel zwischen zwei Vektoren, Schnittwinkel zwischen zwei Geraden, zwischen zwei Ebenen sowie zwischen einer Gerade und einer Ebene berechnen.

Für das Skalarprodukt zweier Vektoren $\vec{u}$, $\vec{v}$ gilt (vgl. Basiswissen E2): $\vec{u} * \vec{v} = |\vec{u}| \cdot |\vec{v}| \cdot \cos(\varphi)$, wobei φ der von den beiden Vektoren aufgespannte Winkel ist.

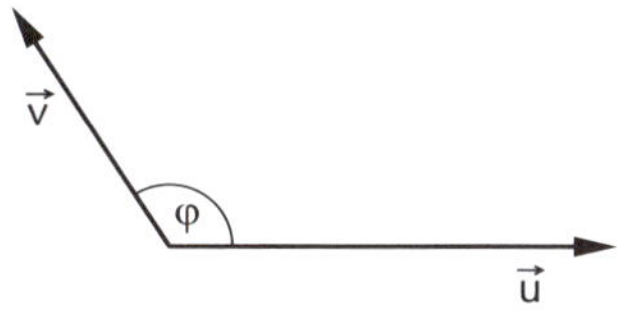

Daher lässt sich mithilfe von $\cos(\varphi) = \frac{\vec{u} * \vec{v}}{|\vec{u}| \cdot |\vec{v}|}$ die Größe dieses Richtungsunterschieds φ bestimmen, wobei $0° \le \varphi \le 180°$.

- **Winkel zwischen Geraden:** Da die Richtung von Geraden durch ihre Richtungsvektoren $\vec{u}_1$, $\vec{u}_2$ bestimmt wird, ergibt sich der Winkel zwischen zwei sich schneidenden Geraden durch die Gleichung:

  $$\cos(\varphi) = \frac{|\vec{u}_1 * \vec{u}_2|}{|\vec{u}_1| \cdot |\vec{u}_2|},$$

  wobei $0° \le \varphi \le 90°$.

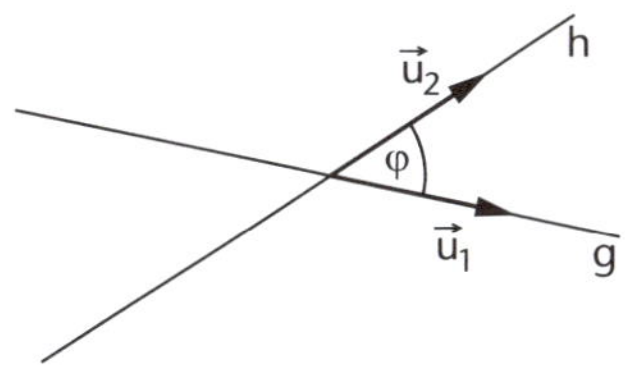

  Durch die Betragsbildung im Zähler wird der kleinere der beiden Winkel zwischen den Geraden ausgewählt.
  Man beachte: Winkel in Vielecken, z. B. in Dreiecken, werden durch die Richtungsunterschiede zwischen Verbindungsvektoren bestimmt – hier sind Winkel über 90° möglich!

- **Winkel zwischen Ebenen:** Da die Normalenvektoren $\vec{n}_1$, $\vec{n}_2$ der Ebenen orthogonal zu den Ebenen sind, wird der Schnittwinkel zweier Ebenen durch den Winkel zwischen den Normalenvektoren bestimmt:

  $$\cos(\varphi) = \frac{|\vec{n}_1 * \vec{n}_2|}{|\vec{n}_1| \cdot |\vec{n}_2|},$$

  wobei $0° \le \varphi \le 90°$.

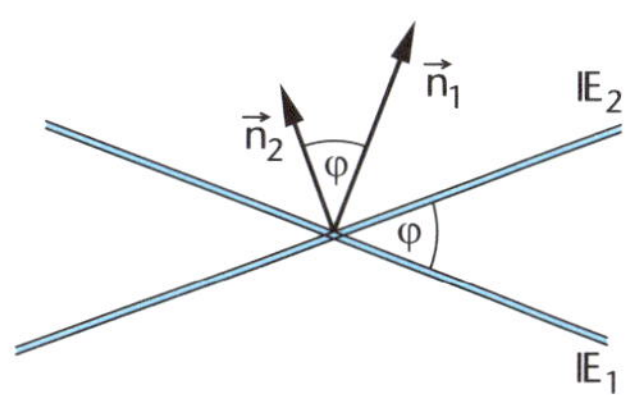

  Durch die Betragsbildung im Zähler wird der kleinere der beiden Winkel zwischen den Ebenen ausgewählt. Falls eine Ebene durch eine Parameterdarstellung gegeben ist, muss erst eine Koordinatengleichung erstellt werden.

- **Winkel zwischen einer Geraden und einer Ebene:** Der Schnittwinkel und der Winkel, der durch einen Normalenvektor $\vec{n}$ der Ebene sowie den Richtungsvektor $\vec{u}$ der Geraden bestimmt wird, ergänzen sich zu 90°. Daher gilt für den gesuchten Schnittwinkel φ zwischen Gerade und Ebene:

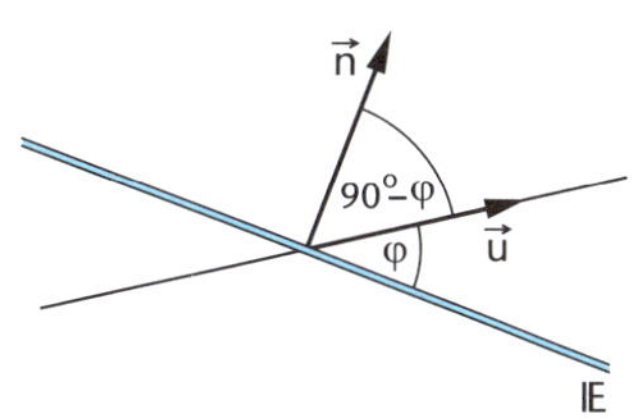

  $$\cos(\varphi') = \frac{|\vec{u} * \vec{n}|}{|\vec{u}| \cdot |\vec{n}|} \text{ und } \varphi = 90° - \varphi'.$$

  Wegen $\sin(\varphi) = \sin(90° - \varphi') = \cos(\varphi')$ kann man Schnittwinkel zwischen einer Geraden und einer Ebene auch direkt mithilfe der Umkehrfunktion $\sin^{-1}$ bestimmen:

  $$\sin(\varphi) = \frac{|\vec{u} * \vec{n}|}{|\vec{u}| \cdot |\vec{n}|} \Leftrightarrow \varphi = \sin^{-1}\left(\frac{|\vec{u} * \vec{n}|}{|\vec{u}| \cdot |\vec{n}|}\right).$$

Beispiele

(1) Gegeben ist eine Ebene E durch eine Koordinatengleichung E: $3x_1 - 4x_2 + 2x_3 = 1$

Wo und unter welchem Winkel schneidet die Gerade g: $\vec{x} = \begin{pmatrix} 1 \\ 1 \\ -1 \end{pmatrix} + r \cdot \begin{pmatrix} 2 \\ -2 \\ 3 \end{pmatrix}$ die Ebene?

Gemeinsame Punkte von Gerade und Ebene müssen das folgende Gleichungssystem erfüllen: $3x_1 - 4x_2 + 2x_3 = 1$ und $\begin{pmatrix} x_1 \\ x_2 \\ x_3 \end{pmatrix} = \begin{pmatrix} 1 \\ 1 \\ -1 \end{pmatrix} + r \cdot \begin{pmatrix} 2 \\ -2 \\ 3 \end{pmatrix} = \begin{pmatrix} 1+2r \\ 1-2r \\ -1+3r \end{pmatrix}$.

Durch Einsetzen der Bedingungen für x_1, x_2, x_3 in die Koordinatengleichung erhalten wir: $3 \cdot (1 + 2r) - 4 \cdot (1 - 2r) + 2 \cdot (-1 + 3r) = 1$, also $20r = 4$, also $r = 0{,}2$.
Der Schnittpunkt von Gerade und Ebene hat also die Koordinaten $S(1{,}4 \mid 0{,}6 \mid -0{,}4)$.
Der Schnittwinkel φ zwischen einer Geraden und einer Ebene ist gleich $90° - \varphi'$, wobei φ' der Winkel zwischen dem Normalenvektor der Ebene E und dem Richtungsvektor der Geraden ist:

$$\cos(\varphi') = \frac{\left| \begin{pmatrix} 3 \\ -4 \\ 2 \end{pmatrix} * \begin{pmatrix} 2 \\ -2 \\ 3 \end{pmatrix} \right|}{\sqrt{29} \cdot \sqrt{17}} = \frac{|6+8+6|}{\sqrt{29} \cdot \sqrt{17}} = \frac{20}{\sqrt{29 \cdot 17}} \quad \Leftrightarrow \quad \varphi' = \cos^{-1}\left(\frac{20}{\sqrt{29 \cdot 17}}\right) = 25{,}74°.$$

Der gesuchte Winkel ist also $\varphi = 64{,}26°$.

(2) Die Punkte $A(1 \mid 1 \mid -1)$, $B(-3 \mid 5 \mid 1)$, $C(5 \mid -1 \mid -1)$ und $D(-3 \mid 1 \mid -4)$ bestimmen ein (unregelmäßiges) Tetraeder.
Welche Winkel treten im Dreieck ABC auf?
Welche der Flächen ABD, BCD, CAD hat gegenüber der Grundfläche ABC die größte Neigung?
Der Winkel α im Dreieck ABC wird durch die Vektoren $\overrightarrow{AB} = \begin{pmatrix} -4 \\ 4 \\ 2 \end{pmatrix}$, $\overrightarrow{AC} = \begin{pmatrix} 4 \\ -2 \\ 0 \end{pmatrix}$ bestimmt, der Winkel β durch die Vektoren $\overrightarrow{BC} = \begin{pmatrix} 8 \\ -6 \\ -2 \end{pmatrix}$, $\overrightarrow{BA} = \begin{pmatrix} 4 \\ -4 \\ -2 \end{pmatrix}$. Hiermit ergibt sich:

$$\cos(\alpha) = \frac{-24}{6 \cdot \sqrt{20}} \quad \Leftrightarrow \quad \alpha = 153{,}43° \quad \text{und} \quad \cos(\beta) = \frac{60}{\sqrt{104} \cdot 6} \Leftrightarrow \beta = 11{,}31°,$$

also $\gamma = 180° - 153{,}43° - 11{,}31° = 15{,}26°$.

Um die Winkel zwischen den Flächen zu bestimmen, berechnen wir jeweils zunächst die Normalenvektoren der einzelnen Ebenen.

Fläche ABC:
Gesucht ist ein Normalenvektor zu den Vektoren $\overrightarrow{AB} = \begin{pmatrix} -4 \\ 4 \\ 2 \end{pmatrix}$ und $\overrightarrow{AC} = \begin{pmatrix} 4 \\ -2 \\ 0 \end{pmatrix}$,
d. h. es muss gelten: $\begin{pmatrix} -4 \\ 4 \\ 2 \end{pmatrix} * \begin{pmatrix} n_1 \\ n_2 \\ n_3 \end{pmatrix} = 0$ und $\begin{pmatrix} 4 \\ -2 \\ 0 \end{pmatrix} * \begin{pmatrix} n_1 \\ n_2 \\ n_3 \end{pmatrix} = 0$

Ohne lange Rechnung kann man ablesen, dass ein solcher Vektor durch $\vec{n}_a = \begin{pmatrix} 1 \\ 2 \\ -2 \end{pmatrix}$ gegeben ist (erste und zweite Komponente des Vektors bestimmen, dann passende dritte Komponente).

Fläche ABD:
Gesucht ist ein Normalenvektor zu den Vektoren $\overrightarrow{AB} = \begin{pmatrix} -4 \\ 4 \\ 2 \end{pmatrix}$ und $\overrightarrow{AD} = \begin{pmatrix} -4 \\ 0 \\ -3 \end{pmatrix}$,
d. h. es muss gelten: $\begin{pmatrix} -4 \\ 0 \\ -3 \end{pmatrix} * \begin{pmatrix} n_1 \\ n_2 \\ n_3 \end{pmatrix} = 0$ und $\begin{pmatrix} -4 \\ 4 \\ 2 \end{pmatrix} * \begin{pmatrix} n_1 \\ n_2 \\ n_3 \end{pmatrix} = 0$.

Ohne lange Rechnung kann man ablesen, dass ein solcher Vektor durch $\vec{n}_a = \begin{pmatrix} 3 \\ 5 \\ -4 \end{pmatrix}$ gegeben ist (erste und dritte Komponente des Vektors bestimmen, dann passende zweite Komponente).

Der gesuchte Winkel ist also gegeben durch

$$\cos(\alpha) = \frac{\left|\begin{pmatrix} 3 \\ 5 \\ -4 \end{pmatrix} * \begin{pmatrix} 1 \\ 2 \\ -2 \end{pmatrix}\right|}{\sqrt{50} \cdot 3} = \frac{21}{\sqrt{50} \cdot 3} \quad \text{also} \quad \alpha = 8{,}13°.$$

Fläche BCD:

$\vec{n}_b = \begin{pmatrix} 11 \\ 20 \\ -16 \end{pmatrix}$ ist ein Normalenvektor zu $\overrightarrow{BC}$, $\overrightarrow{BD} = \begin{pmatrix} 0 \\ -4 \\ -5 \end{pmatrix}$.

Der gesuchte Winkel ergibt sich aus

$$\cos(\beta) = \frac{\left|\begin{pmatrix} 11 \\ 20 \\ -16 \end{pmatrix} * \begin{pmatrix} 1 \\ 2 \\ -2 \end{pmatrix}\right|}{\sqrt{777} \cdot 3} = \frac{83}{\sqrt{777} \cdot 3} \quad \text{also } \beta = 7{,}00°.$$

Fläche CAD:

$\vec{n}_c = \begin{pmatrix} 3 \\ 6 \\ -4 \end{pmatrix}$ ist ein Normalenvektor zu $\overrightarrow{CA} = \begin{pmatrix} -4 \\ 2 \\ 0 \end{pmatrix}$ sowie $\overrightarrow{CD} = \begin{pmatrix} -8 \\ 2 \\ -3 \end{pmatrix}$.

Der gesuchte Winkel ergibt sich aus

$$\cos(\gamma) = \frac{\left|\begin{pmatrix} 3 \\ 6 \\ -4 \end{pmatrix} * \begin{pmatrix} 1 \\ 2 \\ -2 \end{pmatrix}\right|}{\sqrt{61} \cdot 3} = \frac{23}{\sqrt{61} \cdot 3} \quad \text{also} \quad \gamma = 11{,}00°.$$

Die Fläche CAD bildet also den größten Winkel zur Grundfläche.

G2 Den Flächeninhalt eines Dreiecks und das Volumen eines Tetraeders nach elementaren Methoden bestimmen.

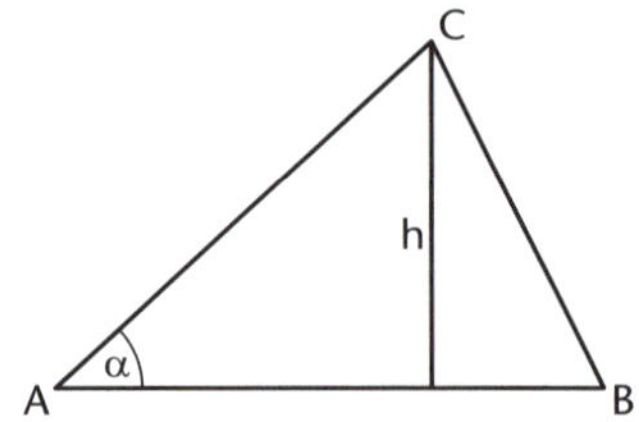

- Für den Flächeninhalt eines Dreiecks gilt:

  $A = \frac{1}{2} \cdot \text{Grundseite} \cdot \text{Flächenhöhe}$.

  Ein Dreieck ABC wird durch die beiden Vektoren $\overrightarrow{AB}$, $\overrightarrow{AC}$ aufgespannt. Elementargeometrisch kann die Höhe h auf AB beschrieben werden durch

  $\sin(\alpha) = \frac{h}{|AC|}$, also $h = |AC| \cdot \sin(\alpha)$.

  Für den Kosinus des Winkel α gilt: $\cos(\alpha) = \frac{\overrightarrow{AB} * \overrightarrow{AC}}{|AB| \cdot |AC|}$ (vgl. Basiswissen G1).

  Da für beliebige Winkel α gilt: $\sin^2(\alpha) + \cos^2(\alpha) = 1$, also

  $$\sin(\alpha) = \sqrt{1 - \cos^2(\alpha)} = \sqrt{1 - \left(\frac{\overrightarrow{AB} * \overrightarrow{AC}}{|AB| \cdot |AC|}\right)^2},$$

  kann man den Flächeninhalt des Dreiecks ABC wie folgt berechnen:

  $A_{\text{Dreieck}} = \frac{1}{2} \cdot |AB| \cdot |AC| \cdot \sin(\alpha)$, also $A_{\text{Dreieck}} = \frac{1}{2} \cdot \sqrt{|AB|^2 \cdot |AC|^2 - (\overrightarrow{AB} * \overrightarrow{AC})^2}$

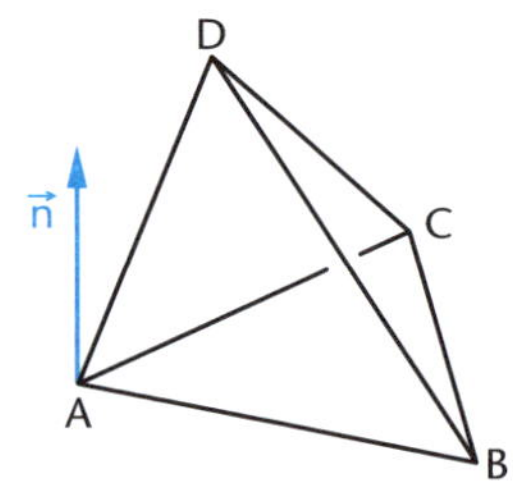

- Für das Volumen einer Pyramide gilt:

  $V = \frac{1}{3} \cdot \text{Grundfläche} \cdot \text{Raumhöhe}$.

  Im Falle eines allgemeinen (nicht notwendig regelmäßigen) Tetraeders kann die Grundfläche nach der o. a. Formel berechnet werden. Um die Raumhöhe zu bestimmen, nutzt man die Projektionseigenschaft des Skalarprodukts (vgl. Basiswissen E2):

  Man bestimmt einen beliebigen Vektor $\vec{n}$, der orthogonal zu $\overrightarrow{AB}$ und $\overrightarrow{AC}$ ist; dann ist die Länge der Raumhöhe gegeben durch $\frac{|\vec{n} * \overrightarrow{AD}|}{|\vec{n}|}$. Daher gilt:

  $$V_{\text{Tetraeder}} = \frac{1}{6} \cdot \frac{|\vec{n} * \overrightarrow{AD}|}{|\vec{n}|} \cdot \sqrt{|AB|^2 \cdot |AC|^2 - (\overrightarrow{AB} * \overrightarrow{AC})^2}$$

Beispiel

Die Punkte A(1|1|−1), B(−3|5|1), C(5|−1|−1) und D(−3|1|−4) bestimmen ein (unregelmäßiges) Tetraeder. Welches Volumen hat das Tetraeder?

Das Dreieck ABC wird durch die Vektoren $\overrightarrow{AB} = \begin{pmatrix} -4 \\ 4 \\ 2 \end{pmatrix}$, $\overrightarrow{AC} = \begin{pmatrix} 4 \\ -2 \\ 0 \end{pmatrix}$ aufgespannt.

Für den Flächeninhalt gilt daher: $A_{\text{Dreieck}} = \frac{1}{2} \cdot \sqrt{6^2 \cdot \sqrt{20}^2 - (-24)^2} = \frac{1}{2} \cdot \sqrt{144} = 6$.

Ein Vektor $\vec{n}$, der orthogonal zu $\overrightarrow{AB}$ und $\overrightarrow{AC}$ ist: $\vec{n} = \begin{pmatrix} 1 \\ 2 \\ -2 \end{pmatrix}$, ein Vektor der Länge 3.

Für das Skalarprodukt mit $\overrightarrow{AD}$ gilt: $\vec{n} * \overrightarrow{AD} = \begin{pmatrix} 1 \\ 2 \\ -2 \end{pmatrix} * \begin{pmatrix} -4 \\ 0 \\ -3 \end{pmatrix} = 2$.

Daher gilt: $V_{\text{Tetraeder}} = \frac{1}{6} \cdot \frac{2}{3} \cdot 6 = \frac{2}{3}$.

G3 Den Abstand eines Punktes von einer Ebene berechnen.

Idee: Um den Abstand eines Punktes P von einer Ebene E zu berechnen, benötigt man eine Lotgerade von P auf E. Der Schnittpunkt der Lotgerade mit der Ebene ist der Fußpunkt F des Lotes. Der Abstand von P zu E ist gleich der Länge des Vektors $\overrightarrow{PF}$.

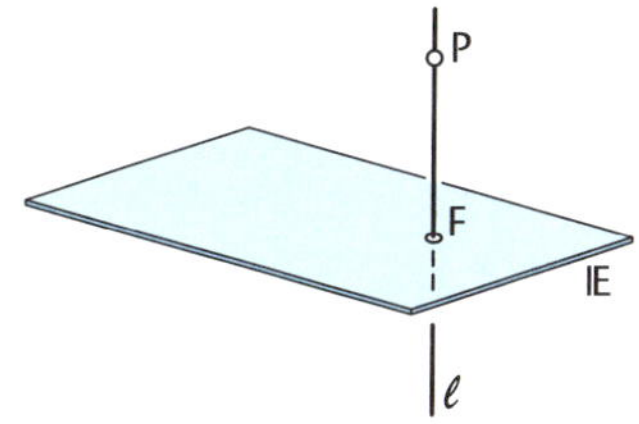

- **Allgemeine Darstellung der Methode**

  Gegeben sind $P(p_1|p_2|p_3)$ und E: $a x_1 + b x_2 + c x_3 = d$,

  wobei $\vec{n} = \begin{pmatrix} a \\ b \\ c \end{pmatrix}$ der Normalenvektor der Ebene.

  Parameterdarstellung der Lotgeraden l: $\vec{x} = \begin{pmatrix} p_1 \\ p_2 \\ p_2 \end{pmatrix} + r \cdot \begin{pmatrix} a \\ b \\ c \end{pmatrix} = \begin{pmatrix} p_1 + ra \\ p_2 + rb \\ p_3 + rc \end{pmatrix}$.

  Schnittpunkt von l mit der Ebene E: Damit ein Punkt gleichzeitig zu l und zu E gehört, muss gelten:

  $a \cdot (p_1 + ra) + b \cdot (p_2 + rb) + c \cdot (p_3 + rc) = d$

  $\Leftrightarrow (a \cdot p_1 + b \cdot p_2 + c \cdot p_3) + r \cdot (a^2 + b^2 + c^2) = d$

  $\Leftrightarrow r \cdot |\vec{n}|^2 = d - \begin{pmatrix} p_1 \\ p_2 \\ p_2 \end{pmatrix} * \begin{pmatrix} a \\ b \\ c \end{pmatrix} \Leftrightarrow r = \frac{1}{|\vec{n}|^2} \cdot (d - (\vec{p} * \vec{n}))$.

  Wenn man diesen Wert für r in die Parameterdarstellung von l einsetzen würde, hätte man die Koordinaten des Fußpunktes F. Um die Länge der Strecke PF zu bestimmen, betrachten wir den zugehörigen Vektor:

  $|\overrightarrow{PF}| = \left| \begin{pmatrix} p_1 + ra - p_1 \\ p_2 + rb - p_2 \\ p_3 + rc - p_3 \end{pmatrix} \right| = |r| \cdot \left| \begin{pmatrix} a \\ b \\ c \end{pmatrix} \right| = |r| \cdot |\vec{n}|$

  Setzt man nun den oben berechneten Wert des Parameters r ein, dann erhält man die Abstandsformel: Abstand (P, E) $= \frac{1}{|\vec{n}|} \cdot |\vec{p} * \vec{n} - d|$

  Spezialfall P = O (Ursprung): Abstand (O, E) $= \frac{|d|}{|\vec{n}|}$

- *Zusatz:* Ist die Ebenengleichung in Hesse'scher Normalenform gegeben (vgl. Basiswissen F8), d. h. in der Form E: $\frac{1}{|\vec{n}|} \cdot (\vec{x} * \vec{n} - d) = 0$, dann erhält man den Abstand eines Punkt P unmittelbar durch Einsetzen der Koordinaten von P in die Gleichung der Ebene.

Beispiel

Gegeben ist ein Punkt $P(3|1|-2)$ und eine Ebene durch E: $x_1 + 2x_2 - 2x_3 = 1$.

- **Herleitung mithilfe einer Lotgeraden**

  Die Lotgerade l durch P hat die Parameterdarstellung:

  l: $\vec{x} = \begin{pmatrix} 3 \\ 1 \\ -2 \end{pmatrix} + r \cdot \begin{pmatrix} 1 \\ 2 \\ -2 \end{pmatrix} = \begin{pmatrix} 3 + r \\ 1 + 2r \\ -2 - 2r \end{pmatrix}$.

  Um den Fußpunkt der Lotgeraden mit der Ebene zu bestimmen, werden die in der Parameterdarstellung enthaltenen Koordinatengleichungen in die Koordinatengleichung der Ebene eingesetzt:

$(3 + r) + 2 \cdot (1 + 2r) - 2 \cdot (-2 - 2r) = 1 \Leftrightarrow 9 + 9r = 1 \Leftrightarrow r = -\frac{8}{9}$.

Daher hat der Punkt F die Koordinaten $F\left(\frac{19}{9}\middle|-\frac{7}{9}\middle|-\frac{2}{9}\right)$ und die Länge des Vektors

$$|\overrightarrow{PF}| = \sqrt{\left(3 - \frac{19}{9}\right)^2 + \left(1 + \frac{7}{9}\right)^2 + \left(-2 + \frac{2}{9}\right)^2} = \sqrt{\frac{64}{81} + \frac{256}{81} + \frac{256}{81}} = \sqrt{\frac{576}{81}} = \frac{24}{9} = \frac{8}{3}.$$

- **Einsetzen in die Abstandsformel (ohne Herleitung)**

  Abstand $(P, E) = \frac{1}{|\vec{n}|} \cdot |\vec{p} * \vec{n} - d| = \frac{1}{3} \cdot |9 - 1| = \frac{8}{3}$.

- **Anwendung der Hesse'schen Normalenform**

$$E: \frac{1}{|\vec{n}|} \cdot (\vec{x} * \vec{n} - d) = \frac{1}{3} \cdot \left(\begin{pmatrix} x_1 \\ x_2 \\ x_3 \end{pmatrix} * \begin{pmatrix} 1 \\ 2 \\ -2 \end{pmatrix} - 1 \right) = 0.$$

Dann ist: $\text{Abst}(P, E) = \frac{1}{3} \cdot \left(\begin{pmatrix} 3 \\ 1 \\ -2 \end{pmatrix} * \begin{pmatrix} 1 \\ 2 \\ -2 \end{pmatrix} - 1 \right) = \frac{1}{3} \cdot (9 - 1) = \frac{8}{3}$.

G4 Den Abstand eines Punktes von einer Geraden berechnen.

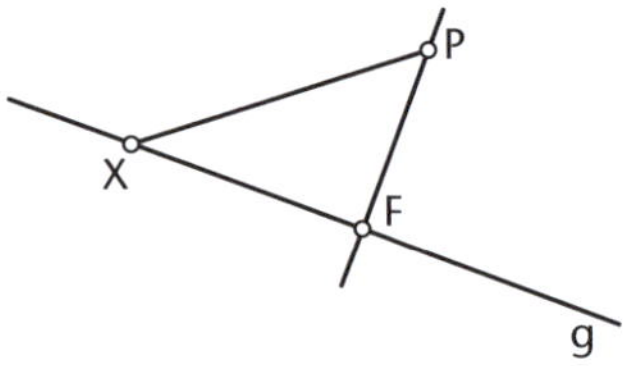

Die kürzeste Entfernung eines Punktes P zu einer Geraden g ist durch das Lot vom Punkt auf die Gerade gegeben. Man untersucht also, bei welchem Parameterwert der Verbindungsvektor von P zu einem beliebigen Punkt X der Geraden orthogonal ist zum Richtungsvektor der Geraden, und erhält so den Fußpunkt F des Lotes von P auf g. Die Länge der Strecke PF ist dann der gesuchte Abstand.

Allgemeine Darstellung der Methode: Gegeben sind $P(p_1|p_2|p_3)$ und $g: \vec{x} = \vec{a} + r \cdot \vec{u}$

Es muss gelten: $(\vec{x} - \vec{p}) * \vec{u} = (\vec{a} - \vec{p} + r \cdot \vec{u}) * \vec{u} = 0 \Leftrightarrow (\vec{a} - \vec{p}) * \vec{u} + r \cdot \vec{u} * \vec{u} = 0$

$$\Leftrightarrow r = \frac{(\vec{p} - \vec{a}) * \vec{u}}{|\vec{u}|^2}.$$

Wenn man diesen Wert für r in die Parameterdarstellung von g einsetzen würde, hätte man die Koordinaten des Lotfußpunktes F. Um die Länge der Strecke PF zu bestimmen, bestimmt man den zugehörigen Vektor $\overrightarrow{PF} = (\vec{a} - \vec{p}) + r \cdot \vec{u}$ und berechnet dessen Länge.

Beispiel

$P(3|1|1)$, $g: \vec{x} = \begin{pmatrix} 0 \\ -1 \\ 1 \end{pmatrix} + r \cdot \begin{pmatrix} 2 \\ 1 \\ 0 \end{pmatrix}$; $(\vec{p} - \vec{a}) * \vec{u} = \begin{pmatrix} 3 - 0 \\ 1 - (-1) \\ 1 - 1 \end{pmatrix} * \begin{pmatrix} 2 \\ 1 \\ 0 \end{pmatrix} = 8$; $|\vec{u}|^2 = 5$; $r = 1{,}6$

also $\overrightarrow{PF} = (\vec{a} - \vec{p}) + r \cdot \vec{u} = \begin{pmatrix} -3 \\ -2 \\ 0 \end{pmatrix} + 1{,}6 \cdot \begin{pmatrix} 2 \\ 1 \\ 0 \end{pmatrix} = \begin{pmatrix} 0{,}2 \\ -0{,}4 \\ 0 \end{pmatrix}$, $|\overrightarrow{PF}| = \sqrt{0{,}2} \approx 0{,}447$.

G5 Nur LK: Den Abstand zweier windschiefer Geraden berechnen.

Idee: Gesucht ist ein gemeinsames Lot der beiden Geraden. Der Abstand der beiden Geraden ist dann gleich der Entfernung der beiden Fußpunkte dieses Lotes.
Allgemeine Darstellung der Methode: Gegeben sind die beiden Geraden g und h durch: g: $\vec{x} = \vec{a} + r \cdot \vec{u}$ und h: $\vec{x} = \vec{b} + s \cdot \vec{v}$. Gesucht sind Punkte $P \in g$ und $Q \in h$ mit der Eigenschaft: $\overrightarrow{PQ} * \vec{u} = 0$ und $\overrightarrow{PQ} * \vec{v} = 0$.

Der Verbindungsvektor der beiden Punkte P und Q lässt sich mithilfe der beiden Parameterdarstellungen beschreiben: $\overrightarrow{PQ} = (\vec{b} + s \cdot \vec{v}) - (\vec{a} + r \cdot \vec{u}) = (\vec{b} - \vec{a}) + s \cdot \vec{v} - r \cdot \vec{u}$ also muss gelten:

$(\vec{b} - \vec{a}) * \vec{u} + s \cdot \vec{v} * \vec{u} - r \cdot \vec{u} * \vec{u} = 0$ und $(\vec{b} - \vec{a}) * \vec{v} + s \cdot \vec{v} * \vec{v} - r \cdot \vec{u} * \vec{v} = 0$.

Dies ist ein Gleichungssystem mit zwei Gleichungen und zwei Variablen, mit deren Lösung man die Fußpunkte des Lotes und damit den Abstand der beiden Geraden berechnen kann.

Beispiel

$$g\colon \vec{x} = \begin{pmatrix}2\\1\\1\end{pmatrix} + r \cdot \begin{pmatrix}1\\-1\\2\end{pmatrix} \text{ und } h\colon \vec{x} = \begin{pmatrix}1\\0\\1\end{pmatrix} + s \cdot \begin{pmatrix}-1\\2\\0\end{pmatrix}.$$

Für $\overrightarrow{PQ}$ gilt dann: $\overrightarrow{PQ} = \begin{pmatrix}-1\\-1\\0\end{pmatrix} + s \cdot \begin{pmatrix}-1\\2\\0\end{pmatrix} - r \cdot \begin{pmatrix}1\\-1\\2\end{pmatrix}$.

Die Orthogonalitätsbedingungen sind:

$$\left(\begin{pmatrix}-1\\-1\\0\end{pmatrix} + s \cdot \begin{pmatrix}-1\\2\\0\end{pmatrix} - r \cdot \begin{pmatrix}1\\-1\\2\end{pmatrix}\right) * \begin{pmatrix}1\\-1\\2\end{pmatrix} = 0 + s \cdot (-3) - r \cdot 6 = 0,$$

$$\left[\begin{pmatrix}-1\\-1\\0\end{pmatrix} + s \cdot \begin{pmatrix}-1\\2\\0\end{pmatrix} - r \cdot \begin{pmatrix}1\\-1\\2\end{pmatrix}\right] * \begin{pmatrix}-1\\2\\0\end{pmatrix} = -1 + s \cdot 5 - r \cdot (-3) = 0.$$

Das Gleichungssystem $-3s - 6r = 0 \wedge 5s + 3r = 1$ hat die Lösungen $r = -\frac{1}{7} \wedge s = \frac{2}{7}$.

$$|\overrightarrow{PQ}| = \left|\begin{pmatrix}-1\\-1\\0\end{pmatrix} + \frac{2}{7} \cdot \begin{pmatrix}-1\\2\\0\end{pmatrix} - \left(-\frac{1}{7}\right) \cdot \begin{pmatrix}1\\-1\\2\end{pmatrix}\right| = \left|\begin{pmatrix}-\frac{8}{7}\\-\frac{4}{7}\\\frac{2}{7}\end{pmatrix}\right| = \sqrt{\frac{84}{49}} = \sqrt{\frac{12}{7}} \approx 1{,}309$$

G6 Nur LK: Das Vektorprodukt zweier Vektoren berechnen und seine Bedeutung angeben sowie mithilfe des Vektorprodukts Normalenvektoren bestimmen und das Vektorprodukt zur Berechnung von Dreiecksflächen und von Spatvolumina verwenden.

Für zwei Vektoren $\vec{a} = \begin{pmatrix} a_1 \\ a_2 \\ a_3 \end{pmatrix}$, $\vec{b} = \begin{pmatrix} b_1 \\ b_2 \\ b_3 \end{pmatrix}$ wird das Vektorprodukt $\vec{a} \times \vec{b}$ wie folgt definiert: $\vec{a} \times \vec{b} = \begin{pmatrix} a_2 b_3 - a_3 b_2 \\ a_3 b_1 - a_1 b_3 \\ a_1 b_2 - a_2 b_1 \end{pmatrix}$

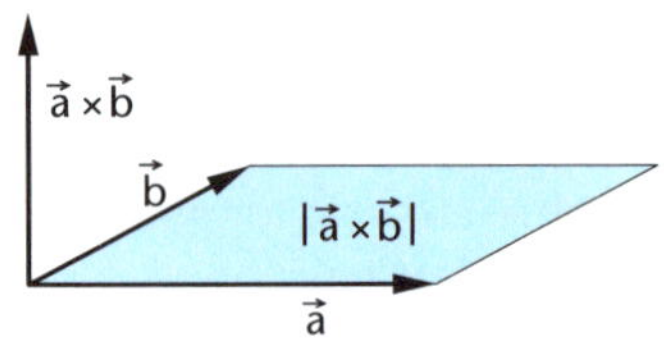

Das Vektorprodukt $\vec{a} \times \vec{b}$ hat folgende geometrischen Eigenschaften:

(1) $\vec{a} \times \vec{b}$ ist orthogonal zu $\vec{a}$, $\vec{b}$.

(2) Der Betrag des Vektorprodukts gibt den Flächeninhalt des von den Vektoren $\vec{a}$, $\vec{b}$, aufgespannten Parallelogramms an; es gilt nämlich:

$|\vec{a} \times \vec{b}| = |\vec{a}| \cdot |\vec{b}| \cdot \sin(\varphi)$, wobei φ der von $\vec{a}$, $\vec{b}$ aufgespannte Winkel ist.

(3) Folgerung: Für $\vec{a}, \vec{b} \neq \vec{o}$ gilt: $\vec{a} \times \vec{b} = \vec{o} \Leftrightarrow \vec{a}, \vec{b}$ sind Vielfache voneinander.

(4) $\vec{a}$, $\vec{b}$ und $\vec{a} \times \vec{b}$ bilden ein Rechtssystem (wie die x-, y- und z-Achse) und es gilt:

$\vec{a} \times \vec{b} = -\vec{b} \times \vec{a}$.

(5) Wegen der Eigenschaft: $\vec{a} \times \vec{b}$ ist orthogonal zu $\vec{a}$, $\vec{b}$ (vgl. (1)), kann man mithilfe des Vektorprodukts zu gegebenen Richtungsvektoren der Parameterdarstellung einer Ebene einen Normalenvektor berechnen und damit eine Koordinatengleichung erstellen.

(6) Wegen der Eigenschaft $|\vec{a} \times \vec{b}| = |\vec{a}| \cdot |\vec{b}| \cdot \sin(\varphi)$ gibt der Betrag des Vektorprodukts den Flächeninhalt des von den Vektoren $\vec{a}$, $\vec{b}$ aufgespannten Parallelogramms an.

Für den Flächeninhalt des von den beiden Vektoren aufgespannten Dreiecks gilt daher: $A_{\text{Dreieck}} = \frac{1}{2} \cdot |\vec{a} \times \vec{b}|$.

(7) Für das Volumen eines von den Vektoren $\vec{a}$, $\vec{b}$, $\vec{c}$, aufgespannten Spats gilt:

$V = |(\vec{a} \times \vec{b}) * \vec{c}|$.

Der Vektor $\vec{a} \times \vec{b}$ steht orthogonal zu der von $\vec{a}$, $\vec{b}$ aufgespannten Grundfläche und sein Betrag ist gleich dem Flächeninhalt der Bodenfläche. Bildet man das Skalarprodukts von $\vec{a} \times \vec{b}$ mit dem Vektor $\vec{c}$, dann gilt: $(\vec{a} \times \vec{b}) * \vec{c} = |\vec{a} \times \vec{b}| \cdot |\vec{c}| \cdot \cos(\varphi)$, wobei φ der Winkel zwischen $\vec{a} \times \vec{b}$ und $\vec{c}$ ist.

Der Betrag von $|\vec{c}| \cdot \cos(\varphi)$ gibt gerade die Länge der Höhe des Spats an (orthogonale Projektion von $\vec{c}$ auf $\vec{a} \times \vec{b}$, vgl. Basiswissen E2).

Beispiele

- Für $\vec{a} = \begin{pmatrix} 1 \\ -2 \\ 1 \end{pmatrix}$, $\vec{b} = \begin{pmatrix} 3 \\ 1 \\ -2 \end{pmatrix}$ ist: $\vec{a} \times \vec{b} = \begin{pmatrix} (-2)\cdot(-2) - 1\cdot 1 \\ 1\cdot 3 - 1\cdot(-2) \\ 1\cdot 1 - (-2)\cdot 3 \end{pmatrix} = \begin{pmatrix} 3 \\ 5 \\ 7 \end{pmatrix}$.
- Ein Normalenvektor für E: $\vec{x} = \begin{pmatrix} 1 \\ 1 \\ 2 \end{pmatrix} + r\cdot\begin{pmatrix} 3 \\ 1 \\ 0 \end{pmatrix} + s\cdot\begin{pmatrix} 2 \\ -1 \\ 4 \end{pmatrix}$ ist $\vec{n} = \vec{u} \times \vec{v} = \begin{pmatrix} 3 \\ 1 \\ 0 \end{pmatrix} \times \begin{pmatrix} 2 \\ -1 \\ 4 \end{pmatrix} = \begin{pmatrix} 4 \\ -12 \\ -5 \end{pmatrix}$.
- Die Vektoren $\vec{u} = \begin{pmatrix} 3 \\ 1 \\ 0 \end{pmatrix}$ und $\vec{v} = \begin{pmatrix} 2 \\ -1 \\ 4 \end{pmatrix}$ spannen ein Parallelogramm auf, dessen Flächeninhalt gleich $|\vec{u} \times \vec{v}| = \left|\begin{pmatrix} 4 \\ -12 \\ -5 \end{pmatrix}\right| = \sqrt{16 + 144 + 25} = \sqrt{185} \approx 13{,}60$ FE.

  Das von $\vec{u}$ und $\vec{v}$ aufgespannte Dreieck hat den Flächeninhalt $A = \frac{1}{2}\cdot|\vec{u} \times \vec{v}| \approx 6{,}80$ FE.
- Die Vektoren $\vec{a} = \begin{pmatrix} 1 \\ -2 \\ 1 \end{pmatrix}$, $\vec{b} = \begin{pmatrix} 3 \\ 1 \\ -2 \end{pmatrix}$ und $\vec{c} = \begin{pmatrix} 2 \\ -1 \\ 1 \end{pmatrix}$ spannen einen Spat auf.

  Für das Volumen des Spats gilt:

  $V = |(\vec{a} \times \vec{b}) * \vec{c}| = \left|\left(\begin{pmatrix} 1 \\ -2 \\ 1 \end{pmatrix} \times \begin{pmatrix} 3 \\ 1 \\ -2 \end{pmatrix}\right) * \begin{pmatrix} 2 \\ -1 \\ 1 \end{pmatrix}\right| = \left|\begin{pmatrix} 3 \\ 5 \\ 7 \end{pmatrix} * \begin{pmatrix} 2 \\ -1 \\ 1 \end{pmatrix}\right| = |6 - 5 + 7| = 8$ VE.

H1 Nur LK: Die Matrixdarstellung für affine Abbildungen von Punkten bei Verschiebungen, Streckungen, Drehungen und Spiegelungen angeben.

Affine Abbildungen in der Ebene oder im Raum lassen sich mithilfe von Matrizen beschreiben. Im Folgenden werden affine Abbildungen in der Ebene dargestellt.

Ist $M = \begin{pmatrix} a & b \\ c & d \end{pmatrix}$ eine solche Abbildungsmatrix, $\vec{v} = \begin{pmatrix} v_1 \\ v_2 \end{pmatrix}$ ein Verschiebungsvektor und $P(p_1|p_2)$ ein Punkt, der abgebildet wird, dann wird der Ortsvektor des Bildpunktes $P'(p_1'|p_2')$ bestimmt durch die Gleichung: $\begin{pmatrix} p_1' \\ p_2' \end{pmatrix} = M \cdot \begin{pmatrix} p_1 \\ p_2 \end{pmatrix} + \vec{v}$.

- **Streckung mit dem Faktor k bzgl. des Koordinatenursprungs:**

  $M = \begin{pmatrix} k & 0 \\ 0 & k \end{pmatrix}$ und $\vec{v} = \begin{pmatrix} 0 \\ 0 \end{pmatrix}$

- **Drehung um einen Winkel φ um den Koordinatenursprung:**

  $M = \begin{pmatrix} \cos\varphi & -\sin\varphi \\ \sin\varphi & \cos\varphi \end{pmatrix}$ und $\vec{v} = \begin{pmatrix} 0 \\ 0 \end{pmatrix}$

- **Achsenspiegelung an einer Ursprungsgeraden der Ebene**:

  Ist $g: \vec{x} = \lambda \cdot \begin{pmatrix} u \\ v \end{pmatrix}$ eine Ursprungsgerade, dann wird die Spiegelung an g beschrieben durch die Matrix

  $$M = \begin{pmatrix} \frac{u^2 - v^2}{u^2 + v^2} & \frac{2uv}{u^2 + v^2} \\ \frac{2uv}{u^2 + v^2} & -\frac{u^2 - v^2}{u^2 + v^2} \end{pmatrix} \text{ und } \vec{v} = \begin{pmatrix} 0 \\ 0 \end{pmatrix}.$$

  Schließt die Ursprungsgerade mit der x-Achse einen Winkel φ ein, dann kann man die Abbildungsmatrix auch so notieren:

  $$M = \begin{pmatrix} \cos 2\varphi & \sin 2\varphi \\ \sin 2\varphi & -\cos 2\varphi \end{pmatrix}$$

- **Punktspiegelung eines Punktes $P(p_1|p_2)$ an einem Punkt $S(s_1|s_2)$:**

  $$\begin{pmatrix} p_1' \\ p_2' \end{pmatrix} = \begin{pmatrix} -1 & 0 \\ 0 & -1 \end{pmatrix} \cdot \begin{pmatrix} p_1 \\ p_2 \end{pmatrix} + \begin{pmatrix} 2s_1 \\ 2s_2 \end{pmatrix}$$

Das **Produkt Matrix M mal Vektor $\vec{p}$** ist definiert durch das Skalarprodukt der Zeilenvektoren $\vec{a_1} = (a_{11} \; a_{12})$ und $\vec{a_2} = (a_{21} \; a_{22})$ der Matrix M mit dem Spaltenvektor $\vec{p} = \begin{pmatrix} p_1 \\ p_2 \end{pmatrix}$:

$$M \cdot \vec{p} = \begin{pmatrix} a_{11} & a_{12} \\ a_{21} & a_{22} \end{pmatrix} \cdot \begin{pmatrix} p_1 \\ p_2 \end{pmatrix} = \begin{pmatrix} \vec{a_1} * \vec{p} \\ \vec{a_2} * \vec{p} \end{pmatrix} = \begin{pmatrix} a_{11} \cdot p_1 + a_{12} \cdot p_2 \\ a_{21} \cdot p_1 + a_{22} \cdot p_2 \end{pmatrix},$$

analog im 3-dimensionalen Raum.

Beispiele

(1) Drehung um 90°: $M = \begin{pmatrix} 0 & -1 \\ 1 & 0 \end{pmatrix}$; Drehung um 180°: $M = \begin{pmatrix} -1 & 0 \\ 0 & -1 \end{pmatrix}$;

Drehung um 270°: $M = \begin{pmatrix} 0 & 1 \\ -1 & 0 \end{pmatrix}$

(2) Spiegelung an der x-Achse, also an der Geraden $\vec{x} = \lambda \cdot \begin{pmatrix} 1 \\ 0 \end{pmatrix}$: $M = \begin{pmatrix} 1 & 0 \\ 0 & -1 \end{pmatrix}$

(3) Spiegelung an der y-Achse, also an der Geraden $\vec{x} = \lambda \cdot \begin{pmatrix} 0 \\ 1 \end{pmatrix}$: $M = \begin{pmatrix} -1 & 0 \\ 0 & 1 \end{pmatrix}$

(4) Drehung des Dreiecks A(−3|1), B(4|−1), C(2|5) um 45° um den Ursprung:

$$\begin{pmatrix} a_1' \\ a_2' \end{pmatrix} = \begin{pmatrix} \frac{\sqrt{2}}{2} & -\frac{\sqrt{2}}{2} \\ \frac{\sqrt{2}}{2} & \frac{\sqrt{2}}{2} \end{pmatrix} \cdot \begin{pmatrix} -3 \\ 1 \end{pmatrix} + \begin{pmatrix} 0 \\ 0 \end{pmatrix} = \begin{pmatrix} -2\sqrt{2} \\ -\sqrt{2} \end{pmatrix}; \quad \begin{pmatrix} b_1' \\ b_2' \end{pmatrix} = \begin{pmatrix} \frac{\sqrt{2}}{2} & -\frac{\sqrt{2}}{2} \\ \frac{\sqrt{2}}{2} & \frac{\sqrt{2}}{2} \end{pmatrix} \cdot \begin{pmatrix} 4 \\ -1 \end{pmatrix} + \begin{pmatrix} 0 \\ 0 \end{pmatrix} = \begin{pmatrix} 2{,}5\sqrt{2} \\ 1{,}5\sqrt{2} \end{pmatrix};$$

$$\begin{pmatrix} c_1' \\ c_2' \end{pmatrix} = \begin{pmatrix} \frac{\sqrt{2}}{2} & -\frac{\sqrt{2}}{2} \\ \frac{\sqrt{2}}{2} & \frac{\sqrt{2}}{2} \end{pmatrix} \cdot \begin{pmatrix} 2 \\ 5 \end{pmatrix} + \begin{pmatrix} 0 \\ 0 \end{pmatrix} = \begin{pmatrix} -1{,}5\sqrt{2} \\ 3{,}5\sqrt{2} \end{pmatrix}$$

H2 Nur LK: Abbildungsmatrizen für Parallelprojektionen anhand der Bilder der Einheitsvektoren ermitteln.

Eine Parallelprojektion in eine Ebene, die den Ursprung enthält, kann durch eine 3 × 3-Matrix beschrieben werden. Die Spalten der Matrix werden dabei durch die Bilder der Einheitsvektoren bestimmt.

Eine Parallelprojektion wird bestimmt durch einen Projektionsvektor $\vec{v} = \begin{pmatrix} v_1 \\ v_2 \\ v_3 \end{pmatrix}$.
Dann bestimmt die Matrix

$A_{xy} = \begin{pmatrix} 1 & 0 & \frac{-v_1}{v_3} \\ 0 & 1 & \frac{-v_2}{v_3} \\ 0 & 0 & 0 \end{pmatrix}$ die Parallelprojektion in die x-y-Ebene in Richtung des Projektionsvektors $\vec{v}$,

$A_{xz} = \begin{pmatrix} 1 & \frac{-v_1}{v_2} & 0 \\ 0 & 0 & 0 \\ 0 & \frac{-v_3}{v_2} & 1 \end{pmatrix}$ die Parallelprojektion in die x-z-Ebene und

$A_{yz} = \begin{pmatrix} 0 & 0 & 0 \\ \frac{-v_2}{v_1} & 1 & 0 \\ \frac{-v_3}{v_1} & 0 & 1 \end{pmatrix}$ die Parallelprojektion in die y-z-Ebene.

Beispiel 1

Parallelprojektion in die x-y-Ebene parallel zum Richtungsvektor $\vec{v} = \begin{pmatrix} 1 \\ 2 \\ -1 \end{pmatrix}$:

Die Matrix $A_{xy} = \begin{pmatrix} 1 & 0 & 1 \\ 0 & 1 & 2 \\ 0 & 0 & 0 \end{pmatrix}$ bildet den Einheitsvektor $\vec{e}_1 = \begin{pmatrix} 1 \\ 0 \\ 0 \end{pmatrix}$ ab auf $\vec{e}_1{}' = \begin{pmatrix} 1 & 0 & 1 \\ 0 & 1 & 2 \\ 0 & 0 & 0 \end{pmatrix} \cdot \begin{pmatrix} 1 \\ 0 \\ 0 \end{pmatrix} = \begin{pmatrix} 1 \\ 0 \\ 0 \end{pmatrix}$,

$\vec{e}_2 = \begin{pmatrix} 0 \\ 1 \\ 0 \end{pmatrix}$ ab auf $\vec{e}_2{}' = \begin{pmatrix} 1 & 0 & 1 \\ 0 & 1 & 2 \\ 0 & 0 & 0 \end{pmatrix} \cdot \begin{pmatrix} 0 \\ 1 \\ 0 \end{pmatrix} = \begin{pmatrix} 0 \\ 1 \\ 0 \end{pmatrix}$ und $\vec{e}_3 = \begin{pmatrix} 0 \\ 0 \\ 1 \end{pmatrix}$ ab auf $\vec{e}_3{}' = \begin{pmatrix} 1 & 0 & 1 \\ 0 & 1 & 2 \\ 0 & 0 & 0 \end{pmatrix} \cdot \begin{pmatrix} 0 \\ 0 \\ 1 \end{pmatrix} = \begin{pmatrix} 1 \\ 2 \\ 0 \end{pmatrix}$.

$E_1(1|0|0)$ und $E_2(0|1|0)$ sind Fixpunkte der Abbildung, da sie in der x-y-Ebene liegen.

Beispiel 2

Gesucht ist die Abbildungsmatrix, die eine Parallelprojektion auf die durch E: $x_1 - x_2 = 0$ gegebene Ebene in Richtung des Vektors $\vec{v} = \begin{pmatrix} 3 \\ 1 \\ -1 \end{pmatrix}$ beschreibt.

Da hier nicht auf eine der Koordinatenebenen projiziert wird, müssen zunächst die Bilder der Einheitsvektoren bestimmt werden. Diese bilden dann die Spalten der gesuchten Abbildungsmatrix.

Für den ersten Einheitsvektors bestimmen wir dazu den Schnittpunkt der Geraden

g_1: $\vec{x} = \vec{e}_1 + \lambda \cdot \vec{v} = \begin{pmatrix} 1 \\ 0 \\ 0 \end{pmatrix} + \lambda \cdot \begin{pmatrix} 3 \\ 1 \\ -1 \end{pmatrix} = \begin{pmatrix} 1 + 3\lambda \\ \lambda \\ -\lambda \end{pmatrix}$ mit der Ebene E: $x_1 - x_2 = 0$,

indem wir für x_1 und x_2 in der Ebenengleichung die entsprechenden Komponenten aus der Parameterdarstellung der Geraden einsetzen: $(1 + 3\lambda) - \lambda = 0 \Leftrightarrow \lambda = -0{,}5$

Als Bild von $\vec{e}_1$ erhalten wir damit: $\vec{e}_1{}' = \begin{pmatrix} 1 \\ 0 \\ 0 \end{pmatrix} - 0{,}5 \cdot \begin{pmatrix} 3 \\ 1 \\ -1 \end{pmatrix} = \begin{pmatrix} -0{,}5 \\ -0{,}5 \\ 0{,}5 \end{pmatrix}$.

Analog erhält man das Bild des zweiten Einheitsvektors:

g_2: $\vec{x} = \vec{e}_2 + \lambda \cdot \vec{v} = \begin{pmatrix} 0 \\ 1 \\ 0 \end{pmatrix} + \lambda \cdot \begin{pmatrix} 3 \\ 1 \\ -1 \end{pmatrix} = \begin{pmatrix} 3\lambda \\ 1 + \lambda \\ -\lambda \end{pmatrix}$ mit $3\lambda - (1 + \lambda) = 0 \Leftrightarrow \lambda = 0{,}5$

zu $\vec{e}_2{}' = \begin{pmatrix} 0 \\ 1 \\ 0 \end{pmatrix} + 0{,}5 \cdot \begin{pmatrix} 3 \\ 1 \\ -1 \end{pmatrix} = \begin{pmatrix} 1{,}5 \\ 1{,}5 \\ -0{,}5 \end{pmatrix}$ und das Bild des dritten Einheitsvektors:

g_3: $\vec{x} = \vec{e}_3 + \lambda \cdot \vec{v} = \begin{pmatrix} 0 \\ 0 \\ 1 \end{pmatrix} + \lambda \cdot \begin{pmatrix} 3 \\ 1 \\ -1 \end{pmatrix} = \begin{pmatrix} 3\lambda \\ \lambda \\ 1 - \lambda \end{pmatrix}$ mit $3\lambda - \lambda = 0 \Leftrightarrow \lambda = 0$

zu $\vec{e}_3{}' = \begin{pmatrix} 0 \\ 0 \\ 1 \end{pmatrix} + 0 \cdot \begin{pmatrix} 3 \\ 1 \\ -1 \end{pmatrix} = \begin{pmatrix} 0 \\ 0 \\ 1 \end{pmatrix}$.

Die Projektionsmatrix ist also: $M = \begin{pmatrix} -0{,}5 & 1{,}5 & 0 \\ -0{,}5 & 1{,}5 & 0 \\ 0{,}5 & -0{,}5 & 1 \end{pmatrix}$.

H3 Nur LK: Fixpunkte, Fixgeraden sowie Fixpunktgeraden und Fixpunktebenen von Abbildungen bestimmen und diese im Sachzusammenhang deuten.

Punkte, die bei einer Abbildung auf sich selbst abgebildet werden, werden als **Fixpunkte** der Abbildung bezeichnet.

Durch die affine Abildung α: $\vec{x}' = M \cdot \vec{x} + \vec{v}$ (mit der Matrix M und dem Vektor $\vec{v}$) wird der Vektor $\vec{x}$ auf den Vektor $\vec{x}'$ abgebildet. Die Fixpunkte dieser Abbildung erhält man als Lösung der Gleichung:

$$M \cdot \vec{x} + \vec{v} = \vec{x} \Leftrightarrow \begin{pmatrix} a & b \\ c & d \end{pmatrix} \cdot \begin{pmatrix} x \\ y \end{pmatrix} + \begin{pmatrix} v_1 \\ v_2 \end{pmatrix} = \begin{pmatrix} x \\ y \end{pmatrix}$$

Um die Fixpunkte zu bestimmen, muss also das folgende lineare Gleichungssystem gelöst werden:

$$\left| \begin{array}{l} ax + by + v_1 = x \\ cx + dy + v_2 = y \end{array} \right| \Leftrightarrow \left| \begin{array}{l} (a-1)x + by = -v_1 \\ cx + (d-1)y = -v_2 \end{array} \right|$$

Geraden, deren Punkte bei einer Abbildung wieder auf Punkte derselben Geraden abgebildet werden, heißen **Fixgeraden**.

Als **Fixpunktgerade** bezeichnet man eine Gerade, die aus lauter Fixpunkten besteht, d. h. jeder Punkt dieser Geraden wird bei Anwendung der Abbildung wieder auf sich abgebildet. Eine Fixpunktgerade ist immer eine Fixgerade; die Umkehrung des Satzes ist i. A. falsch.

Beispiel 1

Die durch die Gleichung $\begin{pmatrix} x' \\ y' \end{pmatrix} = \begin{pmatrix} 1 & -1 \\ 1 & 1 \end{pmatrix} \cdot \begin{pmatrix} x \\ y \end{pmatrix} + \begin{pmatrix} -2 \\ 1 \end{pmatrix}$ gegebene affine Abbildung hat den Fixpunkt F(–1|–2), denn die Gleichung $\begin{pmatrix} 1 & -1 \\ 1 & 1 \end{pmatrix} \cdot \begin{pmatrix} x \\ y \end{pmatrix} + \begin{pmatrix} -2 \\ 1 \end{pmatrix} = \begin{pmatrix} x \\ y \end{pmatrix}$ ist erfüllt für diesen Punkt:

$$\begin{pmatrix} 1 & -1 \\ 1 & 1 \end{pmatrix} \cdot \begin{pmatrix} -1 \\ -2 \end{pmatrix} + \begin{pmatrix} -2 \\ 1 \end{pmatrix} = \begin{pmatrix} -1 \\ -2 \end{pmatrix}.$$

Beispiel 2

Gegeben sei eine affine Abbildung durch die Abbildungsmatrix $M = \begin{pmatrix} 1 & -1 & 1 \\ 2 & 0 & 1 \\ 0 & 2 & -2 \end{pmatrix}$ und den Vektor $\vec{v} = \begin{pmatrix} 2 \\ -2 \\ -5 \end{pmatrix}$.

Um den Fixpunkt der Abbildung zu bestimmen, lösen wir das Gleichungssystem:

$$\begin{pmatrix} 1 & -1 & 1 \\ 2 & 0 & 1 \\ 0 & 2 & -2 \end{pmatrix} \cdot \begin{pmatrix} x \\ y \\ z \end{pmatrix} + \begin{pmatrix} 2 \\ -2 \\ -5 \end{pmatrix} = \begin{pmatrix} x \\ y \\ z \end{pmatrix} \Leftrightarrow \left| \begin{array}{r} x - y + z + 2 = x \\ 2x + z - 2 = y \\ 2y - 2z - 5 = z \end{array} \right| \Leftrightarrow \left| \begin{array}{r} -y + z = -2 \\ 2x - y + z = 2 \\ 2y - 3z = 5 \end{array} \right| \Leftrightarrow \left| \begin{array}{l} x = 2 \\ y = 1 \\ z = -1 \end{array} \right|$$

Daher ist der Punkt P(2|1|–1) Fixpunkt der Abbildung.

Beispiel 3

Die Punkte der Spiegelachse einer Achsenspiegelung bilden eine Fixpunktgerade, da jeder Punkt auf sich selbst abgebildet wird. Die Punkte eines Lotes zur Spiegelachse bilden *nur* eine Fixgerade bzgl. der Achsenspiegelung, aber keine Fix*punkt*gerade, da ihre Bildpunkte wieder auf diesem Lot liegen, aber keine Fixpunkte sind.

H4 Nur LK: Die Hintereinanderausführung von Abbildungen durch eine Matrizenmultiplikation beschreiben.

Das hintereinander Ausführen von affinen Abbildungen ist eine Verkettung, bei der es i. A. auf die Reihenfolge der Abbildungen ankommt:
Soll erst eine Abbildung $\alpha: \vec{x}' = M_\alpha \cdot \vec{x}$, und dann eine Abbildung $\beta: \vec{x}' = M_\beta \cdot \vec{x}$ durchgeführt werden, dann muss der Ortsvektor eines abzubildenden Punktes P zuerst mit der Matrix M_α, dann mit der Matrix M_β multipliziert werden.
Beachte die Reihenfolge der Abbildungen: Die zuletzt angewandte Abbildung steht im Matrix-Produkt immer links.
Wegen der Gültigkeit des Assoziativgesetzes kann auch zunächst das Matrizenprodukt $M_\beta \cdot M_\alpha$ gebildet und dieses auf den Ortsvektor angewandt werden:
$(\beta \circ \alpha)(\vec{x}) = \beta(\alpha(\vec{x})) = M_\beta \cdot (M_\alpha \cdot \vec{x}) = (M_\beta \cdot M_\alpha) \cdot \vec{x}$

Das **Produkt $M_1 \cdot M_2$ zweier Matrizen $M_1 = \begin{pmatrix} a_{11} & a_{12} \\ a_{21} & a_{22} \end{pmatrix}$ und $M_2 = \begin{pmatrix} b_{11} & b_{12} \\ b_{21} & b_{22} \end{pmatrix}$** ist definiert

durch das Skalarprodukt der Zeilenvektoren $\vec{a_1} = (a_{11} \;\; a_{12})$ und $\vec{a_2} = (a_{21} \;\; a_{22})$ von M_1

mit den Spaltenvektoren $\vec{b_1} = \begin{pmatrix} b_{11} \\ b_{21} \end{pmatrix}$ und $\vec{b_2} = \begin{pmatrix} b_{12} \\ b_{22} \end{pmatrix}$ von M_2:

$$M_1 \cdot M_2 = \begin{pmatrix} a_{11} & a_{12} \\ a_{21} & a_{22} \end{pmatrix} \cdot \begin{pmatrix} b_{11} & b_{12} \\ b_{21} & b_{22} \end{pmatrix} = \begin{pmatrix} a_{11} \cdot b_{11} + a_{12} \cdot b_{21} & a_{11} \cdot b_{12} + a_{12} \cdot a_{22} \\ a_{21} \cdot b_{11} + a_{22} \cdot b_{21} & a_{21} \cdot b_{12} + a_{22} \cdot b_{22} \end{pmatrix},$$

analog im 3-dimensionalen Raum.

Beispiel

Erst Spiegelung des Punktes $P(p_1|p_2)$ an der x-Achse (α), dann Streckung mit dem Faktor 2 (β):

α: $M_\alpha = \begin{pmatrix} 1 & 0 \\ 0 & -1 \end{pmatrix}$; β: $M_\beta = \begin{pmatrix} 2 & 0 \\ 0 & 2 \end{pmatrix}$

Verkettung: $(\beta \circ \alpha)(\vec{p}) = \left[\begin{pmatrix} 2 & 0 \\ 0 & 2 \end{pmatrix} \cdot \begin{pmatrix} 1 & 0 \\ -1 & 0 \end{pmatrix}\right] \cdot \begin{pmatrix} p_1 \\ p_2 \end{pmatrix} = \beta(\alpha(\vec{p})) = \begin{pmatrix} 2 & 0 \\ 0 & 2 \end{pmatrix} \cdot \begin{pmatrix} p_1 & 0 \\ 0 & -p_2 \end{pmatrix} = \begin{pmatrix} 2p_1 \\ -2p_2 \end{pmatrix}$

H5 Nur LK: Inverse Matrizen ermitteln sowie die Umkehrung von affinen Abbildungen mit inversen Matrizen untersuchen.

Ist durch $\alpha: \begin{pmatrix} x' \\ y' \end{pmatrix} = M \cdot \begin{pmatrix} x \\ y \end{pmatrix} + \vec{v}$ eine affine Abbildung gegeben, dann lässt sich die Umkehrabbildung beschreiben durch

$\alpha^{-1}: \begin{pmatrix} x \\ y \end{pmatrix} = M^{-1} \cdot \begin{pmatrix} x' \\ y' \end{pmatrix} - M^{-1} \cdot \vec{v}$, dabei ist M^{-1} die zu M inverse Matrix.

Die zu einer Matrix M inverse Matrix M^{-1} bestimmt man durch Lösung der Gleichung $M \cdot M^{-1} = M^{-1} \cdot M = E$, wobei E die zur identischen Abbildung gehörende Einheitsmatrix ist: $E = \begin{pmatrix} 1 & 0 \\ 0 & 1 \end{pmatrix}$.

Die Lösung der Gleichung kann auch durch elementare Zeilenumformungen in einem Rechenschema erfolgen, bei dem links die Matrix M und rechts die Einheitsmatrix E steht oder durch Koeffizientenvergleich.

Beispiel 1 *Bestimmung einer inversen Matrix durch elementare Zeilenumformungen*

Rechenschema: $\left(\begin{array}{rr|rr} 1 & 1 & 1 & 0 \\ -1 & 1 & 0 & 1 \end{array}\right) \Leftrightarrow \left(\begin{array}{rr|rr} 1 & 1 & 1 & 0 \\ 0 & 2 & 1 & 1 \end{array}\right) \Leftrightarrow \left(\begin{array}{rr|rr} 1 & 1 & 1 & 0 \\ 0 & 1 & 0,5 & 0,5 \end{array}\right) \Leftrightarrow \left(\begin{array}{rr|rr} 1 & 0 & 0,5 & -0,5 \\ 0 & 1 & 0,5 & 0,5 \end{array}\right)$

1. Zeile zur 2. Zeile addieren | 2. Zeile durch 2 dividieren | 2. Zeile mit (–1) multiplizieren und zur 1. Zeile addieren

d. h. die zu $M = \begin{pmatrix} 1 & 1 \\ -1 & 1 \end{pmatrix}$ inverse Matrix ist $M^{-1} = \begin{pmatrix} 0,5 & -0,5 \\ 0,5 & 0,5 \end{pmatrix}$.

Beispiel 2 *Bestimmung einer inversen Matrix durch Koeffizientenvergleich*

Für die inverse Matrix M^{-1} zu $M = \begin{pmatrix} 1 & 1 \\ -1 & 1 \end{pmatrix}$ muss gelten:

$M \cdot M^{-1} = E$, also $\begin{pmatrix} 1 & 1 \\ -1 & 1 \end{pmatrix} \cdot \begin{pmatrix} a & b \\ c & d \end{pmatrix} = \begin{pmatrix} 1 & 0 \\ 0 & 1 \end{pmatrix}$.

Dies bedeutet, dass ein lineares Gleichungssystem mit vier Gleichungen und vier Variablen zu lösen ist (konkret aber „nur“: zwei lineare Gleichungssysteme mit je zwei Gleichungen mit zwei Variablen):

$$\left|\begin{array}{r} a + c = 1 \\ -a + c = 0 \\ b + d = 0 \\ -b + d = 1 \end{array}\right| \Leftrightarrow \left|\begin{array}{r} 2c = 1 \\ -a + c = 0 \\ 2d = 1 \\ -b + d = 1 \end{array}\right| \Leftrightarrow \left|\begin{array}{l} c = 0,5 \\ a = 0,5 \\ d = 0,5 \\ b = -0,5 \end{array}\right|$$

Beispiel 3 *Bestimmung der Umkehrung einer affinen Abbildung*

Die Umkehrabbildung zur affinen Abbildung, die gegeben ist durch

$\alpha: \begin{pmatrix} x' \\ y' \end{pmatrix} = \begin{pmatrix} 1 & -1 \\ 1 & 1 \end{pmatrix} \cdot \begin{pmatrix} x \\ y \end{pmatrix} + \begin{pmatrix} -2 \\ 1 \end{pmatrix}$, berechnet sich wie folgt:

Man stellt die Abbildungsgleichung $\begin{pmatrix} x' \\ y' \end{pmatrix} = M \cdot \begin{pmatrix} x \\ y \end{pmatrix} + \vec{v}$ um und erhält $\begin{pmatrix} x' \\ y' \end{pmatrix} - \vec{v} = M \cdot \begin{pmatrix} x \\ y \end{pmatrix}$.

Nun gilt: $\begin{pmatrix} x \\ y \end{pmatrix} = M^{-1} \cdot \left(M \cdot \begin{pmatrix} x \\ y \end{pmatrix}\right) = M^{-1} \cdot \left(\begin{pmatrix} x' \\ y' \end{pmatrix} - \vec{v}\right) = M^{-1} \cdot \begin{pmatrix} x' \\ y' \end{pmatrix} - M^{-1} \cdot \vec{v}$

Die inverse Matrix zu $M = \begin{pmatrix} 1 & -1 \\ 1 & 1 \end{pmatrix}$ ist $M^{-1} = \begin{pmatrix} 0,5 & 0,5 \\ -0,5 & 0,5 \end{pmatrix}$ und es gilt:

$M^{-1} \cdot \begin{pmatrix} -2 \\ 1 \end{pmatrix} = \begin{pmatrix} 0,5 & 0,5 \\ -0,5 & 0,5 \end{pmatrix} \cdot \begin{pmatrix} -2 \\ 1 \end{pmatrix} = \begin{pmatrix} -0,5 \\ 1,5 \end{pmatrix}$, also ist die Umkehrabbildung gegeben durch:

$\alpha^{-1}: \begin{pmatrix} x \\ y \end{pmatrix} = \begin{pmatrix} 0,5 & 0,5 \\ -0,5 & 0,5 \end{pmatrix} \cdot \begin{pmatrix} x' \\ y' \end{pmatrix} + \begin{pmatrix} -0,5 \\ 1,5 \end{pmatrix}$

I1 Nur LK: Produktions-, Entwicklungs- und Zufallsprozesse durch Übergangsdiagramme und Matrizen beschreiben und Zustandsvektoren interpretieren.

Produktionsprozesse: Mithilfe von Matrizen lässt sich der Ablauf einer Produktion beschreiben: beispielsweise, wie sich verschiedene Produkte aus Grundelementen (also Erzeugnisse aus Rohstoffen oder Enderzeugnisse aus Zwischenerzeugnissen) oder Produktionsaufträge aus einzelnen Kundenaufträgen zusammensetzen.

Entwicklungsprozesse: Man betrachtet eine Population von Individuen in verschiedenen Entwicklungsstadien, die mit gewissen Überlebenswahrscheinlichkeiten eine nächste Phase der Entwicklung erreichen, sich außerdem in bestimmten Phasen vermehren oder sterben können. In die Matrix gehen sowohl die Überlebenswahrscheinlichkeiten als auch die Reproduktionsrate als Koeffizienten ein.

Zufallsprozesse: Die Zustände eines Systems werden mithilfe von Zustandsvektoren beschrieben. Diese geben an, mit welcher Wahrscheinlichkeit ein bestimmtes Ereignis zu einem bestimmten Zeitpunkt eintritt. Die zugehörigen Ereignisse (Zustände) und die Wahrscheinlichkeit für die Übergänge zwischen den Ereignissen werden grafisch mithilfe eines Übergangsdiagramms beschrieben, algebraisch mithilfe der Übergangsmatrix. Dabei wird die Übergangswahrscheinlichkeit von einem Zustand E_j in einen Zustand E_i in die Zelle a_{ij} der Matrix eingetragen (i-te Zeile, j-te Spalte).
Da die Zustandsvektoren von Zufallsprozessen eine Wahrscheinlichkeitsverteilung beschreiben, ist die Summe der Wahrscheinlichkeiten in einer Spalte der Übergangsmatrix und in jedem Zustandsvektor immer gleich eins.

Die Prozesse werden mithilfe von Matrizen und Auftrags- bzw. Zustandsvektoren beschrieben; für diese ist eine Verknüpfung (Multiplikation) wie folgt definiert:

Das **Produkt Matrix M mal Zustandsvektor $\vec{v}$** ist definiert durch das Skalarprodukt der Zeilenvektoren der Matrix M mit dem Spaltenvektor $\vec{v}$, z. B.

$$M \cdot \vec{v} = \begin{pmatrix} a_{11} & a_{12} & a_{13} \\ a_{21} & a_{22} & a_{23} \\ a_{31} & a_{32} & a_{33} \end{pmatrix} \cdot \begin{pmatrix} v_1 \\ v_2 \\ v_3 \end{pmatrix} = \begin{pmatrix} a_{11} \cdot v_1 + a_{12} \cdot v_2 + a_{13} \cdot v_3 \\ a_{21} \cdot v_1 + a_{22} \cdot v_2 + a_{23} \cdot v_3 \\ a_{31} \cdot v_1 + a_{32} \cdot v_2 + a_{33} \cdot v_3 \end{pmatrix},$$

Das **Produkt $M_1 \cdot M_2$ zweier Matrizen M_1 und M_2** ist definiert durch das Skalarprodukt der Zeilenvektoren von M_1 mit den Spaltenvektoren von M_2, z. B.

$$M_1 \cdot M_2 = \begin{pmatrix} a_{11} & a_{12} & a_{13} \\ a_{21} & a_{22} & a_{23} \\ a_{31} & a_{32} & a_{33} \end{pmatrix} \cdot \begin{pmatrix} b_{11} & b_{12} & b_{13} \\ b_{21} & b_{22} & b_{23} \\ b_{31} & b_{32} & b_{33} \end{pmatrix}$$

$$= \begin{pmatrix} a_{11} \cdot b_{11} + a_{12} \cdot b_{21} + a_{13} \cdot b_{31} & a_{11} \cdot b_{12} + a_{12} \cdot b_{22} + a_{13} \cdot b_{32} & a_{11} \cdot b_{13} + a_{12} \cdot b_{23} + a_{13} \cdot b_{33} \\ a_{21} \cdot b_{11} + a_{22} \cdot b_{21} + a_{23} \cdot b_{31} & a_{21} \cdot b_{12} + a_{22} \cdot b_{22} + a_{23} \cdot b_{32} & a_{21} \cdot b_{13} + a_{22} \cdot b_{23} + a_{23} \cdot b_{33} \\ a_{31} \cdot b_{11} + a_{32} \cdot b_{21} + a_{33} \cdot b_{31} & a_{31} \cdot b_{12} + a_{32} \cdot b_{22} + a_{33} \cdot b_{32} & a_{31} \cdot b_{13} + a_{32} \cdot b_{23} + a_{33} \cdot b_{33} \end{pmatrix}.$$

Beispiel 1 *Produktionsprozess*

Dem nebenstehenden Diagramm können die folgenden Informationen entnommen werden: Zur Herstellung von zwei Endprodukten E_1 und E_2 werden drei Zwischenprodukte Z_1, Z_2 und Z_3 benötigt, die sich wiederum aus drei Rohprodukten R_1, R_2 und R_3 zusammensetzen.

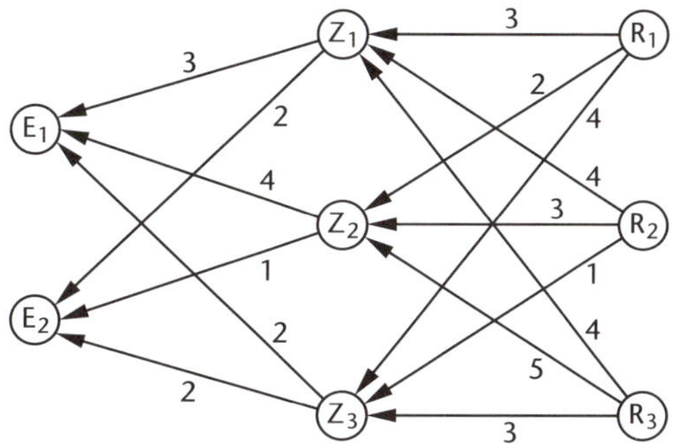

Im Einzelnen gilt: Vom Zwischenprodukt Z_1 benötigt man 3 Einheiten, um eine Einheit des Endprodukts E_1 herzustellen, und 2 Einheiten, um eine Einheit des Endprodukts E_2 herzustellen.

Sollen von den beiden Endprodukten e_1 und e_2 Einheiten hergestellt werden, so sind vom Zwischenprodukt Z_1 insgesamt $z_1 = 3 \cdot e_1 + 2 \cdot e_2$ Einheiten erforderlich.

Entsprechend berechnet sich der Bedarf der Zwischenprodukte Z_2 und Z_3:
$z_2 = 4 \cdot e_1 + 1 \cdot e_2$ und $z_3 = 2 \cdot e_1 + 2 \cdot e_2$.

Diese Gleichungen können auch mithilfe der Matrix $B = \begin{pmatrix} 3 & 2 \\ 4 & 1 \\ 2 & 2 \end{pmatrix}$ beschrieben werden.

Dabei stehen die Koeffizienten aus den Gleichungen in den Zeilen der Matrix. Dieser Teil des Produktionsprozesses wird dann beschrieben durch

$\begin{pmatrix} z_1 \\ z_2 \\ z_3 \end{pmatrix} = \begin{pmatrix} 3 & 2 \\ 4 & 1 \\ 2 & 2 \end{pmatrix} \cdot \begin{pmatrix} e_1 \\ e_2 \end{pmatrix}$ oder mit $\vec{z} = \begin{pmatrix} z_1 \\ z_2 \\ z_3 \end{pmatrix}$ und $\vec{e} = \begin{pmatrix} e_1 \\ e_2 \end{pmatrix}$, kurz durch $\vec{z} = B \cdot \vec{e}$.

Für jede zu erzielende Anzahl von Endprodukten kann mit diesem Produkt die erforderliche Anzahl der Zwischenprodukte berechnet werden.

Analog erhält man für den ersten Produktionsschritt:

Bedarf der Rohstoffe R_1, R_2 und R_3 für die Zwischenprodukte:
$r_1 = 3 \cdot z_1 + 2 \cdot z_2 + 4 \cdot z_3 \wedge r_2 = 4 \cdot z_1 + 3 \cdot z_2 + 1 \cdot z_3 \wedge r_3 = 4 \cdot z_1 + 5 \cdot z_2 + 3 \cdot z_3$.

Diese Gleichungen können mithilfe der Matrix $A = \begin{pmatrix} 3 & 2 & 4 \\ 4 & 3 & 1 \\ 4 & 5 & 3 \end{pmatrix}$ und dem Vektor $\vec{r} = \begin{pmatrix} r_1 \\ r_2 \\ r_3 \end{pmatrix}$

beschrieben werden durch: $\begin{pmatrix} r_1 \\ r_2 \\ r_3 \end{pmatrix} = \begin{pmatrix} 3 & 2 & 4 \\ 4 & 3 & 1 \\ 4 & 5 & 3 \end{pmatrix} \cdot \begin{pmatrix} z_1 \\ z_2 \\ z_3 \end{pmatrix}$ oder kurz durch $\vec{r} = A \cdot \vec{z}$

Den Bedarf an Rohstoffen für einen Auftrag mit $\vec{e} = \begin{pmatrix} e_1 \\ e_2 \end{pmatrix}$ Endprodukten kann man wegen des Assoziativgesetzes der Multiplikation auch in einem Schritt berechnen:
$\vec{r} = A \cdot \vec{z} = A \cdot (B \cdot \vec{e}) = (A \cdot B) \cdot \vec{e}$.

Die Produktmatrix ist: $A \cdot B = \begin{pmatrix} 3 & 2 & 4 \\ 4 & 3 & 1 \\ 4 & 5 & 3 \end{pmatrix} \cdot \begin{pmatrix} 3 & 2 \\ 4 & 1 \\ 2 & 2 \end{pmatrix} = \begin{pmatrix} 25 & 16 \\ 26 & 13 \\ 38 & 19 \end{pmatrix}$.

Sollen beispielsweise 110 Endprodukte E_1 und 150 Endprodukte E_2 hergestellt werden, so berechnet sich der Rohstoffbedarf wie folgt:

$\vec{r} = \begin{pmatrix} 3 & 2 & 4 \\ 4 & 3 & 1 \\ 4 & 5 & 3 \end{pmatrix} \cdot \left[\begin{pmatrix} 3 & 2 \\ 4 & 1 \\ 2 & 2 \end{pmatrix} \cdot \begin{pmatrix} 110 \\ 150 \end{pmatrix} \right] = \begin{pmatrix} 3 & 2 & 4 \\ 4 & 3 & 1 \\ 4 & 5 & 3 \end{pmatrix} \cdot \begin{pmatrix} 630 \\ 590 \\ 520 \end{pmatrix} = \begin{pmatrix} 5150 \\ 4810 \\ 7030 \end{pmatrix}$ oder $\vec{r} = \begin{pmatrix} 25 & 16 \\ 26 & 13 \\ 38 & 19 \end{pmatrix} \cdot \begin{pmatrix} 110 \\ 150 \end{pmatrix} = \begin{pmatrix} 5150 \\ 4810 \\ 7030 \end{pmatrix}$

Also 5150 Einheiten R_1, 4810 Einheiten R_2 und 7030 Einheiten R_3.

Beispiel 2 *Entwicklungsprozess*

Die Entwicklung einer Population lässt sich durch das folgende Modell beschreiben: Die Individuen werden maximal 30 Jahre alt. Diese 30 Jahre lassen sich in drei gleich große Phasen von jeweils 10 Jahren beschreiben. Nur 80 % der Individuen der 1. Altersphase (A) erreicht die 2. Altersphase (B), aber 90 % der Individuen der 2. Altersphase die 3. Altersphase (C). Nur in der 2. Phase können sich die weiblichen Individuen vermehren und bringen 2,6 Nachkommen zur Welt, wovon im Mittel die Hälfte weiblich ist. Man betrachte die Entwicklung einer Anfangspopulation von jeweils 1000 weiblichen Individuen in jeder Altersklasse.

Der Prozess kann mithilfe des nebenstehenden Übergangsdiagramms oder durch die zugehörige Matrix beschrieben werden.

	von A	von B	von C
nach A	0	1,3	0
nach B	0,8	0	0
nach C	0	0,9	0

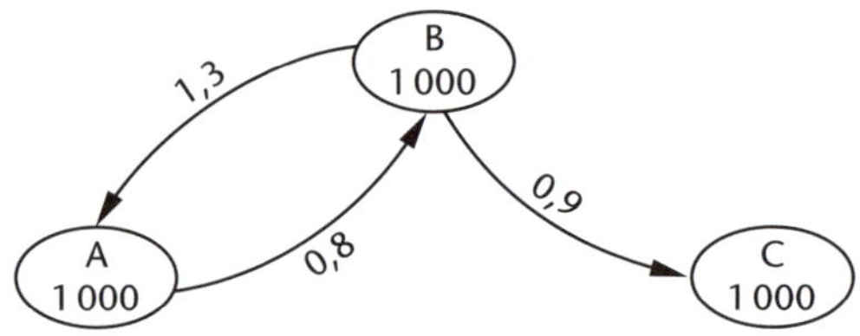

Durch Multiplikation des Anfangsvektors (Startvektors) $\vec{v}_0 = \begin{pmatrix} 1000 \\ 1000 \\ 1000 \end{pmatrix}$ mit der Matrix $M = \begin{pmatrix} 0 & 1{,}3 & 0 \\ 0{,}8 & 0 & 0 \\ 0 & 0{,}9 & 0 \end{pmatrix}$ (vgl. Tabelle) erhält man die Verteilung der Population auf die einzelnen Altersklassen nach 10 Jahren: $\vec{v}_1 = M \cdot \vec{v}_0 = \begin{pmatrix} 0 & 1{,}3 & 0 \\ 0{,}8 & 0 & 0 \\ 0 & 0{,}9 & 0 \end{pmatrix} \cdot \begin{pmatrix} 1000 \\ 1000 \\ 1000 \end{pmatrix} = \begin{pmatrix} 1300 \\ 800 \\ 900 \end{pmatrix}$.

Analog berechnet man die Zusammensetzung der Population nach 20 oder 30 Jahren durch wiederholte Multiplikation des Zustandsvektors mit der Matrix M:

	$\vec{v}_0$	$\vec{v}_1$	$\vec{v}_2$	$\vec{v}_3$
A	1000	1300	1040	1352
B	1000	800	1040	832
C	1000	900	720	936
Summe	3000	3000	2800	3120

Hieraus lässt sich auch die prozentuale Verteilung auf diese Altersklassen ablesen.

Beispiel 3 *Zufallsprozess*

Das Übergangsdiagramm zeigt die durchschnittlichen täglichen Wechsel von Leihautos zwischen drei Niederlassungen sowie die Anfangsverteilung (Startvektor = Anfangszustand: 10 % in A, 50 % in B, 40 % in C)

Übergangsmatrix: $M = \begin{pmatrix} 0{,}8 & 0{,}2 & 0{,}2 \\ 0{,}1 & 0{,}6 & 0{,}1 \\ 0{,}1 & 0{,}2 & 0{,}7 \end{pmatrix}$

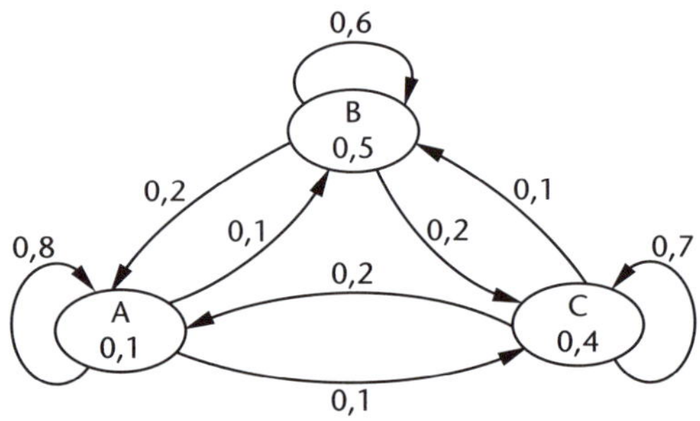

Durch Multiplikation der Übergangsmatrix mit dem Startvektor erhält man die Verteilung der Fahrzeuge nach einem Tag: $\vec{v}_1 = M \cdot \vec{v}_0 = \begin{pmatrix} 0{,}8 & 0{,}2 & 0{,}2 \\ 0{,}1 & 0{,}6 & 0{,}1 \\ 0{,}1 & 0{,}2 & 0{,}7 \end{pmatrix} \cdot \begin{pmatrix} 0{,}1 \\ 0{,}5 \\ 0{,}4 \end{pmatrix} = \begin{pmatrix} 0{,}26 \\ 0{,}35 \\ 0{,}39 \end{pmatrix}$.

12 Nur LK: Zustände von Prozessen nach wiederholter Durchführung mithilfe der Matrizenmultiplikation berechnen und deuten, insbesondere bei zyklischen Prozessen.

Wird ein Prozess durch eine Matrix beschrieben, dann erhält man aus dem Ausgangsvektor durch Multiplizieren den Vektor des zeitlich nachfolgenden Zustands und durch wiederholte Multiplikation mit der Matrix die darauf folgenden Zustände.
Diese kann man direkt auch dadurch berechnen, dass man – gemäß dem Assoziativgesetz – zunächst die entsprechende Matrixpotenz berechnet und diese dann mit dem Ausgangsvektor multipliziert:

$\vec{v}_1 = M \cdot \vec{v}_0,\ \vec{v}_2 = M \cdot \vec{v}_1,\ \vec{v}_3 = M \cdot \vec{v}_2$ usw. oder $\vec{v}_1 = M \cdot \vec{v}_0,\ \vec{v}_2 = M^2 \cdot \vec{v}_0,\ \vec{v}_3 = M^3 \cdot \vec{v}_0\ \ldots$

Gilt für irgendeine Matrixpotenz von M, dass $M^n = E$ (Einheitsmatrix) für $n \in \mathbb{N}$, also $M^{n+1} = M$, dann wird durch die Übergangsmatrix M ein **zyklischer Prozess der Länge n** beschrieben. Dies bedeutet, dass sich die Folge der Zustandsvektoren jeweils nach n Schritten wiederholt.

Beispiel 1 *Schrittweises Berechnen der Zustandsvektoren*

Für den in 11 (Beispiel 2) beschriebenen Entwicklungsprozess berechnen sich die Zustandsvektoren schrittweise oder durch Berechnung einer entsprechenden Matrixpotenz:

$$M = \begin{pmatrix} 0 & 1{,}3 & 0 \\ 0{,}8 & 0 & 0 \\ 0 & 0{,}9 & 0 \end{pmatrix} \qquad \vec{v}_0 = \begin{pmatrix} 1000 \\ 1000 \\ 1000 \end{pmatrix}$$

Dann kann $\vec{v}_3$ auch berechnet werden mithilfe von

$$\vec{v}_3 = M^3 \cdot \vec{v}_0 = \begin{pmatrix} 0 & 1{,}3 & 0 \\ 0{,}8 & 0 & 0 \\ 0 & 0{,}9 & 0 \end{pmatrix}^3 \cdot \begin{pmatrix} 1000 \\ 1000 \\ 1000 \end{pmatrix} = \begin{pmatrix} 0 & 1{,}352 & 0 \\ 0{,}832 & 0 & 0 \\ 0 & 0{,}936 & 0 \end{pmatrix} \cdot \begin{pmatrix} 1000 \\ 1000 \\ 1000 \end{pmatrix} = \begin{pmatrix} 1352 \\ 832 \\ 936 \end{pmatrix}.$$

Beispiele 2 *Zyklische Prozesse*

(1) Hat die Übergangsmatrix die Form $M = \begin{pmatrix} 0 & a & 0 \\ 0 & 0 & b \\ c & 0 & 0 \end{pmatrix}$ mit z. B. $a = 1$ und $b = \frac{1}{c}$,

also beispielsweise $M = \begin{pmatrix} 0 & 1 & 0 \\ 0 & 0 & 10 \\ 0{,}1 & 0 & 0 \end{pmatrix}$, dann ergibt sich für die Matrixpotenz M^3:

$$M^3 = \begin{pmatrix} abc & 0 & 0 \\ 0 & abc & 0 \\ 0 & 0 & abc \end{pmatrix} = \begin{pmatrix} 1 & 0 & 0 \\ 0 & 1 & 0 \\ 0 & 0 & 1 \end{pmatrix}.$$

Daher gilt weiter: $M^4 = M,\ M^5 = M^2,\ M^6 = M^3 = E,\ M^7 = M$ usw.
Durch die Matrix M wird also ein zyklischer Prozess der Länge 3 beschrieben.

(2) Hat die Übergangsmatrix die Form $M = \begin{pmatrix} 0 & 0 & a \\ 0 & b & 0 \\ c & 0 & 0 \end{pmatrix}$ mit $b = 1$ und $a = \frac{1}{c}$,

also beispielsweise $M = \begin{pmatrix} 0 & 0 & 10 \\ 0 & 1 & 0 \\ 0{,}1 & 0 & 0 \end{pmatrix}$, dann ergibt sich für die Matrixpotenz M^2:

$$M^2 = \begin{pmatrix} ac & 0 & 0 \\ 0 & b^2 & 0 \\ 0 & 0 & ac \end{pmatrix} = \begin{pmatrix} 1 & 0 & 0 \\ 0 & 1 & 0 \\ 0 & 0 & 1 \end{pmatrix}.$$

Durch die Matrix M wird also ein zyklischer Prozess der Länge 2 beschrieben.

I3 Nur LK: Den Fixvektor einer Übergangsmatrix (d. h. eine stationäre Verteilung eines Zufallsprozesses) bestimmen und seine Bedeutung im Sachzusammenhang interpretieren.

Der Fixvektor $\vec{v}_F$ einer Übergangsmatrix M ist ein Zustandsvektor, der bei Multiplikation mit der Übergangsmatrix unverändert bleibt; er erfüllt also die Gleichung $\vec{v}_F = M \cdot \vec{v}_F$. Man bezeichnet $\vec{v}_F$ auch als stationäre Verteilung des Zufallsprozesses.

Hinweis: Wenn in der Übergangsmatrix M selbst oder in irgendeiner ihrer Potenzen nur positive Koeffizienten auftreten, dann gilt der **Hauptsatz über Markoff-Ketten**:
Die Folge der Matrixpotenzen von M, also M^1, M^2, M^3, … konvergiert gegen eine Grenzmatrix M, deren Spalten alle gleich dem Fixvektor $\vec{v}_F$ der Matrix M sind.

Beispiel

Gegeben sei die stochastische Übergangsmatrix aus I1 (Beispiel 3) $M = \begin{pmatrix} 0{,}8 & 0{,}2 & 0{,}2 \\ 0{,}1 & 0{,}6 & 0{,}1 \\ 0{,}1 & 0{,}2 & 0{,}7 \end{pmatrix}$.

Der Fixvektor der Übergangsmatrix ergibt sich als Lösung des linearen Gleichungssystems

$$\begin{vmatrix} 0{,}8\,x + 0{,}2\,y + 0{,}2\,z = x \\ 0{,}1\,x + 0{,}6\,y + 0{,}1\,z = y \\ 0{,}1\,x + 0{,}2\,y + 0{,}7\,z = z \end{vmatrix}$$

Das Gleichungssystem hat unendlich viele Lösungen, da die Gleichungen linear voneinander abhängen. Addiert man beispielsweise die 3. Gleichung zur 2. Gleichung, dann erhält man das Negative der 1. Gleichung:

$$\begin{vmatrix} -0{,}2\,x + 0{,}2\,y + 0{,}2\,z = 0 \\ 0{,}1\,x - 0{,}4\,y + 0{,}1\,z = 0 \\ 0{,}1\,x + 0{,}2\,y - 0{,}3\,z = 0 \end{vmatrix} \Leftrightarrow \begin{vmatrix} -0{,}2\,x + 0{,}2\,y + 0{,}2\,z = 0 \\ 0{,}2\,x - 0{,}2\,y - 0{,}2\,z = 0 \\ 0{,}1\,x + 0{,}2\,y - 0{,}3\,z = 0 \end{vmatrix}$$

Aus dem verbleibenden Gleichungssystem mit 2 Gleichungen und 3 Variablen kann man eine Parameterdarstellung aller Lösungen erstellen:

Summe von 2. und 3. Gleichung: $0{,}3\,x - 0{,}5\,z = 0 \Leftrightarrow x = \frac{5}{3}z$.

Das Doppelte der 3. Gleichung zur 1. Gleichung addieren: $0{,}6\,y - 0{,}4\,z = 0 \Leftrightarrow y = \frac{2}{3}z$,

d. h. alle Lösungen haben die Form $\left(\frac{5}{3}z \,\middle|\, \frac{2}{3}z \,\middle|\, z\right)$.

Da es sich hier aber um eine stochastische Matrix handelt, gilt zusätzlich auch noch die Gleichung: $x + y + z = 1$, also nach Einsetzen

$x + y + z = 1 \Leftrightarrow \frac{5}{3}z + \frac{2}{3}z + z = 1 \Leftrightarrow z = 0{,}3$ und damit $x = 0{,}5$ und $y = 0{,}2$.

Daher ist $\vec{v}_F = \begin{pmatrix} 0{,}5 \\ 0{,}2 \\ 0{,}3 \end{pmatrix}$ ein Fixvektor.

Er beschreibt eine stationäre Verteilung, in diesem Beispiel der Leihautos auf die Niederlassungen. Liegt diese Verteilung vor, so wird sie sich (im Mittel) nicht mehr verändern. Auf lange Sicht wird sich auch jede andere Ausgangsverteilung der Fahrzeuge dieser stationären Verteilung annähern.

Beispiel zu *Hinweis*: Bereits bei M^{20} sind die Spaltenvektoren gerundet gleich:

$$M^{20} = \begin{pmatrix} 0{,}50 & 0{,}50 & 0{,}50 \\ 0{,}20 & 0{,}20 & 0{,}20 \\ 0{,}30 & 0{,}30 & 0{,}30 \end{pmatrix}$$

I4 Nur LK: Den Zustandsvektor eines zurückliegenden Zustands berechnen, ggf. mithilfe der Inversen der Übergangsmatrix.

Den Vorgang, von einem Zustand des Systems zum nachfolgenden Zustand zu gelangen, kann man umkehren, indem man das zugehörige Gleichungssystem löst oder den gegebenen Zustandsvektor mit der inversen Matrix der Übergangsmatrix multipliziert.

Konkret: Ist eine Übergangsmatrix M und der Zustandsvektor $\vec{v}_n$ gegeben, dann kann man den vorangehenden Zustand $\vec{v}_{n-1}$ berechnen, in dem man

(1) das lineare Gleichungssystem $M \cdot \vec{v}_{n-1} = \vec{v}_n$ löst oder

(2) den Vektor $\vec{v}_n$ mit der Inversen M^{-1} der Matrix M multipliziert, denn nach Assoziativgesetz gilt:
$M^{-1} \cdot \vec{v}_n = M^{-1} \cdot (M \cdot \vec{v}_{n-1}) = (M^{-1} \cdot M) \cdot \vec{v}_{n-1} = E \cdot \vec{v}_{n-1} = \vec{v}_{n-1}$.

Hinweis: Nur quadratische Matrizen sind invertierbar, aber nicht alle quadratischen Matrizen besitzen eine Inverse.

Beispiel

Ist die Übergangsmatrix gegeben durch $M = \begin{pmatrix} 0{,}8 & 0{,}2 & 0{,}2 \\ 0{,}1 & 0{,}6 & 0{,}1 \\ 0{,}1 & 0{,}2 & 0{,}7 \end{pmatrix}$, dann kann man wie folgt zu dem Zustandsvektor $\vec{v} = \begin{pmatrix} 0{,}2 \\ 0{,}3 \\ 0{,}5 \end{pmatrix}$ den Zustandsvektor $\vec{w} = \begin{pmatrix} x \\ y \\ z \end{pmatrix}$ des vorangehenden Zustands berechnen:

(1) Es gilt: $M \cdot \vec{w} = \vec{v}$, also $\begin{pmatrix} 0{,}8 & 0{,}2 & 0{,}2 \\ 0{,}1 & 0{,}6 & 0{,}1 \\ 0{,}1 & 0{,}2 & 0{,}7 \end{pmatrix} \cdot \begin{pmatrix} x \\ y \\ z \end{pmatrix} = \begin{pmatrix} 0{,}2 \\ 0{,}3 \\ 0{,}5 \end{pmatrix}$.

Durch elementare Zeilenumformungen (vgl. F10) erhält man dann die Lösung $x = 0$, $y = 0{,}4$, $z = 0{,}6$, also den Zustandsvektor des vorangehenden Zustands $\vec{w} = \begin{pmatrix} 0 \\ 0{,}4 \\ 0{,}6 \end{pmatrix}$.

(2) Mithilfe eines Rechners bestimmt man die zu M inverse Matrix $M^{-1} = \begin{pmatrix} \frac{4}{3} & -\frac{1}{3} & -\frac{1}{3} \\ -\frac{1}{5} & \frac{9}{5} & -\frac{1}{5} \\ -\frac{2}{15} & -\frac{7}{15} & \frac{23}{15} \end{pmatrix}$

und multipliziert diese mit dem Zustandsvektor – der Ergebnis-Vektor ist der Zustandsvektor des vorherigen Zustands:

$$\begin{pmatrix} \frac{4}{3} & -\frac{1}{3} & -\frac{1}{3} \\ -\frac{1}{5} & \frac{9}{5} & -\frac{1}{5} \\ -\frac{2}{15} & -\frac{7}{15} & \frac{23}{15} \end{pmatrix} \cdot \begin{pmatrix} 0{,}2 \\ 0{,}3 \\ 0{,}5 \end{pmatrix} = \begin{pmatrix} 0 \\ 0{,}4 \\ 0{,}6 \end{pmatrix}.$$

Probe: $\begin{pmatrix} 0{,}8 & 0{,}2 & 0{,}2 \\ 0{,}1 & 0{,}6 & 0{,}1 \\ 0{,}1 & 0{,}2 & 0{,}7 \end{pmatrix} \cdot \begin{pmatrix} 0 \\ 0{,}4 \\ 0{,}6 \end{pmatrix} = \begin{pmatrix} 0{,}2 \\ 0{,}3 \\ 0{,}5 \end{pmatrix}$

15 Nur LK: Koeffizienten in Übergangsmatrizen mit vorgegebenen Eigenschaften im Sachzusammenhang bestimmen.

Die Koeffizienten einer Übergangsmatrix sind durch die Übergangswahrscheinlichkeiten bestimmt.
Wenn das zugehörige Übergangsdiagramm nicht für alle Übergänge Angaben enthält, stattdessen aber andere Bedingungen genannt werden, so führt dies zu einem linearen Gleichungssystem mit den fehlenden Koeffizienten als Variablen.

Beispiel

Auf dem Parkplatz eines großen Supermarkts können die Einkaufswagen an drei verschiedenen Sammelstellen A, B und C abgeholt und wieder untergestellt werden. Dabei bringen die Kunden oft ihre Einkaufswagen an eine andere Sammelstelle zurück als an die, von der sie ihren Wagen abgeholt haben.
Ergänzen Sie die fehlenden Übergangswahrscheinlichkeiten so, dass auf lange Sicht die Einkaufswagen je zu 25 % in A und B und zu 50 % in C stehen.

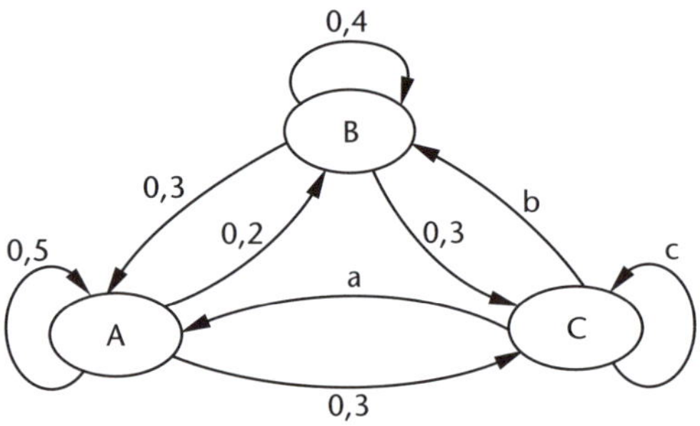

Aus dem Übergangsdiagramm entnehmen wir die Übergangswahrscheinlichkeiten,

die wir in die Übergangsmatrix eintragen können: $M = \begin{pmatrix} 0{,}5 & 0{,}3 & a \\ 0{,}2 & 0{,}4 & b \\ 0{,}3 & 0{,}3 & c \end{pmatrix}$.

Gesucht sind die Übergangswahrscheinlichkeiten (Koeffizienten) a, b, c derart, dass der stationäre Zustand durch den Fixvektor $\vec{v} = \begin{pmatrix} 0{,}25 \\ 0{,}25 \\ 0{,}5 \end{pmatrix}$ beschrieben wird, d. h. die Gleichung

$\begin{pmatrix} 0{,}5 & 0{,}3 & a \\ 0{,}2 & 0{,}4 & b \\ 0{,}3 & 0{,}3 & c \end{pmatrix} \cdot \begin{pmatrix} 0{,}25 \\ 0{,}25 \\ 0{,}5 \end{pmatrix} = \begin{pmatrix} 0{,}25 \\ 0{,}25 \\ 0{,}5 \end{pmatrix}$ erfüllt ist.

Damit ergibt sich das Gleichungssystem:

$$\left| \begin{array}{r} 0{,}125 + 0{,}075 + 0{,}5a = 0{,}25 \\ 0{,}05 + 0{,}1 + 0{,}5b = 0{,}25 \\ 0{,}075 + 0{,}075 + 0{,}5c = 0{,}5 \end{array} \right| \Leftrightarrow \left| \begin{array}{l} 0{,}5a = 0{,}05 \\ 0{,}5b = 0{,}1 \\ 0{,}5c = 0{,}35 \end{array} \right| \Leftrightarrow \left| \begin{array}{l} a = 0{,}1 \\ b = 0{,}2 \\ c = 0{,}7 \end{array} \right|$$

Zu beachten ist, dass die Summe der Koeffizienten der Spalte einer Übergangsmatrix (als Summe der Wahrscheinlichkeiten von Übergängen von einem Zustand) stets 1 ergibt, d. h. es muss gelten: a + b + c = 1.

J1 Mehrstufige Entscheidungsvorgänge mithilfe von Baumdiagrammen veranschaulichen und die Anzahl der Möglichkeiten mithilfe der Grundregel der Kombinatorik bestimmen.

(1) Die **Grundregel der Kombinatorik** besagt: Besteht ein Zufallsversuch aus k Stufen und ist die Anzahl der möglichen Ergebnisse auf den einzelnen Stufen gleich m_1, m_2, …, m_k, dann hat der Zufallsversuch ingesamt $m_1 \cdot m_2 \cdot \ldots \cdot m_k$ verschiedene mögliche Ergebnisse.
Diese Grundregel kann man mithilfe von Baumdiagrammen veranschaulichen.

(2) Die Grundregel der Kombinatorik lässt sich bei der Untersuchung von Ziehvorgängen anwenden:
Beim k-fachen Ziehen aus einer Urne mit n unterscheidbaren Kugeln sind folgende Fälle zu unterscheiden:
- Beim Ziehen mit Zurücklegen (mit Wiederholung) gibt es n^k verschiedene Möglichkeiten.
- Beim Ziehen ohne Zurücklegen (ohne Wiederholung) gibt es $n \cdot (n-1) \cdot \ldots \cdot (n-k+1)$ verschiedene Möglichkeiten.
- Beim Ziehen mit einem Griff gibt es $\binom{n}{k} = \frac{n \cdot (n-1) \cdot \ldots \cdot (n-k+1)}{k \cdot (k-1) \cdot \ldots \cdot 1} = \frac{n!}{k! \cdot (n-k)!}$ verschiedene Möglichkeiten.*)

Sonderfall beim Ziehen ohne Zurücklegen: Für das vollständige Leeren einer Urne mit n Kugeln gibt es n! Möglichkeiten; hierdurch werden die n Kugeln in eine Reihenfolge gebracht.

Konsequenz: Es gibt n! Möglichkeiten, n Dinge anzuordnen.

(3) Für Stichprobennahmen ergibt sich aus (2)
Nimmt man in einer Gesamtheit vom Umfang n eine Stichprobe vom Umfang k, so sind $\binom{n}{k} = \frac{n \cdot (n-1) \cdot \ldots \cdot (n-k+1)}{k \cdot (k-1) \cdot \ldots \cdot 1}$ verschiedene Stichproben dieser Art möglich.
Bei Stichprobennahmen handelt es sich um einen Ziehvorgang ohne Zurücklegen (vergleiche Zähler des Bruchs), bei dem aber die Reihenfolge der Ziehung keine Rolle spielt (vergleiche Nenner des Bruchs); daher könnte die Ziehung auch mit einem Griff erfolgen.
Die natürlichen Zahlen $\binom{n}{k}$ werden auch als **Binomialkoeffizienten** bezeichnet.

*)Für das Produkt aufeinander folgender natürlicher Zahlen $n \cdot (n-1) \cdot \ldots \cdot 3 \cdot 2 \cdot 1$ schreibt man kurz: n! (n Fakultät) – Sonderfälle: 0! = 1, 1! = 1.

Beispiele

(1) Stehen auf einer Speisekarte drei verschiedene Vorspeisen, vier verschiedene Hauptgerichte und zwei Desserts, dann kann man insgesamt $3 \cdot 4 \cdot 2 = 24$ verschiedene Essen zusammenstellen, darstellbar durch ein Baumdiagramm mit drei Verzweigungen auf der 1. Stufe, vier auf der 2. Stufe, zwei auf der 3. Stufe.

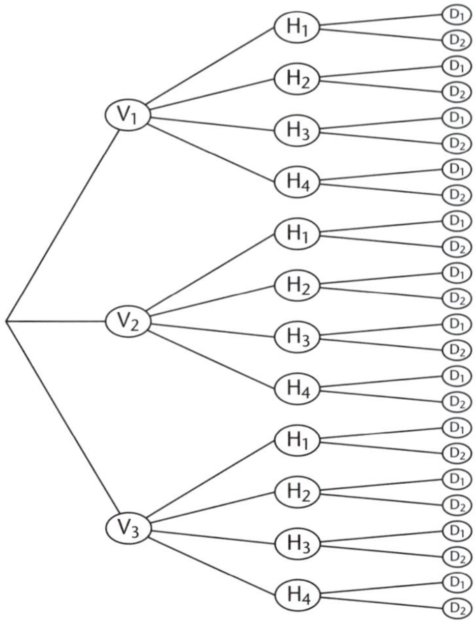

(2) In einer Klasse mit 30 Schülern/innen kann man fünf Freikarten auf verschiedene Arten verteilen:
- Man wählt 5 Schüler/innen mithilfe eines Glücksrads aus (Ziehen mit Wiederholung): 30^5 Möglichkeiten.
- Man wählt 5 Schüler/innen durch einzelnes Ziehen von Namenszetteln aus (Ziehen ohne Wiederholung): $30 \cdot 29 \cdot 28 \cdot 27 \cdot 26$ Möglichkeiten.
- Man zieht fünf Namenszettel auf einmal: $\binom{30}{5} = \frac{30 \cdot 29 \cdot 28 \cdot 27 \cdot 26}{5 \cdot 4 \cdot 3 \cdot 2 \cdot 1}$ Möglichkeiten.

(3) Beim Lottospiel *6 aus 49* kreuzt man 6 Zahlen an – hierfür gibt es $\binom{49}{6} = 13\,983\,816$ Möglichkeiten.

(4) Anwendung von (3):
Die Wahrscheinlichkeit, vier Zahlen richtig getippt zu haben, berechnet sich zu $\frac{\binom{6}{4}\binom{43}{2}}{\binom{49}{6}} = \frac{13545}{13\,983\,816}$, denn es gibt 6 Gewinnzahlen, von denen 4 auf dem Tippzettel vorkommen, und 43 Nicht-Gewinnzahlen, von denen 2 auf dem Tippzettel vorkommen.

J2 Mehrstufige Zufallsversuche mit Baumdiagrammen beschreiben und Wahrscheinlichkeiten mit den Pfadregeln berechnen (Pfadadditions-/Pfadmultiplikationsregel) sowie die Komplementärregel anwenden.

Darstellung durch Baumdiagramme: Mehrstufige Zufallsversuche lassen sich mithilfe eines Baumdiagramms darstellen. Zu jedem der möglichen Ergebnisse des Zufallsexperiments gehört ein Pfad im Baumdiagramm. Zeichnet man ein vollständiges Baumdiagramm, dann ist eine Kontrolle möglich: Die Summe der Wahrscheinlichkeiten nach einer Verzweigung ist gleich 1.

Pfadmultiplikationsregel: Die Wahrscheinlichkeit eines Pfades ist gleich dem Produkt der Wahrscheinlichkeiten längs dieses Pfades.

Pfadadditionsregel: Gehören zu einem Ereignis mehrere Pfade, dann ist die Wahrscheinlichkeit dieses Ereignisses gleich der Summe der Wahrscheinlichkeiten der zugehörigen Pfade.

Komplementärregel: Kennt man die Wahrscheinlichkeit eines Ereignisses E, dann kennt man auch die Wahrscheinlichkeit des Gegenereignisses $\overline{E}$; diese ergänzen sich nämlich zu 1: $P(\overline{E}) = 1 - P(E)$

Beispiel 1 *Pfadmultiplikations- und Pfadadditionsregel*

Bei der Kontrolle von Keramikgefäßen werden drei Eigenschaften überprüft, die erfahrungsgemäß mit den Wahrscheinlichkeiten 0,9 bzw. 0,95 bzw. 0,85 erfüllt sind.
Nur Gefäße, die alle drei Kontrollen bestehen, sind 1. Wahl; fällt eine der Kontrollen negativ aus, ist das Produkt 2. Wahl. Mit welcher Wahrscheinlichkeit sind die produzierten Gefäße 1. bzw. 2. Wahl oder Ausschuss?

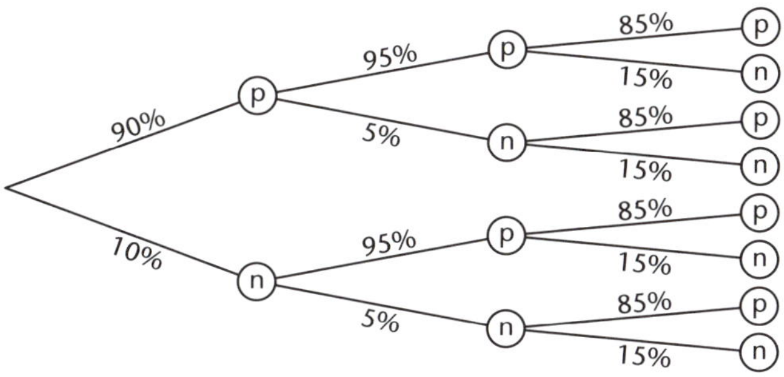

Ergebnis	Wahrscheinlichkeit	
ppp	72,68 %	← 1.Wahl
ppn	12,83 %	← 2. Wahl
pnp	3,83 %	← 2. Wahl
pnn	0,68 %	← Ausschuss
npp	8,08 %	← 2. Wahl
npn	1,43 %	← Ausschuss
nnp	0,43 %	← Ausschuss
nnn	0,08 %	← Ausschuss

P(1. Wahl) = P(ppp) = 0,7268

P(2. Wahl) = P(ppn) + P(pnp) + P(npp) = 0,1283 + 0,0383 + 0,0808 = 0,2474

P(Ausschuss) = P(pnn) + P(npn) + P(nnp) + P(nnn) = 0,0068 + 0,0143 + 0,0043 + 0,0008 = 0,0262

Das Baumdiagramm kann vereinfacht werden, denn nach zwei negativen Kontrollergebnissen braucht man nicht weiter zu testen – der restliche Teilbaum könnte entfallen. Oder man beschränkt sich in der Darstellung nur auf die Pfade, die zu den Ereignissen „1. Wahl“ bzw. „2. Wahl“ gehören, und bestimmt die Wahrscheinlichkeit für das Ereignis „Ausschussware“ mithilfe der Komplementärregel.

Beispiele 2 *Komplementärregel*

Man wendet die Komplementärregel an, wenn es einfacher ist, die Wahrscheinlichkeit des Gegenereignisses zu bestimmen (vgl. oben). Dies ist auch oft der Fall, wenn in der Aufgabenstellung das Wort „mindestens" verwendet wird.

(1) Klassisches Geburtstagsproblem: Wie groß ist die Wahrscheinlichkeit, dass unter k zufällig ausgewählten Personen mindestens zwei sind, die am gleichen Tag Geburtstag haben? Es ist leichter und weniger aufwändig, das Gegenereignis zum gesuchten Ereignis zu betrachten: „die k zufällig ausgewählten Personen haben lauter verschiedene Geburtstage".

$$P(\text{2 Personen haben lauter verschiedene Geburtstage}) = \frac{364}{365} = \frac{365 \cdot 364}{365^2}$$

$$P(\text{3 Personen haben lauter verschiedene Geburtstage}) = \frac{365 \cdot 364 \cdot 363}{365^3}$$

$$P(\text{4 Personen haben lauter verschiedene Geburtstage}) = \frac{365 \cdot 364 \cdot 363 \cdot 362}{365^4}$$

usw.

$$P(\text{k Personen haben lauter verschiedene Geburtstage}) = \frac{365 \cdot 364 \cdot \ldots \cdot (366 - k)}{365^k}$$

$$P(\text{Mindestens zwei Personen mit gleichem Geburtstag}) = 1 - \frac{365 \cdot 364 \cdot \ldots \cdot (366 - k)}{365^k}$$

(2) Da die Ereignisse „Mindestens ein Erfolg" und „Lauter Misserfolge" bei einem n-stufigen Bernoulli-Versuch Gegenereignisse voneinander sind, ergänzen sich die Wahrscheinlichkeiten zu 1:
$P(X = 0) = q^n$ und $P(X \geq 1) = 1 - P(X = 0) = 1 - q^n$.

J3 Daten aus Vierfeldertafeln als Wahrscheinlichkeiten von zweistufigen Zufallsversuchen interpretieren sowie Vierfeldertafeln zur Umkehrung von Baumdiagrammen nutzen.

In einer Vierfeldertafel wird erfasst, mit welchen relativen oder absoluten Häufigkeiten zwei Merkmalsausprägungen zweier Merkmale und auch deren Kombination auftreten.

Die Daten aus der Vierfeldertafel lassen sich auf zwei Arten in einem zweistufigen Baumdiagramm wiedergeben (auf der 1. Stufe wird das eine, auf der 2. Stufe das andere Merkmal betrachtet).
Umgekehrt lassen sich die Daten aus einem Baumdiagramm in eine Vierfeldertafel übertragen und daraus das andere („umgekehrte") Baumdiagramm entwickeln.

Beispiel 1

Im Jahr 2009 waren in Deutschland durchschnittlich ca. 34,203 Mio. Personen erwerbstätig, davon 16,199 Mio. Frauen. Von diesen hatten 7,412 Mio. eine Teilzeitbeschäftigung, insgesamt gab es 9,076 Mio. teilzeitbeschäftigte Personen.
Diese Daten kann man in eine Vierfeldertafel eintragen und fehlende Daten ergänzen (Tabelle links). Die Daten der Vierfeldertafel mit absoluten Häufigkeiten kann man auch als Vierfeldertafel mit relativen Häufigkeiten (rechts) notieren.

	Männer	Frauen	gesamt
Vollzeit	16,340	8,787	25,127
Teilzeit	1,664	7,412	9,076
gesamt	18,004	16,199	34,203

	Männer	Frauen	gesamt
Vollzeit	47,8 %	25,7 %	73,5 %
Teilzeit	4,9 %	21,7 %	26,5 %
gesamt	52,6 %	47,4 %	100,0 %

(Achtung: Bei den Prozentangaben sind rundungsbedingte Abweichungen möglich!)

Man kann diese Daten auch hierarchisch in Form eines Organigramms darstellen. Hier sind zwei Anordnungen möglich, je nachdem, welches Merkmal man als erstes betrachtet:

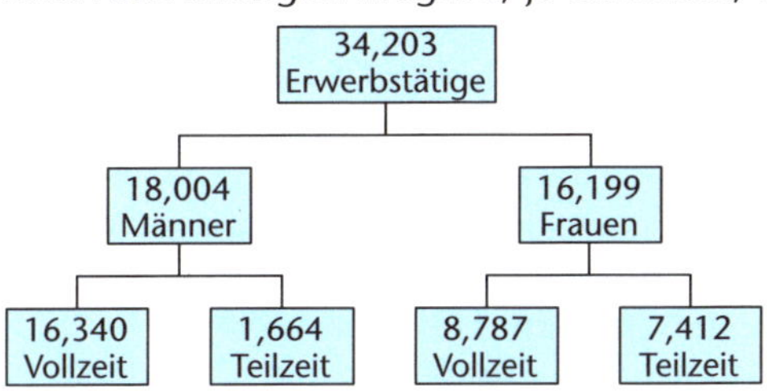

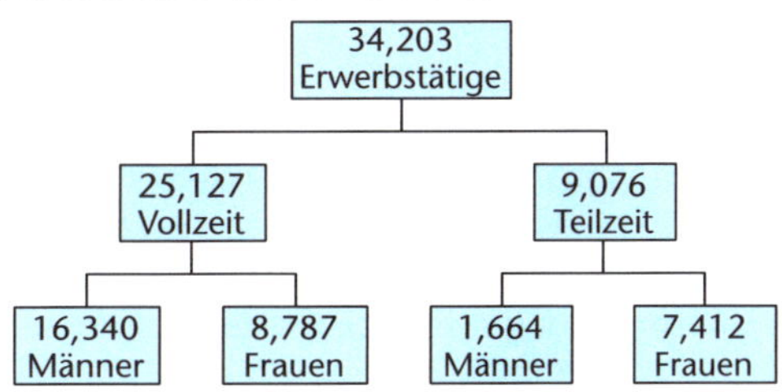

Die statistischen Daten lassen sich im Sinne eines Zufallsversuchs deuten: Aus der Gesamtheit aller Erwerbstätigen wird eine Person zufällig ausgewählt. Die Organigramme werden damit zu Baumdiagrammen. Die Wahrscheinlichkeiten auf der ersten Stufe der Baumdiagramme entsprechen den Summenfeldern der Vierfeldertafel von oben, beim Baumdiagramm links sind es die Summenfelder der Spalten, beim Baumdiagramm rechts die der Zeilen. Die am Ende der Pfade stehenden Pfad-Wahrscheinlichkeiten sind gerade die Daten aus den inneren Feldern der Vierfeldertafel.

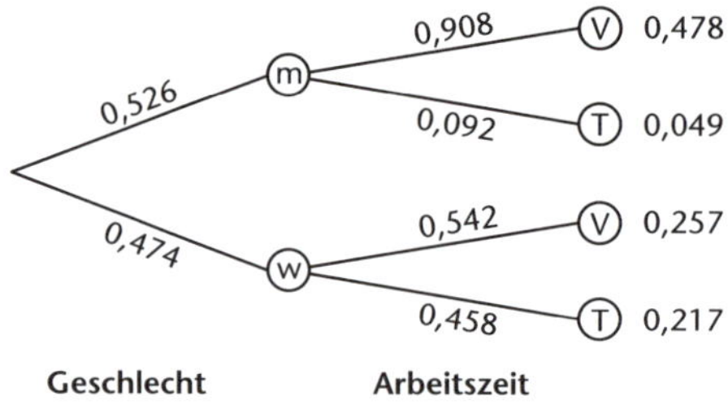

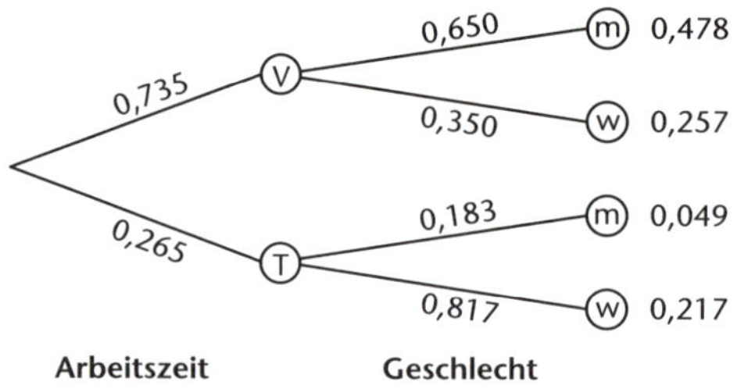

Zu den Baumdiagrammen lassen sich kurze Zeitungsartikel verfassen, die alle wesentlichen Daten enthalten, aber wegen der unterschiedlichen Reihenfolge unterschiedliche Akzente setzen:

- 52,6 % der Erwerbstätigen in Deutschland sind Männer; von diesen üben 90,8 % eine Vollzeittätigkeit aus. Von den erwerbstätigen Frauen haben nur 54,2 % einen Vollzeitjob.
- 73,5 % der Erwerbstätigen in Deutschland haben einen Vollzeitjob; von diesen sind 65,0 % Männer. Teilzeitjobs sind überwiegend Frauensache: In 81,7 % der Teilzeitstellen sind Frauen beschäftigt.

Beispiel 2

Bei Infektionskrankheiten ist es wichtig, dass man schnell die Art der Krankheit erkennt, damit man sie bekämpfen kann. Hierzu führt man Schnelltests durch, die allerdings Mängel haben: Manchmal wird eine Krankheit angezeigt, obwohl sie nicht vorliegt; gelegentlich wird eine Krankheit nicht angezeigt, obwohl sie vorhanden ist.

Bei der Diagnostik sind die Empfindlichkeit (Sensitivität) des Tests, vor allem aber die Zuverlässigkeit positiver Testergebnisse (Spezifität) von besonderer Bedeutung. Sind die mit den Tests verbundenen Werte der Sensitivität bzw. Spezifität ungünstig und tritt die Krankheit vergleichsweise selten auf, dann ist auch die Wahrscheinlichkeit gering, dass eine Person, bei der ein Test positiv ausfällt, tatsächlich infiziert ist.

Man kann heute davon ausgehen, dass etwa 0,1 % der Bevölkerung Deutschlands HIV-infiziert ist.

Die vorliegenden Testverfahren zum Nachweis der Infektion haben mittlerweile eine hohe Sicherheit (Sensitivität): bei 99,9 % der tatsächlich Infizierten erfolgt positive Testreaktion; nur bei 0,3 % der nicht-infizierten Testpersonen wird irrtümlich eine Infektion angezeigt (Spezifität 99,7%).
Die Informationen lassen sich unmittelbar in ein Baumdiagramm übertragen (links):
1. Stufe: Infektion liegt vor – ja/nein, 2. Stufe: Testreaktion – positiv/negativ.
Die aus den Angaben berechneten Pfadwahrscheinlichkeiten kann man in die inneren Felder der Vierfeldertafel eintragen (rechts).

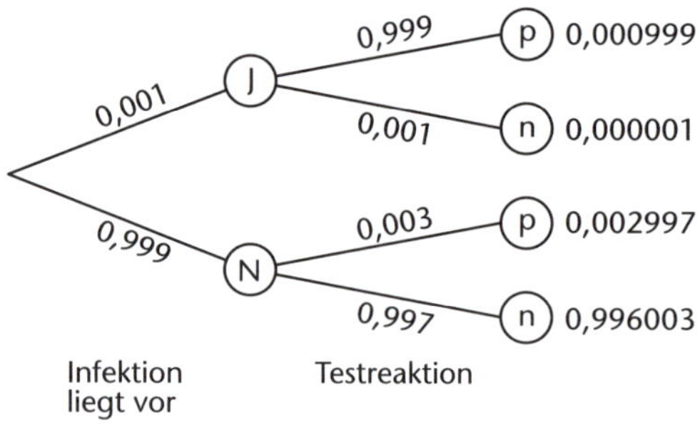

	Test positiv	Test negativ	gesamt
Infektion liegt vor	0,0999 %	0,0001 %	0,1 %
Infektion liegt nicht vor	0,2997 %	99,6003 %	99,9 %
gesamt	0,3996 %	99,6004 %	100,0 %

Von der Vierfeldertafel kommt man zum umgekehrten Baumdiagramm, indem man die Gesamtwahrscheinlichkeiten für einen positiven oder einen negativen Test aus der letzten Zeile der Vierfeldertafel entnimmt und diese auf der ersten Stufe des umgekehrten Baumdiagramms einträgt.
Die vier Pfadwahrscheinlichkeiten dieses Baumdiagramms können unverändert aus den inneren Feldern der Vierfeldertafel übernommen werden.

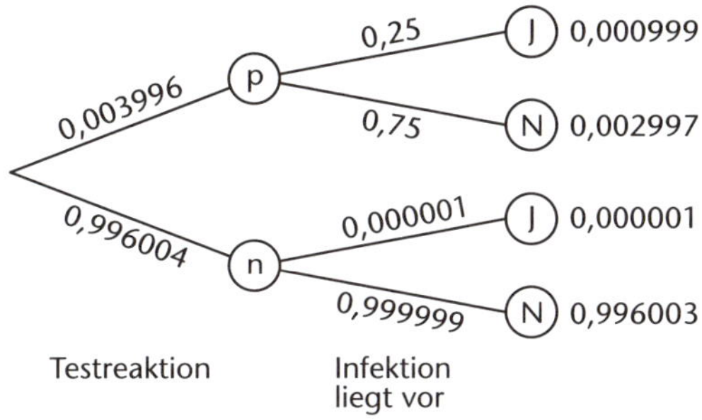

Nun können die noch fehlenden bedingten Wahrscheinlichkeiten für die unterschiedlichen Testreaktionen mithilfe der Pfadmultiplikationsregel durch Division der Pfadwahrscheinlichkeiten durch die Wahrscheinlichkeiten der ersten Stufe berechnet werden.

Zu den Informationen des umgekehrten Baumdiagramms passt z. B. dieser Text:
Führt man den HIV-Test mit zufällig ausgewählten Personen durch, dann wird in ca. 0,4% der Fälle eine positive Testreaktion zu beobachten sein. Die Wahrscheinlichkeit, dass eine Person mit positivem Testergebnis tatsächlich HIV-infiziert ist, beträgt allerdings nur ca. 25 %. In 99,6 % der Fälle wird die Testreaktion negativ sein. Personen mit negativem Testergebnis sind nur mit vernachlässigbar geringer Wahrscheinlichkeit dennoch HIV-infiziert.

J4 Bedingte Wahrscheinlichkeiten mithilfe des Satzes von Bayes bestimmen.

Ist A ein Ereignis, das von Interesse ist, und B eine Bedingung unter der man das Ereignis A betrachtet, dann berechnet sich die bedingte Wahrscheinlichkeit $P_B(A)$ für A unter der Bedingung B gemäß Pfadmultiplikationsregel als: $P_B(A) = \frac{P(A \cap B)}{P(B)}$.

Der Satz von Bayes gibt an, wie man – ohne den Zwischenschritt einer Vierfeldertafel – die im Nenner stehende Wahrscheinlichkeit von P(B) unmittelbar berechnen kann:

$P(B) = P(A \cap B) + P(\bar{A} \cap B) = P(A) \cdot P_A(B) + P(\bar{A}) \cdot P_{\bar{A}}(B)$, also

$$P_B(A) = \frac{P(A \cap B)}{P(B)} = \frac{P(A) \cdot P_A(B)}{P(A) \cdot P_A(B) + P(\bar{A}) \cdot P_{\bar{A}}(B)}.$$

Gilt für die Ereignisse A und B: $P(A) = P_B(A)$ bzw. $P(B) = P_A(B)$, spielt es also keine Rolle, ob das Ereignis A bzw. B vorher eingetreten ist, dann sind A und B **stochastisch voneinander unabhängig**. In diesem Fall kann die Pfadmultiplikationsregel auch in der Form $P(A \cap B) = P(A) \cdot P(B)$ notiert werden.

Beispiel 1 *aus* J3

m = männlich, w = weiblich, V = vollzeitbeschäftigt:

$$P_V(m) = \frac{P(V \cap m)}{P(V)} = \frac{P(V \cap m)}{P(m) \cdot P_m(V) + P(w) \cdot P_w(V)} = \frac{0,478}{0,478 + 0,257} = 0,650.$$

Beispiel 2 *aus* J3

p = Testreaktion positiv, J = Infektion liegt vor, N = Infektion liegt nicht vor:

$$P_p(J) = \frac{P(p \cap J)}{P(p)} = \frac{P(p \cap J)}{P(J) \cdot P_J(p) + P(N) \cdot P_N(p)} = \frac{0,000999}{0,000999 + 0,002997} = 0,250.$$

K1 Die Häufigkeitsverteilung eines Merkmals bestimmen sowie Mittelwert, Perzentile (Quantile) und Stichprobenstreuung berechnen.

(1) **Häufigkeitsverteilung**

Bei Erhebungen erfasst man, mit welchen **absoluten** oder **relativen Häufigkeiten** die verschiedenen möglichen **Ausprägungen** eines **Merkmals** auftreten. Eine Tabelle, in der jeder Ausprägung eines betrachteten Merkmals die relative Häufigkeit zugeordnet wird und in der die Summe der relativen Häufigkeiten 1 beträgt, wird als **Häufigkeitsverteilung** dieses Merkmals bezeichnet.

(2) **Arithmetisches Mittel**

Die Häufigkeitsverteilung eines quantitativen Merkmals, also eines Merkmals, dessen Ausprägungen Zahlen sind, lässt sich durch Lage- und Streumaße charakterisieren:

Das **arithmetische Mittel** $\overline{x}$ von m Merkmalswerten $x_1, x_2, x_3, \ldots, x_m$, erhält man, indem man die m Zahlen addiert und die Summe durch m teilt:

$$\overline{x} = \frac{1}{m} \cdot (x_1 + x_2 + x_3 + \ldots + x_m).$$

Wenn die verschiedenen Merkmalswerte nicht nur einmal, sondern mit den absoluten Häufigkeiten $H(x_1), H(x_2), H(x_3), \ldots, H(x_m)$ auftreten, dann berechnet man zunächst die Gesamtzahl der Werte $n = H(x_1) + H(x_2) + H(x_3) + \ldots + H(x_m)$ und hiermit dann das arithmetische Mittel:

$$\overline{x} = \frac{1}{n} \cdot [H(x_1) \cdot x_1 + H(x_2) \cdot x_2 + H(x_3) \cdot x_3 + \ldots + H(x_m) \cdot x_m].$$

Sind statt der absoluten Häufigkeiten $H(x_1), H(x_2), H(x_3), \ldots, H(x_m)$ die relativen Häufigkeiten $h(x_1), h(x_2), h(x_3), \ldots, h(x_m)$ gegeben, dann berechnet sich das **arithmetische Mittel $\overline{x}$ der Häufigkeitsverteilung** nach der Formel

$$\overline{x} = h(x_1) \cdot x_1 + h(x_2) \cdot x_2 + h(x_3) \cdot x_3 + \ldots + h(x_m) \cdot x_m.$$

(3) **Streuung**

Man bezeichnet $\overline{x}$ auch als **gewichtetes Mittel** der Merkmalswerte $x_1, x_2, x_3, \ldots, x_m$. Die Streuung der Werte einer Stichprobe kann am einfachsten beschrieben werden durch die **Spannweite**, das ist die Differenz zwischen dem größten und kleinsten Wert einer Stichprobe; jedoch ist dieses Streumaß nicht robust: Ausreißerwerte haben unmittelbar Einfluss darauf, wie groß die Spannweite einer Datenmenge ist.

Die mittlere quadratische Abweichung der Daten einer Stichprobe vom Mittelwert $\overline{x}$ wird auch als **empirische Varianz $\overline{s}^2$** bezeichnet:

Für m einzelne Daten ist: $\overline{s}^2 = \frac{1}{m} \cdot [(x_1 - \overline{x})^2 + (x_2 - \overline{x})^2 + (x_3 - \overline{x})^2 + \ldots + (x_m - \overline{x})^2]$.

Für eine Häufigkeitsverteilung mit relativen Häufigkeiten $h(x_1)$, $h(x_2)$, $h(x_3)$, ..., $h(x_m)$ gilt entsprechend:

$$\bar{s}^2 = (x_1 - \bar{x})^2 \cdot h(x_1) + (x_2 - \bar{x})^2 \cdot h(x_2) + (x_3 - \bar{x})^2 \cdot h(x_3) + \ldots + (x_m - \bar{x})^2 \cdot h(x_m).$$

Die Wurzel $\bar{s}$ aus der empirischen Varianz wird als **empirische Standardabweichung** oder auch als **Stichprobenstreuung** bezeichnet.

Den Term für $\bar{s}^2$ kann man umformen und erhält eine vereinfachte Berechnungsformel:

$$\bar{s}^2 = \left[x_1^2 \cdot h(x_1) + x_2^2 \cdot h(x_2) + x_3^2 \cdot h(x_3) + \ldots + x_m^2 \cdot h(x_m)\right] - \bar{x}^2.$$

(4) **Perzentile (Quartile), Boxplots**

Man kann das Streuverhalten einer Datenmenge auch dadurch beschreiben, dass **Perzentile** der Datenmenge bestimmt werden: Dazu ordnet man die Werte der Datenmenge und untersucht, welche Daten kleiner oder gleich einem bestimmten Anteil P % der gesamten Datenmenge sind.

Es ist auch üblich, für eine Datenmenge den kleinsten Wert (0 %-Perzentil), das untere Quartil (25 %-Perzentil), den Median (50 %-Perzentil), das obere Quartil (75 %-Perzentil) und den größten Wert (100 %-Perzentil) anzugeben und in Form eines sogenannten **Boxplots** darzustellen. Dann benutzt man den **Median** als Lagemaß und den **Quartilabstand** (= oberes Quartil – unteres Quartil) als Streuungsmaß für die Häufigkeitsverteilung.

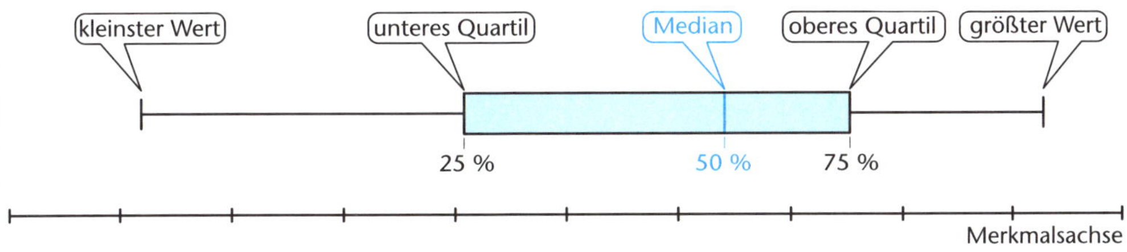

Beispiele

(1) In einem Kurs wurde erfasst, wie viele Schüler/innen Geschwister haben:

Anzahl k der Geschwister	0	1	2	3
absolute Häufigkeit H(k) der Schüler/innen mit k Geschwistern	11	9	4	1

Insgesamt sind in der Häufigkeitverteilung mit absoluten Häufigkeiten $n = 11 + 9 + 4 + 1 = 25$ Daten erfasst; das arithmetische Mittel ist daher

$$\bar{x} = \frac{1}{25} \cdot (11 \cdot 0 + 9 \cdot 1 + 4 \cdot 2 + 1 \cdot 3) = \frac{20}{25} = 0{,}8.$$

Im Mittel haben die Schüler/innen des Kurses also 0,8 Geschwister.

(2) In einer großen Stichprobe wurde die Anzahl der nicht-volljährigen Kinder in Haushalten erfasst:

Anzahl k der Kinder	0	1	2	3	4	5
relative Häufigkeit h (k) der Familien mit k Kindern	48,3 %	21,1 %	21,3 %	6,9 %	1,8 %	0,6 %

Wäre dies beispielsweise eine Stichprobe vom Umfang n = 1000 gewesen, dann hätte man das arithmetische Mittel wie in (1) berechnen können:

$\overline{x} = \frac{1}{1000} \cdot (483 \cdot 0 + 211 \cdot 1 + 213 \cdot 2 + 69 \cdot 3 + 18 \cdot 4 + 6 \cdot 5) = \frac{946}{1000} = 0{,}946.$

Den Bruch zur Berechnung von $\overline{x}$ kann man auch wie folgt schreiben:

$$\overline{x} = \frac{483}{1000} \cdot 0 + \frac{211}{1000} \cdot 1 + \frac{213}{1000} \cdot 2 + \frac{69}{1000} \cdot 3 + \frac{18}{1000} \cdot 4 + \frac{6}{1000} \cdot 5$$
$$= 0{,}483 \cdot 0 + 0{,}211 \cdot 1 + 0{,}213 + 2 \cdot 0{,}069 + 3 + 0{,}018 \cdot 4 + 0{,}006 \cdot 5 = 0{,}946.$$

Im Mittel sind in den erfassten Haushalten 0,946 Kinder.
Die empirische Varianz ist hier:

$$\overline{s}^2 = (0 - 0{,}946)^2 \cdot 0{,}483 + (1 - 0{,}946)^2 \cdot 0{,}211 + (2 - 0{,}946)^2 \cdot 0{,}213$$
$$+ (3 - 0{,}946)^2 \cdot 0{,}069 + (4 \cdot 0{,}946)^2 \cdot 0{,}018 + (5 - 0{,}946)^2 \cdot 0{,}0006$$
$$= (0^2 \cdot 0{,}483 + 1^2 \cdot 0{,}211 + 2^2 \cdot 0{,}213 + 3^2 \cdot 0{,}069 + 4^2 \cdot 0{,}018 + 5^2 \cdot 0{,}006) - 0{,}946^2$$
$$\approx 1{,}227.$$

Die empirische Standardabweichung (Stichprobenstreuung) beträgt $\overline{s} = \sqrt{1{,}227} \approx 1{,}108.$

K2 Die Wahrscheinlichkeitsverteilung einer Zufallsgröße bestimmen sowie den Erwartungswert und die Standardabweichung der Zufallsgröße berechnen.

Zufallsgrößen sind Funktionen, die jedem Ergebnis eines Zufallsversuchs eine Zahl zuordnen.

Eine Liste mit den möglichen Werten der Zufallsgröße und den dazu gehörenden Wahrscheinlichkeiten wird als **Wahrscheinlichkeitsverteilung** bezeichnet.

Wahrscheinlichkeitsverteilungen werden durch Abzählen der zugehörigen Ergebnisse in der Ergebnismenge bestimmt oder aufgrund von einheitlichen Strukturen mithilfe eines Terms berechnet (vgl. Beispiele).

Der **Erwartungswert einer Zufallsgröße** ist der Mittelwert der Wahrscheinlichkeitsverteilung der Zufallsgröße, d. h. das gewichtete Mittel der Werte, welche die Zufallsgröße annehmen kann.

$$E(X) = \mu = a_1 \cdot P(X = a_1) + a_2 \cdot P(X = a_2) + \ldots + a_m \cdot P(X = a_m) = \sum_{i=1}^{m} a_i \cdot P(X = a_i).$$

Die Berechnung erfolgt mithilfe der um eine Spalte erweiterten Tabelle der Verteilung, in der das Produkt $a_i \cdot P(X = a_i)$ eingetragen wird.

Für einzelne Verteilungen gibt es Formeln, mit deren Hilfe der Erwartungswert direkt berechnet werden kann, z. B. bei der Binomialverteilung gilt: $\mu = n \cdot p$, wobei n die Anzahl der Stufen und p die Erfolgswahrscheinlichkeit des Bernoulli-Versuchs ist.

Die **Varianz einer Zufallsgröße** ist die mittlere quadratische Abweichung der Werte der Zufallsgröße vom Erwartungswert der Zufallsgröße:

$$V(X) = \sigma^2 = (a_1 - \mu)^2 \cdot P(X = a_1) + (a_2 - \mu)^2 \cdot P(X = a_2) + \ldots + (a_m - \mu)^2 \cdot P(X = a_m)$$

$$= \sum_{i=1}^{m} (a_i - \mu)^2 \cdot P(X = a_i);$$

dabei ist σ die Standardabweichung der Zufallsgröße.

Die Varianz kann nach Definition berechnet werden (eine weitere Spalte mit $(a_i - \mu)^2 \cdot P(X = a_i)$ ergänzen) oder mithilfe einer durch Anwendung der binomischen Formel vereinfachten Darstellung (eine weitere Spalte mit $a_i^2 \cdot P(X = a_i)$ ergänzen):

$$V(X) = \sigma^2 = [a_1^2 \cdot P(X = a_1) + a_2^2 \cdot P(X = a_2) + \ldots + a_m^2 \cdot P(X = a_m)] - \mu^2 = \left(\sum_{i=1}^{m} a_i^2 \cdot P(X = a_i)\right) - \mu^2$$

Für einzelne Verteilungen gibt es Formeln, mit deren Hilfe die Varianz direkt berechnet werden kann, z. B. bei der Binomialverteilung gilt $\sigma^2 = n \cdot p \cdot (1 - p)$, wobei n die Anzahl der Stufen und p die Erfolgswahrscheinlichkeit des Bernoulli-Versuchs ist.

Beispiel 1

Die Verteilung der Zufallsgröße
X: *Augensumme beim doppelten Hexaederwurf*
erhält man durch Abzählen der Ergebnisse, welche die Augensumme 2, 3, 4, …, 12 ergeben.

(1|1)	(1|2)	(1|3)	(1|4)	(1|5)	(1|6)
(2|1)	(2|2)	(2|3)	(2|4)	(2|5)	(2|6)
(3|1)	(3|2)	(3|3)	(3|4)	(3|5)	(3|6)
(4|1)	(4|2)	(4|3)	(4|4)	(4|5)	(4|6)
(5|1)	(5|2)	(5|3)	(5|4)	(5|5)	(5|6)
(6|1)	(6|2)	(6|3)	(6|4)	(6|5)	(6|6)

k	zugehörige Ergebnisse	$P(X = k)$	$k \cdot P(X = k)$	$(k - 7)^2 \cdot P(X = k)$
2	(1|1)	1/36	2/36	25/36
3	(1|2), (2|1)	2/36	6/36	32/36
4	(1|3), (2|2), (3|1)	3/36	12/36	27/36
5	(1|4), (2|3), (3|2), (4|1)	4/36	20/36	16/36
6	(1|5), (2|4), (3|3), (4|2), (5|1)	5/36	30/36	5/36
7	(1|6), (2|5), (3|4), (4|3), (5|2), (6|1)	6/36	42/36	0
8	(2|6), (3|5), (4|4), (5|3), (6|2)	5/36	40/36	5/36
9	(3|6), (4|5), (5|4), (6|3)	4/36	36/36	16/36
10	(4|6), (5|5), (6|4)	3/36	30/36	27/36
11	(5|6), (6|5)	2/36	22/36	32/36
12	(6|6)	1/36	12/36	25/36
	Summe	**1**	**E(X) = 7**	**V(X) = 35/6**

Beispiel 2

In einer Urne sind drei rote und zwei grüne Kugeln. Nacheinander werden Kugeln ohne Zurücklegen gezogen. Die Verteilung der Zufallsgröße X: *Anzahl der notwendigen Ziehungen, bis zwei grüne Kugeln gezogen sind* lässt sich mithilfe eines Baumdiagramms bestimmen.

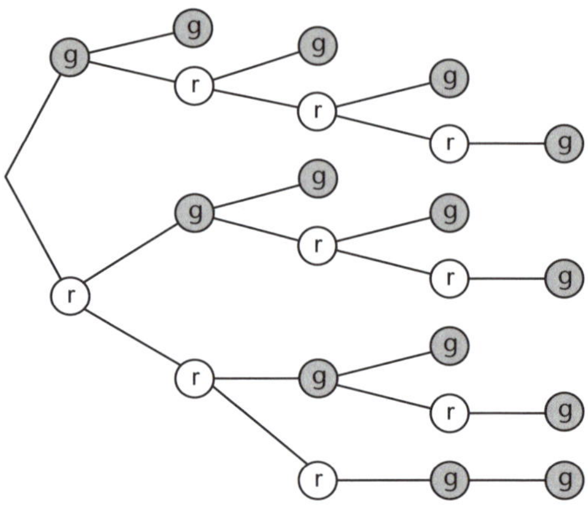

$P(X = 2) = \frac{2 \cdot 1}{5 \cdot 4} = \frac{1}{10}$

$P(X = 3) = 2 \cdot \frac{3 \cdot 2 \cdot 1}{5 \cdot 4 \cdot 3} = \frac{1}{5}$

$P(X = 4) = 3 \cdot \frac{3 \cdot 2 \cdot 2 \cdot 1}{5 \cdot 4 \cdot 3 \cdot 2} = \frac{3}{10}$

$P(X = 5) = 4 \cdot \frac{3 \cdot 2 \cdot 1 \cdot 2 \cdot 1}{5 \cdot 4 \cdot 3 \cdot 2 \cdot 1} = \frac{2}{5}$

Für den Erwartungswert und die Varianz ergibt sich:

k	P (X = k)	k · P (X = k)	$(k-4)^2 \cdot P(X = k)$
2	0,1	0,2	0,4
3	0,2	0,6	0,2
4	0,3	1,2	0
5	0,4	2,0	0,4
Summe	**1**	**E (X) = 4**	**V (X) = 1**

E (X) = 4 bedeutet: Im Mittel benötigt man 4 Ziehungen, bis zwei grüne Kugeln gezogen sind.

Beispiel 3

Ein Glücksspiel wird als **fair** bezeichnet, wenn der Erwartungswert der Auszahlung gleich dem Spieleinsatz ist.

Bei dem Glücksrad rechts wird der in dem Sektor stehende Betrag in Euro ausgezahlt, wenn der Zeiger auf diesem Sektor stehen bleibt. Der Erwartungswert der Zufallsgröße X: *Auszahlung in Euro* berechnet sich wie folgt:

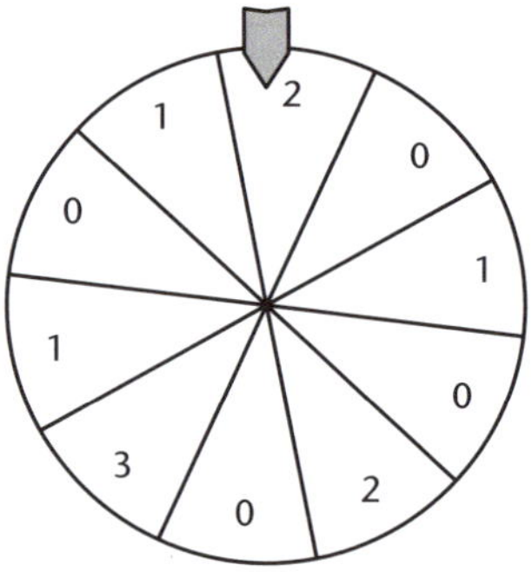

$E(X) = \frac{4}{10} \cdot 0 + \frac{3}{10} \cdot 1 + \frac{2}{10} \cdot 2 + \frac{1}{10} \cdot 3 = 1,$

d. h., das Spiel ist fair, wenn der Spieleinsatz 1 Euro beträgt.

Beispiel 4 (LK)

Die Netze von zwei Würfeln sind rechts abgebildet.

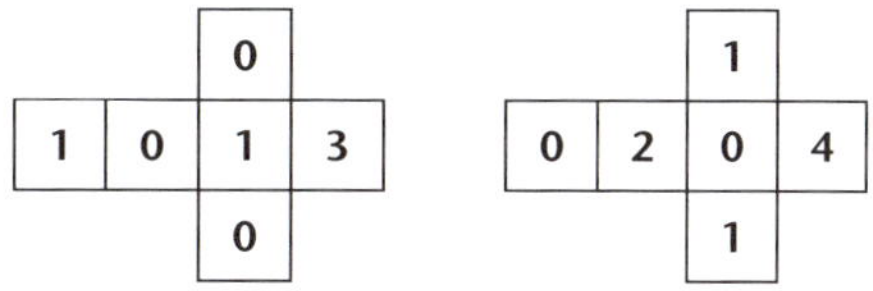

Die Zufallsgrößen X_1: *Augenzahl bei Würfel 1* und X_2: *Augenzahl bei Würfel 2* haben folgende Wahrscheinlichkeitverteilungen:

$X_1 = k$	0	1	3
$P(X_1 = k)$	$\frac{1}{2}$	$\frac{1}{3}$	$\frac{1}{6}$

$X_2 = k$	0	1	2	4
$P(X_2 = k)$	$\frac{1}{3}$	$\frac{1}{3}$	$\frac{1}{6}$	$\frac{1}{6}$

Wenn beide Würfel geworfen werden, kann man die Summe bzw. das Produkt der Zufallsgrößen betrachten. Die Wahrscheinlichkeitsverteilung der Zufallsgrößen Y: *Summe der Augenzahlen* bzw. Z: *Produkt der Augenzahlen* ergibt sich aus einer Kombinationstabelle (oder auch mithilfe von Baumdiagrammen):

	$X_2 = 0$, $p = \frac{1}{3}$	$X_2 = 1$, $p = \frac{1}{3}$	$X_2 = 2$, $p = \frac{1}{6}$	$X_2 = 4$, $p = \frac{1}{6}$
$X_1 = 0$, $p = \frac{1}{2}$	Y = 0	Y = 1	Y = 2	Y = 4
$X_1 = 1$, $p = \frac{1}{3}$	Y = 1	Y = 2	Y = 3	Y = 5
$X_1 = 3$, $p = \frac{1}{6}$	Y = 3	Y = 4	Y = 5	Y = 7

	$X_2 = 0$, $p = \frac{1}{3}$	$X_2 = 1$, $p = \frac{1}{3}$	$X_2 = 2$, $p = \frac{1}{6}$	$X_2 = 4$, $p = \frac{1}{6}$
$X_1 = 0$, $p = \frac{1}{2}$	Z = 0	Z = 0	Z = 0	Z = 0
$X_1 = 1$, $p = \frac{1}{3}$	Z = 0	Z = 1	Z = 2	Z = 4
$X_1 = 3$, $p = \frac{1}{6}$	Z = 0	Z = 3	Z = 6	Z = 12

Y = k	0	1	2	3	4	5	7	Summe
P(Y = k)	$\frac{6}{36}$	$\frac{10}{36}$	$\frac{7}{36}$	$\frac{4}{36}$	$\frac{5}{36}$	$\frac{3}{36}$	$\frac{1}{36}$	1
$k \cdot P(Y = k)$	0	$\frac{10}{36}$	$\frac{14}{36}$	$\frac{12}{36}$	$\frac{20}{36}$	$\frac{15}{36}$	$\frac{7}{36}$	$E(Y) = \frac{78}{36} = \frac{13}{6} \approx 2{,}17$
$(k - \mu)^2 \cdot P(Y = k)$	$\frac{1014}{1296}$	$\frac{490}{1296}$	$\frac{7}{1296}$	$\frac{100}{1296}$	$\frac{605}{1296}$	$\frac{867}{1296}$	$\frac{841}{1296}$	$V(Y) = \frac{3924}{1296} = \frac{109}{36} \approx 3{,}02$

Z = k	0	1	2	3	4	6	12	Summe
P(Z = k)	$\frac{24}{36}$	$\frac{4}{36}$	$\frac{2}{36}$	$\frac{2}{36}$	$\frac{2}{36}$	$\frac{1}{36}$	$\frac{1}{36}$	1
$k \cdot P(Z = k)$	0	$\frac{4}{36}$	$\frac{4}{36}$	$\frac{6}{36}$	$\frac{8}{36}$	$\frac{6}{36}$	$\frac{12}{36}$	$E(Z) = \frac{40}{36} = \frac{10}{9}$
$(k - \mu)^2 \cdot P(Z = k)$	$\frac{2400}{2916}$	$\frac{4}{2916}$	$\frac{128}{2916}$	$\frac{578}{2916}$	$\frac{1352}{2916}$	$\frac{1936}{2916}$	$\frac{9604}{2916}$	$V(Z) = \frac{16\,002}{2916} = \frac{889}{162} \approx 5{,}487$

K3 Geeignete Zufallsversuche mithilfe des Binomialmodells beschreiben und Wahrscheinlichkeiten mithilfe der BERNOULLI-Formel berechnen und erläutern, unter welchen Bedingungen auch Ziehvorgänge ohne Zurücklegen näherungsweise als BERNOULLI-Versuche interpretiert werden können.

Ein n-stufiger **BERNOULLI-Versuch** ist ein n-stufiger Zufallsversuch, bei dem man sich nur dafür interessiert, ob ein bestimmtes Ergebnis (= „Erfolg") eintritt oder nicht („Misserfolg"). Während der Versuchsdurchführungen ändert sich die Wahrscheinlichkeit für das interessierende Ergebnis nicht (Erfolgswahrscheinlichkeit p bzw. Misserfolgswahrscheinlichkeit $q = 1 - p$ des BERNOULLI-Versuchs).
Die Zufallsgröße X zählt, wie oft der Erfolg eintritt (X: *Anzahl der Erfolge*).

Ein n-stufiger BERNOULLI-Versuch kann 0 Erfolge, 1 Erfolg, ..., n Erfolge haben. Würde man das zugehörige Baumdiagramm zeichnen, dann hätte dieses 2^n Verzweigungen.

Zum Ereignis $X = k$ gehören $\binom{n}{k}$ Pfade, denn es gibt $\binom{n}{k}$ Möglichkeiten, aus den n Stufen k auszuwählen, auf denen ein Erfolg stattfindet. Jeder Pfad mit k Erfolgen und $n - k$ Misserfolgen hat nach Pfadmultiplikationsregel die Wahrscheinlichkeit $p^k \cdot (1 - p)^{n-k}$.

Daher gilt die **BERNOULLI-Formel:** Die Wahrscheinlichkeit für k Erfolge berechnet sich mithilfe von $P(X = k) = \binom{n}{k} \cdot p^k \cdot (1 - p)^{n-k}$.

Die Wahrscheinlichkeitsverteilung der Zufallsgröße X heißt **Binomialverteilung**.
Man kann die Wahrscheinlichkeit für k Erfolge beim n-stufigen BERNOULLI-Versuch auch iterativ berechnen:

$P(X = 0) = P(\text{lauter Misserfolge}) = q^n$

$P(X = k) = \frac{n - k + 1}{k} \cdot \frac{p}{q} \cdot P(X = k - 1)$ für $k = 1, 2, \ldots, n$

Ziehen mit und ohne Zurücklegen: Beim mehrfachen Ziehen aus einer Urne ohne Zurücklegen verändert sich der Inhalt der Urne bei jeder Ziehung. Die Wahrscheinlichkeiten für bestimmte Ziehungsergebnisse lassen sich mithilfe der **hypergeometrischen Verteilung** berechnen.
Ist jedoch das Verhältnis des Umfangs der Gesamtheit (Inhalt der Urne) zum Umfang der Stichprobe groß, dann können Wahrscheinlichkeiten in guter Näherung mit einem Binomialansatz berechnet werden.

Beispiele *BERNOULLI-Versuche*

(1) Beim Hexaederwurf kann man „Augenzahl 6" als *Erfolg* und die übrigen Augenzahlen als *Misserfolg* interpretieren. Erfolgswahrscheinlichkeit ist dann $p = \frac{1}{6}$, Misserfolgswahrscheinlichkeit $q = 1 - p = \frac{5}{6}$.

(2) In Deutschland ist die Wahrscheinlichkeit für die Geburt eines Mädchen 48,6 %, die eines Jungen 51,4 %. Die Zuordnung der Begriffe „Erfolg", „Misserfolg" ist willkürlich.

(3) Für den 6-stufigen BERNOULLI-Versuch mit p = 0,2 ergibt sich:

$P(X = 0) = 0{,}8^6 = 0{,}262$

$P(X = 1) = \binom{6}{1} \cdot 0{,}2^1 \cdot 0{,}8^5 = 0{,}393$ oder iterativ: $P(X = 1) = \frac{6}{1} \cdot \frac{0{,}2}{0{,}8} \cdot P(X = 0) = 0{,}393$

$P(X = 2) = \binom{6}{2} \cdot 0{,}2^2 \cdot 0{,}8^4 = 0{,}246$ oder iterativ: $P(X = 2) = \frac{5}{2} \cdot \frac{0{,}2}{0{,}8} \cdot P(X = 1) = 0{,}246$

$P(X = 3) = \binom{6}{3} \cdot 0{,}2^3 \cdot 0{,}8^3 = 0{,}082$ oder iterativ: $P(X = 3) = \frac{4}{3} \cdot \frac{0{,}2}{0{,}8} \cdot P(X = 2) = 0{,}082$

$P(X = 4) = \binom{6}{4} \cdot 0{,}2^4 \cdot 0{,}8^2 = 0{,}015$ oder iterativ: $P(X = 4) = \frac{3}{4} \cdot \frac{0{,}2}{0{,}8} \cdot P(X = 3) = 0{,}015$

$P(X = 5) = \binom{6}{5} \cdot 0{,}2^5 \cdot 0{,}8^1 = 0{,}0015$ oder iterativ: $P(X = 5) = \frac{2}{5} \cdot \frac{0{,}2}{0{,}8} \cdot P(X = 4) = 0{,}0015$

$P(X = 6) = 0{,}2^6 = 0{,}00006$ oder iterativ: $P(X = 6) = \frac{1}{6} \cdot \frac{0{,}2}{0{,}8} \cdot P(X = 5) = 0{,}00006$

Beispiel *Ziehen mit bzw. ohne Zurücklegen*

Aus einer Urne mit 60 % roten und 40 % grünen Kugeln werden drei Kugeln mit bzw. ohne Zurücklegen gezogen. Betrachtet wird die Zufallsgröße X: *Anzahl der roten Kugeln.*

Die Wahrscheinlichkeiten beim Ziehen mit bzw. ohne Zurücklegen können deutlich voneinander abweichen – je nachdem, ob man aus einer kleinen oder großen Gesamtheit zieht:

	Ziehen mit Zurücklegen (Binomialansatz)	**Ziehen ohne Zurücklegen aus einer Urne mit … Kugeln (Hypergeometrischer Ansatz)**	
		6 rote und 4 grüne	**60 rote und 40 grüne**
k	$P(X = k) = \binom{3}{k} \cdot 0{,}6^k \cdot 0{,}4^{3-k}$	$P(X = k) = \frac{\binom{6}{k} \cdot \binom{4}{3-k}}{\binom{10}{3}}$	$P(X = k) = \frac{\binom{60}{k} \cdot \binom{40}{3-k}}{\binom{100}{3}}$
0	0,064	0,033	0,061
1	0,288	0,300	0,289
2	0,432	0,500	0,438
3	0,216	0,167	0,212

K4 Das Auslastungsmodell und das Kugel-Fächer-Modell bei der Berechnung von Wahrscheinlichkeiten anwenden.

Bei der vereinfachten **Modellierung der Auslastung** von Maschinen vernachlässigt man die Tatsache, dass diese Maschinen oft ohne Unterbrechung über einen längeren Zeitraum benutzt werden.
Man betrachtet vereinfacht einen beliebigen Zeitpunkt und prüft für jeden Mitarbeiter, ob er die Maschine benötigt oder nicht. Die Erfolgswahrscheinlichkeit ergibt sich aus der durchschnittlichen Benutzungsdauer pro Mitarbeiter.

Beim **Kugel-Fächer-Modell** werden n Kugeln zufällig auf f Fächer verteilt. Eine der klassischen Fragestellungen lautet:
Mit welcher Wahrscheinlichkeit ist ein beliebiges Fach leer? Mit welcher Wahrscheinlichkeit enthält ein beliebiges Fach mindestens eine Kugel (Rosinenproblem)?
Die Modellierung besteht darin, dass man ein bestimmtes Fach betrachtet und für jede der n Kugeln entscheidet, ob die Kugel in dieses Fach fällt (Erfolg mit Wahrscheinlichkeit $p = \frac{1}{f}$) oder nicht (Misserfolg). Der Zufallsversuch ist daher n-stufig.

Die Wahrscheinlichkeitsberechnung nach dem Binomialansatz lautet:
$P(X = k) = \binom{n}{k} \cdot \left(\frac{1}{f}\right)^k \cdot \left(1 - \frac{1}{f}\right)^{n-k}$.
Konkret interessiert, ob das betrachtete Fach leer bleibt: $P(X = 0) = \left(1 - \frac{1}{f}\right)^n$
oder mindestens eine Kugel enthält: $P(X \geq 1) = 1 - \left(1 - \frac{1}{f}\right)^n$.

Beispiel *Auslastungsmodell*

Bestimmte Büromaschinen werden von 10 Mitarbeitern für ungefähr 10 Minuten pro Stunde benötigt. Mit welcher Wahrscheinlichkeit genügen zwei (drei) Maschinen?

Binomialansatz für die Zufallsgröße
X: *Anzahl der zu einem beliebigen Zeitpunkt benötigten Maschinen*; $n = 10$; $p = \frac{10}{60} = \frac{1}{6}$

$P(X = 0) = 0{,}162$; $P(X = 1) = 0{,}323$; $P(X = 2) = 0{,}291$; $P(X = 3) = 0{,}155$
und weiter: $P(X \leq 2) = 0{,}775$; $P(X \leq 3) = 0{,}930$.

d. h. mit einer Wahrscheinlichkeit von 22,5 % reichen zwei Büromaschinen nicht aus; mit einer Wahrscheinlichkeit von 7 % kann es sogar vorkommen, dass mehr als drei Maschinen gleichzeitig benötigt werden.

Beispiel *Rosinenproblem*

400 Rosinen werden in den Teig von 100 Rosinenbrötchen eingeknetet.

Aus dem Binomialansatz mit Zufallsgröße X: *Anzahl der in einem bestimmten (beliebigen) Brötchen enthaltenen Rosinen*; $n = 400$; $p = \frac{1}{100}$ ergibt sich:

$P(X = 0) = 0{,}99^{400} = 0{,}018 \approx 2\,\%$.

Folgerung: Mit einer Wahrscheinlichkeit von 98,2 % enthält ein beliebig ausgewähltes Brötchen mindestens eine Rosine.
Mithilfe der **Häufigkeitsinterpretation** kann man sich eine bessere Vorstellung verschaffen: Bezogen auf die 100 Brötchen bedeutet dies: ungefähr 2 Brötchen enthalten keine Rosine, 98 Brötchen enthalten mindestens eine Rosine.

K5 Berechnen, wie oft ein Bernoulli-Versuch mindestens durchgeführt werden muss, um mit einer gegebenen Mindestwahrscheinlichkeit mindestens einen Erfolg zu erzielen.

Gegeben ist ein n-stufiger Bernoulli-Versuch mit Erfolgswahrscheinlichkeit p.
Die Zufallsgröße ist X: *Anzahl der Erfolge.*
Die Wahrscheinlichkeit für mindestens einen Erfolg wird mithilfe der Komplementärregel berechnet: Man betrachtet das Gegenereignis (lauter Misserfolge im n-stufigen Bernoulli-Versuch).
Die Wahrscheinlichkeit für lauter Misserfolge ist: $P(X = 0) = q^n$
Für die Wahrscheinlichkeit für mindestens einen Erfolg $P(X \geq 1) = 1 - q^n$ muss die Bedingung $P(X \geq 1) \geq M$ erfüllt sein.
Aus der Gleichung $1 - q^n \geq M$ bestimmt man die gesuchte Anzahl n durch Probieren oder Logarithmieren.

Beispiel

Wie oft muss ein Ikosaeder mindestens geworfen werden, damit mit einer Wahrscheinlichkeit von mindestens M = 90 % mindestens einmal Augenzahl 1 gefallen sein wird?

Hier ist $p = \frac{1}{20} = 0{,}05$; also $q = 0{,}95$.

P(lauter Misserfolge) = P(n Würfe ohne Augenzahl 1) = $0{,}95^n$
Gesucht ist also die Anzahl n, sodass $P(X \geq 1) = 1 - 0{,}95^n \geq 0{,}90$
Aus der Ungleichung $0{,}95^n \leq 0{,}10$ erhält man $n \geq 45$

Methode 1: Logarithmieren der Ungleichung (Basis des Logarithmus beliebig)

$$0{,}95^n \leq 0{,}10 \Leftrightarrow n \cdot \log(0{,}95) \leq \log(0{,}1) \Leftrightarrow n \geq \frac{\log(0{,}1)}{\log(0{,}95)} \approx 44{,}89$$

Hinweis: Bei der Division durch log(0,95) – dies ist eine negative Zahl – kehrt sich das Ungleichheitszeichen um (sogenanntes Inversionsgesetz).

Methode 2: Man sucht in der Wertetabelle der Funktion f mit $f(x) = 0{,}95^x$ denjenigen Wert von x, für den sich $f(x) \approx 0{,}1$ ergibt. Beim GTR beispielsweise lassen sich die Funktionswerte mithilfe der TABLE-Funktionen ablesen; hierbei wählt man ΔTBL = 1 und findet so diejenige natürliche Zahl x, von der ab die Bedingung erfüllt ist:

x	$0{,}95^x$
…	…
43	0,1102
44	0,1047
45	0,0994
46	0,0945
…	…

K6 Den Erwartungswert und die Standardabweichung von Binomialverteilungen berechnen und mithilfe der Sigma-Regeln Umgebungen um den Erwartungswert bei vorgegebener Wahrscheinlichkeit der Umgebung bestimmen.

Erwartungswert und Standardabweichung von Binomialverteilungen

Für Binomialverteilungen ist der Erwartungswert $E(X) = \mu = n \cdot p$

Dies ist plausibel, denn das Produkt $n \cdot p$ entspricht genau der Häufigkeitsinterpretation der Wahrscheinlichkeit p in einem n-stufigen Zufallsversuch. Das Maximum einer Binomialverteilung liegt in der Nähe von $\mu = n \cdot p$.
Die Varianz wird nach der Formel $V(X) = \sigma^2 = n \cdot p \cdot (1 - p) = n \cdot p \cdot q$ berechnet.

Sigma-Regeln

Falls $\sigma > 3$ (LAPLACE-Bedingung), dann gilt für symmetrische Umgebungen des Erwartungswerts von Binomialverteilungen bei großem Stichprobenumfang:
$P(\mu - 1{,}64\sigma \le X \le \mu + 1{,}64\sigma) \approx 90\,\%$
$P(\mu - 1{,}96\sigma \le X \le \mu + 1{,}96\sigma) \approx 95\,\%$
$P(\mu - 2{,}58\sigma \le X \le \mu + 2{,}58\sigma) \approx 99\,\%$
Die Sigma-Regeln geben nur Näherungswerte für die Wahrscheinlichkeiten der Umgebungen an. Bei der Anwendung der Sigma-Regeln im Rahmen der Beurteilenden Statistik (vgl. hierzu auch Basiswissen L1 ff.) rundet man daher meistens „zur sicheren Seite“ (d. h. nach außen), damit die vorgegebene Intervall-Wahrscheinlichkeit „sicher“ erfüllt ist (oder man bestimmt das ungefähre Intervall nach den Sigma-Regeln, berechnet dann die exakte Wahrscheinlichkeit für das Intervall und korrigiert danach die Intervallgrenzen, falls dies erforderlich ist).

Beispiel *Berechnung von Erwartungswert und Varianz*

(1) $n = 120$; $p = \frac{1}{6}$: $\mu = 120 \cdot \frac{1}{6} = 20$, d. h. im Mittel ist bei 120 Hexaederwürfen 20-mal Augenzahl 6 zu erwarten.
Für die Varianz gilt: $V(X) = \sigma^2 = 120 \cdot \frac{1}{6} \cdot \frac{5}{6} = \frac{50}{3}$, die Standardabweichung ist $\sigma \approx 4{,}08$.

(2) $n = 100$; $p = 0{,}5$: $\mu = 100 \cdot 0{,}5 = 50$, d. h. im Mittel ist bei 100 Münzwürfen 50-mal Wappen zu erwarten.
Für die Varianz gilt: $V(X) = \sigma^2 = 100 \cdot 0{,}5 \cdot 0{,}5 = 25$, die Standardabweichung ist $\sigma = 5$.

Beispiel *Berechnung von Sigma-Umgebungen*

$n = 100$; $p = 0{,}5$; $\mu = 50$; $\sigma = 5$

$P(\mu - 1{,}64\sigma \le X \le \mu + 1{,}64\sigma) \approx 90\,\%$:
$P(50 - 1{,}64 \cdot 5 \le X \le 50 + 1{,}64 \cdot 5)$
$\approx P(42 \le X \le 58) = 0{,}911$

$P(\mu - 1{,}96\sigma \le X \le \mu + 1{,}96\sigma) \approx 95\,\%$:
$P(50 - 1{,}96 \cdot 5 \le X \le 50 + 1{,}96 \cdot 5)$
$\approx P(41 \le X \le 59) = 0{,}943$

$P(\mu - 2{,}58\sigma \le X \le \mu + 2{,}58\sigma) \approx 99\,\%$:
$P(50 - 2{,}58 \cdot 5 \le X \le 50 + 2{,}58 \cdot 5)$
$\approx P(38 \le X \le 62) = 0{,}988$

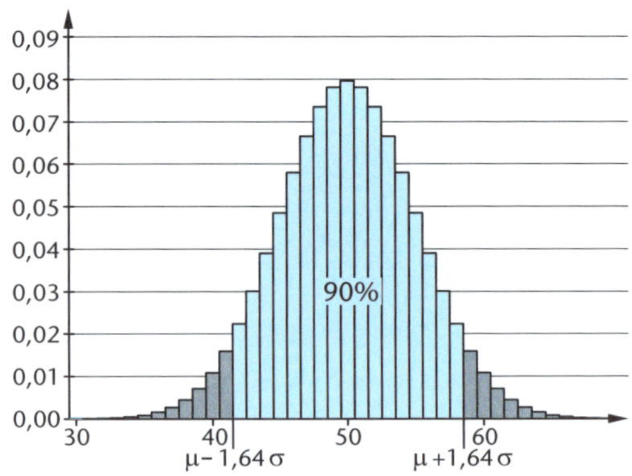

K7 Nur LK: Die zur Standardisierung einer binomial-verteilten Zufallsgröße notwendigen Schritte beschreiben und die Bedingung für eine gute Approximation durch die GAUSS'sche Dichtefunktion angeben.

Den Übergang von der Zufallsgröße X: *Anzahl der Erfolge* zur Zufallsgröße $Z = \frac{X - \mu}{\sigma}$ bezeichnet man als Standardisieren der Zufallsgröße X. Die Zufallsgröße Z misst die Abweichungen vom Erwartungswert in Vielfachen der Standardabweichung σ.

Histogramme von verschiedenen Binomialverteilungen lassen sich nur miteinander vergleichen, wenn man für die Zeichnung einheitliche Maßstäbe wählt:

1. Schritt: Das Histogramm so verschieben, dass der Erwartungswert μ an der Stelle $z = 0$ des neuen Koordinatensystems liegt.
2. Schritt: Die Breite der Rechtecke gleich $\frac{1}{\sigma}$ zeichnen, sodass auf der 1. Achse die Einheiten $-3, -2, -1, 0, +1, +2, +3$ anstelle der Abschnitte $\mu - 3\sigma$, $\mu - 2\sigma$, $\mu - 1\sigma$, μ, $\mu + 1\sigma$, $\mu + 2\sigma$, $\mu + 3\sigma$ treten.
3. Schritt: Das Stauchen der Rechtecke in Richtung der 1. Achse wird dadurch ausgeglichen, dass auf der 2. Achse nicht mehr die Wahrscheinlichkeiten $P(X = k)$ abgetragen werden, sondern die mit der Standardabweichung σ vervielfachten Wahrscheinlichkeiten.

Diese so standardisierten (d. h. mit einheitlichem Maßstab gezeichneten) Histogramme werden durch den Graphen der *einen* GAUSS'schen Dichtefunktion $\varphi(x) = \frac{1}{\sqrt{2\pi}} \cdot e^{-\frac{x^2}{2}}$ approximiert. (Würde man die Binomialverteilungen nicht standardisieren, müsste man jeweils eine eigene Dichtefunktion betrachten.)

LAPLACE-Bedingung: Der Graph der GAUSS'schen Dichtefunktion $\varphi(x) = \frac{1}{\sqrt{2\pi}} \cdot e^{-\frac{x^2}{2}}$ weicht besonders wenig vom Histogramm der Binomialverteilung ab, wenn $n \cdot p \cdot (1 - p) > 9$, d. h. $\sigma > 3$. Die LAPLACE-Bedingung ist eine Faust-Regel.

Beispiel

X	Z
$\mu - 3\sigma = 8$	-3
9	$-2{,}75$
10	$-2{,}5$
11	$-2{,}25$
$\mu - 2\sigma = 12$	-2
13	$-1{,}75$
14	$-1{,}5$
15	$-1{,}25$
$\mu - 1\sigma = 16$	-1
17	$-0{,}75$
18	$-0{,}5$
19	$-0{,}25$
$\mu = 20$	0
21	0,25
22	0,5
23	0,75
$\mu + 1\sigma = 24$	1
…	…

$n = 100$; $p = 0{,}2$; $\mu = 20$; $\sigma = 4$

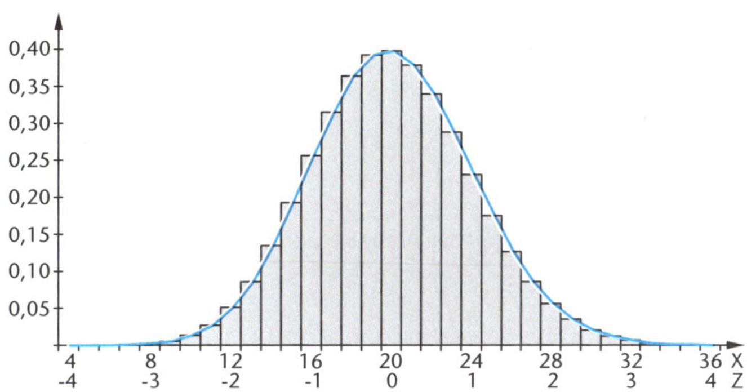

K8 Nur LK: Wahrscheinlichkeiten für binomialverteilte Zufallsgrößen näherungsweise mithilfe der Formeln von Moivre und Laplace berechnen.

Lokale Näherungsformel von Moivre und Laplace

Da für $\sigma > 3$ die Histogramme von Binomialverteilungen durch den Graphen der Gauss'schen Dichtefunktion approximiert werden können, gilt:

$P(X = k) \approx \frac{1}{\sigma} \cdot \varphi\left(\frac{k-\mu}{\sigma}\right)$.

Integrale Näherungsformeln von Moivre und Laplace

Mithilfe von $\Phi(z) = \int_{-\infty}^{z} \varphi(x)\,dx$, der Integralfunktion zur Gauss'schen Dichtefunktion, können Wahrscheinlichkeiten für Intervalle näherungsweise durch Flächenbestimmung ermittelt werden:

$P(X \le k) \approx \Phi\left(\frac{k + 0{,}5 - \mu}{\sigma}\right)$ und $P(a \le X \le b) \approx \Phi\left(\frac{b + 0{,}5 - \mu}{\sigma}\right) - \Phi\left(\frac{a - 0{,}5 - \mu}{\sigma}\right)$.

Beispiel 1 *Anwendung der Lokalen Näherungsformel*

$n = 100;\ p = 0{,}5;\ \mu = 50;\ \sigma = 5$

näherungsweise:

$P(X = 50) \approx \frac{1}{5} \cdot \varphi(0) \approx 0{,}0798$

exakt:

$P(X = 50) = 0{,}0796$

Beispiel 2 *Anwendung der Integralen Näherungsformel*

$n = 100;\ p = 0{,}5;\ \mu = 50;\ \sigma = 5$

näherungsweise:

$P(45 \le X \le 55) \approx \Phi\left(\frac{55{,}5 - 50}{5}\right) - \Phi\left(\frac{44{,}5 - 50}{5}\right)$

$\approx \Phi(1{,}1) - \Phi(-1{,}1) \approx 0{,}7286$

exakt:

$P(45 \le X \le 55) = 0{,}7287$

Die Fläche eines Balkens im Histogramm:

$P(X = 50) \approx \Phi\left(\frac{50{,}5 - 50}{5}\right) - \Phi\left(\frac{49{,}5 - 50}{5}\right)$

$\approx \Phi(0{,}1) - \Phi(-0{,}1) \approx 0{,}0796$

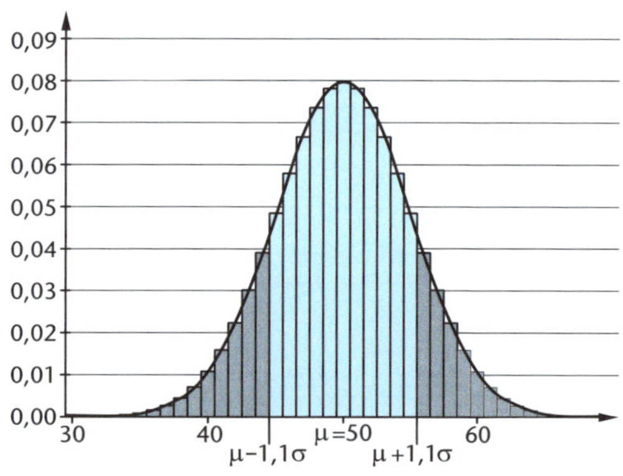

K9 Nur LK: Wahrscheinlichkeitsberechnungen bei normalverteilten Zufallsgrößen durchführen.

Eine Funktion f heißt Dichtefunktion einer stetigen Zufallsgröße X, wenn folgende Eigenschaften erfüllt sind:

(1) Für alle $x \in \mathbb{R}$ gilt: $f(x) \geq 0$ (2) $P(a \leq X \leq b) = \int_a^b f(x)\,dx$ (3) $\int_{-\infty}^{+\infty} f(x)\,dx = 1$.

Eine stetige Zufallsgröße X heißt **normalverteilt** mit den Parametern μ und σ, wenn ihre zugehörige Dichtefunktion $\varphi_{\mu,\sigma}$ gegeben ist durch

$$\varphi_{\mu,\sigma}(x) = \frac{1}{\sigma \cdot \sqrt{2\pi}} \cdot \exp\left(-\frac{1}{2} \cdot \left(\frac{x-\mu}{\sigma}\right)^2\right).$$

Die Dichtefunktion für den Sonderfall $\mu = 0$ und $\sigma = 1$ wird auch als Gauss'sche Dichtefunktion φ oder Dichtefunktion der Standard-Normalverteilung bezeichnet; sie ist definiert durch $\varphi(x) = \frac{1}{\sqrt{2\pi}} \cdot e^{-\frac{x^2}{2}}$.

Wahrscheinlichkeitsberechnungen können mithilfe der zugehörigen Integralfunktion der oberen Grenze, der Gauss'schen Integralfunktion $\Phi_{\mu,\sigma}$, durchgeführt werden. Im Falle $\mu = 0$, $\sigma = 1$ schreibt man kurz nur Φ, vgl. auch den Sonderfall der Formeln von Moivre und Laplace K8. Es gilt

$$P(a \leq X \leq b) = \int_a^b \varphi_{\mu,\sigma}(x)\,dx = \int_{-\infty}^{b} \varphi_{\mu,\sigma}(x)\,dx - \int_{-\infty}^{a} \varphi_{\mu,\sigma}(x)\,dx$$
$$= \Phi_{\mu,\sigma}(b) - \Phi_{\mu,\sigma}(a) = \Phi\left(\frac{b-\mu}{\sigma}\right) - \Phi\left(\frac{a-\mu}{\sigma}\right).$$

Im Falle von klassierten Daten stehen die Randwerte a, b jeweils für eine Klasse; dann sollte bei der Berechnung von Wahrscheinlichkeiten die Klassenbreite berücksichtigt werden.

Da die Dichtefunktion der Normalverteilung nicht elementar integrierbar ist, müssen die Funktionswerte der Integralfunktion aus Tabellen abgelesen werden.

Beispiel

Im Rahmen eines Mikrozensus ergab sich für die Körpergröße von 18- bis 20-jährigen Frauen ein Mittelwert von 1,68 m bei einer Standardabweichung von 6,5 cm. Die Körpergröße kann näherungsweise als normalverteilt angesehen werden.

Mit welcher Wahrscheinlichkeit ist eine zufällig ausgewählte Frau dieser Altersgruppe größer als 1,63 m?

$$P(X > 163) = 1 - P(X \leq 163) \approx 1 - \Phi_{168;6,5}(163) = 1 - \Phi\left(\frac{163-168}{6,5}\right) \approx 1 - \Phi(-0,77) \approx 78\,\%$$

Wenn aus der Aufgabenstellung klar wird, dass die Angabe der Körperlänge sich auf Klassen der Breite 1 cm bezieht, dann ist es angemessener, die Klassenbreite zu berücksichtigen: Jemand, der größer ist als 1,63 cm, hat eine Körperlänge, die oberhalb der Klasse [162,5; 163,5[liegt, also

$$P(X > 163) = P(X > 163,5) = 1 - P(X \leq 163,5) \approx 1 - \Phi\left(\frac{163,5-168}{6,5}\right) \approx \Phi(-0,69) \approx 76\,\%$$

Entsprechend würde der Anteil der Frauen, deren Körpergröße mindestens 1,60 m und höchstens 1,70 m beträgt, unter Berücksichtigung der halben Klassenbreite wie folgt berechnet:

$$P(160\text{ cm} \leq X \leq 170\text{ cm}) \approx \Phi\left(\frac{170,5-168}{6,5}\right) - \Phi\left(\frac{159,5-168}{6,5}\right) \approx \Phi(0,38) - \Phi(-1,31)$$
$$= 0,6480 - 0,0951 \approx 0,553$$

L1 Für den Schluss von der Gesamtheit auf die Stichprobe die zu erwartenden absoluten bzw. relativen Häufigkeiten abschätzen und damit die Signifikanz von Aussagen bewerten.

Beim **„Schluss von der Gesamtheit auf die Stichprobe"** ist der Anteil in der Gesamtheit (d. h. die Erfolgswahrscheinlichkeit für einen auszuführenden BERNOULLI-Versuch) bekannt. Es soll eine Prognose gemacht werden, welche Ergebnisse in der Stichprobe (d. h. bei wiederholter Durchführung des Zufallsversuchs) auftreten werden.

Hierzu werden für die Schätzung absoluter Häufigkeiten die Sigma-Regeln verwendet (vgl. Basiswissen K6) bzw. für die Schätzung relativer Häufigkeiten die

Regeln für $\frac{\sigma}{n}$-Umgebungen von p: $P(p - 1{,}64\frac{\sigma}{n} \le \frac{X}{n} \le p + 1{,}64\frac{\sigma}{n}) \approx 90\,\%$

$P(p - 1{,}96\frac{\sigma}{n} \le \frac{X}{n} \le p + 1{,}96\frac{\sigma}{n}) \approx 95\,\%$

$P(p - 2{,}58\frac{\sigma}{n} \le \frac{X}{n} \le p + 2{,}58\frac{\sigma}{n}) \approx 99\,\%$

Stichprobenergebnisse (relative oder absolute Häufigkeiten), die innerhalb der 95 %-Umgebung von p bzw. μ liegen, werden als **„verträglich mit p"** bezeichnet, die außerhalb der 95 %-Umgebung liegenden als **signifikant abweichend.**
Die Komplementärwahrscheinlichkeit zur **Sicherheitswahrscheinlichkeit** (beispielsweise 95 %) wird als **Signifikanzniveau** (also 5 %) bezeichnet.

Hinweis: Beim Aufgabentyp **Schluss von der Stichprobe auf die Gesamtheit** sucht man zu einem gegebenen Stichprobenergebnis alle Erfolgswahrscheinlichkeiten p, für die das Stichprobenergebnis **mit p verträglich** ist.

Beispiel *Schätzung absoluter Häufigkeiten*

$n = 500;\ p = 0{,}5;\ \mu = n \cdot p = 250;\ \sigma = \sqrt{n \cdot p \cdot (1 - p)} \approx 11{,}18$ (500facher Münzwurf).

Punktschätzung: Wir erwarten, dass ca. 250-mal Wappen auftritt.

Intervallschätzung: In 90 % der Versuchsdurchführungen (d. h. von 500fachen Münzwürfen) wird das Ergebnis zwischen $\mu - 1{,}64\sigma$ und $\mu + 1{,}64\sigma$ liegen, also im Intervall [232; 268], mit einer Wahrscheinlichkeit von ca. 95 % zwischen $\mu - 1{,}96\sigma$ und $\mu + 1{,}96\sigma$, also im Intervall [228; 272], und mit einer Wahrscheinlichkeit von ca. 99% zwischen $\mu - 2{,}58\sigma$ und $\mu + 2{,}58\sigma$, also im Intervall [221; 279].

Hinweis: Die Intervalle wurden zunächst näherungsweise nach den Sigma-Regeln bestimmt, teilweise jedoch nach Berechnung der exakten Wahrscheinlichkeiten korrigiert (nach außen „gerundet", vgl. K6).

Signifikante Abweichung: Wenn in 500 Münzwürfen weniger als 228-mal Wappen oder mehr als 272-mal Wappen auftritt, dann ist dieses ein signifikant abweichendes Ergebnis.

Beispiel *Schätzung relativer Häufigkeiten*

Bei der Bundestagswahl 2009 erreichte die CDU/CSU einen Anteil von p = 33,8 % der gültigen Zweitstimmen.

Punktschätzung: Wenn man am Tag nach der Wahl eine Zufallsstichprobe vom Umfang n = 800 unter den Teilnehmern der Wahl durchgeführt hätte, dann hätten wir erwarten können, dass auch in der Stichprobe der Anteil der CDU/CSU-Wähler $\frac{X}{n} = 0{,}338$ ist.

Intervallschätzung: Für n = 800 und p = 0,338 ist $\frac{\sigma}{n} = \sqrt{\frac{0{,}338 \cdot 0{,}662}{800}} \approx 0{,}0167$

also $1{,}64\frac{\sigma}{n} \approx 0{,}0274 \approx 2{,}7\,\%$ bzw. $1{,}96\frac{\sigma}{n} \approx 0{,}0328 \approx 3{,}3\,\%$.

In 90 % der Versuchsdurchführungen (Stichproben vom Umfang n = 800) wird der Anteil in der Stichprobe zwischen $p - 1{,}64\frac{\sigma}{n}$ und $p + 1{,}64\frac{\sigma}{n}$ liegen, also im Intervall [31,1 %; 36,5 %], mit einer Wahrscheinlichkeit von ca. 95 % zwischen $p - 1{,}96\frac{\sigma}{n}$ und $p + 1{,}96\frac{\sigma}{n}$, also im Intervall [30,5 %; 37,1 %].

Signifikante Abweichung: Wenn in der Stichprobe weniger als 30,5 % oder mehr als 37,1 % der Befragten angegeben hätten, dass sie CDU/CSU gewählt haben, wäre dies ein vom Wahlergebnis signifikant abweichendes Ergebnis gewesen.

L2 Das prinzipielle Vorgehen bei einem zweiseitigen Hypothesentest erläutern sowie zu einem vorgegebenem Niveau eine Entscheidungsregel aufstellen (und damit Annahme- und Verwerfungsbereich bestimmen).

Man hat eine Hypothese über den Anteil in der Gesamtheit (d. h. man glaubt, die Erfolgswahrscheinlichkeit p zu kennen); dann bestimmt man einen Bereich (eine symmetrische Umgebung um den Erwartungswert), in dem das Ergebnis der Stichprobe mit hoher Wahrscheinlichkeit liegen wird.

Die Wahrscheinlichkeit, mit der das Ergebnis dann nicht in diesen Bereich fallen wird, bezeichnet man als **Signifikanzniveau**.

Wenn diese Prognose zutrifft, werden wir an unserem Ansatz nicht zweifeln (das Ergebnis liegt im so genannten **Annahmebereich** der Hypothese) – man sagt auch:

Das Ergebnis ist verträglich mit dem hypothetischen Wert von p.

Wenn das Ergebnis außerhalb der Umgebung des Erwartungswerts liegt (also im so genannten **Verwerfungsbereich**), wird man die Hypothese verwerfen – man sagt auch:

Das Ergebnis weicht signifikant ab.

Beispiel *Zweiseitiger Hypothesentest*

Hypothese: Eine gegebene Münze ist eine LAPLACE-Münze (d. h. dem Zufallsversuch liegt $p = 0{,}5$ zugrunde).
Die zu testende Hypothese wird mit H_0 bezeichnet.
H_0: $p = 0{,}5$
Die **Gegenhypothese** lautet dann:
Die Münze ist gezinkt: H_1: $p \neq 0{,}5$

Zur Überprüfung der Hypothese wird die Münze 500-mal geworfen.

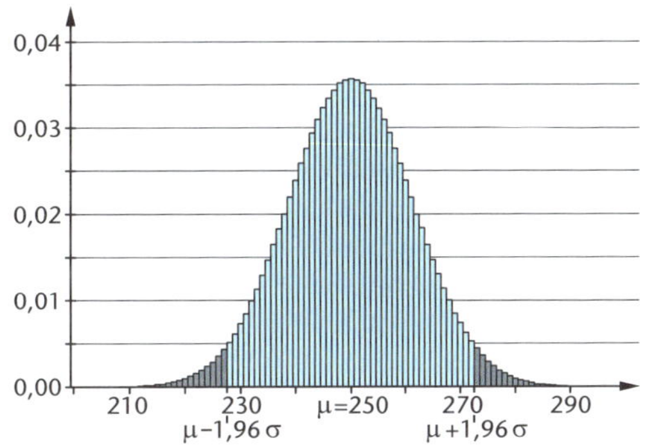

Punktschätzung: Wir erwarten, dass ca. 250-mal Wappen auftritt.

Intervallschätzung: Gemäß den Sigma-Regeln (vgl. K6) wird die Anzahl der Wappen mit einer Wahrscheinlichkeit von **ungefähr** 95 % im Intervall zwischen $\mu - 1{,}96\sigma$ und $\mu + 1{,}96\sigma$ liegen, also im Intervall [228; 272] (Annahmebereich der Hypothese).

Wenn dies nicht der Fall ist, zweifeln wir an der Richtigkeit des Ansatzes (nämlich, dass es sich um eine LAPLACE-Münze handelt). Wir befolgen damit die **Entscheidungsregel:** *Verwirf die Hypothese p = 0,5, falls das Ergebnis im Verwerfungsbereich der Hypothese liegt, d. h. wenn weniger als 228- oder mehr als 272-mal Wappen fällt.*

L3 Die Bedeutung der Fehler 1. Art und 2. Art für einen Hypothesentest angeben; die Wahrscheinlichkeiten für diese Fehler berechnen.

Ein **Fehler 1. Art** tritt ein, wenn das Ergebnis außerhalb des Annahmebereichs liegt, dem Zufallsversuch aber dennoch das hypothetische p zugrunde liegt.

Die Wahrscheinlichkeit α für einen Fehler 1. Art wird durch das Signifikanzniveau bestimmt. Ist beispielsweise das Signifikanzniveau durch $\alpha \leq 5\,\%$ vorgegeben und verfährt man so (d. h. nach diesem Schema), dann kommt es mit einer Wahrscheinlichkeit von höchstens 5 % vor, dass die Hypothese irrtümlich verworfen wird, obwohl sie wahr ist, denn mit einer Wahrscheinlichkeit von höchstens 5 % kommt es zufällig zu Ergebnissen des Zufallsversuchs, die außerhalb des angegebenen Intervalls liegen.

Ein **Fehler 2. Art** tritt ein, wenn das Ergebnis im Annahmebereich liegt, dem Zufallsversuch jedoch ein anderes p als das hypothetische zugrunde liegt.

Die Wahrscheinlichkeit β für einen Fehler 2. Art kann man nur berechnen, wenn die tatsächliche Erfolgswahrscheinlichkeit bekannt ist.

Beispiel

$n = 500;\; p = 0{,}5;\; \mu = n \cdot p = 250;\; \sigma = \sqrt{n \cdot p \cdot (1-p)} \approx 11{,}18;\; \alpha = 5\,\%$

Entscheidungsregel: Verwirf die Hypothese p = 0,5, falls weniger als 228-mal oder mehr als 272-mal Wappen fällt.

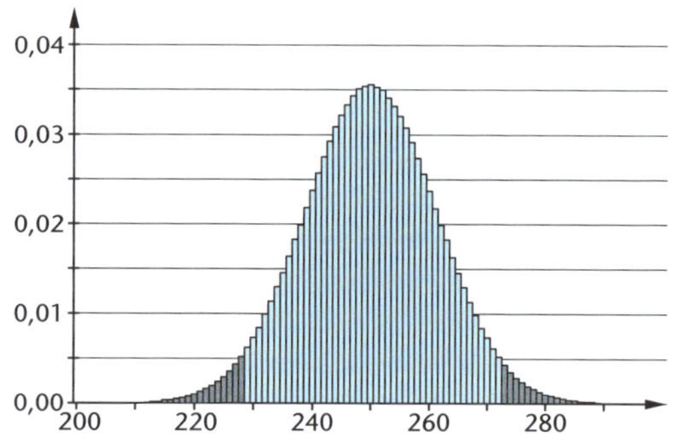

Fehler 1. Art: Verfährt man nach dem Schema der Entscheidungsregel, kommt es mit einer Wahrscheinlichkeit von ca. 5 % vor, dass die Münze irrtümlich für eine Nicht-Laplace-Münze gehalten wird, denn mit einer Wahrscheinlichkeit von ca. 5 % kommt es zufällig zu Ergebnissen des Zufallsversuchs, die außerhalb des angegebenen Intervalls liegen, obwohl p = 0,5 wahr ist.

Die Wahrscheinlichkeit α für einen Fehler 1. Art ist nach Vorgabe des Signifikanzniveaus höchstens gleich 5 %. Eine genaue Rechnung, die sich auf die o. a. Entscheidungsregel bezieht, ergibt hier:
$P(X < 228) + P(X > 272) = 0{,}044$

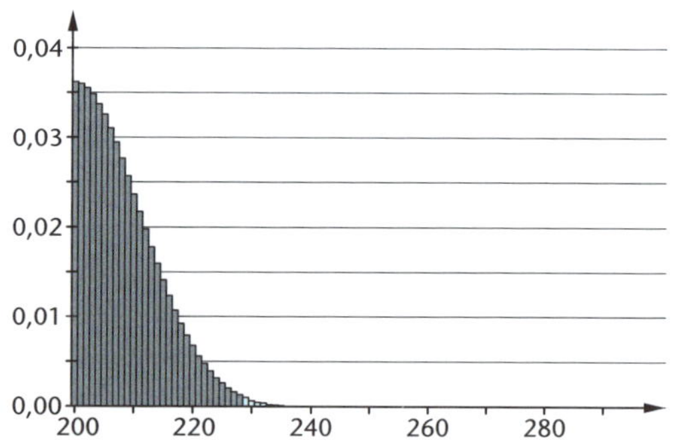

Fehler 2. Art: Falls es sich um eine manipulierte Münze handelt, könnte es trotzdem vorkommen, dass dies nicht erkannt wird (nämlich dann, wenn das Ergebnis im Annahmebereich der Hypothese liegt) – das wäre dann ein Fehler 2. Art.

Angenommen, die tatsächliche Erfolgswahrscheinlichkeit wäre p = 0,4, dann können zufällig Ergebnisse im Annahmebereich der Hypothese liegen, also im Intervall [228; 272].

Die Wahrscheinlichkeit für einen Fehler 2. Art ist im Falle p = 0,4 gleich
$\beta = P_{p=0,4}(228 \leq X \leq 272)$
$= \text{binomcdf}(500,\ 0.4,\ 272) - \text{binomcdf}(500,\ 0.4,\ 227) = 0{,}006 = 0{,}6\,\%.$

L4 Nur LK: Die Operationscharakteristik eines Hypothesentests ermitteln und interpretieren.

Gegeben ist eine Hypothese $p = p_0$. Die Funktion, die jeder Erfolgswahrscheinlichkeit $p \neq p_0$ die Wahrscheinlichkeit β für einen Fehler 2. Art zuordnet, heißt **Operationscharakteristik.**

Beispiel

Hypothese $p_0 = 0{,}5$ (LAPLACE-Münze); $n = 500$;
Annahmebereich auf dem 95 %-Niveau: $228 \leq X \leq 272$

Die Funktion f mit f(x) = binomcdf (500,x,272) – binomcdf(500,x,227) ist die Operationscharakteristik des Tests.

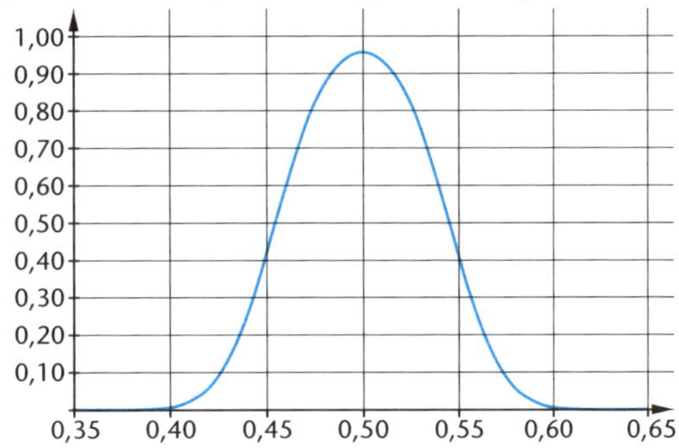

Die Wahrscheinlichkeit, dass ein Fehler 2. Art eintritt, ist beispielsweise für $p = 0{,}45$:

$\beta = f(0{,}45) = P_{p=0{,}45}(228 \leq X \leq 272)$
= binomcdf(500,0.45,272)
– binomcdf(500,0.45,227)
$\approx 0{,}411$
wie man auch am Graphen ablesen kann.

L5 Das prinzipielle Vorgehen bei einem einseitigen Hypothesentest erläutern sowie die beiden möglichen Standpunkte beschreiben und zugehörigen Entscheidungsregeln bestimmen.

Prinzipielles Vorgehen

Beim einseitigen Hypothesentest wird nicht gefragt, ob ein Stichprobenergebnis vom Erwartungswert nach oben *oder* nach unten signifikant abweicht, also betrachtet man nicht die Alternativen $p = p_0$ gegen $p \neq p_0$, sondern stellt als Alternativen gegeneinander:
$p > p_0$ gegen $p \leq p_0$ oder $p \geq p_0$ gegen $p < p_0$ oder
$p < p_0$ gegen $p \geq p_0$ oder $p \leq p_0$ gegen $p > p_0$

Standpunkte

Man bezieht den Standpunkt von *einer* der Hypothesen. Von diesem geht man nur ab, wenn in der Kontroll-Stichprobe extreme Ergebnisse auftreten. Was *extrem* ist, wird durch die (vorgegebene) Wahrscheinlichkeit α für einen Fehler 1. Art festgelegt.

Grundsätzlich können zu einem Sachverhalt zwei gegensätzliche Standpunkte eingenommen werden, die zu unterschiedlichen Hypothesen gehören und somit zu unterschiedlichen Entscheidungsregeln führen. Wenn man einen Standpunkt hat, der den eigenen Interessen entspricht, ist das Vorgehen klar. Wenn man unbedingt eine bestimmte Hypothese „statistisch beweisen" will, geht man vom logischen Gegenteil dieser Hypothese aus und testet diese.

Beispiel 1

Verlernen Jugendliche die ursprünglich angeborene Linkshändigkeit? Von 6- bis 10-jährigen Kindern weiß man, dass etwa 11 % bevorzugt die linke Hand benutzen.

1. möglicher Standpunkt: $p < 0{,}11$ – man geht davon aus, dass der Anteil abgenommen hat; von diesem Standpunkt lässt man sich nur abbringen, wenn in der Kontrollstichprobe *extrem große* Anteile von Linkshändern vorkommen.
2. möglicher Standpunkt: $p \geq 0{,}11$ – man geht davon aus, dass der Anteil gleich geblieben oder sogar größer geworden ist; von diesem Standpunkt lässt man sich nur abbringen, wenn in der Kontrollstichprobe *extrem kleine* Anteile von Linkshändern vorkommen.

Für $p < 0{,}11$ hat der Bereich oberhalb von $\mu + 1{,}64\,\sigma$ eine Wahrscheinlichkeit von höchstens 5 %.
Für $p \geq 0{,}11$ hat der Bereich unterhalb von $\mu - 1{,}64\,\sigma$ eine Wahrscheinlichkeit von höchstens 5 %.

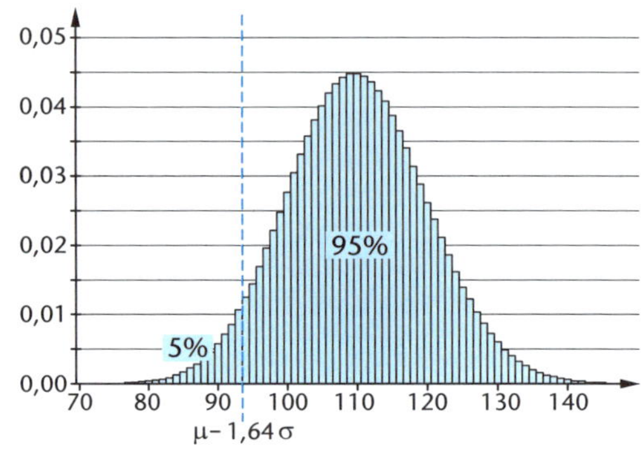

Bei einem Stichprobenumfang von $n = 1000$ und $p = 0{,}11$ ist $\mu = 110$ und $1{,}64\,\sigma \approx 16{,}2$.
Bezogen auf die Hypothese $p < 0{,}11$ werden also Ergebnisse oberhalb von $\mu + 1{,}64\,\sigma = 126{,}2$ als extrem angesehen, bezogen auf die Hypothese $p \geq 0{,}11$ entsprechend Ergebnisse unterhalb von $\mu - 1{,}64\,\sigma = 93{,}8$.

Die Entscheidungsregeln lauten daher:
Verwirf die Hypothese $p < 0{,}11$, falls in der Stichprobe mehr als 126 Jugendliche sind, die bevorzugt ihre linke Hand benutzen. bzw.
Verwirf die Hypothese $p \geq 0{,}11$, falls in der Stichprobe weniger als 94 Jugendliche sind, die bevorzugt ihre linke Hand benutzen.

Beispiel 2

Ein Arzneimittelhersteller wirbt für ein neues Medikament mit dem Hinweis, dass es eine bessere Heilungschance hat als die bisher auf dem Markt befindlichen; deren Heilungschance ist 60 %.

Zum Testen der Behauptung des Herstellers nimmt man einen *skeptischen Standpunkt* ein, d. h. man testet die Hypothese $p \leq 0{,}6$ (das neue Medikament ist *höchstens* so gut wie die bisherigen).

Von seinem skeptischen Standpunkt lässt man sich nur abbringen, wenn in einer Kontrollstichprobe signifikante Abweichungen nach oben eintreten, also z. B. das Ergebnis oberhalb von $\mu + 1{,}64\,\sigma$ liegt (Wahrscheinlichkeit für einen Fehler 1. Art: $\alpha = 5\,\%$) oder sogar oberhalb von $\mu + 2{,}33\,\sigma$ (Wahrscheinlichkeit für einen Fehler 1. Art: $\alpha = 1\,\%$)

Hinweis:

$P(X > \mu + 1{,}28\,\sigma) \approx 10\,\%$	$P(X < \mu - 1{,}28\,\sigma) \approx 10\,\%$
$P(X > \mu + 1{,}64\,\sigma) \approx 5\,\%$	$P(X < \mu - 1{,}64\,\sigma) \approx 5\,\%$
$P(X > \mu + 2{,}33\,\sigma) \approx 1\,\%$	$P(X < \mu - 2{,}33\,\sigma) \approx 1\,\%$

L6 Am Beispiel zweier alternativer Hypothesen das prinzipielle Vorgehen beim Hypothesentest erläutern und Wahrscheinlichkeiten für fehlerhafte Entscheidungen berechnen.

Vgl. auch Basiswissen L5 (einseitiger Hypothesentest mit alternativen Hypothesen – aufgrund verschiedener Standpunkte)

Beim **Alternativtest** will man sich aufgrund des Versuchsergebnisses eines noch durchzuführenden BERNOULLI-Versuchs entscheiden, welche von zwei möglichen Erfolgswahrscheinlichkeiten p_1 und p_2 dem Zufallsversuch zugrunde liegt. Dazu legt man einen kritischen Wert fest (der zwischen den beiden Erwartungswerten $\mu_1 = n \cdot p_1$ und $\mu_2 = n \cdot p_2$ liegt).

Durch diesen kritischen Wert werden Annahme- und Verwerfungsbereich festlegt – je nachdem, welche der beiden Hypothesen man betrachtet.

Fehler 1. Art: Das Ergebnis der Stichprobe liegt zufällig im so genannten Verwerfungsbereich der Hypothese, obwohl die Hypothese richtig ist, und führt so fälschlicherweise zum Verwerfen der richtigen Hypothese und damit zur Annahme der Alternativ-Hypothese: Eine wahre Hypothese wird nicht als wahr erkannt.

Fehler 2. Art: Das Ergebnis der Stichprobe liegt zufällig im Annahmebereich der Hypothese, obwohl die Hypothese falsch ist, und führt so fälschlicherweise nicht zum Verwerfen der falschen Hypothese: Eine falsche Hypothese wird nicht als falsch erkannt.

Beispiel

Ein neues Medikament hat nach Angaben des Herstellers eine Heilungschance von $p_2 = 80\,\%$, bisher verwendete Medikamente nur von $p_1 = 60\,\%$.

Werden $n = 20$ Patienten mit dem neuen Medikament behandelt, dann erwartet man $\mu_1 = 12$ Heilungen, falls das neue Medikament auch nicht besser ist als die bisherigen, und $\mu_2 = 16$ Heilungen, wenn die Aussagen des Herstellers stimmen.

Standpunkt 1: Aus der Sicht des Herstellers könnte die Hypothese $p_2 = 0{,}8$ nach folgender *Entscheidungsregel* getestet werden: *Verwirf die Hypothese $p_2 = 0{,}8$, falls in der Stichprobe weniger als 15 Heilungen eintreten* (kritischer Wert 14,5).

Standpunkt 2: Aus der Sicht der Konkurrenten (und der Verbraucher) könnte die Hypothese $p_1 = 0{,}6$ nach folgender Entscheidungsregel getestet werden: *Verwirf die Hypothese $p_1 = 0{,}6$, falls mehr als 14 Heilungen eintreten* (gleicher kritischer Wert wie oben: 14,5).

Für das **Testen der Hypothese $p_2 = 0{,}8$** (Abb. links) wurde oben der Verwerfungsbereich auf das Intervall [0; 14] festgelegt. Die Wahrscheinlichkeit, dass das Stichprobenergebnis zufällig in diesem Intervall liegt, wenn tatsächlich die Heilungschance des Medikaments $p_2 = 0{,}8$ beträgt, ist:
$P(X \leq 14) = \text{binomcdf}(20{,}0.8{,}14) \approx 0{,}196$.

Ein Fehler 2. Art wird eintreten, wenn das Stichprobenergebnis im Intervall [15; 20] liegt, obwohl dem Zufallsversuch $p_1 = 0{,}6$ zugrunde liegt. Die Wahrscheinlichkeit hierfür ist:
$\beta = P_{p_1=0,6}(X \geq 15) = 1 - P(X \leq 14) = 1 - \text{binomcdf}(20{,}0.6{,}14) \approx 0{,}126$.

Wenn man also so verfährt, dass die Hypothese $p_2 = 0{,}8$ verworfen wird, wenn die Anzahl der Heilungen unter 15 liegt, sie sonst aber akzeptiert wird, dann kann man davon ausgehen, dass mit einer Wahrscheinlichkeit von ca. 19,6 % ein Fehler 1. Art und mit einer Wahrscheinlichkeit von 12,6 % ein Fehler 2. Art auftritt.

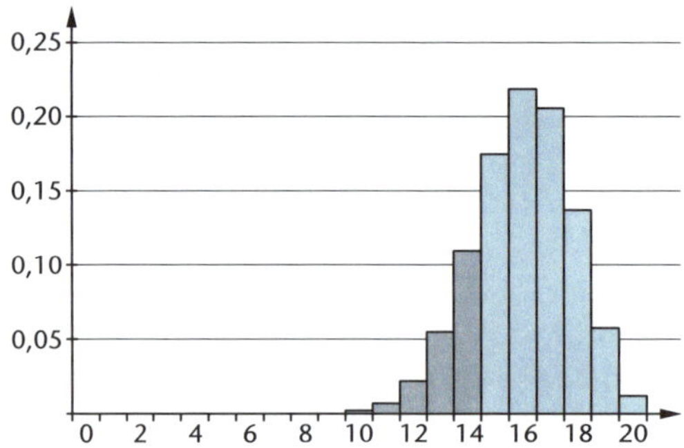

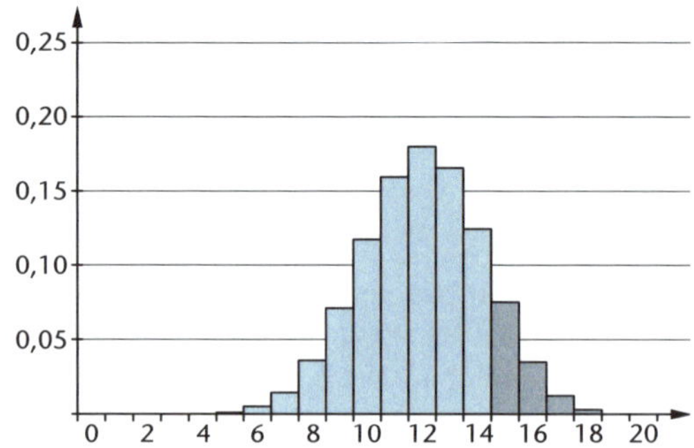

Beim **Testen der Hypothese $p_1 = 0{,}6$** (Abb. rechts) tritt ein Fehler 1. Art auf mit Wahrscheinlichkeit
$P(X \geq 15) = 1 - \text{binomcdf}(20{,}0.6{,}14) \approx 12{,}6\,\%$
und ein Fehler 2. Art mit Wahrscheinlichkeit
$\beta = P_{p_2=0{,}8}(X \leq 14) = \text{binomcdf}(20{,}0.8{,}14) \approx 19{,}6\,\%$.

Wird ein **Signifikanzniveau** vorgegeben, z. B. $\alpha = 10\%$, dann ergeben sich entsprechend hieraus die Entscheidungsregeln:

Beim **Testen der Hypothese $p_1 = 0{,}6$** tritt ein Fehler 1. Art auf mit einer Wahrscheinlichkeit von höchstens 10 %, wenn man als kritischen Wert $k = 15{,}5$ festlegt:
$\alpha = P(X \geq 16) = 1 - \text{binomcdf}(20{,}0.6{,}15) \approx 5{,}1\,\%$
und entsprechend ein größerer Fehler 2. Art:
$\beta = P_{p_2=0{,}8}(X \leq 15) = \text{binomcdf}(20{,}0.8{,}15) \approx 37{,}0\,\%$.

Beim **Testen der Hypothese $p_2 = 0{,}8$** tritt ein Fehler 1. Art auf mit einer Wahrscheinlichkeit von höchstens 10 %, wenn man als kritischen Wert $k = 13{,}5$ festlegt:
$P(X \leq 13) = \text{binomcdf}(20{,}0.8{,}13) \approx 8{,}7\,\%$
und entsprechend ein größerer Fehler 2. Art:
$\beta = P_{p_1=0{,}6}(X \geq 14) = 1 - P(X \leq 13) = 1 - \text{binomcdf}(20{,}0.6{,}13) \approx 25{,}0\,\%$.

L7 Nur LK: Die Bestimmung eines genügend großen Umfangs einer Stichprobe vornehmen.

Zu vorgegebenem n kann man den Radius der $1{,}96\frac{\sigma}{n}$-Umgebung von p berechnen, also den maximalen Abstand, den das Stichprobenergebnis (relative Häufigkeit) vom zugrunde liegenden p in 95 % der Fälle hat:

$P(|\frac{X}{n} - p| \leq 1{,}96\frac{\sigma}{n}) \approx 0{,}95$.

Gibt man andererseits einen maximalen Abstand d vor (*Genauigkeit*), dann kann man aus der Ungleichung $1{,}96\frac{\sigma}{n} \leq d$ den notwendigen Umfang der Stichprobe berechnen, der mit einer Wahrscheinlichkeit von 95 % zu einem Stichprobenergebnis führt, das die vorgegebene Bedingung erfüllt.

Allgemein führt die Ungleichung $1{,}96 \cdot \sqrt{\frac{p \cdot (1-p)}{n}} \leq d$ nach Umformung zu
$n \geq 1{,}96^2 \cdot \frac{p \cdot (1-p)}{d^2}$.

Wenn man statt der Sicherheitswahrscheinlichkeit 95 % eine andere wählt, muss entsprechend (gemäß Sigma-Regeln) das Vielfache von $\frac{\sigma}{n}$ verändert werden.

Beispiel

Der Anteil der Haushalte mit einer bestimmten Ausstattung soll auf 5 Prozentpunkte genau geschätzt werden, d. h. der Stichprobenumfang n ist so zu wählen, dass in 95 % der Fälle der Radius der Umgebung $1{,}96\frac{\sigma}{n}$ die maximale Abweichung von 5 Prozentpunkten nicht überschreitet: $1{,}96\frac{\sigma}{n} \leq 0{,}05$

Ist nichts über p bekannt, muss man mit dem ungünstigsten Wert, nämlich p = 0,5 rechnen.

Dann ist: $1{,}96 \cdot \sqrt{\frac{0{,}5 \cdot 0{,}5}{n}} \leq 0{,}05 \Leftrightarrow 1{,}96^2 \cdot \frac{0{,}5 \cdot 0{,}5}{n} \leq 0{,}05^2 \Leftrightarrow 1{,}96^2 \cdot \frac{0{,}5 \cdot 0{,}5}{0{,}05^2} \leq n \Leftrightarrow n \geq 384{,}2$

Durch Quadrieren und Auflösen nach n erhält man n ≥ 385, d. h. ein Stichprobenumfang von mindestens 385 sollte gewählt werden.

Falls man Informationen über den Anteil der Haushalte hat, z. B. dass der Anteil ungefähr 20 % beträgt, dann verringert sich der für die Erhebung notwendige Stichprobenumfang:

$n \geq 1{,}96^2 \cdot \frac{0{,}2 \cdot 0{,}8}{0{,}05^2} \approx 245{,}9$, also n ≥ 246.

Hinweis: Wenn der Anteil auf 4 [3, 2, 1] Prozentpunkte genau geschätzt werden soll, ergibt sich analog ein Mindest-Stichprobenumfang von n = 601 [1068, 2401, 9604].

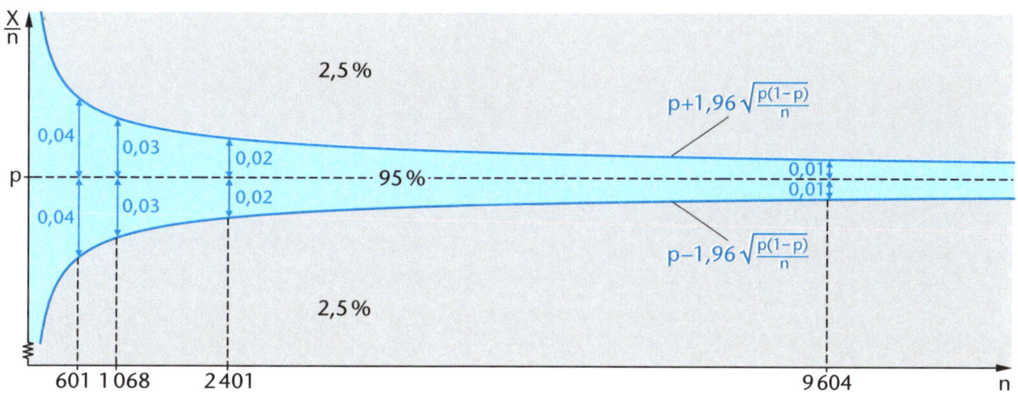

Aufgaben zum Trainieren

Aufgabe 1 *Deichbau*

Ein Deich ist ein Schutzwall gegen das Meer mit einer steilen Böschung zur Landseite und einer flacheren Böschung an der Seeseite, so dass die auflaufenden Wellen ihre Kraft verlieren.

Ältere Deiche an der Nordseeküste haben ein Deichprofil, dessen Form auf einem bestimmten Deichabschnitt näherungsweise dem Graphen der Funktion f_t entspricht mit

$f_t(x) = \frac{1}{3t} x(x-3t)^2;\; t \geq 1$

und einem geeigneten Definitionsbereich. Dabei beschreibt die negative x-Achse im Koordinatensystem den Verlauf des Lands hinter dem Deich, die positive x-Achse die Deichsohle und die Meeresoberfläche.

Der abgebildete Graph zeigt das Deichprofil für t = 2.

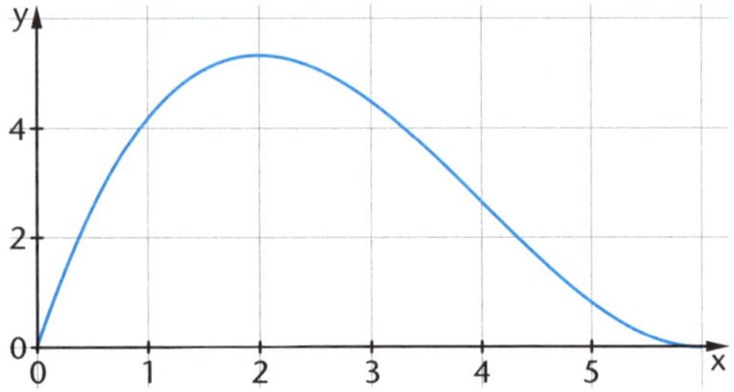

a) Bestimmen Sie allgemein für die durch die Graphen von f_t beschriebenen Deichprofile Lage und Höhe der Deichkrone (= Maximum) und die Breite der Deiche in der Ebene. B2 B3

b) Bestimmen Sie von den Profilen denjenigen Deich, dessen Höhe mit der Breite übereinstimmt. B6

c) Das Innere der Deiche besteht aus Sand, der mit einer Schicht aus Kleie abgedeckt ist. Der Querschnitt dieser Schichten wird durch die Graphen der Funktionen f_t und $0{,}8 \cdot f_t$ und die x-Achse begrenzt.

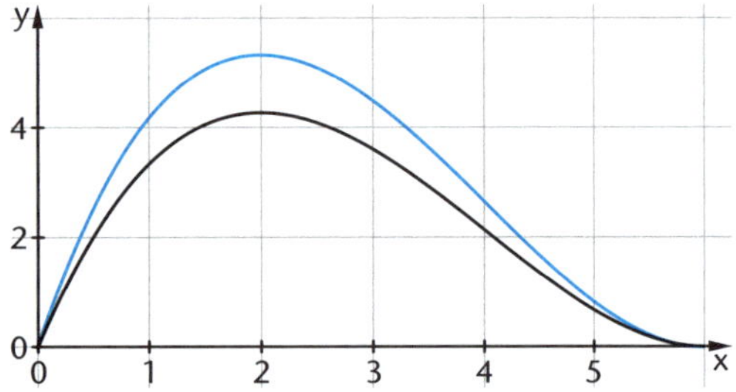

(1) Erklären Sie, was in der folgenden Rechnung bestimmt wird und erläutern Sie die einzelnen Schritte

$$\int_0^{3t} f_t(x)\,dx = \left[\frac{1}{12t}x^4 - \frac{2}{3}x^3 + \frac{3}{2}t x^2\right]_0^{3t} = \frac{27}{4}t^3 - 18t^3 + \frac{27}{2}t^3 = \frac{9}{4}t^3$$ D2

(2) Begründen Sie, warum der Anteil an Sand im Innern des Deichs nicht vom Parameter t abhängt.

d) Von der Deichkrone aus soll ein unterirdisch verlaufendes, gerades Entwässerungsrohr bis zum Punkt O(0|0) verlegt werden.

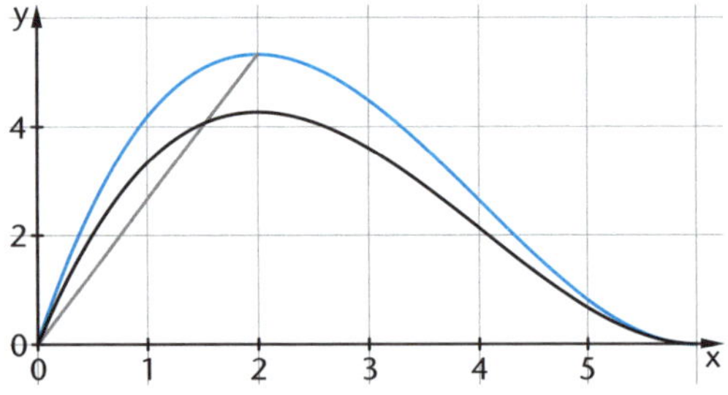

(1) Bestimmen Sie die Länge dieses Rohrs sowie die Länge der Strecke, für die das Rohr innerhalb der Sandschicht verläuft. B2
(2) Bestimmen Sie die Stelle auf dem Deich, an der der senkrecht zur Meeresoberfläche gemessene Abstand zum Rohr am größten ist. C5

e) Zur Festigung des Deichs soll an der Meeresseite die obere Schicht durch Basaltsteine ersetzt werden. Im Rahmen dieser Baumaßnahme soll das Deichprofil so verändert werden, dass zur Meerseite hin eine nicht gekrümmte Ebene entsteht. Der bis zum Wendepunkt rechtsgekrümmte Graph soll nicht in eine Linkskrümmung übergehen, sondern tangential fortgesetzt werden. Bestimmen Sie für beliebiges t, $t \geq 1$, die Gleichung dieser Tangente sowie die Stelle, an der das neue Profil die Meeresoberfläche (Normalnull) schneidet. A3 B2 B4

Lösung

a) $f_t(x) = \frac{1}{3t} \cdot x \cdot (x - 3t)^2 = \frac{1}{3t} \cdot x^3 - 2x^2 + 3tx$,
Ableitungen: $f_t'(x) = \frac{1}{t}x^2 - 4x + 3t$ und $f_t''(x) = \frac{2}{t}x - 4$.

Um die Lage und Höhe der Deichkrone zu bestimmen, untersuchen wir die Graphen auf Extrempunkte.
Notwendige Bedingung:
$f_t'(x) = 0 \Leftrightarrow x^2 - 4tx + 3t^2 = 0 \Leftrightarrow (x - t)(x - 3t) = 0 \Leftrightarrow x = t \vee x = 3t$.

Überprüfung der hinreichenden Bedingung:
Da $f_t'(t) = 0$ und $f_t''(t) = -2 < 0$, liegt an der Stelle $x = t$ ein lokales Maximum vor.

Die Höhe der Deichkrone ist $f_t(t) = \frac{1}{3t} \cdot t \cdot (t - 3t)^2 = \frac{1}{3} \cdot (-2t)^2 = \frac{4}{3}t^2$.

Für $x = 3t$ erhält man: $f_t''(3t) = 2 > 0$ – hier liegt ein lokales Minimum der Funktion vor.
Die Breite der Deiche ergibt sich aus den Schnittpunkten der Graphen mit der x-Achse:

$f_t(x) = 0 \Leftrightarrow \frac{1}{3t}x(x - 3t)^2 = 0 \Leftrightarrow x = 0 \vee x = 3t$

Die Breite der Deiche (bezogen auf die Ebene) ist $3t$.

b) Damit die Höhe und die Breite übereinstimmen, muss der Abstand der Nullstellen mit dem Funktionswert des Maximums übereinstimmen:

$3t = \frac{4}{3}t^2 \Leftrightarrow t = \frac{9}{4} \quad (t \neq 0)$

c) (1) In der Rechnung wird der Flächeninhalt der Querschnittsfläche des Deichs zwischen den beiden Nullstellen der Modellierungsfunktion berechnet. Dazu wird im ersten Schritt eine Stammfunktion für die Funktion f_t bestimmt und dann gemäß Hauptsatz der Differenzial- und Integralrechnung die Differenz der Funktionswerte der Stammfunktion am oberen und unteren Ende des betrachteten Intervalls berechnet.

Das Ergebnis $A(t) = \frac{9}{4}t^3$ gibt den gesuchten Flächeninhalt (in Abhängigkeit von t) an.

(2) Da die Profilkurve des inneren Sand-Deiches sich durch Multiplikation mit dem konstanten Faktor 0,8 aus der Profilkurve des Deiches ergibt, hat die Sandfläche 80 % Anteil an der gesamten Querschnittsfläche (Linearität des Integrals).

d) Die Verbindungsgerade vom lokalen Maximum in $\left(t\middle|\frac{4}{3}t^2\right)$ zum Koordinatenursprung hat die Steigung $m = \frac{\frac{4}{3}t^2}{t} = \frac{4}{3}t$, die Gerade demnach die Gleichung $g_t(x) = \frac{4}{3}t \cdot x$.

(1) Die Länge des Rohrs berechnet sich nach dem Satz von PYTHAGORAS $l_1 = \sqrt{t^2 + \frac{16}{9}t^4}$

Gesucht ist außerdem der Schnittpunkt der Geraden $g_t(x)$ mit der Profilkurve des Sand-Deiches:

$0{,}8 \cdot \left(\frac{1}{3t}x^3 - 2x^2 + 3tx\right) = \frac{4}{3}tx \Leftrightarrow \frac{4}{15t}x^3 - \frac{8}{5}x^2 + \frac{12}{5}tx = \frac{4}{3}tx \Leftrightarrow$

$\frac{4}{15t}x^3 - \frac{8}{5}x^2 + \frac{16}{15}tx = 0 \Leftrightarrow x \cdot \left(\frac{4}{15t}x^2 - \frac{8}{5}x + \frac{16}{15}t\right) = 0 \Leftrightarrow$

$x = 0 \vee x^2 - 6tx + 4t^2 = 0 \Leftrightarrow x = 0 \vee (x - 3t)^2 = 5t^2 \Leftrightarrow$

$x = 0 \vee x = (3 + \sqrt{5}) \cdot t \approx 5{,}24 \cdot t \vee x = (3 - \sqrt{5}) \cdot t \approx 0{,}764 \cdot t.$

Die hier in Frage kommende Schnittstelle ist $x \approx 0{,}764\,t$ (da sie im Intervall $[0;t]$ liegen muss).

Die zugehörige y-Koordinate berechnen wir am einfachsten mithilfe der Geradengleichung: $g_t(0{,}764\,t) \approx 1{,}019\,t^2$.

Die Länge des Rohrs, das im Sand liegt, ist demnach:
$l_2 = \sqrt{(0{,}764\,t)^2 + (1{,}019\,t^2)^2} \approx \sqrt{0{,}584\,t^2 + 1{,}038\,t^4}$.

(2) Gesucht ist das Maximum der Differenzfunktion $d_t(x) = f_t(x) - g_t(x)$ auf dem Intervall $[0;t]$:

$d_t(x) = f_t(x) - g_t(x) = \frac{1}{3t} \cdot x^3 - 2x^2 + 3tx - \frac{4}{3}tx = \frac{1}{3t} \cdot x^3 - 2x^2 + \frac{5}{3}tx,$

Ableitungen: $d_t'(x) = \frac{1}{t} \cdot x^2 - 4x + \frac{5}{3}t$ und $d_t''(x) = \frac{2}{t} \cdot x - 4.$

Notwendige Bedingung:

$d_t'(x) = \frac{1}{t} \cdot x^2 - 4x + \frac{5}{3}t = 0$

$\Leftrightarrow x^2 - 4tx + \frac{5}{3}t^2 = 0$

$\Leftrightarrow x^2 - 4tx + (2t)^2 = \frac{7}{3}t^2$

also $x = \left(2 + \sqrt{\frac{7}{3}}\right) \cdot t \approx 3{,}53\,t \vee$

$x = \left(2 - \sqrt{\frac{7}{3}}\right) \cdot t \approx 0{,}47\,t.$

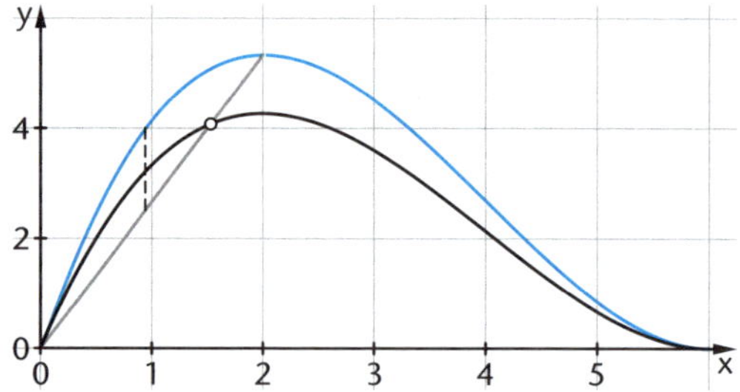

Da zusätzlich $d_t''(0{,}47\,t) < 0$, liegt an der Stelle $x \approx 0{,}47\,t$ ein lokales Maximum vor.

e) Bestimmung des Wendepunkts des Graphen:

Notwendige Bedingung: $f_t''(x) = \frac{2}{t}x - 4 = 0$, d. h. $x = 2t$.

Da die 3. Ableitung $f_t'''(x) = \frac{2}{t}$ konstant ist, ist auch die hinreichende Bedingung für das Vorliegen eines Wendepunkts erfüllt.

Es gilt: $f_t(2t) = \frac{1}{3t} \cdot 2t \cdot (2t - 3t)^2 = \frac{2}{3}t^2$ und $f_t'(2t) = \frac{1}{t} \cdot (2t)^2 - 4 \cdot 2t + 3t = -t.$

Die Gleichung der Wendetangente w lautet daher:

$w(x) = (-t) \cdot (x - 2t) + \frac{2}{3}t^2 = -t \cdot x + \frac{8}{3}t^2.$

Die Wendetangente schneidet die x-Achse (Meereshöhe, Normalnull) für $x = \frac{8}{3}t$.

Aufgabe 2 *Trassierung*

An der Kreuzung zweier Landstraßen ist das Verkehrsaufkommen sehr hoch und die Unfallgefahr groß.
Zur Entlastung der Kreuzung sollen die Straßen durch eine sinnvolle Trassenführung für Rechtsabbieger miteinander verbunden werden. Diese sollen die Möglichkeit erhalten, bei A die Landstraße g zu verlassen und über die Trasse in B auf die Landstraße h aufzufahren.

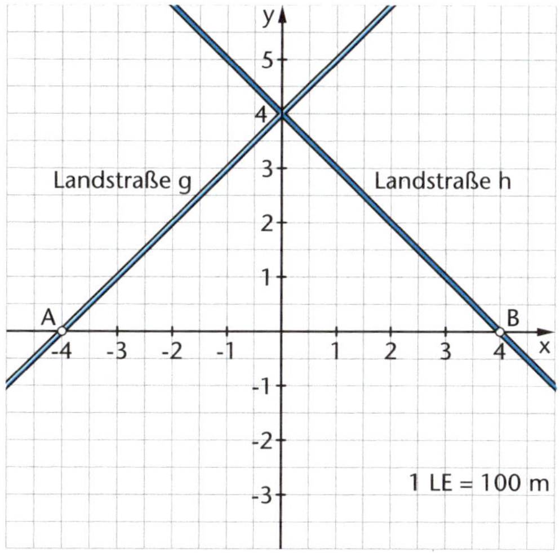

a) Bauingenieure einer Trassenbaugesellschaft erhalten den Auftrag, eine Funktion f zu finden, welche eine geeignete Trasse modelliert.
Grundlegend für die Trassierung ist, dass sich die gesuchte Übergangsstraße (1) *nahtlos* und (2) *glatt (knickfrei)* an die Landstraßen anschließen muss. Mathematisch bedeutet dies, dass der Graph der Trassenfunktion f den Graphen der Landstraße g im Punkt A sowie den Graphen der Landstraße h im Punkt B berühren muss.
Zudem müssen die Fahrzeuge an den Anknüpfungspunkten der Trasse möglichst (3) *krümmungsruckfrei* von der einen zur anderen Straße wechseln können. Dies ist erfüllt, wenn in den Berührpunkten auch die Krümmung der Graphen übereinstimmt, welche durch die zweite Ableitungsfunktion angegeben wird.
Stellen Sie die Bedingungen dar, welche eine Funktion f für die vorliegende Trassierung erfüllen sollte. A6 C2 C3
Hinweise: Zur Lösung des vorliegenden Trassierungsproblems lassen sich Symmetrieeigenschaften ausnutzen. Geben Sie daher an, welche Voraussetzung die Funktion f erfüllen muss und schränken Sie die Bedingungen ein. Beachten Sie auch, dass die Trasse südlich (also in der Abbildung unterhalb) der Kreuzung verlaufen soll. Nennen Sie auch die hierzu gehörenden Bedingungen.

b) Begründen Sie, dass es keine ganzrationale Funktion zweiten Grades geben kann, welche alle gewünschten Bedingungen erfüllt.
Ermitteln Sie das Gleichungssystem, welches die Koeffizienten einer ganzrationalen Funktion f vierten Grades mit $f(x) = a x^4 + b x^2 + c$ erfüllen müssen.
(Die Koeffizienten sollen nicht bestimmt werden.) C2

c) Zur Planung der Übergangsstraße wird ein Ausschuss eingerichtet. Jemand schlägt vor, eine Trasse zu bauen, welche durch eine Exponentialfunktion f_1 der Form $f_1(x) = a e^{b \cdot x^2} + c$; $a, b \neq 0$ mathematisch beschrieben werden kann.

(1) Begründen Sie: Der Graph der Funktion f_1 ist achsensymmetrisch zur y-Achse.
(2) Erläutern Sie die notwendigen Schritte:
$f_1'(x) = 2abx e^{b \cdot x^2}$, $f_1''(x) = 2ab(1 + 2bx^2) e^{b \cdot x^2}$

(3) Erläutern Sie, wie durch die folgenden Schritte geeignete Parameterwerte für a, b, c bestimmt werden, so dass ein nahtloses, glattes und krümmungsruckfreies Auf- und Abfahren der Verkehrsteilnehmer über die Trasse möglich ist: C3

> Aus den Bedingungen ergibt sich ein Gleichungssystem:
> (I) $a \cdot e^{16 \cdot b} + c = 0$
> (II) $8 \cdot a \cdot b \cdot e^{16 \cdot b} = -1$
> (III) $2 \cdot a \cdot b \cdot (1 + 32 \cdot b) \cdot e^{16 \cdot b} = 0$
>
> Aus (III) folgt: $b = -\frac{1}{32}$
> Aus (II) folgt dann: $a = 4 \cdot e^{\frac{1}{2}}$
> Aus (I) ergibt sich: $c = -4$
> also: $f_1(x) = 4\left(e^{-\frac{1}{32}x^2 + \frac{1}{2}} - 1\right)$

(4) Prüfen Sie die Lage der Trasse bezüglich der Kreuzung.

d) Von der Trassenbaugesellschaft wird die Funktion f_2 für die Modellierung der Trasse vorgeschlagen:

$f_2(x) = -0{,}2757\,(e^{0{,}5x} + e^{-0{,}5x}) + 2{,}075$

Zeigen Sie, dass auch f_2 als Modellierung in Frage kommt mit der Einschränkung, dass die Ruckfreiheit nur bedingt gewährleistet ist. A2 A6

e) Das Gebiet, welches von den Landstraßen und der Trasse eingeschlossen wird, kann nicht mehr landwirtschaftlich genutzt werden; pro Quadratmeter Fläche entstehen hohe Kosten.
Die Planungsgruppe vergleicht den Flächenbedarf der beiden durch f_1 und f_2 gegebenen Alternativen. Für Modell 1 wird ein Bedarf von 28 580 m² berechnet. Modell 2 erfordert eine k-fach so große Fläche.
Bestimmen Sie den Faktor k (Rundung auf eine Dezimalstelle). D1 D2 A2

Entscheiden Sie, welche Funktion zur Modellierung der Trasse ausgewählt werden soll.

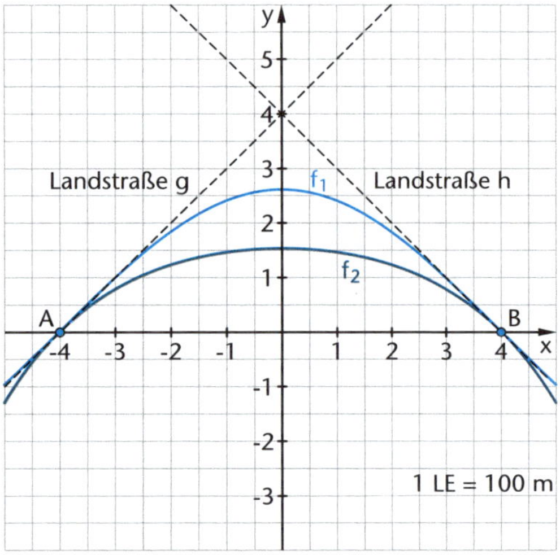

Lösung

a) Die Landstraßen werden modelliert durch die linearen Funktionen g und h mit $g(x) = x + 4$ und $h(x) = -x + 4$.
Eine Modellierungsfunktion f sollte die folgenden Bedingungen erfüllen:
A ist Berührpunkt der Graphen von f und g und B ist Berührpunkt von f und h.
(1) nahtlos: $f(-4) = g(-4) \wedge f(4) = h(4) \Leftrightarrow f(-4) = 0 \wedge f(4) = 0$
(2) knickfrei: $f'(-4) = g'(-4) \wedge f'(4) = h'(4) \Leftrightarrow f'(-4) = 1 \wedge f'(4) = -1$
Zusätzlich soll das Krümmungsverhalten der Graphen an den Berührstellen übereinstimmen. Die Krümmung einer Gerade ist in allen Punkten gleich null.
(3) ruckfrei: $f''(-4) = g''(-4) = 0 \wedge f''(4) = h''(4) = 0$

Das vorliegende Trassierungsproblem ist achsensymmetrisch, gesucht wird also eine achsensymmetrische Funktion f. Es genügt daher, die Bedingungen im Punkt B zu betrachten, d. h. es muss gelten:
(1) $f(4) = 0$ (2) $f'(4) = -1$ (3) $f''(4) = 0$
Zu beachten ist auch $f(0) < 4$, da die Trasse südlich der Kreuzung verlaufen soll.

b) Der Graph der ganzrationalen Funktion zweiten Grades muss achsensymmetrisch zur y-Achse sein, der Funktionsterm kann also nur Summanden mit geraden Potenzen von x enthalten:
Ansatz: $f(x) = ax^2 + b$ mit $f'(x) = 2ax$ und $f''(x) = 2a$.
(1) $16a + b = 0$ (2) $8a = -1$ (3) $2a = 0$
Die Gleichungen (2) und (3) stehen zueinander im Widerspruch.

Es existiert also keine ganzrationale Funktion zweiten Grades, welche alle drei Bedingungen erfüllt.

Aufgrund der Achsensymmetrie lässt sich für die gesuchte ganzrationale Funktion vierten Grades die Funktionsgleichung $f(x) = ax^4 + bx^2 + c$ aufstellen.
Die erste und zweite Ableitung lauten: $f'(x) = 4ax^3 + 2bx$ und $f''(x) = 12ax^2 + 2b$

Aus den Bedingungen (1), (2) und (3) ergibt sich das Gleichungssystem
(1) $256a + 16b + c = 0$ (2) $256a + 8b = -1$ (3) $192a + 2b = 0$

c) (1) Der Graph der Funktion ist achsensymmetrisch, denn es gilt
$f_1(-x) = a\,e^{b\cdot(-x)^2} + c = a\,e^{b\cdot x^2} + c = f_1(x)$ für alle $x \in \mathbb{D}_{f_1}$.

(2) Nach Kettenregel gilt: $f_1'(x) = a\cdot e^{b\cdot x^2}\cdot 2bx = 2ab\cdot x\cdot e^{b\cdot x^2}$
Nach Produkt- und Kettenregel folgt:
$f_1''(x) = 2ab\cdot e^{b\cdot x^2} + 2ab\cdot x\cdot e^{b\cdot x^2}\cdot 2bx = 2ab\cdot e^{b\cdot x^2}\cdot(1 + 2bx^2)$

(3) (I) Der Graph hat bei $x = 4$ eine Nullstelle, d. h. $f(4) = a\cdot e^{16b} + c = 0$
(II) Die Steigung der Tangente an der Stelle $x = 4$ ist gleich -1:
$f_1'(4) = 8ab\cdot e^{16b} = -1$
(III) Der Übergang an der Stelle $x = 4$ ist krümmungsruckfrei, d. h. $f_1''(4) = 0$,
also $2ab\cdot e^{16b}\cdot(1 + 32b) = 0$

In Gleichung (III) steht auf der linken Seite ein Produkt; dieses kann nur null sein, wenn mindestens einer der Faktoren gleich null ist. Da $a, b \neq 0$ vorausgesetzt wird und für die Potenz gilt $e^{16b} > 0$, muss gelten:

$1 + 32b = 0$, also $b = -\frac{1}{32}$.
Durch Einsetzen von $b = -\frac{1}{32}$ in (2) ergibt sich
$8\cdot a\cdot\left(-\frac{1}{32}\right)\cdot e^{-16\cdot\frac{1}{32}} = -1 \Leftrightarrow a = 4\cdot e^{\frac{1}{2}}$.
Setzt man $a = 4\cdot e^{\frac{1}{2}}$ und $b = -\frac{1}{32}$ in (1) ein, so erhält man
$4\cdot e^{\frac{1}{2}}\cdot e^{-16\cdot\frac{1}{32}} + c = 0 \Leftrightarrow c = -4$.
Für die Funktion f_1 ergibt sich $f_1(x) = 4\cdot e^{\frac{1}{2}}\cdot e^{-\frac{1}{32}\cdot x^2} - 4 = 4\cdot\left(e^{-\frac{1}{32}\cdot x^2+\frac{1}{2}} - 1\right)$

(4) Es ist $f_1(0) = 4\cdot e^{\frac{1}{2}} - 4 \approx 2{,}6 < 4$. Die Trasse verläuft etwa 140 m südlich des Kreuzungspunktes.

d) Der Graph der Funktion f_2 mit $f_2(x) = -0{,}2757 \cdot (e^{0,5 \cdot x} + e^{-0,5 \cdot x}) + 2{,}075$ ist achsensymmetrisch, denn es gilt für alle $x \in D_{f_2}$
$f_2(-x) = -0{,}2757 \cdot (e^{0,5 \cdot (-x)} + e^{-0,5 \cdot (-x)}) + 2{,}075 = -0{,}2757 \cdot (e^{-0,5 \cdot x} + e^{0,5 \cdot x}) + 2{,}075 = f_2(x)$
Das Maximum liegt unterhalb des Schnittpunktes der beiden Geraden, denn es ist
$f_2(0) = -0{,}2757 \cdot (e^0 + e^0) + 2{,}075 \approx 1{,}52 < 4$.
Zur Überprüfung des Verhaltens an den Übergangspunkten werden zunächst die Ableitungen gebildet:
$f_2'(x) = -0{,}2757 \cdot (0{,}5 \cdot e^{0,5 \cdot x} - 0{,}5 \cdot e^{-0,5 \cdot x}) = -0{,}13785 \cdot (e^{0,5 \cdot x} - e^{-0,5 \cdot x})$
$f_2''(x) = -0{,}13785 \cdot (0{,}5 \cdot e^{0,5 \cdot x} + 0{,}5 \cdot e^{-0,5 \cdot x}) = -0{,}068925 \cdot (e^{0,5 \cdot x} + e^{-0,5 \cdot x})$

Es ist $f_2(4) = -0{,}2757 \cdot (e^2 + e^{-2}) + 2{,}075 \approx 0 \wedge f_2'(4) = -0{,}13785 \cdot (e^2 - e^{-2}) \approx -1$.
Die Trassierung mittels der Funktion f_2 ermöglicht einen nahtlosen und knickfreien Übergang.
Der Übergang ist nicht völlig ruckfrei, da die Krümmung $f_2''(4) \approx -0{,}52 \neq 0$ ist.

e) Zunächst wird die von den beiden Geraden und der x-Achse eingeschlossene Dreiecksfläche berechnet.
Die Länge der Grundseite des Dreiecks beträgt 8 LE (Längeneinheiten), die Länge der Dreieckshöhe 4 LE.

$A_D = \frac{1}{2} \cdot 8\text{ LE} \cdot 4\text{ LE} = 16\text{ FE}$ (Flächeneinheiten).

In der Realität entspricht eine Längeneinheit einer Länge von 100 m, daher beträgt der Inhalt des dreieckförmigen Flächenstücks 160 000 m^2.
Die Fläche, welche der Graph von f_2 mit der x-Achse einschließt, kann unter Ausnutzung der Achsensymmetrie durch Integration bestimmt werden:

$$A_{f_2} = 2 \cdot \int_0^4 f_2(x)\,dx = 2 \cdot \int_0^4 (-0{,}2757 \cdot (e^{0,5 \cdot x} + e^{-0,5 \cdot x}) + 2{,}075)\,dx$$
$$= 2 \cdot \Big[-0{,}2757 \cdot (2 \cdot e^{0,5 \cdot x} - 2 \cdot e^{-0,5 \cdot x}) + 2{,}075 \cdot x\Big]_0^4 \approx 8{,}6\text{ FE}.$$

Dies entspricht in der Realität einer Größe von 86 000 m^2. Der Flächenbedarf für die Trassierung mittels f_2 beträgt demnach $A = 160\,000\text{ m}^2 - 86\,000\text{ m}^2 = 74\,000\text{ m}^2$.
Alternativ kann auch die Fläche zwischen den Funktionsgraphen von h und f_2 betrachtet werden:

$$A = 2 \cdot \int_0^4 (h(x) - f_2(x))\,dx = 2 \cdot \int_0^4 (-x + 0{,}2757 \cdot (e^{0,5 \cdot x} + e^{-0,5 \cdot x}) + 1{,}925)\,dx$$
$$= 2 \cdot \Big[-\frac{1}{2}x^2 + 0{,}2757 \cdot (2 \cdot e^{0,5 \cdot x} - 2 \cdot e^{-0,5 \cdot x}) + 1{,}925 \cdot x\Big]_0^4 \approx 7{,}4\text{ FE} = 74\,000\text{ m}^2.$$

Mit $k = 74\,000\text{ m}^2 : 28\,580\text{ m}^2 \approx 2{,}6$ ist der Flächenbedarf für das Trassierungsmodell 2 also etwa 2,6-fach höher als bei Modell 1.
Die Funktion f_1 ist für die Modellierung der Trassierung zu empfehlen. Der zugehörige Graph verläuft achsensymmetrisch unterhalb des Schnittpunktes der Geraden g und h. Das Verhalten an den Übergangspunkten entspricht genau den geforderten Bedingungen.

Aufgabe 3 *mp3-Player*

Die Elektronikfirma stellt einen mp3-Player her.
In der nebenstehenden Abbildung ist die Anzahl der täglich verkauften mp3-Player im Verlauf eines Jahres dargestellt.
Zur Vereinfachung der Modellierung wird im Folgenden mit einem Jahr mit 360 Tagen und einer konstanten Monatslänge von 30 Tagen gerechnet.

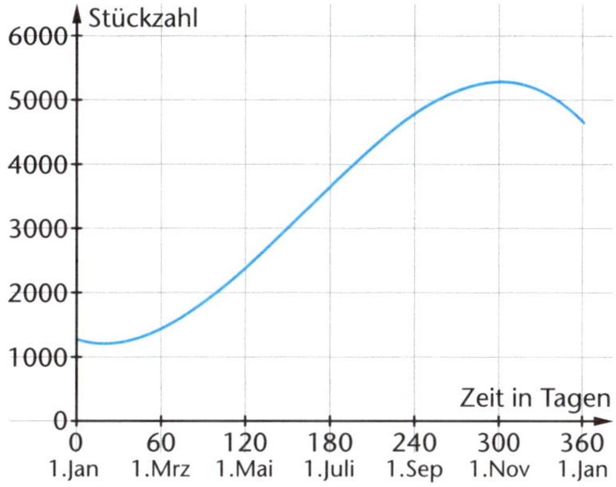

a) Erläutern Sie, wie man folgende Aussagen am Graphen ablesen kann:

(1) Am 1. März wurden ungefähr 1400 mp3-Player verkauft.
(2) Die mittlere tägliche Zunahme für den Zeitraum vom 1. März bis zum 1. Mai beträgt ungefähr 16,7 Stück/Tag.
(3) Die momentane tägliche Zunahme am 1. März beträgt ungefähr 10,7 Stück/Tag. **A4**

b) Anhand einiger Unternehmensdaten soll ein mathematisches Modell für die Anzahl der täglich verkauften mp3-Player erstellt werden:

- Am 1. Januar ($t = 0$) wurden 1280 und am 1. September ($t = 240$) wurden 4800 mp3-Player verkauft.
- Am 20. Januar ($t = 20$) wurden die wenigsten mp3-Player verkauft.
- Die momentane Zunahme der verkauften mp3-Player betrug am 1. Mai ($t = 120$) $20\,\frac{\text{Stück}}{\text{Tag}}$.

(1) Stellen Sie anhand dieser Daten ein Gleichungssystem zur Bestimmung einer geeigneten ganzrationalen Funktion 3. Grades auf. **C2**
(2) Zeigen Sie, dass folgende Funktion f diese Bedingungen erfüllt:

$$f(t) = -\frac{10}{30^3}t^3 + \frac{40}{15^2}t^2 - \frac{20}{3}t + 1280$$

c) Nun sei durch $f(t) = -\frac{10}{30^3}t^3 + \frac{40}{15^2}t^2 - \frac{20}{3}t + 1280$ eine Funktion zur Beschreibung der pro Tag verkauften mp3-Player gegeben. Dabei wird die Zeit t in Tagen und die Anzahl f(t) in Stück angegeben.

(1) Untersuchen Sie rechnerisch, wie viele mp3-Player nach diesem Modell maximal pro Tag verkauft wurden. Geben Sie an, wann dies der Fall war. **B3**
(2) Untersuchen Sie rechnerisch, wann die Zunahme der täglich verkauften mp3-Player am größten war. **B4**
(3) Berechnen Sie, wie viele mp3-Player im ganzen Jahr verkauft wurden. **D4**

d) **(LK)** Für das folgende Geschäftsjahr mit $360 \leq t \leq 720$ nimmt die Unternehmensleitung an, dass die Verkaufszahlen exponentiell abnehmen werden. Zur Untersuchung von Prognosen wird dazu die Funktion g mit $g(t) = a \cdot e^{-b \cdot t}$ ($a > 0$, $b > 0$) so bestimmt, dass die Graphen von f und g an der Stelle $t = 360$ ohne Sprung und ohne Knick aneinander anschließen.

(1) Bestimmen Sie die Koeffizienten a und b, so dass die obige Bedingung erfüllt ist. C3

(2) Berechnen Sie die mittlere Anzahl der in diesem Jahr täglich verkauften mp3-Player. D3

Lösung

a) (1) Gesucht ist der Funktionswert an der Stelle $t = 60$. Dem Graphen kann man $f(60) \approx 1400$ entnehmen.

(2) Die mittlere tägliche Zunahme für den Zeitraum ergibt sich aus der Sekantensteigung in dem betrachteten Zeitraum. Die benötigten Funktionswerte $f(60)$ und $f(120)$ können dem Graphen entnommen werden:

$$\frac{f(120) - f(60)}{120 - 60} \approx \frac{2400 - 1400}{60} = \frac{1000}{60} \approx 16{,}7.$$

(3) Die momentane tägliche Zunahme am 1. März kann als Tangentensteigung einer in die Grafik eingezeichneten Tangente abgelesen werden.

Sie beträgt ungefähr $10{,}7\,\frac{\text{Stück}}{\text{Tag}}$.

b) Ansatz: $f(x) = a x^3 + b x^2 + c x + d$

Folgende Bedingungen müssen erfüllt sein:

$f(0) = 1280 \wedge f(240) = 4800 \wedge f'(20) = 0 \wedge f'(120) = 20$

(1) Das Gleichungssystem lautet:

$$\left| \begin{array}{r} d = 1280 \\ 240^3 a + 240^2 b + 240 c + d = 4800 \\ 3 \cdot 20^2 a + 2 \cdot 20 b + c = 0 \\ 3 \cdot 120^2 a + 2 \cdot 120 b + c = 20 \end{array} \right|$$

(2) Mit der gegebenen Funktion und ihrer Ableitung $f'(t) = -\frac{1}{900} t^2 + \frac{16}{45} t - \frac{20}{3}$ bestätigt man die genannten Bedingungen.

c) $f'(t) = -\frac{1}{900} t^2 + \frac{16}{45} t - \frac{20}{3}$; $f''(t) = -\frac{1}{450} t + \frac{16}{45}$; $f'''(t) = -\frac{1}{450}$

(1) Zu bestimmen ist ein absolutes Extremum. Die notwendige Bedingung ergibt:

$f'(t) = 0 \Leftrightarrow -\frac{1}{900} t^2 + \frac{16}{45} t - \frac{20}{3} = 0 \Leftrightarrow t^2 - 320 t + 6000 = 0 \Leftrightarrow t = 20 \vee t = 300$

Da an der Stelle $t = 20$ ein lokales Minimum vorliegt, kommt hier nur $t = 300$ in Frage.

Mit der hinreichenden Bedingung $f'(300) = 0 \wedge f''(300) = -\frac{14}{45} < 0$ ergibt sich ein lokales Maximum bei $t = 300$. Durch den Vergleich von $f(300) = 5280$ mit den Funktionswerten an den Rändern des betrachteten Intervalls $f(0) = 1280$ und $f(360) = 4640$ ergibt sich hier auch ein absolutes Maximum.
Mit 5280 Stück wurden also am 1. November die meisten mp3-Player verkauft.

(2) Gesucht ist eine Extremstelle der ersten Ableitung, also eine Wendestelle, an der zusätzlich eine positive Steigung vorliegen soll. Die notwendige Bedingung ergibt

$f''(t) = 0 \Leftrightarrow \frac{1}{450} t = \frac{16}{45} \Leftrightarrow t = 160$. Aus der hinreichenden Bedingung

$f''(160) = 0 \wedge f'''(160) = -\frac{1}{450} \neq 0$ folgt, dass $t = 160$ eine Wendestelle ist.

Da außerdem auch $f'(160) = 21\frac{7}{9} > 0$, war die Zunahme für $t = 160$, also am 10. Juni maximal.

(3) Zur Berechnung der Gesamtzahl der verkauften mp3-Player wird folgendes Integral berechnet: $n = \int_0^{360} f(t)\,dt = \left[-\frac{1}{10\,800}t^4 + \frac{8}{135}t^3 - \frac{10}{3}t^2 + 1280\,t\right]_0^{360}$

$= -1\,555\,200 + 2\,764\,800 - 432\,000 + 460\,800$

$= 1\,238\,400.$

d) (1) Die Bedingungen
$g(360) = f(360) \wedge g'(360) = f'(360)$
führen zum Gleichungssystem

$a\,e^{-360 \cdot b} = 4640 \wedge -b \cdot a\,e^{-360 \cdot b} = -\frac{68}{3}.$

Einsetzen von 4640 für $a\,e^{-360 \cdot b}$ in der zweiten Gleichung ergibt $b = \frac{17}{3480}$.

Daraus folgt mit der ersten Gleichung $a = 4640 \cdot e^{\frac{51}{29}}$.

Also lautet die Funktionsgleichung:

$g(t) = 4640\,e^{\frac{51}{29}} \cdot e^{-\frac{17}{3480} \cdot t}$

$\approx 26\,932{,}5 \cdot e^{-0{,}004885\,t}$

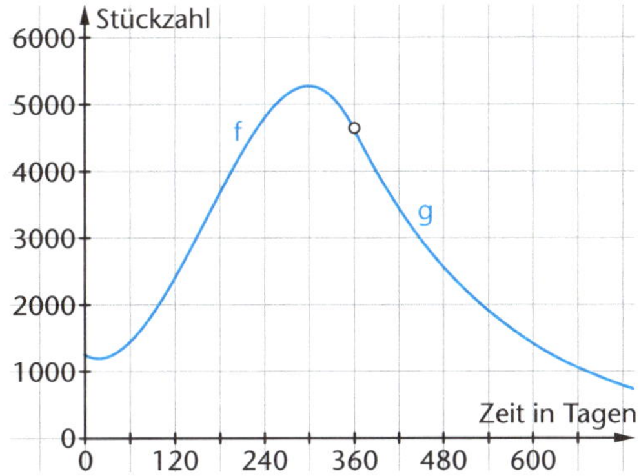

(2) Berechnung des Mittelwertes M durch Integration:

$M = \frac{1}{360}\int_{360}^{720} g(t)\,dt = \frac{1}{360}\left[-\frac{a}{b}e^{-b \cdot t}\right]_{360}^{720} \approx \frac{1}{360} \cdot 786\,195 \approx 2184.$

Die mittlere Anzahl der täglich verkauften mp3-Player beträgt also 2184 Stück.

Aufgabe 4 *Ein Kugelgasbehälter*

Der abgebildete kugelförmige Körper kann mit Flüssiggas befüllt werden. Flüssiggas kann natürlich nur entnommen werden, wenn der Kugelgasbehälter nicht leer ist. Die Zulaufgeschwindigkeit v(t) des Flüssiggases wird in $\frac{m^3}{h}$, die Zeit t in Stunden angegeben.

Betrachtet wird das Zeitintervall [0 h; 5 h]. Zum Zeitpunkt t = 0 h befinden sich 42 m^3 Flüssiggas im Behälter.

Die Zulaufgeschwindigkeit v kann mithilfe einer ganzrationalen 3. Grades modelliert werden mit $v(t) = a \cdot t^3 + b \cdot t^2 + c \cdot t + d$.

a) Zur Bestimmung der Koeffizienten dieser ganzrationalen Funktion werden die im Folgenden notierten Ansätze gemacht und Rechnungen durchgeführt. Hierbei werden Aussagen zu den Zeitpunkten t = 1 und t = 4 gemacht. C2

(1) Ansatz

$$\left| \begin{array}{l} a + b + c + d = 22 \\ 3a + 2b + c = 0 \\ 64a + 16b + 4c + d = -32 \\ 48a + 8b + c = 0 \end{array} \right|$$

Erläutern Sie, welche Informationen über v hierbei vorgelegen haben.

(2) Rechnung

$$\left|\begin{array}{cccc|c} 1 & 1 & 1 & 1 & 22 \\ 3 & 2 & 1 & 0 & 0 \\ 64 & 16 & 4 & 1 & -32 \\ 48 & 8 & 1 & 0 & 0 \end{array}\right| \Leftrightarrow \left|\begin{array}{cccc|c} 1 & 1 & 1 & 1 & 22 \\ 0 & -1 & -2 & -3 & -66 \\ 0 & -48 & -60 & -63 & -1440 \\ 0 & -40 & -47 & -48 & -1056 \end{array}\right| \Leftrightarrow \left|\begin{array}{cccc|c} \ldots & \ldots & \ldots & \ldots & \ldots \end{array}\right| \Leftrightarrow$$

$$\left|\begin{array}{cccc|c} \ldots & \ldots & \ldots & \ldots & \ldots \end{array}\right| \Leftrightarrow \left|\begin{array}{cccc|c} 1 & 1 & 1 & 1 & 22 \\ 0 & 1 & 2 & 3 & 66 \\ 0 & 0 & 1 & 2{,}25 & 48 \\ 0 & 0 & 0 & 1 & 0 \end{array}\right|$$

Erläutern Sie das angewandte Verfahren und führen Sie die fehlenden Umformungsschritte aus. Geben Sie an, wie sich die gesuchten Koeffizienten a, b, c, d aus der letzten erweiterten Koeffizientenmatrix ergeben.

b) Die Abbildung zeigt den Graphen für die Zulaufgeschwindigkeit im Intervall [0; 5]. Beschreiben Sie den in der Abbildung dargestellten Vorgang.
Geben Sie ohne Berechnung eine begründete Entscheidung an, ob nach 5 Stunden mehr oder weniger als 42 m^3 Flüssiggas im Behälter sind. D2
Bestimmen Sie rechnerisch, zu welchen Zeitpunkten Flüssiggas weder zu- noch abfließt. B2

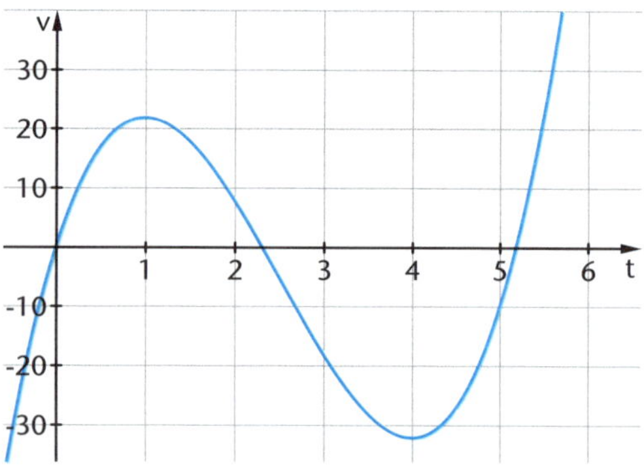

c) Bestimmen Sie den Zeitpunkt, in dem die Zuflussrate am stärksten abnimmt. Welche Ablaufgeschwindigkeit liegt dann vor? B4

d) (1) Berechnen Sie, wie viel Gas sich nach 2 h in dem Gasbehälter befindet.
(2) Berechnen Sie, zu welchen Zeitpunkten sich wieder die Ausgangsmenge von 42 m^3 Gas im Behälter befindet. D4

e) **(LK)** Die Form des kugelförmigen Gasbehälters entsteht durch die Rotation des Graphen der Funktion $h(x) = \sqrt{9 - x^2}$ zwischen ihren Nullstellen um die x-Achse. Alle Längen werden dabei in Meter angegeben.

(1) Berechnen Sie das Volumen des Gasbehälters.
(2) **(CAS)** Welche Füllhöhe hat der Behälter, wenn 42 m^3 Flüssiggas eingefüllt ist? D7

Lösung

a) Ansatz mit einer ganzrationalen Funktion 3. Grades:
$v(t) = at^3 + bt^2 + ct + d$ mit $v'(t) = 3at^2 + 2bt + c$.

Aus den Informationen im Text ergeben sich die folgenden Bedingungen:
Die Zulaufgeschwindigkeit zum Zeitpunkt $t = 1$
– beträgt 22 m^3/h: $v(1) = 22$
– ist maximal: $v'(1) = 0$ (*notwendige Bedingung*)
Die Zulaufgeschwindigkeit zum Zeitpunkt $t = 4$
– beträgt –32 m^3/h: $v(4) = -32$
– ist minimal: $v'(4) = 0$ (*notwendige Bedingung*)

Setzt man diese in die Gleichungen für v(t) bzw. v'(t) ein, so ergibt sich ein lineares Gleichungssystem mit zugehöriger erweiterter Koeffizientenmatrix:

$$\left|\begin{array}{l} a + b + c + d = 22 \\ 3a + 2b + c = 0 \\ 64a + 16b + 4c + d = -32 \\ 48a + 8b + c = 0 \end{array}\right| \Leftrightarrow \left|\begin{array}{cccc|c} 1 & 1 & 1 & 1 & 22 \\ 3 & 2 & 1 & 0 & 0 \\ 64 & 16 & 4 & 1 & -32 \\ 48 & 8 & 1 & 0 & 0 \end{array}\right|$$

Bei der Lösung des Gleichungssystems mithilfe linearer Zeilenumformungen erhält man folgende Zwischenschritte

$$\left|\begin{array}{cccc|c} 1 & 1 & 1 & 1 & 22 \\ 0 & -1 & -2 & -3 & -66 \\ 0 & -48 & -60 & -63 & -1440 \\ 0 & -40 & -47 & -48 & -1056 \end{array}\right| \Leftrightarrow \left|\begin{array}{cccc|c} 1 & 1 & 1 & 1 & 22 \\ 0 & 1 & 2 & 3 & 66 \\ 0 & 0 & 36 & 81 & 1728 \\ 0 & 0 & 33 & 72 & 1584 \end{array}\right| \Leftrightarrow$$

$$\left|\begin{array}{cccc|c} 1 & 1 & 1 & 1 & 22 \\ 0 & 1 & 2 & 3 & 66 \\ 0 & 0 & 1 & 2{,}25 & 48 \\ 0 & 0 & 0 & -2{,}25 & 0 \end{array}\right| \Leftrightarrow \left|\begin{array}{cccc|c} 1 & 1 & 1 & 1 & 22 \\ 0 & 1 & 2 & 3 & 66 \\ 0 & 0 & 1 & 2{,}25 & 48 \\ 0 & 0 & 0 & 1 & 0 \end{array}\right|$$

Aus der Matrix in Dreiecksform kann man von unten nach oben die Lösungen ablesen:
$d = 0$,
$c + 2{,}25 \cdot 0 = 48$, also $c = 48$,
$b + 2 \cdot 48 + 3 \cdot 0 = 66$, also $b = -30$,
$a + 1 \cdot (-30) + 1 \cdot 48 + 1 \cdot 0 = 22$, also $a = 4$.
Damit lautet die Funktionsgleichung der Zulaufgeschwindigkeit:
$v(t) = 4t^3 - 30t^2 + 48t$.

Kontrolle, ob diese so ermittelte Funktion tatsächlich die Bedingungen erfüllt:
Es gilt: $v'(t) = 12t^2 - 60t + 48 = 12 \cdot (t^2 - 5t + 4) = 12 \cdot (t-1) \cdot (t-4)$, also
$v'(t) = 0 \Leftrightarrow t = 1 \vee t = 4$.

Überprüfung, ob die hinreichenden Bedingungen erfüllt sind:
Da $v''(t) = 24t - 60$, liegt mit $v''(1) = -36 < 0$ für $t = 1$ ein lokales Maximum und mit $v''(4) = 36 > 0$ für $t = 4$ ein lokales Minimum vor.

b) Zunächst läuft Flüssiggas in den zu Beginn bereits mit 42 m^3 gefüllten Tank ein. Die Zuflussgeschwindigkeit nimmt in der ersten Stunde immer weiter zu. Danach verringert sich die Zuflussgeschwindigkeit wieder (es wird aber weiter Flüssiggas eingefüllt), bis sie nach etwa 2,3 h gleich null ist. In diesem Moment fließt nichts ein oder aus. Anschließend wird die Zuflussgeschwindigkeit sogar negativ, was bedeutet, dass Flüssiggas aus dem Tank entnommen wird.
Man erkennt eindeutig, dass über dem Intervall [0; 5] der Flächeninhalt der Fläche unterhalb der x-Achse größer ist als der Flächeninhalt der Fläche oberhalb der x-Achse. Daher wird dem Tank insgesamt mehr entnommen als zugeführt wird und er wird nach 5 h weniger als 42 m^3 Flüssiggas enthalten.

Es ergeben sich die Nullstellen: $t_1 = 0$; $t_2 = \frac{15}{4} - \frac{\sqrt{33}}{4} \approx 2{,}31$; $t_3 = \frac{15}{4} + \frac{\sqrt{33}}{4} \approx 5{,}19$

Im Zeitintervall $[0; t_2]$ fließt Gas zu; im Zeitintervall $[t_2; 5]$ fließt Gas aus.
Die Nullstelle t_3 liegt außerhalb des betrachteten 5-stündigen Zeitintervalls.

c) $v'(t) = 12t^2 - 60t + 48$; $v''(t) = 24t - 60$; $v'''(t) = 24$
Gesucht ist eine Extremstelle der ersten Ableitung, also eine Wendestelle, an der zusätzlich eine negative Steigung vorliegen soll.
Die notwendige Bedingung ergibt $v''(t) = 0 \Leftrightarrow 24t = 60 \Leftrightarrow t = 2{,}5$.
Aus der hinreichenden Bedingung $v''(2{,}5) = 0 \wedge v'''(2{,}5) = 24 \neq 0$ folgt, dass $t = 2{,}5$ eine Wendestelle ist.
Da außerdem auch $v'(2{,}5) = -27 < 0$, war die Abnahme nach 2,5 Stunden am größten.

Da weiterhin $v(2{,}5) = -5$, fließen zu diesem Zeitpunkt $5\frac{m^3}{h}$ aus dem Behälter heraus.

d) (1) Bei der Berechnung der Füllmenge nach 2 Stunden mithilfe der Integralrechnung ist zu beachten, dass der Behälter bereits mit 42 m^3 gefüllt war.

$$\int_0^2 v(t)\,dt + 42 = \left[t^4 - 10t^3 + 24t^2\right]_0^2 + 42 = 32 + 42 = 74$$

Nach 2 Stunden befinden sich also 74 m^3 Gas im Behälter.

(2) Soll sich im Behälter wieder die Ausgangsmenge von 42 m^3 befinden, so muss die Bilanzsumme aus Zu- und Abfluss gerade wieder null ergeben.

Der Ansatz $\int_0^d v(t)\,dt = 0$ mit $d > 0$ führt zu der Gleichung:

$d^4 - 10d^3 + 24d^2 = 0 \Leftrightarrow d^2(d^2 - 10d + 24) = 0 \Leftrightarrow d^2(d-4)(d-6) = 0$.
Diese hat die Lösungen $d = 0 \vee d = 4 \vee d = 6$.
Im betrachteten Zeitintervall befindet sich also nach 4 Stunden sowie zusätzlich nach 6 Stunden wieder die Ausgangsmenge im Behälter.

e) **(LK)** Der kugelförmige Behälter hat den Radius $r = 3$ m. Er kann als Rotationskörper betrachtet werden.

(1) $V_{ges} = = \pi\int_{-3}^{3}(9 - x^2)\,dx = 2\pi\int_0^3(9 - x^2)\,dx = 2\pi\left[9x - \frac{1}{3}x^3\right]_0^3 = 36\pi \approx 113{,}1$

Das gesamte Volumen des Behälters beträgt etwa 113,1 m^3.

(2) **(CAS)** Die Füllung kann als sich in einer Kugelkappe der Höhe h befindlich betrachtet werden. Zur Bestimmung der Füllhöhe h dient der Ansatz

$$\pi\int_{3-h}^{3}(9-x^2)\,dx = 42.$$

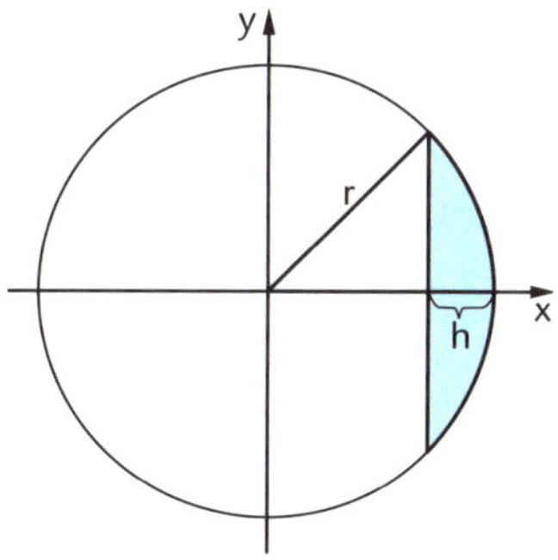

Durch Integration folgt die äquivalente Gleichung

$$\frac{\pi}{3}\cdot h^2(9-h) = 42$$

mit den numerisch bestimmten Lösungen
$h_1 \approx -1{,}92$; $h_2 \approx 2{,}48$; $h_3 \approx 8{,}44$.
Da nur h_2 im Intervall [0; 3] liegt, beträgt die gesuchte Füllhöhe ungefähr 2,48 m.

Aufgabe 5 *Arzneimittel-Konzentration*

Bei einer intramuskulären Injektion hängt die messbare Konzentration f_k (in mg pro Liter) des injizierten Medikaments im Blut u. a. von der Zeit x (Angaben in Stunden) seit der Injektion ab. Sie ist außerdem abhängig von zahlreichen weiteren Faktoren (z. B. der unterschiedlichen Konstitution des Menschen) und lässt sich durch Änderungen der physikalisch-chemischen Zusammensetzung beeinflussen (Parameter k).

Für f_k gilt: $f_k(x) = x \cdot e^{-k \cdot x + k} = e^k \cdot x \cdot e^{-k \cdot x}$; $x \geq 0$; $k > 0$.

a) Bestimmen Sie den Zeitpunkt, zu dem die maximale Arzneimittelkonzentration im Blut erreicht ist. Berechnen Sie die maximale Arzneimittelkonzentration allgemein und für den Parameterwert k = 2. **B3**

b) Untersuchen Sie, zu welchem Zeitpunkt die Geschwindigkeit, mit der sich die Arzneimittelkonzentration ändert, extremal ist.
Bestimmen Sie die maximale Änderungsgeschwindigkeit allgemein und für k = 2.
Untersuchen Sie das Verhalten der Funktion f_k für $x \to \infty$. Interpretieren Sie das Ergebnis im Hinblick auf den langfristigen Abbau des Medikaments. **B6** **B5**

c) Die Abbildung zeigt die Graphen von f_k für k = 1 bis k = 4.
Beschreiben Sie den Verlauf der Graphen im Sachzusammenhang. Untersuchen Sie, welche Aussagen sich hinsichtlich des Einflusses von k machen lassen. (Beachten Sie auch Ihre Ergebnisse von a) und b)). **B3** **B5**

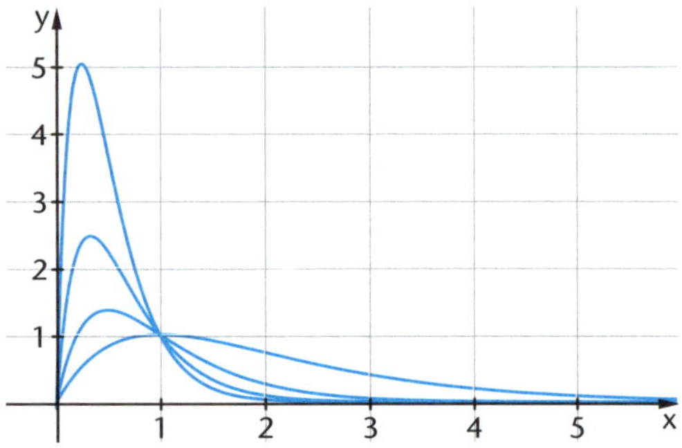

d) Zeigen Sie, dass es genau einen Zeitpunkt x > 0 gibt, bei dem die Arzneimittelkonzentration für alle verschiedenen Zusammensetzungen (d. h. die verschiedenen möglichen Parameterwerte) gleich ist und geben Sie diese Konzentration an. **B6**

e) Weisen Sie nach, dass die Funktion F_k mit $F_k(x) = -\frac{e^k}{k^2} \cdot (kx + 1) \cdot e^{-k \cdot x}$ eine Stammfunktion von f_k ist. **D1** **A2**
(LK) Bestimmen Sie in Abhängigkeit von k die mittlere Wirkstoffkonzentration m(k) in den ersten k Stunden nach der Einnahme des Medikaments. Berechnen Sie auch den konkreten Wert für k = 2. **D3**

f) Erklären Sie die einzelnen Schritte der Rechnung. Erläutern Sie die Bedeutung des Ergebnisses x = 12,5 im Sachzusammenhang. **A3**

(1) $y = f'(12) \cdot (x - 12) + f(12)$
(2) $y = -23 \cdot e^{-22} \cdot (x - 12) + 12 \cdot e^{-22}$
(3) $y = -23 \cdot e^{-22} \cdot x + 288 \cdot e^{-22}$
(4) $0 = -23 \cdot e^{-22} \cdot x + 288 \cdot e^{-22}$
(5) $x = 12,5$

Lösung

a) Ableitungen:

$$f_k'(x) = 1 \cdot e^{-k\cdot x+k} + x \cdot (-k) \cdot e^{-k\cdot x+k} = (1 - k \cdot x) \cdot e^{-k\cdot x+k}$$

$$f_k''(x) = -k \cdot e^{-k\cdot x+k} + (1 - k\cdot x)\cdot(-k)\cdot e^{-k\cdot x+k} = -k \cdot e^{-k\cdot x+k} + (-k + k^2 x)\cdot e^{-k\cdot x+k} = (k^2 x - 2k)\cdot e^{-k\cdot x+k}$$

Notwendige Bedingung:

$f_k'(x) = 0 \Leftrightarrow 1 - k\cdot x = 0 \Leftrightarrow x = \frac{1}{k}$

Aus dem hinreichenden Kriterium $f'\left(\frac{1}{k}\right) = 0 \wedge f_k''\left(\frac{1}{k}\right) = \left(k^2 \cdot \frac{1}{k} - 2k\right)\cdot e^{-k\cdot\frac{1}{k}+k} = -k\cdot e^{-1+k} < 0$

folgt, dass ein lokales Maximum nach $\frac{1}{k}$ Stunden vorliegt.

Der Funktionswert an dieser Stelle ist: $f_k\left(\frac{1}{k}\right) = \frac{1}{k}\cdot e^{-k\cdot\frac{1}{k}+k} = \frac{1}{k}\cdot e^{k-1}$

Für k = 2 gilt konkret: $f_2\left(\frac{1}{2}\right) = \frac{1}{2}e^{-2\cdot\frac{1}{2}+2} = \frac{1}{2}e \approx 1{,}359$

Für k = 2 ist die Konzentration nach $\frac{1}{2}$ h maximal, sie beträgt dann 1,359 mg/l.

b) Die Geschwindigkeit $f_k'(x) = (1 - k\cdot x)\cdot e^{-k\cdot x+k}$
wird extremal, wenn $f_k''(x) = (k^2\cdot x - 2k)\cdot e^{-k\cdot x+k} = 0$

$\Leftrightarrow \quad k^2\cdot x - 2k = 0$

$\Leftrightarrow \quad k^2\cdot x = 2k$

$\Leftrightarrow \quad x = \frac{2}{k}$

Für $x < \frac{2}{k}$ ist $f_k''(x) < 0$ und für $x > \frac{2}{k}$ ist $f_k''(x) > 0$.

Also liegt bei $x = \frac{2}{k}$ ein Vorzeichenwechsel von „–" nach „+" vor, d. h. die Arzneimittelkonzentration nimmt zum Zeitpunkt $x = \frac{2}{k}$ am stärksten ab.

Die Änderungsgeschwindigkeit an der Stelle $x = \frac{2}{k}$ beträgt:

$f_k'\left(\frac{2}{k}\right) = \left(1 - k\cdot\frac{2}{k}\right)\cdot e^{-k\cdot\frac{2}{k}+k} = (-1)\cdot e^{k-2}$

Für k = 2 gilt: $f_2'\left(\frac{2}{2}\right) = f_2'(1) = (1 - 2\cdot 1)\cdot e^{-2\cdot 1+2} = (-1)\cdot e^0 = -1$

Für k = 2 beträgt also die Änderungsrate: $-1\ \frac{\text{mg}}{\text{l}\cdot\text{h}}$

Die Veränderung der Konzentration und der langfristige Abbau des Medikaments werden beschrieben durch:

$\lim\limits_{x\to\infty}(x\cdot e^{-k\cdot x+k}) = \lim\limits_{x\to\infty}\frac{x\cdot e^k}{e^{k\cdot x}} = 0$

Auf lange Sicht geht die Konzentration gegen null.

$\lim\limits_{x\to\infty}[(1 - k\cdot x)\cdot e^{-k\cdot x+k}] = \lim\limits_{x\to\infty}\frac{(1 - k\cdot x)\cdot e^k}{e^{k\cdot x}} = 0.$

Die Änderungsrate der Konzentration geht gegen null, d. h. die Konzentration des injizierten Medikaments ändert sich immer langsamer.

c) Aus der Entwicklung der Graphen für wachsende Parameterwerte von k lesen wir ab: Je größer k, desto früher tritt die maximale Konzentration ein (das Maximum liegt bei $t = \frac{1}{k}$) und desto höher ist sie (im Term $\frac{1}{k} \cdot e^{k-1}$ wächst e^{k-1} schneller als der Nenner k). Je größer k, desto früher und schneller verläuft der Abbau; die Abnahmegeschwindigkeit ist am größten zum Zeitpunkt $t = \frac{2}{k}$ und hat die Geschwindigkeit $(-1) \cdot e^{k-2}$.

d) Aufgrund der abgebildeten Graphen vermuten wir, dass alle Graphen – außer dem Ursprung – der nicht zu beachten ist, vgl. Aufgabenstellung – den Punkt (1|1) gemeinsam haben. Die folgende Rechnung zeigt unter der Annahme $k_1 \neq k_2$, dass dies tatsächlich der einzige gemeinsame Punkt ist:

$$f_{k_1}(x) = f_{k_2}(x) \Leftrightarrow x \cdot e^{-k_1 \cdot x + k_1} = x \cdot e^{-k_2 \cdot x + k_2} \Leftrightarrow x \cdot (e^{-k_1 \cdot x + k_1} - e^{-k_2 \cdot x + k_2}) = 0$$

$$\Leftrightarrow x = 0 \vee e^{-k_1 \cdot x + k_1} - e^{-k_2 \cdot x + k_2} = 0 \Leftrightarrow x = 0 \vee -k_1 x + k_1 = -k_2 x + k_2$$

$$\Leftrightarrow x = 0 \vee x(-k_1 + k_2) = -k_1 + k_2 \Leftrightarrow x = 0 \vee x = 1.$$

Alle Zusammensetzungen haben zum Zeitpunkt x = 1 h die Konzentration 1 mg/l gemeinsam.

e) Durch Ableiten der Funktion F_k mithilfe der Produkt- und der Kettenregel bestätigt man die Stammfunktion

$$F_k'(x) = -\frac{e^k}{k^2} \cdot (-k) \cdot e^{-k \cdot x} \cdot (kx + 1) - \frac{e^k}{k^2} \cdot e^{-k \cdot x} \cdot k = \frac{e^k}{k} \cdot e^{-k \cdot x} \cdot (kx + 1 - 1) = e^k \cdot x \cdot e^{-k \cdot x}.$$

Die mittlere Wirkstoffkonzentration in den ersten k Stunden ist

$$m(k) = \frac{1}{k} \cdot \int_0^k f_k(x)\,dx = \frac{1}{k} \cdot \left[-\frac{e^k}{k^2} \cdot (kx + 1) \cdot e^{-k \cdot x}\right]_0^k = -\frac{e^k}{k^3} \cdot [(k^2 + 1) \cdot e^{-k^2} - 1].$$

Für k = 2 ergibt sich:

$$m(2) = -\frac{e^2}{2^3} \cdot [(2^2 + 1) \cdot e^{-2^2} - 1] = \frac{e^2}{8} \cdot (1 - 5 \cdot e^{-4}) \approx 0{,}839 \text{ mg/l}.$$

f) Die Steigung der Tangente an den Graphen von f_2 im Punkt $P(12|12e^{-22})$ ist $m = f_2'(12) = (1 - 2 \cdot 12) \cdot e^{-2 \cdot 12 + 2} = -23e^{-22}$.
Durch Einsetzen der Koordinaten in die entsprechende Tangentengleichung $t(x) = f'(12) \cdot (x - 12) + f(12)$ erhalten wir:

$$t(x) = -23e^{-22} \cdot (x - 12) + 12 \cdot e^{-22} = -23e^{-22} \cdot x + 288 \cdot e^{-22}.$$

Die Nullstelle erhält man aus $-23e^{-22} \cdot x + 288 \cdot e^{-22} = 0 \Leftrightarrow x = \frac{288}{23} \approx 12{,}5$.

Nach etwa 12,5 Stunden ist das Medikament abgebaut.

Aufgabe 6 *Eine Weinkaraffe*

Die Abbildungen zeigen eine Glaskaraffe, in die Rotwein gefüllt werden kann. Die benötigten Maße können der Abbildung in der Einheit cm entnommen werden.

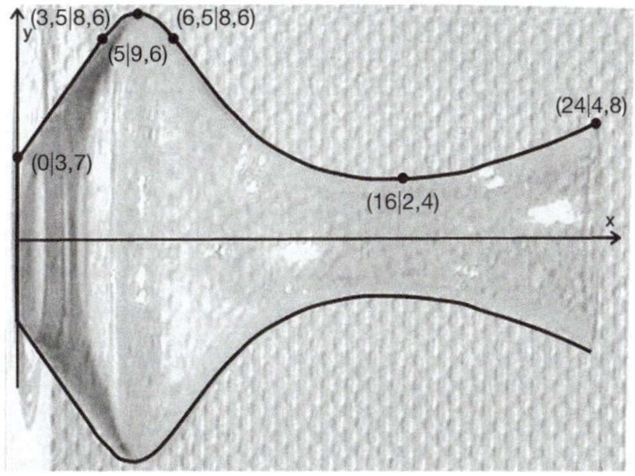

a) Die Formlinie soll zunächst für drei Intervalle getrennt betrachtet werden und auf diesen durch abschnittsweise definierte Funktionen beschrieben werden, und zwar:

(1) über dem Intervall [0; 3,5] durch eine lineare Funktion f_1,
(2) über dem Intervall [3,5; 6,5] durch eine quadratische Funktion f_2 und
(3) über dem Intervall [6,5; 24] durch eine kubische Funktion f_3.

Die schmalste Stelle der Karaffe befindet sich in einer Höhe von 16 cm (d. h. im Koordinatensystem: an der Stelle $x = 16$).
Bestimmen Sie die entsprechenden Funktionsterme von f_1 sowie f_2 und stellen Sie ein Gleichungssystem für die Koeffizienten von f_3 auf. C2
(GTR) Lösen Sie das Gleichungssystem, um den Funktionsterm von f_3 zu bestimmen.

b) Begründen Sie, warum die drei Funktionen f_1, f_2, f_3 mit
$f_1(x) = 1{,}4x + 3{,}7$ und $f_2(x) = -0{,}444x^2 + 4{,}444x - 1{,}511$
sowie $f_3(x) = -0{,}001\,783x^3 + 0{,}137\,33x^2 - 3{,}0255x + 22{,}9532$
zwar die abgebildete Formlinie gut modellieren, aber insgesamt den Bedingungen einer glatten Formlinie nicht gerecht werden.

Eine ähnliche Karaffe kann durch die Berandungsfunktion g mit

$g(x) = \frac{3}{400}x^3 - \frac{1}{4}x^2 + 2x + 5$ für $x \in [0; 24]$

modelliert werden. Dabei soll sich der Boden wieder bei $x = 0$ und die Öffnung bei $x = 24$ befinden.

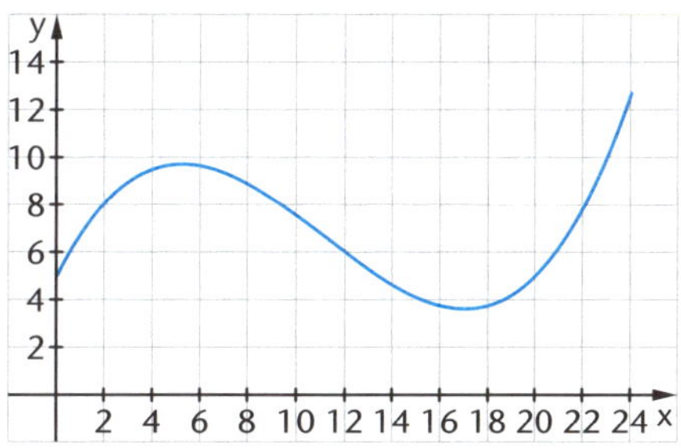

c) Untersuchen Sie, in welcher Höhe die so entstehende Karaffe ihre breiteste und wo sie ihre engste Stelle aufweist. Vergleichen Sie Ihre Ergebnisse mit der oben dargestellten Glaskaraffe. B3

d) Stellt man die Karaffe aufrecht und betrachtet ihre Formlinie von der Standfläche aus aufwärts bis zum oberen Rand, so stellt man fest, dass die Formlinie nach der Stelle, die den „Bauch" der Vase bestimmt, zunächst immer flacher, dann bis zur Engstelle wieder steiler und zum oberen Rand hin wieder flacher wird.
Untersuchen Sie am Graphen der Modellierungsfunktion g, in welcher Höhe die Formlinie der aufrechtstehenden Karaffe am flachsten verläuft.

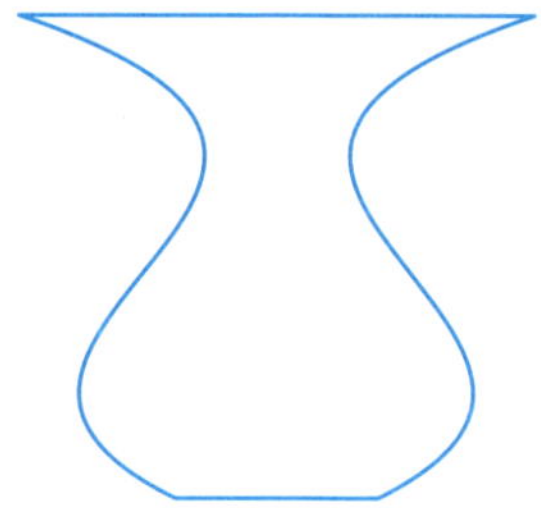

B4 D7

e) Berechnen Sie das Volumen der neuen Karaffe.

f) **(LK)** Die Funktion g ist Teil einer Funktionenschar g_k mit

$g_k = \frac{3}{(5\,k)^2}x^3 - \frac{1}{k}x^2 + 2\,x + 5$ für

$x \in [0;24]$ und $k > 0$.

Die Abbildung zeigt Graphen der Schar für k = 2; 2,5; 3; …; 7,5. B6

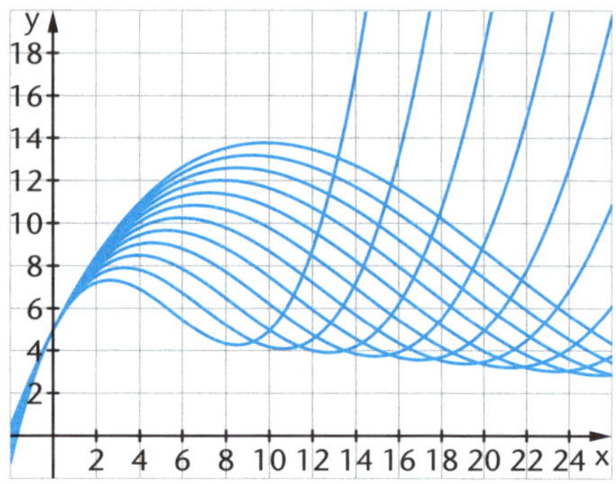

(1) Bestimmen Sie k so, dass die breiteste Stelle der Karaffe in einer Höhe von 6 cm auftrifft.
(2) Weisen Sie nach, dass die Steigung der Wendetangente an die Graphen von g_k unabhängig von k ist. Interpretieren Sie die Bedeutung dieser Aussage im Kontext. A3

Lösung

a) (1) Gesucht sind die Koeffizienten a, b einer linearen Funktion f_1 mit $f_1(x) = a\,x + b$, für die gilt: $f_1(0) = 3{,}7 \wedge f_1(3{,}5) = 8{,}6 \Leftrightarrow b = 3{,}7 \wedge 3{,}5\,a + 3{,}7 = 8{,}6$
$\Leftrightarrow a = 1{,}4 \wedge b = 3{,}7$, also $f_1(x) = 1{,}4\,x + 3{,}7$.

(2) Gesucht sind die Koeffizienten a, b, c einer quadratischen Funktion f_2 mit $f_2(x) = a\,x^2 + b\,x + c$, für die gilt:
$f_2(3{,}5) = 8{,}6 \wedge f_2(5) = 9{,}6 \wedge f_2(6{,}5) = 8{,}6$
$\Leftrightarrow 12{,}25\,a + 3{,}5\,b + c = 8{,}6 \wedge 25\,a + 5\,b + c = 9{,}6 \wedge 42{,}25\,a + 6{,}5\,b + c = 8{,}6$

Die Lösung des Gleichungssystems ist:

$a = -\frac{4}{9}$, $b = \frac{40}{9}$, $c = -\frac{68}{45}$, also $f_2(x) = -\frac{4}{9}x^2 + \frac{40}{9}x - \frac{68}{45}$

Alternativer Ansatz: Gesucht ist der Koeffizient k einer quadratischen Funktion f_2 mit $f_2(x) = k \cdot (x-5)^2 + 9{,}6$, wobei $f_2(3{,}5) = 8{,}6$

also: $8{,}6 = k \cdot (3{,}5 - 5)^2 + 9{,}6 \Leftrightarrow 2{,}25 \cdot k = -1 \Leftrightarrow k = -\frac{4}{9}$

also: $f_2(x) = -\frac{4}{9} \cdot (x-5)^2 + 9{,}6 = -\frac{4}{9}x^2 + \frac{40}{9}x - \frac{100}{9} + \frac{48}{5} = -\frac{4}{9}x^2 + \frac{40}{9}x - \frac{68}{45}$

(3) Gesucht sind die Koeffizienten a, b, c, d einer kubischen Funktion f_3 mit:
$f_3(x) = a x^3 + b x^2 + c x + d$.
Aus den drei Punkten ergeben sich drei Bedingungen:
$f_3(6{,}5) = 8{,}6 \wedge f_3(16) = 2{,}4 \wedge f_3(24) = 4{,}8$. Als vierte Bedingung nutzen wir die Information, dass an der Stelle x = 16 ein lokales Minimum ist: $f_3'(16) = 0$.
Wegen $f_3'(x) = 3ax^2 + 2bx + c$ ergibt sich dann insgesamt das Gleichungssystem:

$$\left|\begin{array}{llll} 274{,}625\,a + 42{,}25\,b & + 6{,}5\,c & + d & = 8{,}6 \\ 4096\,a \quad + 256\,b & + 16\,c & + d & = 2{,}4 \\ 13824\,a \quad + 576\,b & + 24\,c & + d & = 4{,}8 \\ 768\,a \quad + 32\,b & + c & & = 0 \end{array}\right|$$

Lösung: $a \approx -0{,}001783 \wedge b \approx 0{,}13733 \wedge c \approx -3{,}0255 \wedge d \approx 22{,}9532$
Funktionsgleichung: $f_3(x) = -0{,}001783x^3 + 0{,}13733x^2 - 3{,}0255x + 22{,}9532$

b) Da die Formlinie keine Knicke hat, sollte man dies auch von den Übergangsstellen zwischen den drei Funktionsgraphen erwarten. Dazu überprüfen wir die Steigungen der Funktionen an diesen Stellen. Es gilt:
$f_1'(x) = 1{,}4$ und $f_2'(x) = -0{,}889x + 4{,}444$
sowie $f_3'(x) = -0{,}005349x^2 + 0{,}27466x - 3{,}0255$,
also: $f_1'(3{,}5) = 1{,}4$ und $f_2'(3{,}5) \approx 1{,}3325$ sowie $f_2'(6{,}5) \approx -1{,}3345$ und $f_3'(6{,}5) \approx -1{,}4662$.

Diese Unterschiede in der Steigung bedeuten, dass es Knicke gibt. Die „Ruckfreiheit der Übergänge" braucht erst gar nicht überprüft zu werden.

c) Zunächst müssen die Extremstellen von g bestimmt werden:

Ableitungen: $g'(x) = \frac{9}{400}x^2 - \frac{1}{2}x + 2$; $g''(x) = \frac{9}{200}x - \frac{1}{2}$

Notwendige Bedingung: $g'(x) = 0 \Leftrightarrow \frac{9}{400}x^2 - \frac{1}{2}x + 2 = 0 \Leftrightarrow x^2 - \frac{200}{9}x + \frac{800}{9} = 0$

Die Nullstellen der 1. Ableitung liegen bei

$x_1 = \frac{100}{9} - \sqrt{\left(\frac{100}{9}\right)^2 - \frac{800}{9}} \approx 5{,}23$ und $x_2 = \frac{100}{9} + \sqrt{\left(\frac{100}{9}\right)^2 - \frac{800}{9}} \approx 16{,}99$.

Da $g''(x_1) \approx -0{,}26 < 0$, liegt an der Stelle x_1 ein lokales Maximum vor, und da $g''(x_2) \approx +0{,}26 > 0$, an der Stelle x_2 ein lokales Minimum.
Zusätzlich ist hier noch der Vergleich dieser beiden Extremwerte mit den Funktionswerten am Rand des Definitionsbereichs erforderlich:
Da $g(0) = 5$, $g(5{,}23) \approx 9{,}69$, $g(16{,}99) \approx 3{,}60$ und $g(24) \approx 12{,}68$, liegt die schmalste Stelle der Glaskaraffe in der Höhe von etwa 16,99 cm und die breiteste Stelle in der Höhe von 24 cm vor, also an der oben befindlichen Öffnung.
Bei der in den Abbildungen dargestellten Karaffe liegt die breiteste Stelle unterhalb der Engstelle vor – im Gegensatz zur neuen Karaffe, bei der die breiteste Stelle an der Öffnung der Vase ist.

d) Da die flachste Stelle eine Stelle mit extremaler Steigung ist, untersuchen wir g'(x) auf Extremstellen. Hierbei kommt es nicht auf das Vorzeichen der Steigung an.

Notwendige Bedingung: $g''(x) = 0 \Leftrightarrow \frac{9}{200}x - \frac{1}{2} = 0 \Leftrightarrow x = \frac{100}{9} \approx 11{,}11$

Da die 2. Ableitung von g eine lineare Funktion ist, liegt hier auf jeden Fall eine Nullstelle mit Vorzeichenwechsel vor; der Graph von g hat also an der Stelle $x = \frac{100}{9}$ eine Wendestelle. Die Steigung von g an dieser Stelle ist $g'\left(\frac{100}{9}\right) = -\frac{7}{9} \approx -0{,}78$.

Die Steigung an der Wendestelle muss noch mit den Steigungen an den Rändern des Definitionsbereichs verglichen werden: Es gilt $g'(0) = 2$ und $g'(24) = 2{,}96$; daher liegt die am flachsten verlaufende Stelle der Wandung am oberen Rand vor, also bei x = 24.

e) **(CAS)** Zu bestimmen ist das Volumen der als Rotationskörper betrachteten Glaskaraffe:

$$V = \pi \int_a^b (g(x))^2 \, dx = \pi \int_0^{24} \left(\frac{3}{400} x^3 - \frac{1}{4} x^2 + 2x + 5 \right)^2 dx \approx 4001.$$

Die neue Karaffe hat also ein Volumen von etwa 4 Litern.

(GTR/WTR) Die Berechnung mithilfe des *fnInt*-Befehls (numerische Integration) ergibt den gleichen Wert.

f) (1) **(LK)** Da die breiteste Stelle der Karaffe im Inneren des Definitionsbereichs auftreten soll, untersucht man zunächst die Graphen von g_k auf lokale Maxima.

Ableitungen: $g_k'(x) = \frac{9}{(5k)^2} x^2 - \frac{2}{k} x + 2;\; g_k''(x) = \frac{18}{(5k)^2} x - \frac{2}{k}$

Notwendige Bedingung: $g_k'(x) = 0 \Leftrightarrow \frac{9}{(5k)^2} x^2 - \frac{2}{k} x + 2 = 0 \Leftrightarrow x^2 - \frac{50k}{9} x + \frac{50k^2}{9} = 0$

Die Nullstellen der 1. Ableitung liegen an den Stellen

$x_1 = \frac{25k}{9} - \sqrt{\left(\frac{25k}{9}\right)^2 - \frac{50k^2}{9}} = \frac{25k}{9} - \sqrt{\frac{175k^2}{9}} = \frac{5k}{9} \cdot (5 + \sqrt{7})$ und $x_2 = \frac{5k}{9} \cdot (5 - \sqrt{7})$.

Hinreichende Bedingung: Da

$$g''\left(\frac{5k}{9}(5 - \sqrt{7})\right) = \frac{18}{(5k)^2}\left(\frac{5k}{9}(5 - \sqrt{7})\right) - \frac{2}{k} = -\frac{2}{5k}\sqrt{7} < 0,$$

liegt an der Stelle $x = \frac{5k}{9}(5 - \sqrt{7})$ ein lokales Maximum vor. Die andere Extremstelle muss also zu einem hier nicht interessierenden lokalen Minimum führen und wird daher nicht benötigt.

Da die breiteste Stelle in der Höhe von 6 cm auftreten soll, ergibt sich der gesuchte Wert für k zu:

$$\frac{5k}{9}(5 - \sqrt{7}) = 6 \Leftrightarrow k = \frac{54}{25 - 5\sqrt{7}} \approx 4{,}59.$$

Nun ist noch zu überprüfen, dass die Karaffe für diesen Wert von k nicht am Boden oder an der oberen Öffnung noch breiter wird: Dazu werden die Funktionswerte $g_{4,59}(0) = 5$ und $g_{4,59}(24) \approx 6{,}25$ an den Rändern des Definitionsbereichs berechnet und mit $g_{4,59}(6) \approx 10{,}39$ verglichen.

Damit ist nachgewiesen, dass die breiteste Stelle tatsächlich für $k = \frac{54}{25 - 5\sqrt{7}} \approx 4{,}59$ in der Höhe von 6 cm auftritt.

(2) (LK) Zunächst muss hier die Bestimmung der Wendestelle erfolgen:

Notwendige Bedingung: $g_k''(x) = 0 \Leftrightarrow \frac{18}{(5k)^2} x - \frac{2}{k} = 0 \Leftrightarrow x - \frac{25}{9} k$

Mit der konstanten dritten Ableitung $g_k'''(x) = \frac{18}{(5k)^2}$ ist auch eine hinreichende Bedingung erfüllt, so dass die Stelle $x = \frac{25}{9} k$ die gesuchte Wendestelle der Kurvenschar ist.

Nun kann die Steigung der Wendetangenten berechnet werden:

$$g_k''\left(\frac{25}{9} k\right) = \frac{9}{(5k)^2}\left(\frac{25}{9} k\right)^2 - \frac{2}{k}\left(\frac{25}{9} k\right) + 2 = \frac{25}{9} - \frac{50}{9} + 2 = -\frac{7}{9}.$$

Die Steigung der Wendetangenten der Kurvenschar ist also unabhängig von k; sie hat für beliebige k den gleichen Wert. Alle mittels der Kurvenschar modellierten Karaffen besitzen daher eine ähnliche Form, die sich nicht in der minimalen Steilheit der Wandung zwischen der bauchigsten und der engsten Stelle unterscheidet.

Aufgabe 7 *Glaspyramide*

Eine Stadt in Hessen möchte ihre Attraktivität für Touristen steigern. Kulturinteressierte Sponsoren schlagen vor, angeregt durch das Beispiel des Louvre in Paris, auf dem Vorhof eines großen Museums der Stadt eine Glaspyramide zu errichten, um neue Besucher anzulocken.

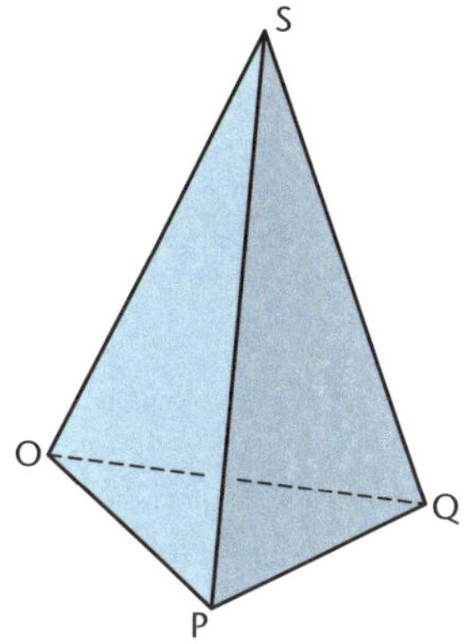

Ein Architekturbüro wird mit dem Entwurf der Glaspyramide beauftragt. Nach der Vermessung der gegebenen Räumlichkeiten, des Vorhofes sowie der Front des Museumsgebäudes plant ein Architekt die Erstellung einer dreiseitigen Pyramide, welche in einem lokalen Koordinatensystem die Eckpunkte $O(0|0|0)$, $P(6|6|0)$ und $Q(2|8|0)$ sowie die Spitze $S(4|6|10)$ (*Angaben in m*) besitzt.

a) Um ein weiteres optisches Element zu erhalten, soll die Pyramide durch eine farbige Glasplatte unterbrochen werden, welche in der Ebene $E: x_1 + 2x_2 + 2x_3 = 18$ liegt. Die farbige Glasplatte kostet 150 € pro m^2. (Von der Dicke der Platte sei hier abgesehen.)
Bestimmen Sie die Abmessungen der Platte und berechnen Sie die Kosten ohne Berücksichtigung des Verschnitts. Beachten Sie dabei die besonderen Eigenschaften des Dreiecks, welches die Form der Glasplatte beschreibt. F5 E3

b) Erläutern Sie, wie aus den folgenden Rechenschritten folgt, dass der Punkt S von der Ebene E den Abstand 6 LE hat.

(1) $\vec{n} = \begin{pmatrix} 1 \\ 2 \\ 2 \end{pmatrix}$ (2) $g_{SF}: \vec{x} = \vec{s} + c \cdot \vec{n} = \begin{pmatrix} 4 \\ 6 \\ 10 \end{pmatrix} + c \cdot \begin{pmatrix} 1 \\ 2 \\ 2 \end{pmatrix}$

(3) $4 + c + 2 \cdot (6 + 2c) + 2 \cdot (10 + 2c) = 18 \Leftrightarrow c = -2$

(4) $\overrightarrow{OF} = \begin{pmatrix} 4 \\ 6 \\ 10 \end{pmatrix} + (-2) \cdot \begin{pmatrix} 1 \\ 2 \\ 2 \end{pmatrix} = \begin{pmatrix} 2 \\ 2 \\ 6 \end{pmatrix}$ (5) $|\overrightarrow{SF}| = \left| \begin{pmatrix} 2 \\ 2 \\ 6 \end{pmatrix} - \begin{pmatrix} 4 \\ 6 \\ 10 \end{pmatrix} \right| = 6$

c) Bestimmen Sie das Volumen derjenigen Pyramide, welche die farbige Glasplatte als Grundfläche und den Punkt S als Spitze hat. Untersuchen Sie, in welchem Verhältnis die Glasplatte das Volumen der gesamten Glaspyramide teilt. G2 G3

d) Vor der festlichen Einweihung ist die Pyramide zunächst noch durch eine schwarze Folie geschützt. Bei Dunkelheit wird die Pyramide durch einen Strahler, der an der Front des Museumsgebäudes befestigt ist, angestrahlt.

Der Vektor $\vec{u} = \begin{pmatrix} 3 \\ -1 \\ -5 \end{pmatrix}$ gibt die Richtung des parallel einfallenden Lichtes an.

Dabei wirft die Pyramide OPQS einen Schatten auf die x-y-Ebene.
Bestimmen Sie die Koordinaten des Schattenpunktes S* der Pyramidenspitze S auf dem Vorhof. Zeigen Sie, dass S* auf der Verlängerung der Pyramidenkante PQ liegt. F1 F5

e) Durch Einstellung des Strahlers lässt sich die Richtung des einfallenden Lichtes so verändern, dass der Schatten der Pyramide ein gleichschenklig-rechtwinkliges Dreieck OS**P mit rechtem Winkel bei S** ergibt.
Bestimmen Sie den Richtungsvektor $\vec{v}$ des einfallenden Lichtes. E2 E3

Lösung

a) Die drei Eckpunkte der Glasplatte ergeben sich als Schnittpunkte der Ebene E mit den Geraden, auf welchen die Pyramidenkanten liegen.

$$g_{OS}: \vec{x} = \begin{pmatrix}0\\0\\0\end{pmatrix} + k \cdot \begin{pmatrix}2\\3\\5\end{pmatrix} \quad k \in \mathbb{R}, \text{ da } \overrightarrow{OS} = \begin{pmatrix}4\\6\\10\end{pmatrix}$$

$$g_{PS}: \vec{x} = \begin{pmatrix}6\\6\\0\end{pmatrix} + l \cdot \begin{pmatrix}-1\\0\\5\end{pmatrix} \quad l \in \mathbb{R}, \text{ da } \overrightarrow{PS} = \begin{pmatrix}-2\\0\\10\end{pmatrix}$$

$$g_{QS}: \vec{x} = \begin{pmatrix}2\\8\\0\end{pmatrix} + m \cdot \begin{pmatrix}1\\-1\\5\end{pmatrix} \quad m \in \mathbb{R}, \text{ da } \overrightarrow{QS} = \begin{pmatrix}2\\-2\\10\end{pmatrix}$$

Als Richtungsvektoren wurden Vielfache der Verbindungsvektoren $\overrightarrow{OS}$, $\overrightarrow{PS}$ und $\overrightarrow{QS}$ mit kleineren ganzzahligen Komponenten gewählt, um die Rechnungen zu vereinfachen.

A ist gemeinsamer Punkt von g_{OS} und E.
Aus der Geradengleichung ergibt sich $A \in g_{OS} \Rightarrow a_1 = 2k$, $a_2 = 3k$ und $a_3 = 5k$.
Durch Einsetzen dieser Koordinaten von A in die Gleichung der Ebene E
$x_1 + 2x_2 + 2x_3 = 18$ erhält man $2k + 2 \cdot 3k + 2 \cdot 5k = 18 \Leftrightarrow k = 1$.

Es ist also $\vec{a} = \begin{pmatrix}0\\0\\0\end{pmatrix} + 1 \cdot \begin{pmatrix}2\\3\\5\end{pmatrix} = \begin{pmatrix}2\\3\\5\end{pmatrix} \Rightarrow A(2|3|5)$.

Analog bestimmt man $P(6|6|0)$ als Schnittpunkt der Geraden g_{PS} mit der Ebene E sowie $Q(2|8|0)$ als dritten Eckpunkt der Platte.
Daraus lassen sich die Abmessungen der Platte berechnen:

$$|\overrightarrow{AP}| = \left|\begin{pmatrix}6\\6\\0\end{pmatrix} - \begin{pmatrix}2\\3\\5\end{pmatrix}\right| = \left|\begin{pmatrix}4\\3\\-5\end{pmatrix}\right| = \sqrt{4^2 + 3^2 + (-5)^2} = \sqrt{50},\ |\overrightarrow{AQ}| = \sqrt{50},\ |\overrightarrow{PQ}| = \sqrt{20}.$$

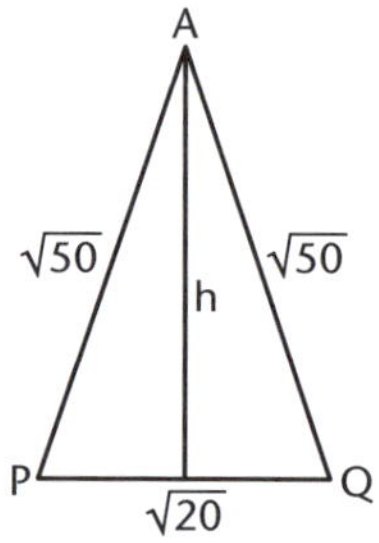

Die Glasplatte besitzt die Form eines gleichschenkligen Dreiecks.
Für die Höhe h in diesem gleichschenkligen Dreieck gilt:

$$h^2 + \left(\frac{\sqrt{20}}{2}\right)^2 = \sqrt{50}^2 \Rightarrow h = \sqrt{45}.$$

Damit berechnet sich der Flächeninhalt der Glasplatte zu

$$A = \frac{1}{2} \cdot \sqrt{20} \cdot \sqrt{45} = 15\ m^2.$$

Die Kosten für die Glasplatte betragen $15\ m^2 \cdot 150\ \frac{€}{m^2} = 2250\ €$.

b) Der Abstand des Punktes S von der Ebene E entspricht der Länge des Lotes von S auf die Ebene E, wobei F der Lotfußpunkt auf der Ebene ist: $\text{Abst}(S, E) = |\overrightarrow{SF}| = |\vec{f} - \vec{s}|$
Aus der Ebenengleichung E: $x_1 + 2x_2 + 2x_3 = 18$ lesen wir einen Normalenvektor zur Ebene ab: $\vec{n} = \begin{pmatrix}1\\2\\2\end{pmatrix}$. Die Lotgerade durch den Punkt S kann dargestellt werden durch

$g_{SF}: \vec{x} = \vec{s} + c \cdot \vec{n} = \begin{pmatrix}4\\6\\10\end{pmatrix} + c \cdot \begin{pmatrix}1\\2\\2\end{pmatrix}$; sie schneidet die Ebene E im Punkt F.

Aus der Gleichung der Lotgeraden ergeben sich für den Punkt F die Koordinaten
$x_1 = 4 + c$, $x_2 = 6 + 2c$ und $x_3 = 10 + 2c$.
Setzt man diese in die Ebenengleichung E: $x_1 + 2x_2 + 2x_3 = 18$ ein, so erhält man
$4 + c + 2 \cdot (6 + 2c) + 2 \cdot (10 + 2c) = 18 \Leftrightarrow c = -2$

Es ist $\overrightarrow{OF} = \begin{pmatrix}4\\6\\10\end{pmatrix} + (-2) \cdot \begin{pmatrix}1\\2\\2\end{pmatrix} = \begin{pmatrix}2\\2\\6\end{pmatrix} \Rightarrow F(2|2|6)$ und damit $|\overrightarrow{SF}| = \left|\begin{pmatrix}2\\2\\6\end{pmatrix} - \begin{pmatrix}4\\6\\10\end{pmatrix}\right| = 6$.

c) Die obere Teilpyramide besitzt die Glasplatte als Grundfläche und den Punkt S als Spitze. Die Höhe der Teilpyramide ergibt sich als Abstand des Punktes S von der Ebene E.

Für das Volumen gilt demnach $V_0 = \frac{1}{3} \cdot \text{Grundfläche} \cdot \text{Körperhöhe} = \frac{1}{3} \cdot A_{\text{Glasplatte}} \cdot \text{Abst}(S;\, E)$.

Die HNF von E lautet $\frac{x_1 + 2x_2 + 2x_3 - 18}{3} = 0$.

Der Abstand zwischen S und E ist gleich $\left|\frac{4 + 2 \cdot 6 + 2 \cdot 10 - 18}{3}\right| = 6$.

Die Höhe der Teilpyramide beträgt also 6 m.

Für das Volumen erhält man $V_0 = \frac{1}{3} \cdot 15\ \text{m}^2 \cdot 6\ \text{m} = 30\ \text{m}^3$.

Um das Teilverhältnis ermitteln zu können, wird zunächst das Volumen der gesamten Pyramide bestimmt. Das Dreieck OPQ bildet die Grundfläche dieser Pyramide. Da diese in der x-y-Ebene liegt, lässt sich die Höhe der Pyramide aus der dritten Koordinate der Pyramidenspitze S ablesen.

$V_{ges} = \frac{1}{3} \cdot G \cdot h_k = \frac{1}{3} \cdot A_{OPQ} \cdot s_3$. Es ist $S(4|6|10) \Rightarrow s_3 = 10$ m

Der Flächeninhalt des Dreiecks OPQ ergibt sich als Produkt der Länge der Grundseite $|\overrightarrow{PQ}|$ und der Flächenhöhe $|\overrightarrow{PO}| \cdot \sin\alpha$ multipliziert mit dem Faktor $\frac{1}{2}$.

$A_{OPQ} = \frac{1}{2} \cdot |\overrightarrow{PQ}| \cdot |\overrightarrow{PO}| \cdot \sin\alpha$

Dabei bezeichnet α den Winkel zwischen den Vektoren $\overrightarrow{PO}$ und $\overrightarrow{PQ}$:

$$\cos\alpha = \frac{|\overrightarrow{PO} * \overrightarrow{PQ}|}{|\overrightarrow{PO}| \cdot |\overrightarrow{PQ}|} = \frac{\left|\begin{pmatrix}-6\\-6\\0\end{pmatrix} * \begin{pmatrix}-4\\2\\0\end{pmatrix}\right|}{\sqrt{72} \cdot \sqrt{20}} = \frac{12}{\sqrt{1440}} \Rightarrow \alpha \approx 71{,}57°$$

Es ist $A_{OPQ} \approx \frac{1}{2} \cdot \sqrt{20} \cdot \sqrt{72} \cdot \sin 71{,}57° \approx 18\ \text{m}^2$.

Alternativ kann der Flächeninhalt des Dreiecks OPQ auch nach den Formeln

$$A_{OPQ} = \frac{1}{2} \cdot \sqrt{|\overrightarrow{OP}|^2 \cdot |\overrightarrow{OQ}|^2 - (\overrightarrow{OP} * \overrightarrow{OQ})^2} = \frac{1}{2} \cdot \sqrt{72 \cdot 68 - 60^2} = \frac{1}{2} \cdot \sqrt{1296} = \frac{1}{2} \cdot 36 = 18\ \text{m}^2$$

oder

$A_{OPQ} = \frac{1}{2} \cdot |\overrightarrow{OP} \times \overrightarrow{OQ}| = \frac{1}{2} \cdot \sqrt{0^2 + 0^2 + 36^2} = 18\ \text{m}^2$ berechnet werden.

Damit ist $V_{ges} = \frac{1}{3} \cdot 18\ \text{m}^2 \cdot 10\ \text{m} = 60\ \text{m}^3$.

Die Glasplatte teilt das Volumen der Glaspyramide im Verhältnis 1:1.

d) Das parallel einfallende Licht lässt sich durch die Gerade i beschreiben mit

$$i: \vec{x} = \vec{s} + t \cdot \vec{u} = \begin{pmatrix}4\\6\\10\end{pmatrix} + t \cdot \begin{pmatrix}3\\-1\\-5\end{pmatrix}$$

Der Schattenpunkt S* ist der Schnittpunkt der Geraden i mit der Ebene $G: x_3 = 0$ des Vorhofes. Durch Einsetzen von $s_3^* = 10 - 5 \cdot t$ in $x_3 = 0$ erhält man $t = 2$ und damit

$$\vec{s^*} = \begin{pmatrix}4\\6\\10\end{pmatrix} + 2 \cdot \begin{pmatrix}3\\-1\\-5\end{pmatrix} = \begin{pmatrix}10\\4\\0\end{pmatrix} \Rightarrow S^*(10|4|0) \text{ ist der Schattenpunkt der Pyramidenspitze.}$$

Zu zeigen: S* liegt auf der Verlängerung der Kante PQ, das heißt, S* liegt auf der Geraden durch die Punkte P und Q.

$g_{PQ}: \vec{x} = \begin{pmatrix} 6 \\ 6 \\ 0 \end{pmatrix} + r \cdot \begin{pmatrix} -2 \\ 1 \\ 0 \end{pmatrix} \quad r \in \mathbb{R}$, da $\overrightarrow{PQ} = \begin{pmatrix} -4 \\ 2 \\ 0 \end{pmatrix}$

Die Punktprobe $\begin{pmatrix} 10 \\ 4 \\ 0 \end{pmatrix} = \begin{pmatrix} 6 \\ 6 \\ 0 \end{pmatrix} + r \cdot \begin{pmatrix} -2 \\ 1 \\ 0 \end{pmatrix}$ ist erfüllt für $r = -2$.

e) Das Lot des Schattenpunktes S** auf die Pyramidenkante OP verläuft in der x-y-Ebene und lässt sich daher beschreiben durch einen Vektor $\vec{l} = \begin{pmatrix} l_1 \\ l_2 \\ 0 \end{pmatrix}$.

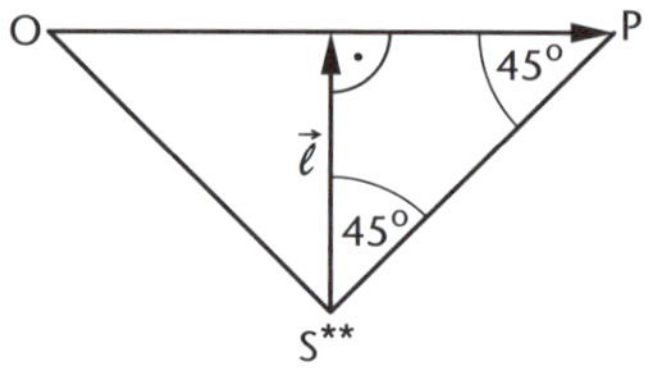

Der Lotvektor $\vec{l}$ steht senkrecht auf dem Verbindungsvektor $\overrightarrow{OP}$, der die Pyramidenkante beschreibt.
Es gilt:

(1) $\overrightarrow{OP} * \vec{l} = 0 \Rightarrow l_1 + l_2 = 0 \Leftrightarrow l_2 = -l_1$

Da das Dreieck OS**P rechtwinklig ist, gilt außerdem:

(2) $\left|\frac{1}{2} \cdot \overrightarrow{OP}\right| = \left|\begin{pmatrix} 3 \\ 3 \\ 0 \end{pmatrix}\right| = |\vec{l}| \Rightarrow l_1^2 + l_2^2 = 18$

(1) einsetzen in (2) ergibt $2 \cdot l_1^2 = 18 \Leftrightarrow l_1 = -3 \vee l_1 = 3$.

Nach den räumlichen Gegebenheiten ist $\vec{l} = \begin{pmatrix} 3 \\ -3 \\ 0 \end{pmatrix}$ und damit

$\overrightarrow{s^{**}} = \frac{1}{2} \cdot \overrightarrow{OP} + \vec{l} = \begin{pmatrix} 3 \\ 3 \\ 0 \end{pmatrix} + \begin{pmatrix} 3 \\ -3 \\ 0 \end{pmatrix} = \begin{pmatrix} 6 \\ 0 \\ 0 \end{pmatrix} \Rightarrow S^{**}(6|0|0)$.

Der Richtungsvektor des einfallenden Lichtes lautet dann:

$\vec{v} = \begin{pmatrix} 1 \\ -3 \\ -5 \end{pmatrix}$, denn $\overrightarrow{SS^{**}} = \begin{pmatrix} 6 \\ 0 \\ 0 \end{pmatrix} - \begin{pmatrix} 4 \\ 6 \\ 10 \end{pmatrix} = \begin{pmatrix} 2 \\ -6 \\ -10 \end{pmatrix}$.

Aufgabe 8 *Marienkirche in Dortmund*

Die Turmspitze der Marienkirche in Dortmund hat eine quadratische Grundfläche ABCD (die Seitenlänge werde mit 8 m angenommen), auf der vier senkrecht gemauerte gleichseitige Dreiecke stehen; die vierteiligen Dachflächen der Turmspitze sind rautenförmig.

Ein lokales Koordinatensystem ist so festgelegt, dass die Straßenebene durch z = 0 bestimmt ist und die Ecken A, B, C, D folgende Koordinaten haben:
$A(-4|-4|z)$, $B(+4|-4|z)$, $C(+4|+4|z)$ und $D(+4|-4|z)$, mit $z > 0$.

Die Turmspitze liegt 42,50 m über dem Straßenniveau.

a) Bestimmen Sie die Koordinaten der oberen Eckpunkte P_{AB}, P_{BC}, P_{CD}, P_{DA} der gleichseitigen Dreiecke zunächst in Abhängigkeit von z, die Koordinaten der Turmspitze S (auf der das Kreuz steht). Geben Sie die Koordinaten der Eckpunkte der Grundfläche auch numerisch an. (Angaben mit 2 Dezimalstellen).
[Kontrollergebnis: z = 28,64] E1

Aus der Formelsammlung:
Für die Höhe h im gleichseitigen Dreieck mit Seitenlänge a gilt:

$$h = \frac{a}{2} \cdot \sqrt{3}.$$

b) Bestimmen Sie die Gleichung für die Dachfläche, die den Punkt A enthält, in Parameter- und Koordinatenform. F3 F4

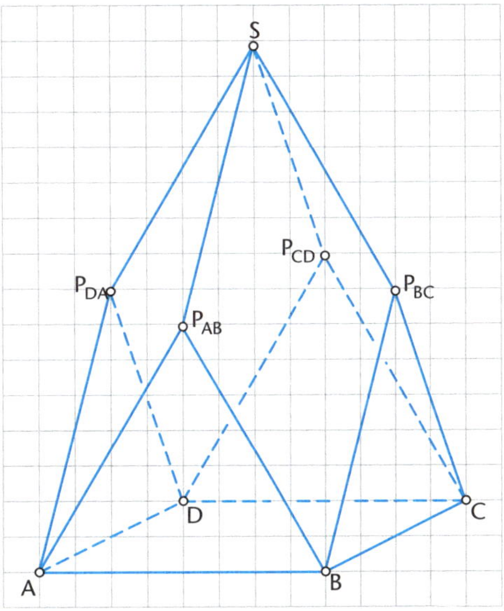

c) Das Kreuz auf der Turmspitze soll durch vier Laserstrahler so beleuchtet werden, dass der Strahl genau über die zum Kreuz führenden Dachkanten führt und diese zusätzlich beleuchtet. Die Laserstrahler sollen ebenerdig montiert werden. Berechnen Sie, in welcher Entfernung von der Turmmitte die Strahler zu montieren sind, und bestimmen Sie den Winkel α, den die Strahlen gegenüber dem Straßenniveau haben. Führen Sie Ihre Untersuchungen für *einen* der vier Laserstrahler durch. F1 F5 G1

d) Berechnen Sie die Innenwinkel β und γ der Rauten und die Neigung δ der rautenförmigen Dachflächen gegenüber dem Grundniveau. G1

e) Um das Volumen des Dachraums der Turmspitze oberhalb des Quadrats ABCD zu bestimmen, kann man diesen Körper zerlegen in einen Teilkörper von der Grundebene mit den Punkten A, B, C, D bis zu einer Ebene durch die Punkte P_{AB}, P_{BC}, P_{CD}, P_{DA} und den darüber liegenden Teilkörper bis zur Turmspitze S. (Die Dicke der Mauern und des Dachs werden vernachlässigt.) G2

Erläutern Sie die folgende Vorgehensweise und Rechnung:

(1) $V_1 = 8^2 \cdot 6{,}93 - 4 \cdot \frac{1}{3} \cdot \left(\frac{1}{2} \cdot 4^2 \cdot 6{,}93\right) = 369{,}6\ \text{m}^3$

(2) $V_2 = \frac{1}{3} \cdot (4 \cdot \sqrt{2})^2 \cdot 6{,}93 \approx 73{,}9\ \text{m}^3$

(3) $V = V_1 + V_2 = 443{,}5\ \text{m}^3$

f) Die Statik der Dachkonstruktion soll durch Stützbalken verstärkt werden. Diese verbinden die Mitten der Rauten mit dem jeweils gegenüberliegenden Eckpunkt des Grundquadrats ABCD. Bestimmen Sie die Länge dieser Balken (die sich im Innern der Kirchturmspitze gegenseitig durchdringen) sowie deren Neigungswinkel ε mithilfe der Methoden der Vektorgeometrie. E2 G1

Lösung

a) Koordinaten der oberen Eckpunkte der gleichseitigen Dreiecke: Für die Höhe h im gleichseitigen Dreieck gilt: $h = \frac{a}{2} \cdot \sqrt{3}$, also hier $h = \frac{8}{2} \cdot \sqrt{3} = 4 \cdot \sqrt{3} \approx 6{,}93$ m.

Die oberen Eckpunkte der Dreiecke haben daher die Koordinaten $P_{AB}(0\,|-4\,|\,z + 6{,}93)$, $P_{BC}(4\,|\,0\,|\,z + 6{,}93)$, $P_{CD}(0\,|\,4\,|\,z + 6{,}93)$, $P_{DA}(-4\,|\,0\,|\,z + 6{,}93)$.

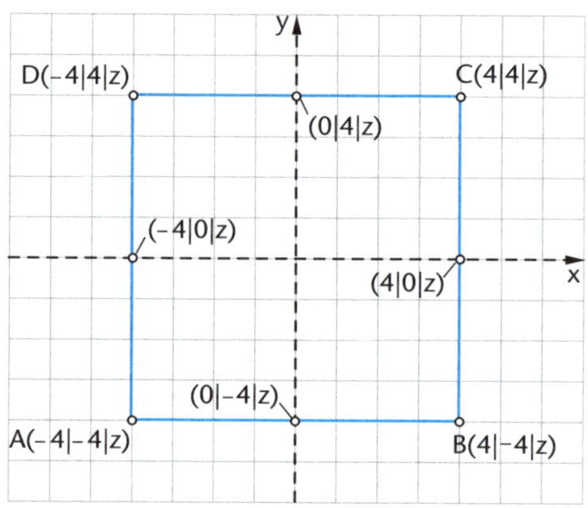

Die Turmspitze S liegt dann noch einmal 6,93 m höher, wie sich aus der Rautenform der Dachflächen ergibt.
Da die Turmspitze über der Mitte des Quadrats ABCD liegt, gilt für deren Koordinaten: $S(0\,|\,0\,|\,42{,}50)$.

Da sich für die eigentliche Turmspitze eine Höhe von $2 \cdot 6{,}93\ \text{m} = 13{,}86\ \text{m}$ ergibt, muss gelten:
$z = 42{,}50 - 13{,}86 = 28{,}64$.

Es gilt also: $A(-4\,|-4\,|\,28{,}64)$, $B(+4\,|-4\,|\,28{,}64)$, $C(+4\,|+4\,|\,28{,}64)$ und $D(+4\,|-4\,|\,28{,}64)$ sowie
$P_{AB}(0\,|-4\,|\,35{,}57)$, $P_{BC}(4\,|\,0\,|\,35{,}57)$, $P_{CD}(0\,|\,4\,|\,35{,}57)$, $P_{DA}(-4\,|\,0\,|\,35{,}57)$.

b) Die Dachflächen-Ebene wird aufgespannt durch die beiden Vektoren, die vom Eckpunkt A ausgehen und zu je zwei benachbarten Punkten P_{AB} und P_{DA} führen.
Für die Ebene, die den Punkt A enthält, gilt also:

$$E_A: \vec{x} = \overrightarrow{OA} + r \cdot \overrightarrow{AP_{DA}} + s \cdot \overrightarrow{AP_{AB}} = \begin{pmatrix} -4 \\ -4 \\ 28{,}64 \end{pmatrix} + r \cdot \begin{pmatrix} -4-(-4) \\ 0-(-4) \\ 35{,}57 - 28{,}64 \end{pmatrix} + s \cdot \begin{pmatrix} 0-(-4) \\ -4-(-4) \\ 35{,}57 - 28{,}64 \end{pmatrix} =$$

$$= \begin{pmatrix} -4 \\ -4 \\ 28{,}68 \end{pmatrix} + r \cdot \begin{pmatrix} 0 \\ 4 \\ 6{,}93 \end{pmatrix} + s \cdot \begin{pmatrix} 4 \\ 0 \\ 6{,}93 \end{pmatrix}$$

Der Vektor $\overrightarrow{n_1} = \begin{pmatrix} 6{,}93 \\ 6{,}93 \\ -4 \end{pmatrix}$ ist offensichtlich ein Normalenvektor zu den beiden Richtungsvektoren der Ebene, denn es gilt: $\begin{pmatrix} 0 \\ 4 \\ 6{,}93 \end{pmatrix} * \begin{pmatrix} 6{,}93 \\ 6{,}93 \\ -4 \end{pmatrix} = 0$ und $\begin{pmatrix} 4 \\ 0 \\ 6{,}93 \end{pmatrix} * \begin{pmatrix} 6{,}93 \\ 6{,}93 \\ -4 \end{pmatrix} = 0$.

Alternativ kann man einen Normalenvektor auch mithilfe des linearen Gleichungssystems

$$\left| \begin{matrix} 0 \cdot n_1 + 4 \cdot n_2 + 6{,}93 \cdot n_3 = 0 \\ 4 \cdot n_1 + 0 \cdot n_2 + 6{,}93 \cdot n_3 = 0 \end{matrix} \right| \Leftrightarrow \left| \begin{matrix} 4 \cdot n_2 = -6{,}93 \cdot n_3 \\ 4 \cdot n_1 = -6{,}93 \cdot n_3 \end{matrix} \right|$$

bestimmen und wählt dann $n_3 = -4$, oder man benutzt das Vektorprodukt (vgl. H6).

Daher ist eine Koordinatengleichung dieser Ebene gegeben durch
E_A: $6{,}93 \cdot x_1 + 6{,}93 \cdot x_2 - 4 \cdot x_3 = d$.
Durch Einsetzen der Koordinaten von A erhält man
$d = 6{,}93 \cdot (-4) + 6{,}93 \cdot (-4) + (-4) \cdot 28{,}64 = -170$,
also E_A: $6{,}93 \cdot x_1 + 6{,}93 \cdot x_2 - 4 \cdot x_3 = -170$.

c) Gesucht wird die Gerade, die sich aus der Verlängerung z. B. der Strecke zwischen P_{AB} und S ergibt, also:

$$g_{AB}: \vec{x} = \overrightarrow{OP_{AB}} + r \cdot \overrightarrow{P_{AB}S} = \begin{pmatrix} 0 \\ -4 \\ 35{,}57 \end{pmatrix} + r \cdot \begin{pmatrix} 0 - 0 \\ 0 - (-4) \\ 42{,}50 - 35{,}57 \end{pmatrix} = \begin{pmatrix} 0 \\ -4 \\ 35{,}57 \end{pmatrix} + r \cdot \begin{pmatrix} 0 \\ 4 \\ 6{,}93 \end{pmatrix}.$$

Diese Gerade schneidet die x_1-x_2-Ebene genau dann, wenn $x_3 = 0$, also wenn
$35{,}57 + 6{,}93 \cdot r = 0$, d. h. für $r \approx -5{,}133$.
Einsetzen dieses Parameterwerts in der Geradengleichung ergibt die Koordinaten des Montagepunkts des Laserstrahlers:

$$\vec{x} = \begin{pmatrix} 0 \\ -4 \\ 35{,}57 \end{pmatrix} + (-5{,}133) \cdot \begin{pmatrix} 0 \\ 4 \\ 6{,}93 \end{pmatrix} = \begin{pmatrix} 0 \\ -24{,}532 \\ 0 \end{pmatrix}.$$

Der Laserstrahler müsste ca. 24,53 m von der Turmmitte entfernt montiert werden.

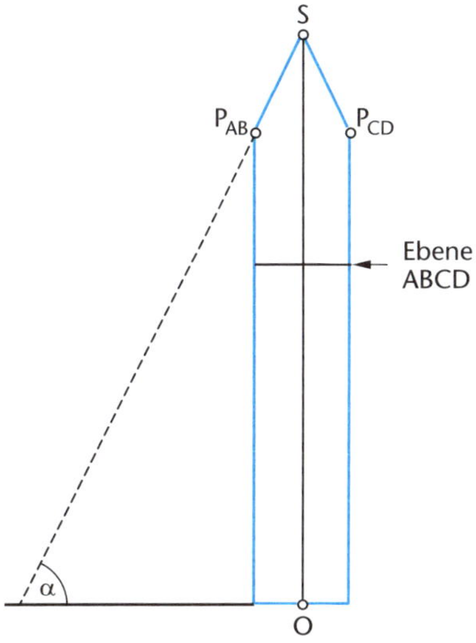

Der zu bestimmende Winkel α wird bestimmt durch den Richtungsvektor der Geraden und einen Vektor, der vom Montagepunkt des Laserstrahlers auf den Ursprung des Koordinatensystems weist:

$$\cos(\alpha) = \frac{\left| \begin{pmatrix} 0 \\ 24{,}53 \\ 0 \end{pmatrix} * \begin{pmatrix} 0 \\ 4 \\ 6{,}93 \end{pmatrix} \right|}{24{,}53 \cdot \sqrt{4^2 + 6{,}93^2}} \approx \frac{98{,}12}{196{,}28} \approx 0{,}500 \Rightarrow \alpha \approx 60{,}0°.$$

Alternativ ist auch eine Argumentation möglich, dass das Dreieck $P_{AB}P_{CD}S$ gleichseitig ist und daher in diesem Dreieck, also auch am Montagepunkt, ein Winkel von 60° auftritt.

d) Innenwinkel β der Rauten = Winkel zwischen den Richtungsvektoren der Ebene E_A:

$$\cos(\beta) = \frac{\left|\begin{pmatrix} 0 \\ 4 \\ 6{,}93 \end{pmatrix} * \begin{pmatrix} 0 \\ 0 \\ 6{,}93 \end{pmatrix}\right|}{\sqrt{4^2 + 6{,}93^2} \cdot \sqrt{4^2 + 6{,}93^2}} \approx \frac{48{,}0249}{64{,}0249} \approx 0{,}7501 \Rightarrow \beta \approx 41{,}4°$$

Der Komplementärwinkel der Raute ist $\gamma = 48{,}6°$.

Neigungswinkel δ der Dachfläche = Winkel zwischen einem Normalenvektor der Ebene, die durch ABCD geht (parallel zur x_1-x_2-Ebene) und zu einem Normalenvektor der Ebene E_A:

$$\cos(\delta) = \frac{\left|\begin{pmatrix} 0 \\ 0 \\ 1 \end{pmatrix} * \begin{pmatrix} 6{,}93 \\ 6{,}93 \\ -4 \end{pmatrix}\right|}{\sqrt{1^2} \cdot \sqrt{6{,}93^2 + 6{,}93^2 + (-4)^2}} \approx \frac{4}{10{,}5854} \approx 0{,}3779 \Rightarrow \delta \approx 67{,}8°.$$

e) (1) Der untere Teilkörper entsteht, indem man von einem Quader mit quadratischer Grundfläche (Seitenlänge 8 m) und Höhe 6,93 m an den vier Ecken jeweils eine Pyramide abschneidet, deren Grundfläche ein rechtwinkliges Dreieck ist (Kathetenlänge 4 m) und deren Höhe 6,93 m beträgt.

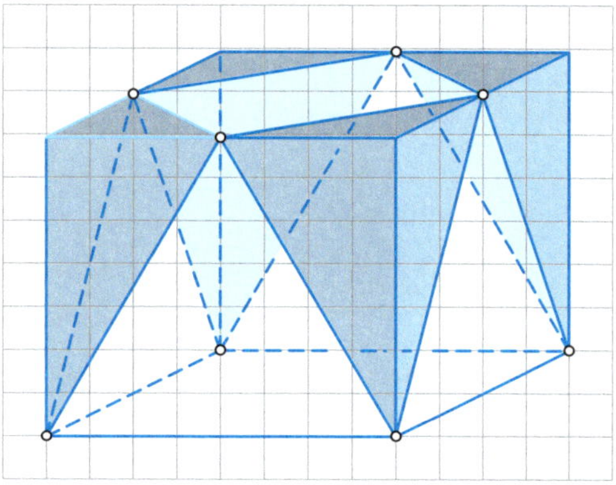

V_1 = Volumen des Quaders – 4 · Volumen der Pyramide mit dreieckiger Grundfläche

(2) Der obere Teilkörper ist eine quadratische Pyramide mit Seitenlänge $4\sqrt{2}$ und der Höhe 6,93 m.
V_2 = Volumen einer quadratischen Pyramide

(3) V = Summe der Volumina der beiden Teilkörper

f) Einer der Balken verbindet den Mittelpunkt $M_A(-2\,|-2\,|\,35{,}57)$ der Strecke $P_{DA}P_{AB}$ mit dem gegenüber liegenden Punkt $C(+4\,|+4\,|\,28{,}64)$. Die Länge dieses Balkens, also die Länge des Vektors $\overrightarrow{CM_A} = \begin{pmatrix} -6 \\ -6 \\ 6{,}93 \end{pmatrix}$, ist $\sqrt{(-6)^2 + (-6)^2 + 6{,}93^2} \approx 10{,}96$ m.

Der Neigungswinkel ε des Balkens ergibt sich aus dem Winkel zwischen dem Vektor $\overrightarrow{CM_A} = \begin{pmatrix} -6 \\ -6 \\ 6{,}93 \end{pmatrix}$ und dem Verbindungsvektor von C nach A $\overrightarrow{CA} = \begin{pmatrix} -8 \\ -8 \\ 0 \end{pmatrix}$:

$$\cos(\varepsilon) = \frac{\begin{pmatrix} -6 \\ -6 \\ 6{,}93 \end{pmatrix} * \begin{pmatrix} -8 \\ -8 \\ 0 \end{pmatrix}}{\sqrt{(-6)^2 + (-6)^2 + 6{,}93^2} \cdot \sqrt{(-8)^2 + (-8)^2 + 0^2}} \approx \frac{96}{123{,}948} \approx 0{,}7745 \Rightarrow \varepsilon \approx 39{,}2°.$$

Aufgabe 9 *Die Scheune*

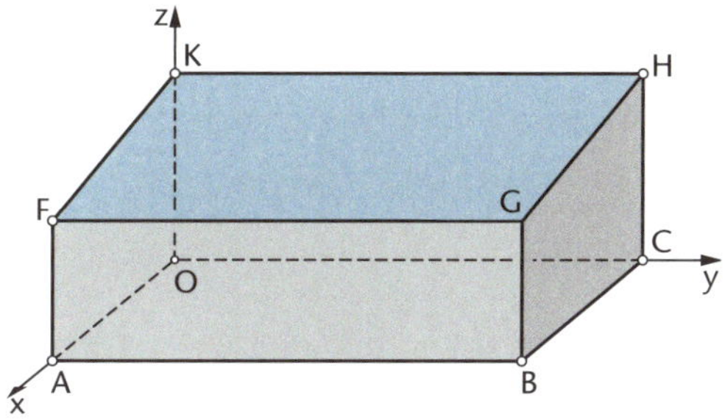

Die Abbildung zeigt eine Scheune mit einem Pultdach. Die Eckpunkte haben die Koordinaten A(6|0|0), B(6|10|0), C(0|10|0), F(6|0|3), G(6|10|3), H(0|10|4), K(0|0|4).

Auf dem Boden des Hauses wird ein 5 m langes, senkrecht stehendes Schornsteinrohr aufgestellt. Zur Vereinfachung betrachten wir bei der geometrischen Beschreibung dieses Schornsteinrohres nur den im Schornsteininneren verlaufenden Teil seiner Symmetrieachse. Der Fuß des Schornsteinrohres befindet sich dann im Punkt I(4|7|0).
Eine Längeneinheit entspricht einem Meter.

a) Berechnen Sie den Rauminhalt der Scheune und die Größe ihrer Dachfläche. G2

b) Die schräg verlaufende Dachfläche liege in der Ebene E.

(1) Geben Sie für die Ebene E eine Parameter- und eine Koordinatendarstellung an. (Kontrollergebnis: $E: x_1 + 6x_3 = 24$) F3 F4
(2) Untersuchen Sie, ob der Punkt P(1,5|7,5|3,75) auf E liegt. F3
(3) Bestimmen Sie den Neigungswinkel des Daches. G1
(4) Berechnen Sie den Abstand der Spitze des Schornsteinrohres vom Dach. G3

c) Eine Sicherheitsvorschrift besagt, dass das Schornsteinrohr mindestens 2 m aus dem Dach herausragen muss.
Bestimmen Sie den Punkt, in dem das Schornsteinrohr die Dachfläche durchstößt und begründen Sie Ihre Entscheidung, ob die Sicherheitsvorschrift eingehalten wird.
Berechnen Sie, wie viel Prozent des Schornsteinrohres sich außerhalb des Daches befinden. F5

d) Berechnen Sie den Abstand des oberen Schornsteinendes von der hinteren Dachkante. G4

e) Paralleles Sonnenlicht fällt in Richtung des Vektors $\vec{v} = \begin{pmatrix} -1 \\ 2 \\ -3 \end{pmatrix}$ ein.

(1) Berechnen Sie den Schattenpunkt der Spitze des Schornsteinrohres auf der Dachfläche. F5
(2) **(LK)** Geben Sie eine Matrix zur Projektion des Scheunendachs auf die x-y-Ebene an und berechnen Sie damit die Schattenpunkte zu G und H auf der x-y-Ebene. H2

Lösung

a) Wir fassen das Gebäude als Prisma auf mit Grundfläche BCHG und Höhe AB. Die Grundfläche ist ein Trapez mit den parallelen Seiten BG und CH sowie der Flächenhöhe BC.
Das Volumen des Prismas beträgt

$V = \frac{1}{2} \cdot (|\overrightarrow{BG}| + |\overrightarrow{CH}|) \cdot |\overrightarrow{BC}| \cdot |\overrightarrow{AB}| = \frac{1}{2} \cdot (3\text{ m} + 4\text{ m}) \cdot 6\text{ m} \cdot 10\text{ m} = 210\text{ m}^3$

Die fehlende Kantenlänge der Dachfläche erhält man als Länge des Vektors $\overrightarrow{GH} = \begin{pmatrix} -6 \\ 0 \\ 1 \end{pmatrix}$ zu $\sqrt{37}$ m. Damit beträgt der Flächeninhalt der Dachfläche $A = 10 \cdot \sqrt{37} \approx 60{,}83\text{ m}^2$.

b) (1) Die Ebene E wird beispielsweise aufgespannt durch die Vektoren $\overrightarrow{FG}$ und $\overrightarrow{FK}$, also

$E: \vec{x} = \begin{pmatrix} 6 \\ 0 \\ 3 \end{pmatrix} + r\begin{pmatrix} 0 \\ 1 \\ 0 \end{pmatrix} + s\begin{pmatrix} -6 \\ 0 \\ 1 \end{pmatrix}$. Der Vektor $\vec{n} = \begin{pmatrix} 1 \\ 0 \\ 6 \end{pmatrix}$ ist orthogonal zu $\overrightarrow{FG}$ und $\overrightarrow{FK}$, daher ist

$E: x_1 + 6x_3 = 24$ eine Koordinatengleichung für die Ebene.

(2) Da $1{,}5 + 6 \cdot 3{,}75 = 24$, ergibt die Punktprobe, dass der Punkt P in der Ebene E liegt.

(3) Der Neigungswinkel α kann z. B. als Winkel zwischen $\vec{n} = \begin{pmatrix} 1 \\ 0 \\ 6 \end{pmatrix}$ und einem zur 3. Koordinatenachse parallelen Vektor berechnet werden: $\cos\alpha = \frac{\begin{pmatrix} 1 \\ 0 \\ 6 \end{pmatrix} * \begin{pmatrix} 0 \\ 0 \\ 1 \end{pmatrix}}{\left|\begin{pmatrix} 1 \\ 0 \\ 6 \end{pmatrix}\right| \cdot \left|\begin{pmatrix} 0 \\ 0 \\ 1 \end{pmatrix}\right|} = \frac{6}{\sqrt{37}}$

oder elementar im rechtwinkligen Dreieck mit $\tan\alpha = \frac{1}{6}$ zu $\alpha \approx 9{,}5°$.

(4) **(LK)** Die Spitze des Schornsteins liegt im Punkt $S(4|7|5)$.

Die HNF der Ebene E: $\frac{x_1 + 6x_3 - 24}{\sqrt{37}} = 0$ liefert $d = \left|\frac{4 + 6 \cdot 5 - 24}{\sqrt{37}}\right| = \frac{10}{\sqrt{37}} \approx 1{,}64$

Der Abstand beträgt etwa 1,64 m.

c) Den Schnittpunkt Q der Ebene E mit der Geraden $g: \vec{x} = \begin{pmatrix} 4 \\ 7 \\ 0 \end{pmatrix} + t \cdot \begin{pmatrix} 0 \\ 0 \\ 1 \end{pmatrix}$, welche die Symmetrieachse des Schornsteinrohrs beschreibt, erhält man durch Einsetzen in die Ebenengleichung: $4 + 6t = 24 \Leftrightarrow t = \frac{10}{3}$, also: $\vec{q} = \begin{pmatrix} 4 \\ 7 \\ 0 \end{pmatrix} + \frac{10}{3} \cdot \begin{pmatrix} 0 \\ 0 \\ 1 \end{pmatrix} = \begin{pmatrix} 4 \\ 7 \\ \frac{10}{3} \end{pmatrix}$ und $Q\left(4|7|\frac{10}{3}\right)$.

Da das Schornsteinrohr also nur 1,67 m aus dem Dach herausragt, ist die Sicherheitsvorschrift nicht erfüllt.

Es liegen $1 - \frac{\frac{10}{3}}{5} \approx 33\,\%$ des Schornsteins außerhalb des Dachs.

d) **(LK)** Der Lotvektor von der Schornsteinspitze $S(4|7|5)$ auf die Gerade $h: \vec{x} = \begin{pmatrix} 0 \\ 0 \\ 4 \end{pmatrix} + t \cdot \begin{pmatrix} 0 \\ 1 \\ 0 \end{pmatrix}$ muss zu dieser orthogonal sein: $\left[\begin{pmatrix} 4 \\ 7 \\ 5 \end{pmatrix} - \begin{pmatrix} 0 \\ 0 \\ 4 \end{pmatrix} - t \cdot \begin{pmatrix} 0 \\ 1 \\ 0 \end{pmatrix}\right] * \begin{pmatrix} 0 \\ 1 \\ 0 \end{pmatrix} = 0$

Hieraus ergibt sich $t = 7$ und $L(0|7|4)$ als Fußpunkt des Lotes, also gilt für den Abstand:

$d = \left|\begin{pmatrix} 0 \\ 7 \\ 4 \end{pmatrix} - \begin{pmatrix} 4 \\ 7 \\ 5 \end{pmatrix}\right| = \sqrt{17}$.

Hinweis: Man kann dies auch elementargeometrisch mithilfe des Satzes von Pythagoras berechnen: $d^2 = 4^2 + 1^2$

e) (1) Den Schattenpunkt R der Schornsteinspitze auf der Dachfläche erhält man als Schnittpunkt der Gerade $k: \vec{x} = \begin{pmatrix} 4 \\ 7 \\ 5 \end{pmatrix} + t \cdot \begin{pmatrix} -1 \\ 2 \\ -3 \end{pmatrix}$ mit der Ebene E durch Einsetzen in die Ebenengleichung: $4 - t + 6(5 - 3t) = 24 \Leftrightarrow t = \frac{10}{19}$;

$$\vec{r} = \begin{pmatrix} 4 \\ 7 \\ 5 \end{pmatrix} + \frac{10}{19} \cdot \begin{pmatrix} -1 \\ 2 \\ -3 \end{pmatrix} = \begin{pmatrix} \frac{66}{19} \\ \frac{153}{19} \\ \frac{65}{19} \end{pmatrix} \text{ und } R\left(\frac{66}{19} \middle| \frac{153}{19} \middle| \frac{65}{19}\right).$$

(2) Die Projektionsmatrix ist $M = \begin{pmatrix} 1 & 0 & -\frac{v_1}{v_3} \\ 0 & 1 & -\frac{v_2}{v_3} \\ 0 & 0 & 0 \end{pmatrix} = \begin{pmatrix} 1 & 0 & -\frac{1}{3} \\ 0 & 1 & \frac{2}{3} \\ 0 & 0 & 0 \end{pmatrix}$.

Damit werden die Ortsvektoren der Schattenpunkte auf der x-y-Ebene berechnet:

$$\vec{g}' = M \cdot \vec{g} = \begin{pmatrix} 1 & 0 & -\frac{1}{3} \\ 0 & 1 & \frac{2}{3} \\ 0 & 0 & 0 \end{pmatrix} \cdot \begin{pmatrix} 6 \\ 10 \\ 3 \end{pmatrix} = \begin{pmatrix} 5 \\ 12 \\ 0 \end{pmatrix} \text{ und } \vec{h}' = M \cdot \vec{h} = \begin{pmatrix} 1 & 0 & -\frac{1}{3} \\ 0 & 1 & \frac{2}{3} \\ 0 & 0 & 0 \end{pmatrix} \cdot \begin{pmatrix} 0 \\ 10 \\ 4 \end{pmatrix} = \begin{pmatrix} -\frac{4}{3} \\ \frac{38}{3} \\ 0 \end{pmatrix}.$$

Die Schattenpunkte sind also $G'(5|12|0)$ und $H'\left(-\frac{4}{3}\middle|\frac{38}{3}\middle|0\right)$.

Alternative: Die Schattenpunkte können auch mithilfe der Projektions-Geraden durch G bzw. H bestimmt werden:

$$g: \vec{x} = \begin{pmatrix} 6 \\ 10 \\ 3 \end{pmatrix} + s \cdot \begin{pmatrix} -1 \\ 2 \\ -3 \end{pmatrix} \text{ bzw. } h: \vec{x} = \begin{pmatrix} 0 \\ 10 \\ 4 \end{pmatrix} + s \cdot \begin{pmatrix} -1 \\ 2 \\ -3 \end{pmatrix}.$$

Die 3. Koordinate ist null für $s = 1$ bzw. $s = \frac{4}{3}$. Einsetzen dieser Parameterwerte in die Geraden-Gleichungen ergibt die o. a. Punkte G′ bzw. H′.

Aufgabe 10 *Gartencenter (Leistungskurs)*

Auf dem Parkplatz eines Gartencenters kann man an drei Stellen einen Einkaufswagen abholen bzw. wieder abstellen: am Eingang A sowie an den beiden Zufahrten B und C. Die Mehrzahl der Kunden holt sich ihren Einkaufswagen am Eingang des Gartencenters ab, bringt ihn jedoch nach dem Einkauf an die Stelle zurück, die möglichst nah an der Parktasche liegt, an der man geparkt hat.

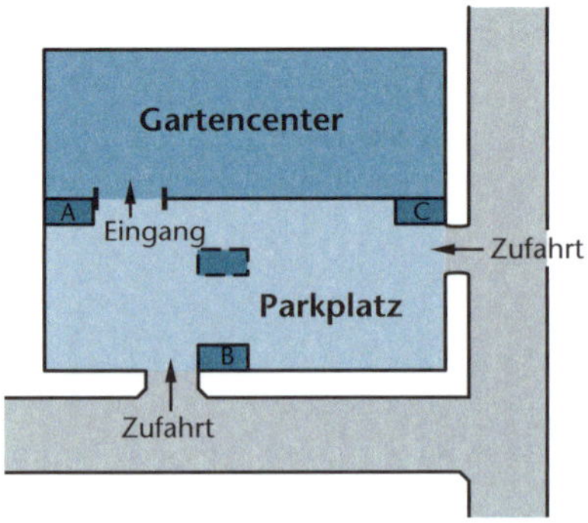

Das „Wandern" der Einkaufswagen im Laufe eines Halbtags lässt sich mithilfe der Übergangsmatrix M beschreiben: $M = \begin{pmatrix} 0{,}3 & 0{,}1 & 0{,}1 \\ 0{,}4 & 0{,}7 & 0{,}3 \\ 0{,}3 & 0{,}2 & 0{,}6 \end{pmatrix}$.

Dabei geht man vereinfachend von der Annahme aus, dass das Gartencenter zu jeder Tageszeit von gleich vielen Kunden besucht wird.

a) Erläutern Sie, wieso man das Verhalten der Kunden an der Übergangsmatrix M ablesen kann.
Stellen Sie die durch M beschriebenen Veränderungen mithilfe eines Übergangsdiagramms dar. H1

b) Zu Beginn eines Halbtags stehen 100 Einkaufswagen in A und je 50 in B und C. Bestimmen Sie die Anzahlen, die sich (im Mittel) am Ende des Halbtags in A, B, C befinden. Ermitteln Sie die Anzahl der Einkaufswagen, die verschoben werden müssen, damit man den Zustand zu Beginn des Halbtags wieder erreicht. H2

c) Wegen der Erkrankung des zuständigen Mitarbeiters wird an einem Mittag vergessen, die im Laufe des Vormittags anders verteilten Einkaufswagen wieder in den Anfangszustand zu bringen. Bestimmen Sie die Anzahl der Einkaufswagen, die nach zwei Halbtagen verschoben werden müssen, damit der Zustand (100 | 50 | 50) erreicht wird. H2

d) Überprüfen Sie, ob der Zustand (100 | 50 | 50) als Endzustand möglich ist, d. h. klären Sie die Frage, ob es möglich ist, dass am Ende eines Halbtags 100 Einkaufswagen in A und je 50 in B und C stehen, ohne dass dieser Zustand durch Mitarbeiter des Gartencenters durch Verschieben von Einkaufswagen hergestellt wurde. H4

e) Bestimmen Sie eine „stabile" Anfangsverteilung der Einkaufswagen, d. h. eine Aufteilung der insgesamt 200 Einkaufswagen auf die drei Stellplätze, bei der es nicht notwendig wäre, dass Mitarbeiter des Gartencenters Wagen umstellen müssen. Begründen Sie, warum eine so berechnete Verteilung für die reale Situation nicht günstig ist. H3

Bei einer Umgestaltung der Parkfläche wird die Sammelstelle C stärker zur Mitte des Parkplatzes hin verlegt (in der Planskizze gestrichelt). Hierdurch ergibt sich eine veränderte Situation, die sich durch die Übergangsmatrix N beschreiben lässt:

$$N = \begin{pmatrix} 0{,}4 & 0{,}1 & 0{,}1 \\ 0{,}1 & 0{,}6 & 0{,}1 \\ 0{,}5 & 0{,}3 & 0{,}8 \end{pmatrix}.$$

Außerdem wird zu Beginn des Tages der Zustand (50 | 50 | 100) hergestellt.

f) Begründen Sie, warum die Situation jetzt nach einem Halbtag bzw. einem ganzen Tag günstiger ist als vorher. H1 H2

g) Die Geschäftsleitung ist der Ansicht, dass es jetzt nach der Umgestaltung der Parkfläche nicht mehr erforderlich ist, nach jedem Halbtag Einkaufswagen abzuzählen und wieder auf den Anfangszustand (50 | 50 | 100) zu bringen. Nehmen Sie begründet hierzu Stellung. H3

Lösung

a) Der Matrix ist zu entnehmen, dass die Kunden, die ihren Wagen an den Stellen B und C abgeholt haben, diesen auch überwiegend (zu 70 % bzw. 60 %) dort auch wieder abgeben, wohingegen die Kunden, die ihren Wagen in A abholen, diesen überwiegend (zu 40 % + 30 % = 70 %) nicht wieder in A abgeben.

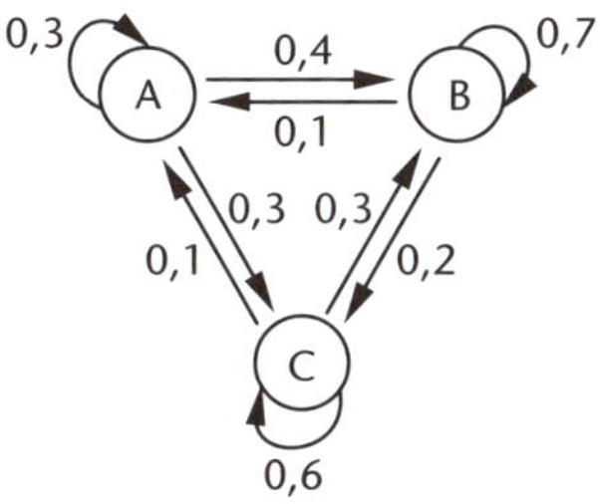

b) Die Anfangsverteilung der Einkaufswagen ist durch den Startvektor $\vec{v_0} = \begin{pmatrix} 100 \\ 50 \\ 50 \end{pmatrix}$ gegeben.

Die Anzahl der Einkaufswagen am Ende des Halbtags ergibt sich aus dem Matrixprodukt

$$\begin{pmatrix} 0{,}3 & 0{,}1 & 0{,}1 \\ 0{,}4 & 0{,}7 & 0{,}3 \\ 0{,}3 & 0{,}2 & 0{,}6 \end{pmatrix} \cdot \begin{pmatrix} 100 \\ 50 \\ 50 \end{pmatrix} = \begin{pmatrix} 40 \\ 90 \\ 70 \end{pmatrix}.$$

Am Ende des Halbtags sind also 40 Einkaufswagen in A, 90 in B und die restlichen 70 in C. Von B aus müssen 40 Einkaufswagen nach A verschoben werden und von C aus 20, damit der Zustand (100 | 50 | 50) wieder erreicht ist, insgesamt also 60 Einkaufswagen.

c) Um den Zustand des Systems nach zwei Halbtagen zu bestimmen, muss entweder der Ergebnisvektor aus Teilaufgabe c) noch einmal mit der Matrix M multipliziert werden, also

$$\begin{pmatrix} 0{,}3 & 0{,}1 & 0{,}1 \\ 0{,}4 & 0{,}7 & 0{,}3 \\ 0{,}3 & 0{,}2 & 0{,}6 \end{pmatrix} \cdot \begin{pmatrix} 40 \\ 90 \\ 70 \end{pmatrix} = \begin{pmatrix} 28 \\ 100 \\ 72 \end{pmatrix},$$

oder man rechnet zunächst die Matrixpotenz M^2 aus und multipliziert diese mit dem Startvektor:

$$\begin{pmatrix} 0{,}3 & 0{,}1 & 0{,}1 \\ 0{,}4 & 0{,}7 & 0{,}3 \\ 0{,}3 & 0{,}2 & 0{,}6 \end{pmatrix}^2 \cdot \begin{pmatrix} 100 \\ 50 \\ 50 \end{pmatrix} = \begin{pmatrix} 28 \\ 100 \\ 72 \end{pmatrix}.$$

Von B aus müssen nach einem Tag 50 Einkaufswagen nach A verschoben werden und von C aus 22, damit der Zustand (100 | 50 | 50) wieder erreicht ist, insgesamt also 72 Einkaufswagen.

d) Zu untersuchen ist das lineare Gleichungssystem

$\begin{pmatrix} 0{,}3 & 0{,}1 & 0{,}1 \\ 0{,}4 & 0{,}7 & 0{,}3 \\ 0{,}3 & 0{,}2 & 0{,}6 \end{pmatrix} \cdot \begin{pmatrix} a \\ b \\ c \end{pmatrix} = \begin{pmatrix} 100 \\ 50 \\ 50 \end{pmatrix}$, bei dem der Vektor $\begin{pmatrix} a \\ b \\ c \end{pmatrix}$ beschreibt,

wie die Verteilung der Einkaufswagen zu Beginn eines Halbtages ist.

$$\left|\begin{matrix} 0{,}3 & 0{,}1 & 0{,}1 \\ 0{,}4 & 0{,}7 & 0{,}3 \\ 0{,}3 & 0{,}2 & 0{,}6 \end{matrix}\right|\begin{matrix} 100 \\ 50 \\ 50 \end{matrix}\right| \Leftrightarrow \left|\begin{matrix} 3 & 1 & 1 \\ 4 & 7 & 3 \\ 3 & 2 & 6 \end{matrix}\right|\begin{matrix} 1000 \\ 500 \\ 500 \end{matrix}\right| \Leftrightarrow \left|\begin{matrix} 1 & \frac{1}{3} & \frac{1}{3} \\ 0 & \frac{17}{3} & \frac{5}{3} \\ 0 & 1 & 5 \end{matrix}\right|\begin{matrix} \frac{1000}{3} \\ -\frac{2500}{3} \\ -500 \end{matrix}\right| \Leftrightarrow \left|\begin{matrix} 1 & \frac{1}{3} & \frac{1}{3} \\ 0 & 1 & \frac{5}{17} \\ 0 & 0 & \frac{80}{17} \end{matrix}\right|\begin{matrix} \frac{1000}{3} \\ -\frac{2500}{17} \\ -\frac{6000}{17} \end{matrix}\right|$$

Aus dem umgeformten Gleichungssystem in Dreiecksform kann man von unten nach oben die Lösung ablesen bzw. berechnen: $c = -75$; $b = -125$ und $a = 400$.

Da es keine negative Anzahl von Einkaufswagen gibt, ist es nicht möglich, dass am Ende eines Halbtages 100 Einkaufswagen in A stehen, 50 in B und 50 in C.

Alternativ kann man auch die zu M inverse Matrix M^{-1} bestimmen (z. B. mit einem Rechner) und diese dann mit dem Startvektor $\vec{v_0}$ multiplizieren:

$$\begin{pmatrix} a \\ b \\ c \end{pmatrix} = \begin{pmatrix} 0{,}3 & 0{,}1 & 0{,}1 \\ 0{,}4 & 0{,}7 & 0{,}3 \\ 0{,}3 & 0{,}2 & 0{,}6 \end{pmatrix}^{-1} \cdot \begin{pmatrix} 0{,}3 & 0{,}1 & 0{,}1 \\ 0{,}4 & 0{,}7 & 0{,}3 \\ 0{,}3 & 0{,}2 & 0{,}6 \end{pmatrix} \cdot \begin{pmatrix} a \\ b \\ c \end{pmatrix} = \begin{pmatrix} 0{,}3 & 0{,}1 & 0{,}1 \\ 0{,}4 & 0{,}7 & 0{,}3 \\ 0{,}3 & 0{,}2 & 0{,}6 \end{pmatrix}^{-1} \cdot \begin{pmatrix} 100 \\ 50 \\ 50 \end{pmatrix}.$$

Es gilt: $\begin{pmatrix} 0{,}3 & 0{,}1 & 0{,}1 \\ 0{,}4 & 0{,}7 & 0{,}3 \\ 0{,}3 & 0{,}2 & 0{,}6 \end{pmatrix}^{-1} = \frac{1}{8} \cdot \begin{pmatrix} 36 & -4 & -4 \\ -15 & 15 & -5 \\ -13 & -3 & 17 \end{pmatrix}$,

dann folgt wie oben: $\begin{pmatrix} 0{,}3 & 0{,}1 & 0{,}1 \\ 0{,}4 & 0{,}7 & 0{,}3 \\ 0{,}3 & 0{,}2 & 0{,}6 \end{pmatrix}^{-1} \cdot \begin{pmatrix} 100 \\ 50 \\ 50 \end{pmatrix} = \begin{pmatrix} 400 \\ -125 \\ -75 \end{pmatrix}$.

e) Gesucht ist ein Zustandsvektor $\begin{pmatrix} a \\ b \\ c \end{pmatrix}$, für den gilt: $\begin{pmatrix} 0{,}3 & 0{,}1 & 0{,}1 \\ 0{,}4 & 0{,}7 & 0{,}3 \\ 0{,}3 & 0{,}2 & 0{,}6 \end{pmatrix} \cdot \begin{pmatrix} a \\ b \\ c \end{pmatrix} = \begin{pmatrix} a \\ b \\ c \end{pmatrix}$.

Zu lösen ist also das lineare Gleichungssystem $\begin{pmatrix} -0{,}7 & 0{,}1 & 0{,}1 \\ 0{,}4 & -0{,}3 & 0{,}3 \\ 0{,}3 & 0{,}2 & -0{,}4 \end{pmatrix} \cdot \begin{pmatrix} a \\ b \\ c \end{pmatrix} = \begin{pmatrix} 0 \\ 0 \\ 0 \end{pmatrix}$.

Dieses hat unendlich viele Lösungen, die man mithilfe einer Parameterdarstellung beschreiben kann: $a = \frac{6}{17} \cdot c$, $b = \frac{25}{17} \cdot c$.

Da aber insgesamt 200 Einkaufswagen zur Verfügung stehen, also $a + b + c = 200$ gilt, folgt: $a = 25$; $b \approx 104$ und $c \approx 71$.
Diese Lösung erhält man direkt, wenn man die Gleichung $a + b + c = 200$ von vornherein berücksichtigt:

$\begin{pmatrix} -0{,}7 & 0{,}1 & 0{,}1 \\ 0{,}4 & -0{,}3 & 0{,}3 \\ 0{,}3 & 0{,}2 & -0{,}4 \\ 1 & 1 & 1 \end{pmatrix} \cdot \begin{pmatrix} a \\ b \\ c \end{pmatrix} = \begin{pmatrix} 0 \\ 0 \\ 0 \\ 200 \end{pmatrix}$ hat die o. a. Lösung.

Die Lösung ist für den realen Betrieb nicht günstig, da, wenn nur 25 Einkaufswagen am Eingang zum Gartencenter stehen, diese sehr schnell in Gebrauch sind und ankommende Kunden sich möglicherweise darüber ärgern, wenn sie noch einmal zurück zu einem der Stellplätze B oder C gehen müssen, vor allem, wenn dies regelmäßig vorkommt.

f) Berechnung des Zustands nach einem Halbtag bzw. nach einem Tag ohne Veränderung in der Mittagszeit:

$$\begin{pmatrix} 0{,}4 & 0{,}1 & 0{,}1 \\ 0{,}1 & 0{,}6 & 0{,}1 \\ 0{,}5 & 0{,}3 & 0{,}8 \end{pmatrix} \cdot \begin{pmatrix} 50 \\ 50 \\ 100 \end{pmatrix} = \begin{pmatrix} 35 \\ 45 \\ 120 \end{pmatrix} \qquad \begin{pmatrix} 0{,}4 & 0{,}1 & 0{,}1 \\ 0{,}1 & 0{,}6 & 0{,}1 \\ 0{,}5 & 0{,}3 & 0{,}8 \end{pmatrix}^2 \cdot \begin{pmatrix} 50 \\ 50 \\ 100 \end{pmatrix} = \begin{pmatrix} 30{,}5 \\ 42{,}5 \\ 127 \end{pmatrix}$$

Um den Anfangszustand wieder herzustellen, müssen nach einem Halbtag insgesamt nur noch 20 Einkaufswagen verschoben werden, nach einem Tag nur 27 Wagen.

g) Nach dem Hauptsatz über Markoff-Ketten ergibt sich Folgendes: Wenn über viele Tage hinweg keine Einkaufswagen zur Wiederherstellung des Anfangszustands verschoben werden, dann konvergiert die Folge der Zustandsvektoren gegen den Fixvektor der Matrix N. Für diesen gilt:

$$\begin{pmatrix} 0{,}4 & 0{,}1 & 0{,}1 \\ 0{,}1 & 0{,}6 & 0{,}1 \\ 0{,}5 & 0{,}3 & 0{,}8 \end{pmatrix} \cdot \begin{pmatrix} a \\ b \\ c \end{pmatrix} = \begin{pmatrix} a \\ b \\ c \end{pmatrix} \text{ und } a + b + c = 200$$

$$\Leftrightarrow \begin{pmatrix} -0{,}6 & 0{,}1 & 0{,}1 \\ 0{,}1 & -0{,}4 & 0{,}1 \\ 0{,}5 & 0{,}3 & -0{,}2 \\ 1 & 1 & 1 \end{pmatrix} \cdot \begin{pmatrix} a \\ b \\ c \end{pmatrix} = \begin{pmatrix} 0 \\ 0 \\ 0 \\ 200 \end{pmatrix} \Leftrightarrow \begin{pmatrix} a \\ b \\ c \end{pmatrix} \approx \begin{pmatrix} 29 \\ 40 \\ 131 \end{pmatrix}$$

Wenn also der Zustand (29 | 40 | 131) hergestellt wird, dann verändert sich die Verteilung der Einkaufswagen auf lange Sicht nicht mehr. Wegen der Nähe des Stellplatzes C zum Eingang des Gartencenters werden sich auch nur wenige Kunden ärgern, wenn sie unmittelbar am Eingang zum Gartencenter keinen Einkaufswagen mehr vorfinden.

Aufgabe 11 *Impfung gegen Influenza*

Das Robert-Koch-Institut hat in einer Stichprobe 1261 Menschen über 12 Jahre telefonisch befragt. Demnach waren in West-Deutschland 15 % und in Ost-Deutschland (einschl. Berlin) 32 % der Bevölkerung gegen Grippe geimpft.
In den „westlichen“ Bundesländern leben 79,3 % der 73 327 000 Bundesbürger über 12 Jahre.

a) Berechnen Sie den Anteil der geimpften Personen in der Gesamtbevölkerung. Bestimmen Sie die Wahrscheinlichkeit, dass eine zufällig angetroffene geimpfte Person in den „östlichen“ Bundesländern wohnt. I3 I4

b) Berechnen Sie die Wahrscheinlichkeit, dass von 12 zufällig ausgesuchten Personen aus den östlichen Bundesländern

(1) keine Person geimpft ist;
(2) mindestens 10 Personen nicht geimpft sind;
(3) mehr als 8 und höchstens 10 Personen geimpft sind. J3

c) Das Leonhard-Euler-Gymnasium liegt in West-Deutschland und hat zur Zeit 1030 Schülerinnen und Schüler über 12 Jahre.

Bestimmen Sie einen Schätzwert für die Anzahl der geimpften Schüler dieses Gymnasiums.
Ermitteln Sie ein zum Erwartungswert symmetrisches Intervall, in dem die Anzahl der geimpften Schüler mit einer Wahrscheinlichkeit von etwa 95 % liegt. J6

d) Personen über 12 Jahre aus den westlichen Bundesländern werden für ein Interview zufällig ausgewählt. Bestimmen Sie, wie viele Personen man mindestens auswählen muss, um mit einer Wahrscheinlichkeit von mindestens 98 % mindestens eine geimpfte Person zu erfassen. J5

e) Von dem verwendeten Impfserum wird behauptet, dass höchstens 10 % der Geimpften trotz einer Impfung an Grippe erkranken. 300 zufällig ausgewählte Personen werden mit diesem Serum geimpft. Es erkranken 38 Personen.

Untersuchen Sie die Behauptung in der Art eines Hypothesentests mit dem Signifikanzniveau von 5 % und geben Sie eine begründete Entscheidung an. K6 K4
Beschreiben Sie die Bedeutung der Fehler 1. Art und 2. Art im Zusammenhang dieses Tests.
Berechnen Sie die Wahrscheinlichkeit für einen Fehler 1. Art im Fall $p = 0{,}1$ und die Wahrscheinlichkeit für einen Fehler 2. Art im Fall $p = 0{,}15$. K4

Lösung

a) G: Person ist geimpft
$\overline{G}$: Person ist nicht geimpft
A: Person wohnt in den „westlichen“ Bundesländern;
$\overline{A}$: Person wohnt in den „östlichen“ Bundesländern

Mit diesen Bezeichnungen und einem Baumdiagramm kann eine Vierfeldertafel erstellt werden:

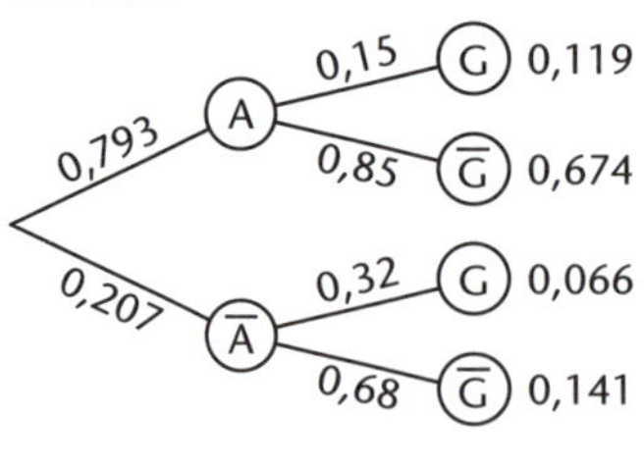

	G	$\overline{G}$	
A	0,119	0,674	0,793
$\overline{A}$	0,066	0,141	0,207
	0,185	0,815	1

Daraus ist abzulesen: $P(G) = 0{,}793 \cdot 0{,}15 + 0{,}207 \cdot 0{,}32 \approx 0{,}185$.
Der Anteil der geimpften Personen in der Gesamtbevölkerung beträgt also etwa 18,5 %.
Mit der Vier-Felder-Tafel erhält man das umgekehrte Baumdiagramm:

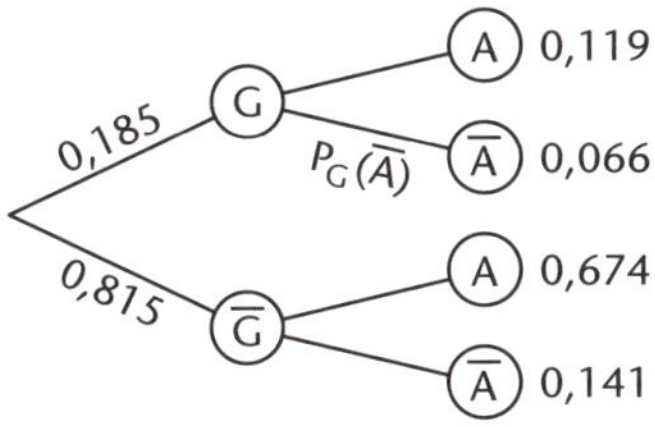

Daraus ist abzulesen: $P_G(\overline{A}) = \frac{P(G \cap \overline{A})}{P(G)} = \frac{0{,}066}{0{,}185} \approx 0{,}357$.

Die Person wohnt demnach mit einer Wahrscheinlichkeit von etwa 35,7 % in den „östlichen" Bundesländern.

b) X: *Anzahl der geimpften Personen*
Die Zufallsgröße X ist binomialverteilt mit $n = 12$ und $p = 0{,}32$.

(1) $P(X = 0) = \binom{12}{0} \cdot 0{,}32^0 \cdot 0{,}68^{12} \approx 0{,}68^{12} \approx 0{,}0098 \approx 1\,\%$

(2) $P(X \le 2) = P(X = 0) + P(X = 1) + P(X = 2)$
$= 0{,}68^{12} + \binom{12}{1} \cdot 0{,}32 \cdot 0{,}68^{11} + \binom{12}{2} \cdot 0{,}32^2 \cdot 0{,}68^{10} \approx 0{,}2078 \approx 20{,}8\,\%$

(3) $P(9 \le X \le 10) = P(X = 9) + P(X = 10)$
$= \binom{12}{9} \cdot 0{,}32^9 \cdot 0{,}68^3 + \binom{12}{10} \cdot 0{,}32^{10} \cdot 0{,}68^2 \approx 0{,}0028 \approx 0{,}3\,\%$

c) Die Zufallsgröße X beschreibt die Anzahl der geimpften Schüler.
Sie ist binomialverteilt mit $n = 1030$ und $p = 0{,}15$.
Als Schätzwert wird der Erwartungswert berechnet zu: $\mu = n \cdot p = 1030 \cdot 0{,}15 = 154{,}5$.

Mit der Standardabweichung $\sigma = \sqrt{n \cdot p \cdot (1 - p)} \approx 11{,}46$ ist der Radius der gesuchten Umgebung nach den Sigma-Regeln etwa: $1{,}96 \cdot \sigma \approx 22{,}5$.

Damit ist das gesuchte Intervall: $[154{,}5 - 22{,}5;\ 154{,}5 + 22{,}5] = [132;\ 177]$

d) Gesucht ist die unbekannte Personenzahl n, die man mindestens auswählen muss.
$P(\text{mind. eine Person ist geimpft}) \ge 0{,}98$
$\Leftrightarrow 1 - P(\text{keine Person ist geimpft}) \ge 0{,}98$
$\Leftrightarrow 1 - 0{,}85^n \ge 0{,}98$
$\Leftrightarrow n \ge \frac{\ln(0{,}02)}{\ln(0{,}85)} \approx 24{,}07$

Also muss man mindestens 25 Personen auswählen.

e) **Hypothesentest:**

$H_0: p \leq 0{,}1$ (Nullhypothese) $H_1: p > 0{,}1$ (Gegenhypothese)

$\alpha \leq 0{,}05$ (Signifikanzniveau) $n = 300$ (Stichprobenumfang)

X: Anzahl der erkrankten Personen

Bei wahrer Nullhypothese ist die Zufallsgröße X binomialverteilt mit $n = 300$ und $p = 0{,}1$. Da eine große Anzahl erkrankter Personen gegen die Annahme der Nullhypothese spricht, handelt es sich um einen rechtsseitigen Test.

Alternative 1: Bestimmung des Verwerfungsbereichs mit den Sigma-Regeln:

Für $n = 300$ und $p = 0{,}1$ ist $\mu = n \cdot p = 30$ und $\sigma = \sqrt{n \cdot p \cdot (1-p)} \approx 5{,}196$.

Da $\mu + 1{,}64 \cdot \sigma \approx 30 + 8{,}5 = 38{,}5$ folgt $P(X \leq 39) > 0{,}95$ („Rundung zur sicheren Seite").

Damit ist der Annahmebereich für die Nullhypothese zu $A = \{0, \ldots, 39\}$ bestimmt.

Die Nullhypothese wird demzufolge abgelehnt, wenn das Stichprobenergebnis im Verwerfungsbereich $K = \{40, \ldots, 300\}$ liegt.

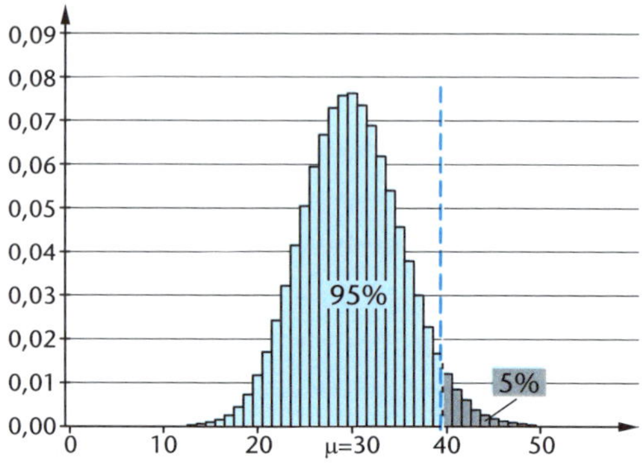

Alternative 2: Bestimmung des Verwerfungsbereichs mit der Gauss'schen Φ-Funktion:

Da $n \cdot p \cdot (1-p) = 27 > 9$ kann die Φ-Funktion zur Näherung verwendet werden.

$P(X \geq g) \leq \alpha$ führt mit $\Phi\left(\frac{g - 0{,}5 - 30}{\sqrt{27}}\right) > 0{,}95$ zu $g = 40$ mit $\Phi\left(\frac{40 - 0{,}5 - 30}{\sqrt{27}}\right) \approx 0{,}966$.

Verwerfungsbereich: $K = \{40, \ldots, 300\}$ Annahmebereich: $A = \{0, \ldots, 39\}$

Alle weiteren Schlussfolgerungen sind nun wie bei Alternative 1 möglich.

Der Fehler 1. Art (eine wahre Nullhypothese wird irrtümlich verworfen) bedeutet hier, dass man aufgrund einer zufällig ungewöhnlich hohen Zahl erkrankter Personen in der Stichprobe irrtümlicherweise schließt, dass mehr als 10 % der Patienten trotz Impfung an der Grippe erkranken, obwohl dies in Wahrheit nicht stimmt.

Der Fehler 2. Art (eine falsche Nullhypothese wird irrtümlich angenommen) bedeutet hier, dass aufgrund einer mit der Nullhypothese verträglichen Anzahl erkrankter Personen in der Stichprobe irrtümlicherweise schließt, dass höchstens 10 % der Patienten trotz Impfung an der Grippe erkranken, obwohl dies in Wahrheit nicht stimmt.

Wahrscheinlichkeit für den Fehler 1. Art für $p = 0{,}1$:

$\alpha = P(40 \leq X \leq 300) = 1 - P(X \leq 39) = 3{,}8\,\%$; nach Näherungsmethode:

$$\alpha = 1 - \Phi\left(\frac{39{,}5 - 30}{\sqrt{27}}\right) \approx 3{,}4\,\%.$$

Wahrscheinlichkeit für den Fehler 2. Art für $p = 0{,}15$:

$\beta = P(X \leq 39) = 18{,}8\,\%$; nach der Näherungsmethode:

$$\beta = \Phi\left(\frac{39{,}5 - 300 \cdot 0{,}15}{\sqrt{300 \cdot 0{,}15 \cdot 0{,}85}}\right) = \Phi(-0{,}889) \approx 18{,}7\,\%,$$

Aufgabe 12 *Haushaltsgrößen in Deutschland*

Die nebenstehende Grafik veranschaulicht die Entwicklung der Haushaltsgrößen in Deutschland.

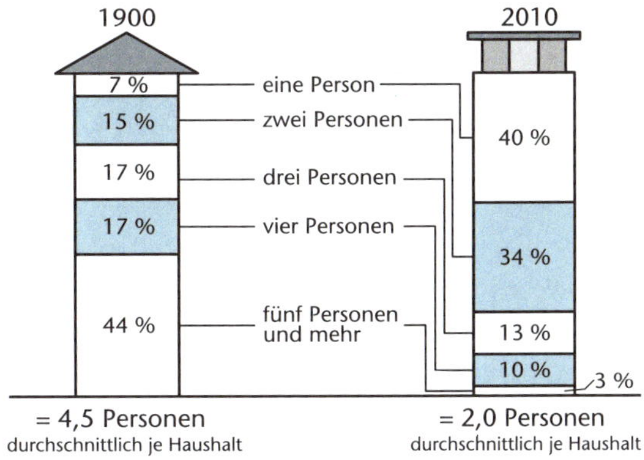

a) Unter den beiden Bildern der Grafik sind jeweils die durchschnittlichen Haushaltsgrößen angegeben. Erläutern Sie, *wie* man diese Durchschnittswerte berechnet. Führen Sie selbst diese Rechnung aus und begründen Sie, warum bei der Mittelwertbildung für 1900 Ihr Ergebnis vom angegebenen Durchschnittswert abweicht. J1

b) Laut Veröffentlichung des Statistischen Bundesamts befinden sich 64 % aller Haushalte in Deutschland in Gemeinden mit weniger als 100 000 Einwohnern; in diesen kleinen und mittelgroßen Gemeinden beträgt der Anteil der 1-Personen-Haushalte nur 35 %. I3 I4

(1) Stellen Sie diese Information auf dem Hintergrund der oben stehenden Grafik in einer Vierfeldertafel mit relativen Häufigkeiten zusammen.
(2) Entwickeln Sie hieraus die beiden zugehörigen Baumdiagramme und geben Sie die in den Baumdiagrammen enthaltenen Informationen in Worten wieder.

Angenommen, aus der Gesamtheit aller Haushalte in Deutschland wäre im Jahr 2010 zufällig ein Haushalt ausgewählt worden.

(3) Bestimmen Sie die Wahrscheinlichkeit, dass es sich um einen Mehrpersonen-Haushalt handelt, wenn bekannt ist, dass der Haushalt in einer Großstadt (mindestens 100 000 Einwohner) liegt.
(4) Bestimmen Sie die Wahrscheinlichkeit, dass es sich um einen Haushalt in einer Großstadt handelt, wenn bekannt ist, dass darin nur eine Person lebt.

Für die folgende Rechnungen sei angenommen, dass die Angaben für das Jahr 2010 auch heute noch gültig sind. Für eine Stichprobe werden n Haushalte zufällig ausgewählt.

c) Bestimmen Sie die Wahrscheinlichkeit, dass bei einer Auswahl von n = 3 Haushalten I2

(1) in allen drei ausgewählten Haushalten höchstens zwei Personen leben,
(2) unter den drei Haushalten mindestens ein 3-Personen-Haushalt ist,
(3) je ein Haushalt mit einer Person, mit zwei Personen und drei Personen erfasst wird.

d) Bestimmen Sie die Wahrscheinlichkeit, dass bei einer Auswahl von n = 100 Haushalten J3

(1) genau 40
(2) mehr als 35
(3) mindestens 38, höchstens 45

1-Personen-Haushalte erfasst sind.

e) Bei einer Stichprobe mit $n = 50$ Haushalten sind zufällig lauter Haushalte mit weniger als fünf Personen erfasst. Bestimmen Sie die Wahrscheinlichkeit für ein solches Ereignis. J3

f) Bei einer Rechnung zu den Haushalten mit mindestens fünf Personen wurde der folgende Ansatz verwendet: $P(X \geq 1) \geq 0{,}90$. Ein Zwischenschritt ergab: $1 - 0{,}97^n \geq 0{,}9$ und als Lösung: $n \geq 76$. J5
Erläutern Sie, was berechnet wurde.

g) Für eine Verbraucher-Befragung wird eine Stichprobe vom Umfang $n = 600$ genommen. Ermitteln Sie ein symmetrisches Intervall, in dem mit einer Wahrscheinlichkeit von ca. 95 % die Anzahl der 2-Personen-Haushalte liegen wird. J6

h) Aufgrund von detaillierteren Untersuchungen weiß man, dass die Verteilung der Haushaltsgrößen regional sehr unterschiedlich ist. Der Bürgermeister einer Kleinstadt vermutet, dass in seiner Gemeinde der Anteil der 1-Personen-Haushalte (der bundesweit bei den kleinen und mittleren Gemeinden 35 % beträgt, vgl. Teilaufgabe b)) signifikant größer ist als in den übrigen Gemeinden mit einer Einwohnerzahl unter 100 000. Wenn der Bürgermeister Recht hat mit seiner Vermutung, dann hat dies Auswirkungen auf die zukünftige Wohnungsbaupolitik der Gemeinde. K6
Da man sich hinsichtlich der tatsächlichen Situation in den Haushalten nicht allein auf die Informationen verlassen kann, die den Einwohnermeldeämtern zur Verfügung stehen, möchte er dies mithilfe eines *statistischen Beweises* belegen. Aufgrund der Haushaltssituation ist nur eine Stichprobe in $n = 250$ Haushalten möglich.

(1) Erläutern Sie die prinzipielle Vorgehensweise für ein solches Testverfahren.
(2) Bestimmen Sie eine Entscheidungsregel auf dem 90 %-Niveau.
(3) Beschreiben Sie die Auswirkungen eines Fehlers 1. bzw. 2. Art in dieser Sachsituation. K4
(4) Berechnen Sie die Wahrscheinlichkeit für einen Fehler 2. Art, wenn der tatsächliche Anteil an 1-Personen-Haushalten in der Gemeinde 45 % beträgt.

Lösung

a) Die Berechnung des Mittelwerts einer Häufigkeitsverteilung erfolgt analog zur Berechnung des Erwartungswerts einer Wahrscheinlichkeitsverteilung. Am einfachsten ist es, wenn man eine Tabelle anlegt und so das gewichtete Mittel der Merkmalswerte *Anzahl der Personen* berechnet:

1990		
Anzahl der Personen	**Anteil**	**Produkt**
1	0,07	0,07
2	0,15	0,30
3	0,17	0,51
4	0,17	0,68
≥ 5	0,44	≥ 2,20
Summe		≥ 3,76

2010		
Anzahl der Personen	**Anteil**	**Produkt**
1	0,40	0,40
2	0,34	0,68
3	0,13	0,39
4	0,10	0,40
≥ 5	0,03	≥ 0,15
Summe		2,02

Da die Angabe für den Anteil der Haushalte mit mindestens 5 Personen für das Jahr 1900 wenig differenziert ist („≥ 5“ bedeutet 5, 6, 7, …), muss die Rechnung mit dem kleinsten der Werte durchgeführt werden; daher wird man nicht den Mittelwert selbst, sondern eine Abschätzung des Mittelwerts nach unten erhalten. Teilt man die Anteile für *mindestens 5 Personen* weiter auf, dann kommt man zu einem weniger stark abweichenden Mittelwert, siehe z. B. nebenstehende Tabelle.

Anzahl der Personen	Anteil	Produkt
1	0,07	0,07
2	0,15	0,30
3	0,17	0,51
4	0,17	0,68
5	0,16	0,80
6	0,12	0,72
7	0,08	0,56
≥ 8	0,08	≥ 0,64
Summe		≥ 4,28

Alternativ kann man so rechnen:
$1 \cdot 0{,}07 + 2 \cdot 0{,}15 + 3 \cdot 0{,}17 + 4 \cdot 0{,}17 + x \cdot 0{,}44 = 4{,}5 \Leftrightarrow 0{,}44x = 2{,}94 \Leftrightarrow x = 6{,}7$;
dann könnte man so argumentieren: Die 44 % beziehen sich auf ein Intervall, das die Werte 5, 6, 7, 8, … enthält. Die relativen Häufigkeiten, mit denen diese Werte auftreten, müssen so verteilt sein, dass sich der Mittelwert 6,7 ergibt.

b) (1) Aus der Grafik entnimmt man die Angabe 40 % und komplementär 60 % als Zeilensummen, aus dem Text von Teilaufgabe b) die Spaltensumme 64 % und komplementär 36 %. Die restlichen Daten (blau) ergeben sich durch Ergänzungen innerhalb der Tabelle:

		Gemeindetyp		
		Großstädte (G)	andere Gemeinden (K)	gesamt
Haushaltstyp	1-Personen-haushalte (E)	0,176	35 % von 64 % = 0,224	0,40
	Mehr-Personen-haushalte (M)	0,184	0,416	0,60
gesamt		0,36	0,64	1

(2) Durch Quotientenbildung innerhalb der Zeilen bzw. Spalten ergeben sich die beiden zugehörigen Baumdiagramme:

40 % der Haushalte in Deutschland sind 1-Personen-Haushalte, davon liegen ca. 44 % in Großstädten; dagegen liegen nur ca. 31 % aller Mehr-Personen-Haushalte in diesen Gemeinden mit mindestens 100 000 Einwohnern.

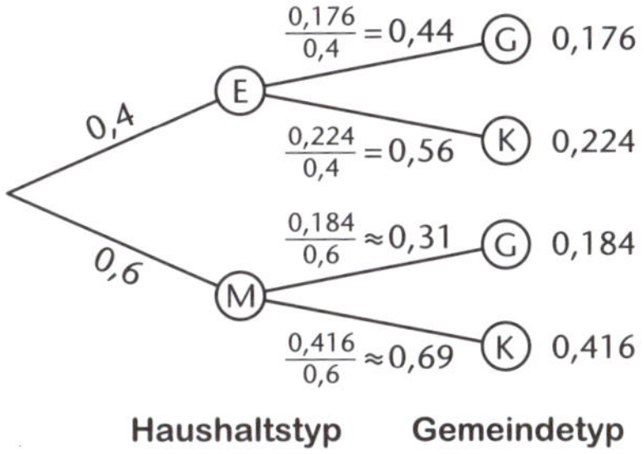

Ca. 36 % der Haushalte in Deutschland liegen in Großstädten, davon sind ca. 49 % 1-Personen-Haushalte; dagegen beträgt in den Gemeinden unter 100 000 Einwohnern der Anteil der 1-Personen-Haushalte nur ca. 35 %.

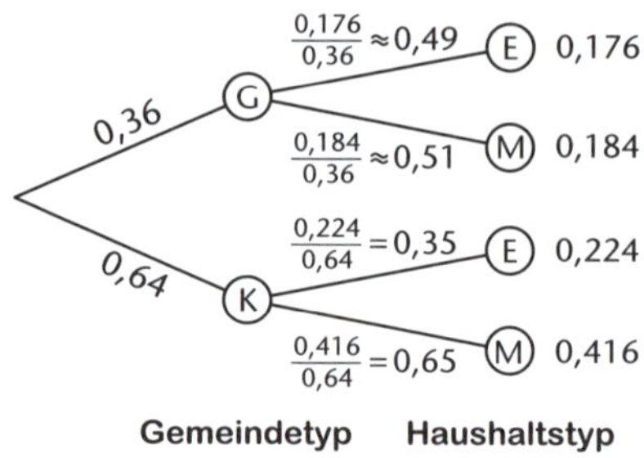

(3) Die Wahrscheinlichkeit, dass es sich um einen Mehrpersonen-Haushalt handelt, wenn bekannt ist, dass der Haushalt in einer Großstadt (mindestens 100 000 Einwohner) liegt, beträgt ca. 51 %: $P_G(M) \approx 0{,}51$ (vgl. 2. Baumdiagramm).

(4) Die Wahrscheinlichkeit, dass es sich um einen Haushalt in einer Großstadt handelt, wenn bekannt ist, dass darin nur eine Person lebt, beträgt ca. 44 %: $P_E(G) = 0{,}44$ (vgl. 1. Baumdiagramm).

c) (1) Die Wahrscheinlichkeit, dass in *einem* zufällig ausgewählten Haushalt höchstens zwei Personen leben, beträgt laut Grafik ca. 74 %. Daher ist die Wahrscheinlichkeit, dass in allen drei zufällig ausgewählten Haushalten eine oder zwei Personen leben, nach Pfadmultiplikationsregel gleich $0{,}74^3 \approx 0{,}405 = 40{,}5\,\%$.

(2) Das Ereignis *Unter den drei Haushalten ist mindestens ein 3-Personen-Haushalt* ist das Gegenereignis zu *Unter den drei Haushalten ist kein 3-Personen-Haushalt*. Die Wahrscheinlichkeit, dass in einem zufällig ausgewählten Haushalt drei Personen leben, beträgt laut Grafik 13 %. Die gesuchte Wahrscheinlichkeit berechnet sich also nach Komplementärregel und Pfadmultiplikationsregel zu
$1 - 0{,}87^3 \approx 1 - 0{,}659 = 0{,}341 = 34{,}1\,\%$.

(3) Nach Pfadmultiplikationsregel ergibt sich für ein Ergebnis EZD (*Haushalt mit einer Person, mit zwei Personen und drei Personen, in dieser Reihenfolge*) die Wahrscheinlichkeit $0{,}4 \cdot 0{,}34 \cdot 0{,}13$. Da aber keine Reihenfolge vorgegeben ist, handelt es sich um ein Ereignis mit sechs gleichwahrscheinlichen Ergebnissen (EZD, EDZ, ZED, ZDE, DEZ, DZE), also $6 \cdot 0{,}4 \cdot 0{,}34 \cdot 0{,}13 \approx 0{,}106 = 10{,}6\,\%$.

d) Da man sich auf die Betrachtung nur eines Ergebnisses beschränkt, liegt hier eine binomialverteilte Zufallsgröße X: *Anzahl der 1-Personen-Haushalte in einem 100-stufigen Bernoulli-Versuch mit Erfolgswahrscheinlichkeit p = 0,4* vor:
(1) $P(X = 40) = 0{,}0812$ (2) $P(X > 35) = 1 - P(X \le 35) = 1 - 0{,}179 = 0{,}821$
(3) $P(38 \le X \le 45) = P(X \le 45) - P(X \le 37) = 0{,}869 - 0{,}307 = 0{,}562$

e) Hier wird die Zufallsgröße X: *Anzahl der Haushalte mit weniger als fünf Personen in einem 50-stufigen Bernoulli-Versuch mit p = 0,97* betrachtet: $P(X = 50) = 0{,}9750 = 0{,}218$.

f) Hier wird die Zufallsgröße X: *Anzahl der Haushalte mit mindestens fünf Personen in einem n-stufigen Bernoulli-Versuch mit p = 0,03* betrachtet. Zu bestimmen ist der Mindestumfang einer Stichprobe, damit mit einer Wahrscheinlichkeit von mindestens 90 % unter den ausgewählten Haushalten mindestens ein Haushalt mit mindestens fünf Personen ist.

Das Ereignis *Mindestens ein Haushalt mit mindestens fünf Personen hat die Wahrscheinlichkeit* $P(X \geq 1) = 1 - P(X = 0) = 1 - 0{,}97^n$. Für diese Wahrscheinlichkeit gilt: $P(X \geq 1) \geq 0{,}90$, daher ist folgende Ungleichung zu lösen:

$1 - 0{,}97^n \geq 0{,}9$	Umstellen der Ungleichung
$\Leftrightarrow\ 0{,}97^n \leq 0{,}1$	Logarithmieren der Ungleichung
$\Leftrightarrow\ n \cdot \log(0{,}97) \leq \log(0{,}1)$	Auflösen nach n
$\Leftrightarrow\ n \geq 75{,}6 \Leftrightarrow n \geq 76.$	

g) X: *Anzahl der 2-Personenhaushalte in einer Stichprobe vom Umfang n = 600*
$p = 0{,}34$; $\mu = 0{,}34 \cdot 600 = 204$; $\sigma = \sqrt{600 \cdot 0{,}34 \cdot 0{,}66} = \sqrt{134{,}64} \approx 11{,}60$,
95 %-Umgebung von μ: $\mu - 1{,}96\sigma \approx 181{,}3$; $\mu + 1{,}96\sigma \approx 226{,}7$.
Also gilt: $P(181 \leq X \leq 227) \approx 0{,}95$ (nach der sicheren Seite gerundet).
Exakte Rechnung: $P(181 \leq X \leq 227) = 0{,}957$; $P(182 \leq X \leq 226) = 0{,}948$.

h) (1) Bei einem statistischen Beweis wählt man das logische Gegenteil dessen, was man „beweisen" möchte, als zu testende Hypothese aus. Wenn man dann in der Stichprobe eine signifikante Abweichung findet, sieht man sich veranlasst, daran zu zweifeln, ob die getestete Erfolgswahrscheinlichkeit tatsächlich der Stichprobe zugrunde liegt, sodass man zukünftig das Gegenteil der getesteten Hypothese als richtig ansehen darf.

(2) Hier vermutet der Bürgermeister, dass der Anteil der 1-Personen-Haushalte in seiner Gemeinde größer ist als 35 %. Um dies statistisch zu beweisen, muss er die Hypothese H_0: $p \leq 0{,}35$ testen. Für $n = 250$ und $p = 0{,}35$ ist $\mu = 250 \cdot 0{,}35 = 87{,}5$ und $\sigma = \sqrt{250 \cdot 0{,}35 \cdot 0{,}65} = \sqrt{56{,}875} \approx 7{,}54$.

Falls $p = 0{,}35$ ist, treten Stichprobenergebnisse oberhalb von $\mu + 1{,}28\sigma$ nur mit einer Wahrscheinlichkeit von ca. 90 % auf; hier ist $\mu + 1{,}28\sigma \approx 97{,}2$.
Für $p = 0{,}35$ gilt also:
$P(X > 97) \approx 0{,}10$ [exakte Berechnung liefert: $P(X > 97) = 0{,}093$].

Für $p < 0{,}35$ liegt der Wert von $\mu + 1{,}28\sigma$ unterhalb von 97,2 und es gilt erst recht $P(X > 97) < 0{,}10$.

Entscheidungsregel: *Verwirf die Hypothese $p \leq 0{,}35$, falls in der Stichprobe von $n = 250$ zufällig ausgewählten Haushalten mehr als 97 1-Personen-Haushalte sind.*
Annahmebereich der Hypothese: $A = \{0, 1, \ldots, 97\}$;
Verwerfungsbereich der Hypothese: $V = \{98, 99, \ldots, 250\}$.

(3) Bei einem Fehler 1. Art würde die Hypothese $p \leq 0{,}35$ verworfen, obwohl sie zutrifft, d. h., der Bürgermeister fühlt sich in seiner Vermutung bestätigt, dass seine Gemeinde einen deutlich höheren Anteil an 1-Personen-Haushalten hat als es dem Bundesdurchschnitt entspricht, dies ist aber nicht zutreffend.
Bei einem Fehler 2. Art würde die Hypothese $p \leq 0{,}35$ nicht verworfen, obwohl sie falsch ist, d. h., der Bürgermeister hätte mit seiner Vermutung recht, aber dies wird durch die Stichprobe nicht bestätigt.

(4) Zu berechnen ist die Wahrscheinlichkeit für einen Fehler 2. Art, wenn das wahre p, das der Stichprobe zugrunde liegt, 45 % beträgt:
$P_{p=0{,}45}(A) = P_{p=0{,}45}(X \leq 97) = 0{,}028 = 2{,}8\,\%$.
Die Wahrscheinlichkeit für einen Fehler 2. Art ist also nur gering, falls der tatsächliche Anteil der 1-Personen-Haushalte in der Gemeinde gleich 45 % ist.

Aufgabe 13 *Würfeln mit dem Ikosaeder*

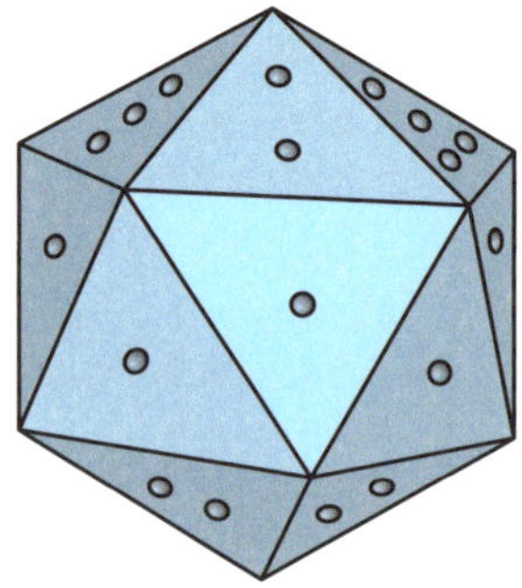

Ein Ikosaeder ist ein regelmäßiger Körper mit 20 kongruenten, gleichseitigen Dreiecken als Außenflächen.

In der Form eines solchen Ikosaeders wurde ein Würfel hergestellt.
Dabei wurden auf 8 der Außenflächen *ein Auge* aufgemalt, auf 6 Flächen *zwei Augen*, auf 4 Flächen *drei Augen* und auf 2 Flächen *vier Augen*.

Im Folgenden werden Würfelexperimente mit diesem Würfel betrachtet.

a) Berechnen Sie die Wahrscheinlichkeit, dass bei 100 Würfen
   (1) mindestens 15- und höchstens 24-mal die „Augenzahl drei" fällt;
   (2) mehr als 45-mal die „Augenzahl eins" fällt;
   (3) mindestens 90-mal eine „Augenzahl kleiner als vier" fällt. J3

b) Bestimmen Sie, wie oft man den Würfel mindestens werfen muss, damit mit einer Wahrscheinlichkeit von mindestens 95% mindestens einmal die „Augenzahl vier" fällt. J5

c) Ein Freund bietet Ihnen folgendes Spiel an: Sie zahlen vor jedem Wurf mit dem Würfel 0,50 € an den Freund. Fällt die „Augenzahl eins", so geht ihr Einsatz verloren. Fällt die „Augenzahl zwei", so erhalten Sie Ihren Einsatz zurück. Fällt die „Augenzahl drei", so erhalten Sie 1 €. Fällt die „Augenzahl vier", so erhalten Sie 2 €. J2

   (1) Untersuchen Sie, ob das Spiel fair ist.
   (2) Die Auszahlung für den Fall, dass die „Augenzahl vier" fällt, soll nun so verändert werden, dass das Spiel fair ist. Die restlichen Auszahlungen bleiben unverändert. Berechnen Sie die neue Auszahlung.

d) Jemand hat die Vermutung, dass in eines der Felder mit zwei Augen ein weiteres Auge eingezeichnet wurde, möchte aber sein Misstrauen nicht zeigen und den Ikosaeder-Würfel vor aller Augen kontrollieren. Bei 400 Würfen sind 96-mal drei Augen gefallen. Ist der Ikosaeder-Würfel tatsächlich manipuliert worden (so wie oben beschrieben)?
   Untersuchen Sie die Behauptung in der Art eines Hypothesentests mit dem Signifikanzniveau von 10% und geben Sie eine begründete Entscheidung an. K3 K6

e) Ein weiterer Würfel in der Form eines Ikosaders ist mit den Zahlen 1 bis 20 beschriftet.

   (1) Berechnen Sie die Wahrscheinlichkeit, dass bei drei Würfen mit diesem Würfel lauter verschiedene Zahlen fallen.
   (2) Berechnen Sie die Wahrscheinlichkeit, dass beim 4-maligen Würfeln mindestens zweimal dieselbe Zahl fällt.
   (3) Untersuchen Sie, ab welcher Anzahl an Würfen es sich lohnt darauf zu wetten, dass mindestens zweimal dieselbe Zahl fällt. I2

Lösung

a) (1) X: *Anzahl der Würfe mit „Augenzahl drei"*
Die Zufallsgröße X ist binomialverteilt mit n = 100 und $p = \frac{4}{20} = 0{,}2$.
$P(15 \leq X \leq 24) = P(X \leq 24) - P(X \leq 14) = 0{,}788 = 78{,}8\,\%$

(2) X: *Anzahl der Würfe mit „Augenzahl eins"*
Die Zufallsgröße X ist binomialverteilt mit n = 100 und $p = \frac{8}{20} = 0{,}4$.
$P(X > 45) = 1 - P(X \leq 45) \approx 0{,}131 = 13{,}1\,\%$

(3) X: *Anzahl der Würfe mit „Augenzahl eins oder zwei oder drei"*
Die Zufallsgröße X ist binomialverteilt mit n = 100 und $p = \frac{18}{20} = 0{,}9$.
$P(X \geq 90) = 1 - P(X \leq 89) \approx 0{,}583 = 58{,}3\,\%$

b) Gesucht ist die Anzahl der Würfe n.

$$P(\text{mind. einmal „Augenzahl vier"}) \geq 0{,}95$$
$$\Leftrightarrow\ 1 - P(\text{keinmal „Augenzahl vier"}) \geq 0{,}95$$
$$\Leftrightarrow\ 1 - 0{,}9^n \geq 0{,}95$$
$$\Leftrightarrow\ 0{,}9^n \leq 0{,}05$$
$$\Leftrightarrow\ n \geq \frac{\ln(0{,}05)}{\ln(0{,}9)} \approx 28{,}4$$

Also muss man den Würfel mindestens 29-mal werfen.

c) (1) Das Spiel ist fair, falls der Erwartungswert der Zufallsgröße „Gewinn" 0 € beträgt. Dann wird auf lange Sicht der an den Freund gezahlte Einsatz gleich dem ausgezahlten Betrag sein. Zu beachten ist dabei, dass der Gewinn stets um 0,50 € unter dem ausgezahlten Betrag liegt:

Augenzahl	1	2	3	4
Gewinn	−0,50 €	0 €	0,50 €	1,50 €
Wahrscheinlichkeit	0,4	0,3	0,2	0,1

Mit den aus der Tabelle entnommenen Werten beträgt der Erwartungswert μ der Zufallsgröße „Gewinn":
$\mu = -0{,}50\,€ \cdot 0{,}4 + 0\,€ \cdot 0{,}3 + 0{,}50\,€ \cdot 0{,}2 + 1{,}50\,€ \cdot 0{,}1 = 0{,}05\,€$.
Das Spiel ist also nicht fair. Sie erhalten auf lange Sicht einen Gewinn von 0,05 € pro Spiel.

(2) Bezeichnet man die neue Auszahlung für den Fall „Augenzahl vier" mit x, so beträgt der Gewinn in diesem Fall x − 0,50 €.

Augenzahl	1	2	3	4
Gewinn	−0,50 €	0 €	0,50 €	x − 0,50 €
Wahrscheinlichkeit	0,4	0,3	0,2	0,1

Da nun der Erwartungswert gleich Null sein muss, ergibt sich die folgende Gleichung:
$-0{,}50\,€ \cdot 0{,}4 + 0\,€ \cdot 0{,}3 + 0{,}50\,€ \cdot 0{,}2 + (x - 0{,}50\,€) \cdot 0{,}1 = 0$.
Durch Auflösen der Gleichung nach x erhält man: x = 1,50 €
Also muss die Auszahlung für den Fall „Augenzahl vier" auf 1,50 € gesenkt werden (d. h. der Gewinn ist dann 1,00 €), damit das Spiel fair ist.
Hinweis: Statt der Zufallsgröße „Gewinn" kann auch die Zufallsgröße „Auszahlung" betrachtet werden. Der Erwartungswert der Auszahlung muss bei einer fairen Spielregel gleich dem Einsatz sein. Im Falle von (2) wird die Rechnung etwas leichter.

d) Ansatz zum Hypothesentest: Man geht von der Information aus, dass auf vier der 20 Dreiecke der Oberfläche drei Punkte eingezeichnet sind, d. h. $p = 0{,}2$. Diesen Ansatz wird man als falsch ansehen, wenn ein signifikantes Stichprobenergebnis vorliegt.

X: *Anzahl der Würfe mit „Augenzahl drei“*; $\alpha \leq 0{,}1$; $n = 400$

Alternative 1: Bestimmung des Verwerfungsbereichs mit den Sigma-Regeln:
Für $n = 400$ und $p = 0{,}2$ ist $\mu = n \cdot p = 80$ und $\sigma = \sqrt{n \cdot p \cdot (1 - p)} = 8$.
Da $\mu - 1{,}64 \cdot \sigma \approx 80 - 13{,}12 = 66{,}88$ und $\mu + 1{,}64 \cdot \sigma \approx 80 + 13{,}12 = 93{,}12$ folgt:
Mit einer Wahrscheinlichkeit von ca. 90 % wird die Anzahl der Würfe mit Augenzahl „drei“ im Intervall $A = \{67, \ldots, 93\}$ liegen. Die Hypothese wird demzufolge abgelehnt, wenn das Stichprobenergebnis im Verwerfungsbereich liegt, d. h. wenn die Anzahl kleiner ist als 67 oder größer ist als 93. Das Stichprobenergebnis von $X = 96$ liegt im Verwerfungsbereich und die Hypothese wird abgelehnt. Man wird daher den Verdacht als bestätigt ansehen.

Alternative 2: Da der Mitspieler einen konkreten Verdacht hat, könnte man die Problemstellung auch als einseitigen Hypothesentest auffassen. Die zu testende Hypothese wäre dann $H_0 : p \leq 0{,}2$ gegen $H_1 : p > 0{,}2$
Signifikant nach oben abweichende Stichprobenergebnisse (d. h. oberhalb von $\mu + 1{,}28\sigma$) führen zum Verwerfen der Hypothese H_0.
Für $p = 0{,}2$ ist $\mu + 1{,}28\sigma = 90{,}24$. Die Entscheidungsregel würde lauten:
Verwirf die Hypothese H_0, falls mehr als 90-mal Augenzahl drei fällt.

e) Die Wahrscheinlichkeiten der verschiedenen Ereignisse können mit den Standardmethoden der Kombinatorik und mithilfe der Pfadregeln berechnet werden:

(1) P(bei 3 Würfen nur verschiedene Augenzahlen) $= \frac{20 \cdot 19 \cdot 18}{20^3} = 0{,}855$
Die Wahrscheinlichkeit beträgt 85,5 %.

(2) Man geht analog zum sogenannten „Geburtstagsproblem“ vor:
P(bei 4 Würfen mindestens zweimal diesselbe Zahl)
= 1 – P(bei 4 Würfen nur verschiedene Augenzahlen) $= 1 - \frac{20 \cdot 19 \cdot 18 \cdot 17}{20^4} \approx 0{,}273$
Die Wahrscheinlichkeit beträgt etwa 27,3 %.

(3) Es lohnt sich auf mindestens eine Wiederholung zu setzen, wenn die Wahrscheinlichkeit dafür mindestens 50 % beträgt. Also untersucht man eine größere Anzahl von Würfen:
P(bei 5 Würfen mindestens zweimal diesselbe Zahl) $= 1 - \frac{20 \cdot 19 \cdot 18 \cdot 17 \cdot 16}{20^5} \approx 0{,}419$
P(bei 6 Würfen mindestens zweimal diesselbe Zahl) $= 1 - \frac{20 \cdot 19 \cdot 18 \cdot 17 \cdot 16 \cdot 15}{20^6} \approx 0{,}564$
Bereits bei sechs Würfen liegt die Wahrscheinlichkeit deutlich über 50%. Daher lohnt es sich in diesem Fall, auf mindestens eine Wiederholung zu wetten.

Original-Prüfungsaufgaben

Aufgabe 1 *Analysis – Grundkurs (WTR)*

Zum Zeitpunkt $t = 0$ werden einmalig 20 mg eines Medikaments direkt in die Blutbahn eines Patienten gespritzt. Die im Blut vorhandene Medikamentenmenge (in mg) kann näherungsweise durch die Exponentialfunktion f mit $f(t) = 20 \cdot e^{-0{,}1054 \cdot t}$ beschrieben werden (t misst die Zeit in Minuten nach der Injektion).

a) (1) Geben Sie die fehlenden Werte in der Tabelle an. Zeichnen Sie anschließend anhand der ermittelten Punkte den Graphen von f in ein geeignetes Koordinatensystem.

t	0	5	10	15	20	25	30
f(t)	20			≈4,12			≈0,85

(2) Berechnen Sie die Zeit, nach der sich nur noch die Hälfte der anfänglichen Medikamentenmenge im Blut des Patienten befindet. C4

b) Unter der medizinischen Wirkung $w(T)$ eines Medikamentes bis zum Zeitpunkt T (in Minuten) versteht man den Ausdruck $w(T) = \int_0^T f(t)\,dt$, wobei die Funktion f die Menge des Medikamentes im Blut in Abhängigkeit von der Zeit t (in Minuten) beschreibt.

(1) Bestimmen Sie die medizinische Wirkung des Medikamentes aus Teilaufgabe a) für $T = 30$ unter Angabe einer Stammfunktion. D1 D4

(2) Erläutern Sie die nachfolgenden Zeilen (I) bis (III) und deuten Sie das Ergebnis im Sachzusammenhang. D5

(I) $\int_0^{35} f(t)\,dt \approx 185{,}01$ (II) $\lim\limits_{T\to\infty} w(T) = \lim\limits_{T\to\infty} \int_0^T f(t)\,dt \approx 189{,}75$

(III) $\frac{185{,}01}{189{,}75} \approx 0{,}98 = 98\,\%$

c) Das Medikament kann auch über eine Tropfinfusion verabreicht werden. Dabei gelangt jede Minute eine gleichbleibende Menge von $c = 3$ mg des Medikamentes in den Blutkreislauf, wobei über die Nieren in jeder Minute $k = 10\,\%$ des im Blut vorhandenen Medikamentes abgebaut werden.
Für die im Blut befindliche Menge h des Medikamentes in Abhängigkeit von der Zeit t in Minuten gilt allgemein (mit den obigen Bezeichnungen): $h(t) = \frac{c}{k} \cdot (1 - e^{-kt})$.

(1) Geben Sie die Funktionsgleichung $h(t)$ für die im Blut befindliche Medikamentenmenge bei einer Tropfinfusion an.
Begründen Sie dann, welcher der drei Graphen die Funktion h korrekt beschreibt. C4

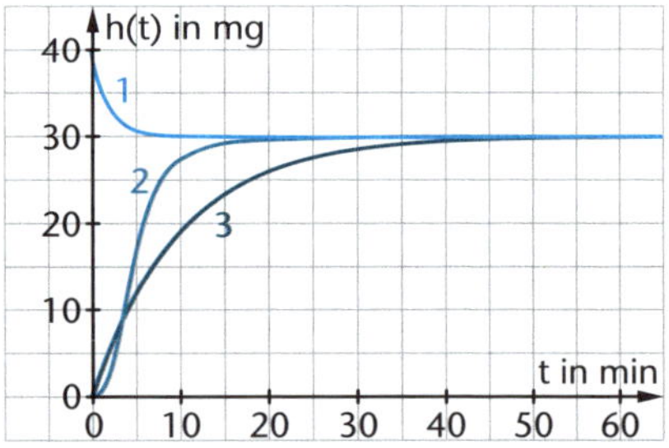

(2) Zeigen Sie, dass H mit $H(t) = 30 \cdot (t + 10 \cdot e^{-0{,}1 \cdot t})$ eine Stammfunktion von h ist. Berechnen Sie die medizinische Wirkung (siehe Teilaufgabe b) der Tropfinfusion nach 30 Minuten. D1

d) Diskutieren Sie die Einsatzmöglichkeiten der beiden Darreichungsformen „Spritze“ und „Tropfinfusion“ anhand der betrachteten Graphen.

Lösung

a) (1) Einsetzen der t-Werte in den Funktionsterm liefert:

$f(5) \approx 11{,}81$; $f(10) \approx 6{,}97$; $f(20) \approx 2{,}43$; $f(25) \approx 1{,}43$.

Graph:

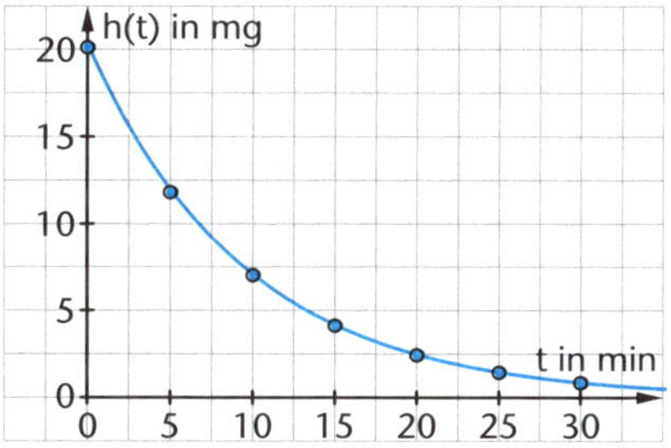

(2) Zu berechnen ist der Zeitpunkt t, an dem sich 10 mg des Medikamentes im Blut befinden:

$f(t) = 10 \Leftrightarrow 20 \cdot e^{-0{,}1054 \cdot t} = 10 \Leftrightarrow 0{,}5 = e^{-0{,}1054 \cdot t} \Leftrightarrow t = \frac{\ln(0{,}5)}{-0{,}1054} \approx 6{,}58.$

Nach 6,58 Minuten befindet sich nur noch die Hälfte der ursprünglichen Medikamentenmenge im Blut.

b) (1) $w(30) = \int_0^{30} 20 \cdot e^{-0{,}1054 \cdot t} dt = \left[\frac{20}{-0{,}1054} \cdot e^{-0{,}1054 \cdot t}\right]_0^{30} \approx 181{,}72.$

Nach 30 Minuten beträgt die medizinische Wirkung des Medikamentes 181,72 Einheiten.

(2) (I) Die medizinische Wirkung bis zum Zeitpunkt von 35 Minuten wird berechnet.

(II) Der Grenzwert der medizinischen Wirkung für $t \to \infty$ wird berechnet, also die maximal mögliche medizinische Wirkung.

(III) Der Quotient aus (I) und (II) gibt den Anteil der Wirkung nach 35 Minuten an der maximal möglichen Wirkung an. Dies sind 98 %, das heißt, nach 35 Minuten werden schon 98 % der gesamt möglichen Wirkung erreicht.

c) (1) Mit $c = 3$ und $k = 0{,}1$ erhält man als Funktionsterm für h: $h(t) = 30 \cdot (1 - e^{-0{,}1t})$.

Für alle 3 Graphen gilt: $\lim\limits_{t \to \infty} h(t) = 30$. Da $h(0) = 0$, scheidet der Graph Nr. 1 als möglicher Graph aus. Die Graphen 2 und 3 unterscheiden sich vor allem durch ihr Steigungs- und Krümmungsverhalten.

Für die Ableitungen gilt: $h'(t) = 3 \cdot e^{-0{,}1t}$, $h''(t) = -0{,}3 \cdot e^{-0{,}1t} < 0$.

Da die zweite Ableitung von h stets kleiner als null ist, muss der Graph von h rechtsgekrümmt sein. Damit kommt nur Graph Nr. 3 in Frage.
Eine Entscheidung kann auch durch Überprüfung markanter Funktionswerte vorgenommen werden, z. B. ist $h(10) \approx 18{,}96$. Der Graph Nr. 2 hat für $t = 10$ einen deutlich höheren Funktionswert.

(2) H ist Stammfunktion von h, wenn gilt: $H'(t) = h(t)$. Ableitung von H mithilfe der Summen- und Kettenregel:

$H'(t) = 30 \cdot (1 + 10 \cdot (-0{,}1) \cdot e^{-0{,}1\,t}) = 30 \cdot (1 - e^{-0{,}1\,t}) = h(t)$.

Nach Aufgabenteil b) (1) berechnet sich die medizinische Wirkung nach 30 Minuten zu:

$w(30) = \int_0^{30} h(t)\,dt = [H(t)]_0^{30} = [30 \cdot (t + 10 \cdot e^{-0{,}1\,t})]_0^{30} \approx 614{,}94$.

Nach 30 Minuten beträgt die medizinische Wirkung der Tropfinfusion 614,94 Einheiten.

d) Die Wirkung der Spritze setzt sofort ein, das Medikament wird aber auch sehr schnell wieder abgebaut. Nach 30 Minuten liegt die medizinische Wirkung bei 181,72 Einheiten. Diese Wirkung beträgt bei der Tropfinfusion zu diesem Zeitpunkt mehr als dreimal so viel, nämlich 614,94 Einheiten. Die Wirkstoffkonzentration wird bei der Spritze langsamer erreicht, bleibt aber über einen langen Zeitraum bestehen.

Aufgabe 2 *Analysis – Grundkurs (GTR/CAS)*

Eine Lernkurve beschreibt den Lernerfolg in Abhängigkeit von der Zeit. In der Abbildung sind Abschnitte zweier Lernkurven dargestellt. Dabei ist auf der horizontalen Achse die Zeit in Minuten abgetragen, während auf der vertikalen Achse der Lernerfolg als prozentualer Anteil des gelernten Stoffs dargestellt ist. Die Kurven beschreiben den Lernerfolg zweier Schüler S_1 und S_2 während einer Lernphase für eine Klausur. Schüler S_1 kann am Anfang große Lernzuwächse verzeichnen, Schüler S_2 braucht einige Zeit, bis er sich in die Lernsituation eingefunden hat, der Lernerfolg nimmt aber immer stärker zu.

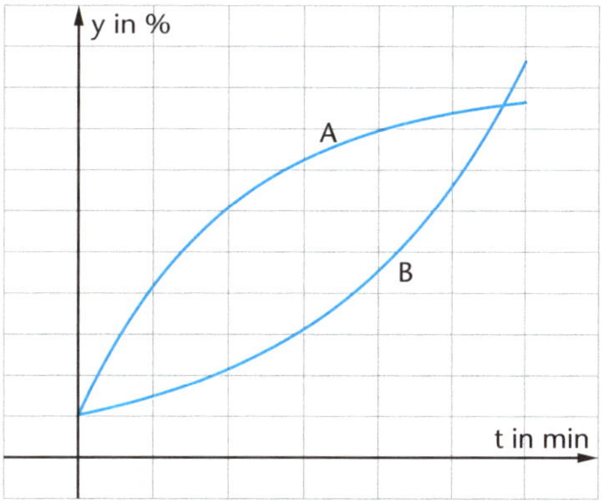

a) (1) Ordnen Sie die Lernkurven A und B aus der Abbildung den Schülern S_1 und S_2 begründet zu.

(2) Zum Graphen A gehört die Funktionsgleichung f mit $f(t) = 90 - 80 \cdot e^{-0{,}05 \cdot t}$.
Zu der anderen Lernkurve gehören die Werte der nachfolgenden Tabelle. Ermitteln Sie eine geeignete Exponentialfunktion g der Form $g(t) = a \cdot e^{k \cdot t}$. C3 C4
[zur Kontrolle: $g(t) = 10 \cdot e^{0{,}038 \cdot t}$]

t in min	0	15	30	55
y in %	10	18	31	81

(3) Bestimmen Sie, wie viel Prozent des Lernstoffes S_1 und S_2 nach 40 Minuten gelernt haben, und skalieren Sie die Achsen in der Abbildung entsprechend. C1

(4) Ermitteln Sie den Zeitpunkt $t > 0$, an dem beide Schüler den gleichen Lernerfolg haben. B2

b) Eine Mitschülerin behauptet: „Zu dem Zeitpunkt, an dem S_1 und S_2 dieselbe Lerngeschwindigkeit aufweisen, unterscheidet sich der Lernerfolg am stärksten."

Berechnen Sie diese Lerngeschwindigkeit in $\frac{\%}{\text{min}}$ und die maximale Differenz des Lernerfolges.
Überprüfen Sie daraufhin die Aussage der Mitschülerin. B2 B3

c) (1) Begründen Sie, dass der zu Graph A gehörende Schüler ohne eine Änderung seines Lernverhaltens den Stoff während der Lernphase bis zur Klausur nicht zu einhundert Prozent gelernt haben wird. B5

(2) Der zu Graph A gehörende Schüler plant eine neue Lernstrategie für die Klausur. Seine Überlegungen sind in den folgenden Gleichungen dokumentiert.
Erläutern Sie die Rechenschritte in den Zeilen (I) bis (III) und interpretieren Sie diese im Sachzusammenhang. A3 A4

(I) $m = \frac{100 - f(t)}{60 - t} = f'(t)$

(II) $\frac{10 + 80 \cdot e^{-0{,}05 \cdot t}}{60 - t} = 4 \cdot e^{-0{,}05 \cdot t}$

(III) $t \approx 29\,\text{min};\ m \approx 0{,}93\,\frac{\%}{\text{min}}$

Lösung

a) (1) Lernkurve A steigt zunächst steil an und flacht dann immer mehr ab; das entspricht dem Lernverhalten von Schüler S_1. Die Lernkurve B steigt langsamer an und nimmt dann immer stärker zu; das entspricht dem Lernverhalten von Schüler S_2.

(2) Da $f(0) = 10 \Rightarrow a = 10$, also $f(t) = 10 \cdot e^{k \cdot t}$. Mit dem Wert (30 | 31) aus der Tabelle erhält man:

$31 = 10 \cdot e^{30 \cdot k} \Rightarrow 3{,}1 = e^{30 \cdot k} \Rightarrow \ln(3{,}1) = 30 \cdot k \Rightarrow k = 0{,}0377$.

Also gilt: $g(t) = 10 \cdot e^{0{,}0377 \cdot t}$.

Wählt man einen der beiden anderen Punkte P(15 | 18) oder P(55 | 81) als Punkt der Kurve, so erhält man einen leicht abweichenden Wert für k.

Exponentielle Regression (mit einem Rechner) liefert die Funktion mit der Vorschrift: $y = 10 \cdot e^{0{,}038 \cdot t}$.

(3) $f(40) = 90 - 80 \cdot e^{-0{,}05 \cdot 40} = 90 - 80 \cdot e^{-2} \approx 79{,}1732$

$g(40) = 10 \cdot e^{0{,}0377 \cdot 40} = 45{,}177$

Schüler S_1 hat nach 40 Minuten ungefähr 79 % des Lernstoffes gelernt,
Schüler S_2 etwa 45 %.

Skalierung der Achsen:

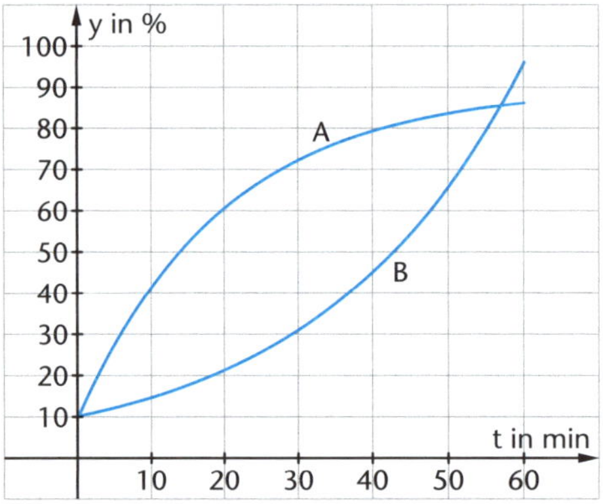

(4) Es ist der Zeitpunkt t zu bestimmen, an dem gilt: $f(t) = g(t)$. Graphisch ist das der Schnittpunkt der beiden Graphen der Lernkurven: Man liest ab: $t \approx 56$.

Rechnerische Lösung:

$90 - 80 \cdot e^{-0{,}05 \cdot t} = 10 \cdot e^{0{,}038 \cdot t} \Rightarrow t \approx 56{,}4$ (Rechner)

Nach etwa 56 Minuten haben beide Schüler den gleichen Lernerfolg.

b) Der Zeitpunkt, an dem beide Schüler dieselbe Lerngeschwindigkeit aufweisen, berechnet sich als Schnittstelle der Ableitungsfunktionen f′ und g′:

$f'(x) = -80 \cdot (-0{,}05) \cdot e^{-0{,}05 \cdot t}$ (lineare Verkettung)

$g'(x) = 10 \cdot 0{,}038 \cdot e^{0{,}038 \cdot t}$

$f'(x) = g'(x) \Leftrightarrow -80 \cdot (-0{,}05) \cdot e^{-0{,}05 \cdot t} = 10 \cdot 0{,}038 \cdot e^{0{,}038 \cdot t}$

$\Leftrightarrow 4 \cdot e^{-0{,}05 \cdot t} = 0{,}38 \cdot e^{0{,}038 \cdot t} \Leftrightarrow \frac{4}{0{,}38} = e^{0{,}038 \cdot t} \cdot e^{0{,}05 \cdot t}$

$\Leftrightarrow 10{,}5263 = e^{0{,}088 \cdot t} \Leftrightarrow t = \frac{\ln(10{,}5263)}{0{,}088}$

$\Leftrightarrow t \approx 26{,}75$;

$f'(26{,}75) = g'(26{,}75) = 1{,}05$.

Nach 26,75 Minuten haben beide Schüler dieselbe Lerngeschwindigkeit. Sie beträgt 1,05 %/min.

Die Differenz des Lernerfolgs wird maximal, wenn die Differenzfunktion d einen Hochpunkt hat:
$d = f - g$: $d(t) = 90 - 80 \cdot e^{-0,05 \cdot t} - 10 \cdot e^{0,038 \cdot t}$.

Berechnung des Hochpunktes mithilfe der Ableitungsfunktion d':
$d'(t) = 4 \cdot e^{-0,05 \cdot t} - 0,38 \cdot e^{0,038 \cdot t}$.
$d'(t) = 0 \Leftrightarrow t \approx 26,75$.

Überprüfen der hinreichenden Bedingung:
$d''(t) = -0,2 \cdot e^{-0,05 \cdot t} - 0,0144 \cdot e^{0,038 \cdot t}$;
$d'(26,75) = 0$ und $d''(26,75) < 0 \Rightarrow$ Maximum an der Stelle $t = 26,75$.

Möglich ist auch das Überprüfen mit dem Vorzeichenwechselkriterium:
Da d' an der Stelle 26,75 einen Vorzeichenwechsel von + zu – hat, liegt bei $t = 26,75$ ein Hochpunkt vor.

$d(26,75) = 41,36 \approx 41,4$, das heißt:

Die maximale Differenz des Lernerfolges beträgt 41,4 %. Die Aussage der Mitschülerin ist richtig.

c) (1) Die Funktionsvorschrift der Funktion, die zum Graph A gehört, ist
$f(t) = 90 - 80 \cdot e^{-0,05 \cdot t}$.
Der Graph ist streng monoton steigend mit dem Grenzwert
$\lim\limits_{t \to \infty}(90 - 80 \cdot e^{-0,05 \cdot t}) = 90$.
Das heißt: Schüler S_1 wird bei dieser Lernweise maximal 90 % des Stoffes lernen.

(2) (I) m gibt die Steigung einer Geraden durch die den Punkt $P(60|100)$ und einen Punkt des Graphen von f an. Diese Steigung soll gleich $f'(t)$ sein, also der Tangentensteigung in einem Punkt des Graphen entsprechen.

(II) Einsetzen von f und f' in den Term aus (I).

(III) Lösung der Gleichung aus (II) ergibt für t den Wert 29, für m den Wert 0,93.

Ersetzt man im Punkt $P(29|f(29))$ die Funktion f durch die Tangentenfunktion an der Stelle $t = 29$, so wird 100 % des Lernstoffes nach $t = 60$ min erreicht. Die Lerngeschwindigkeit beträgt 0,93 %/min. Wenn der Schüler diese Lerngeschwindigkeit ab dem Zeitpunkt $t = 29$ beibehält, hat er den Stoff nach 60 Minuten zu 100 % gelernt.

Aufgabe 3 *Analysis – Leistungskurs (WTR)*

a) Gegeben ist die Funktionenschar f_k mit

$f_k(x) = \frac{x+k}{e^x}$, $x \in \mathbb{R}$, $k \in \mathbb{R}$.

Die Abbildung enthält Graphen von Funktionen der Schar.

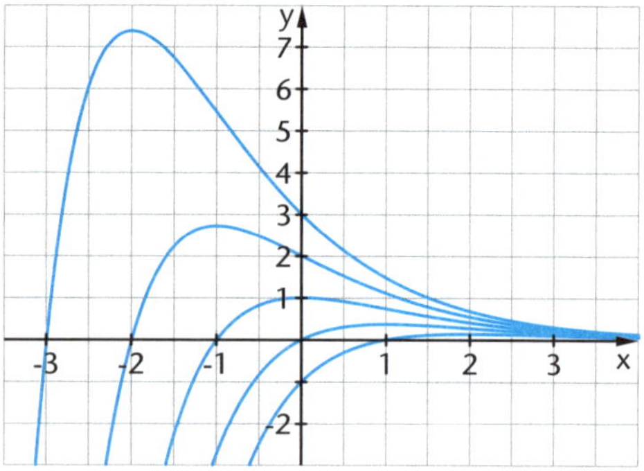

(1) Berechnen Sie die Nullstellen der Scharfunktionen.
Geben Sie für die Graphen in der Abbildung die zugehörigen ganzzahligen Parameterwerte von k an. B6

(2) Berechnen Sie jeweils nur anhand der notwendigen Bedingung die Extrem- und Wendestellen der Schar und zeigen Sie, dass für alle Funktionen der Schar die Extremstelle stets genau in der Mitte von Null- und Wendestelle liegt. B6

(3) Skizzieren Sie in der obigen Abbildung die Kurve, die die Hochpunkte verbindet, und leiten Sie für die Ortskurve der Hochpunkte die zugehörige Funktionsgleichung her. B6

(4) Zeigen Sie, dass für jede Scharfunktion f_k die 2. Ableitungsfunktion f_k'' ebenfalls eine Funktion der Schar ist.
Ermitteln Sie, durch welche Abbildungen der Graph von f_k'' aus dem Graphen von f_k hervorgeht. B6

b) (1) Berechnen Sie mithilfe partieller Integration (Produktintegration) eine Stammfunktionenschar F_k von f_k. D7
[zur Kontrolle: $F_k(x) = -(x + k + 1) \cdot e^{-x}$]

(2) Untersuchen Sie rechnerisch, ob die Graphen der Schar mit der x-Achse eine Fläche einschließen, die einen endlichen Inhalt hat, und geben Sie diesen gegebenenfalls an. D5

c) Man erhält aus der Funktionenschar f_k durch geeignete Verschiebung jedes Graphen parallel zur x-Achse eine neue Funktionenschar g_k, deren Graphen alle durch den Ursprung gehen (siehe Abbildung).

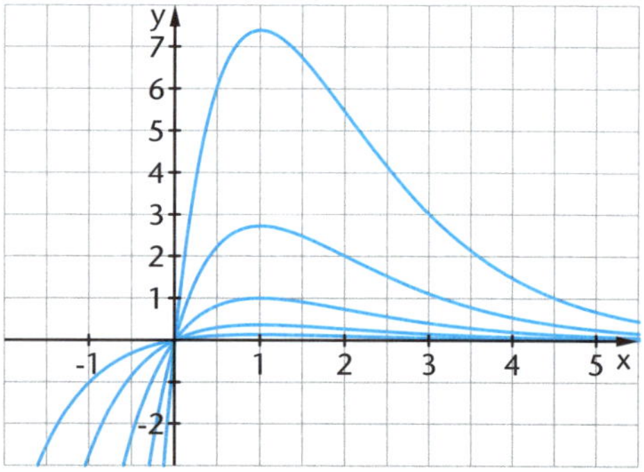

Zeigen Sie, dass der Term für g_k sich als $g_k(x) = x \cdot e^{k-x}$ schreiben lässt. B6

d) Gewisse Wachstumsprozesse lassen sich durch Graphen wie in der Abbildung zu c) beschreiben.
In der nebenstehenden Abbildung ist die Gewichtszunahme von jungen Hunden graphisch dargestellt. Die zugrunde liegenden Daten lassen sich durch abgeänderte Funktionen der Funktionenschar g_k (vgl. Teilaufgabe c) gut approximieren.

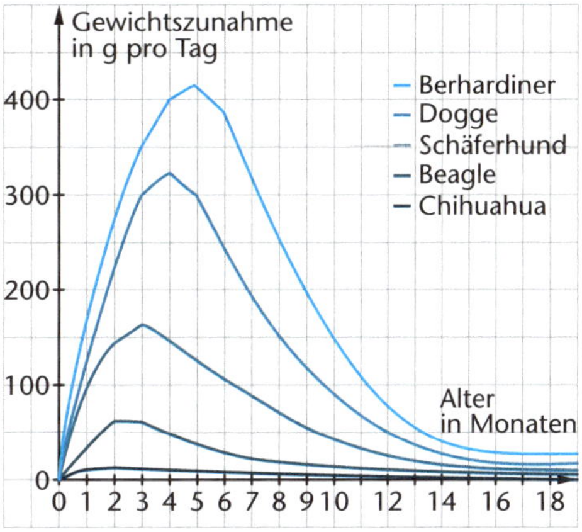

(1) Beschreiben Sie die in den Graphen enthaltenen Aussagen im Sachzusammenhang. Auf Unterschiede zwischen den einzelnen Graphen soll nicht eingegangen werden.
(2) Leiten Sie eine abgeänderte Funktion aus der Schar g_k her, die das Wachstum der Schäferhunde annähernd beschreibt und deren Graph den gleichen Hochpunkt wie der Graph S in der Abbildung hat.
Hinweis: Denken Sie an eine Streckung oder Stauchung eines Graphen der Schar.

Lösung

a) (1) $f_k(x) = 0 \Leftrightarrow x + k = 0 \Leftrightarrow x = -k$
Die Graphen der abgebildeten Schar haben die Nullstellen −3, −2, −1, 0 und 1, die zugehörigen Parameterwerte sind damit: 3, 2, 1, 0, −1 (von links nach rechts).
(2) Bestimmung der Ableitungsfunktionen mithilfe der Produktregel:
$f'_k(x) = -e^{-x} \cdot (x + k) + e^{-x} = e^{-x} \cdot (-x - k + 1)$,
$f''_k(x) = e^{-x} \cdot (-1) + (-e^{-x}) \cdot (-x - k + 1) = e^{-x}(-1 + x + k - 1) = e^{-x} \cdot (x + k - 2)$.

Berechnung der Extremstellen:
Notwendige Bedingung: $f'_k(x) = 0 \Leftrightarrow -x - k + 1 = 0 \Leftrightarrow x = 1 - k$.

Berechnung der Wendestellen:
Notwendige Bedingung: $f''_k(x) = 0 \Leftrightarrow x + k - 2 = 0 \Leftrightarrow x = 2 - k$.

Die Mitte zwischen der Nullstelle $x_N = -k$ und der Wendestelle $x_W = 2 - k$ ist:
$\frac{-k + (2 - k)}{2} = -k + 1$, das ist die Extremstelle von f_k.

(3) Skizze:

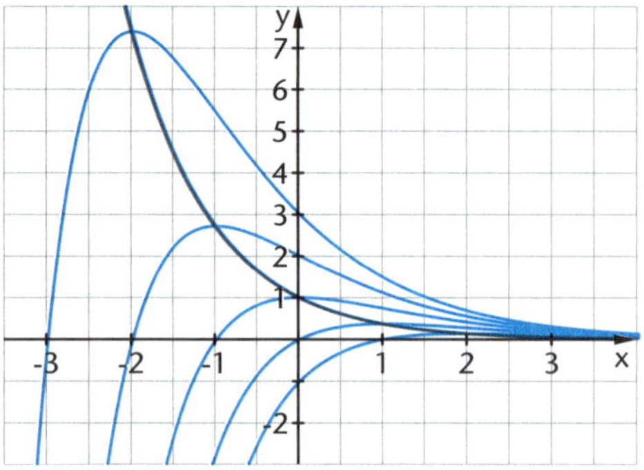

y-Wert der Hochpunkte: $f_k(1-k) = (1-k+k) \cdot e^{-(1-k)} = e^{-(1-k)} \Rightarrow H(1-k \,|\, e^{-(1-k)})$.

Auflösen von $x = 1 - k$ nach dem Parameter k ergibt $k = 1 - x$. Durch Einsetzen in den Funktionsterm erhält man als Gleichung für die Ortskurve:

$y = \frac{x + (1-x)}{e^x} = \frac{1}{e^x} = e^{-x}$.

(4) $f''_k(x) = e^{-x} \cdot (x + k - 2)$ entspricht der Funktion f_{k-2} der Schar:
$f_{k-2}(x) = (x + (k-2)) \cdot e^{-x} = f''_k(x)$.

Die zweite Ableitung $f_k''(x)$ entspricht der Scharfunktion f_{k-2}.

Abbildungen des Graphen von f_k:
1. Verschiebung um 2 Einheiten nach rechts: $f_k(x-2) = e^{-(x-2)} \cdot (x - 2 + k)$.
2. Der Vergleich mit $f''_k(x) = e^{-x} \cdot (x + k - 2)$ zeigt, dass der Term von $f_k(x-2)$ noch mit dem Faktor e^{-2} multipliziert werden muss:
$e^{-2} \cdot f_k(x-2) = e^{-2} \cdot e^{-(x-2)} \cdot (x - 2 + k) = e^{-x} \cdot (x - 2 + k)$.

Der Graph der Funktion f_k wird also um 2 nach rechts verschoben und mit dem Faktor e^{-2} gestreckt.

b) (1) Eine Stammfunktion F_k zu f_k mit $f_k(x) = (x + k) \cdot e^{-x}$ berechnet sich mithilfe partieller Integration durch Wahl von: $u(x) = x + k$, $v'(x) = e^{-x}$, $u'(x) = 1$, $v(x) = -e^{-x}$.

$\int (x+k) \cdot e^{-x} dx = (x+k) \cdot (-e^{-x}) - \int (-e^{-x}) dx = (x+k) \cdot (-e^{-x}) - e^{-x} = e^{-x} \cdot (-x - k - 1)$.

(2) Die Graphen der Schar schließen von der Nullstelle $x = -k$ bis zu einer oberen Grenze a mit der x-Achse eine Fläche ein. Zu berechnen ist der Grenzwert des Flächeninhalts dieser Fläche für $a \to \infty$, das heißt der Grenzwert des Integrals für $a \to \infty$ (uneigentliches Integral):

$\int_{-k}^{a} f_k(x)\, dx = [-(x + k + 1) \cdot e^{-x}]_{-k}^{a} = (-a - k - 1) \cdot e^{-a} + e^k$,

$\lim_{a \to \infty} ((-a - k - 1) \cdot e^{-a} + e^k) = 0 + e^k = e^k$,

da e^{-a} schneller gegen null geht, als der lineare Faktor $(-a - k - 1)$ wächst.

Die Graphen der Funktionenschar schließen mit der x-Achse eine Fläche vom Inhalt e^k ein.

c) Wenn die Graphen der Schar f_k mit $f_k(x) = (x + k) \cdot e^{-x}$ um k nach rechts (für $k > 0$) bzw. um k nach links (für $k < 0$) verschoben werden, verlaufen die verschobenen Graphen durch den Ursprung. In jedem Falle muss im Funktionsterm x durch x – k ersetzt werden:

$f_k(x - k) = (x - k + k) \cdot e^{-(x-k)} = x \cdot e^{-(x-k)} = x \cdot e^{k-x} = g_k(x)$.

d) (1) Bei allen Hunderassen steigt zu Beginn die Gewichtszunahme stark an, erreicht nach einigen Monaten ein Maximum und fällt danach ab und nähert sich schließlich der Null. Nach 12 bis 18 Monaten haben die Hunde aller Rassen ihr Endgewicht erreicht, weil keine weitere Gewichtszunahme stattfindet.

(2) Der Hochpunkt des Graphen von S liegt im Punkt $H(3 \mid 165)$.

Die Hochpunkte der Schar f_k liegen bei $H(1 - k \mid e^{-(1-k)})$. Da die Graphen von g_k aus den Graphen von f_k durch Verschiebung um k Einheiten in Richtung der x-Achse hervorgehen, liegt der Hochpunkt der Graphen von g_k im Punkt $H(1 \mid e^{-(1-k)}) = H(1 \mid e^{k-1})$.

$e^{k-1} = 165 \Leftrightarrow k - 1 = \ln(165) \Leftrightarrow k = \ln(165) + 1 \Leftrightarrow k \approx 6{,}11$.

Damit der x-Wert des Hochpunktes bei 3 liegt, muss der Graph noch um den Faktor 3 in x-Richtung gestreckt werden: $g_{6,11}\left(\frac{1}{3} \cdot x\right)$ ist der gesuchte Funktionsterm mit $g_{6,11}\left(\frac{1}{3}x\right) = \frac{1}{3} \cdot x \cdot e^{6{,}11 - \frac{1}{3} \cdot x}$.

Alternativ:
Für k = 1 liegt der Hochpunkt der Funktion g_1 im Punkt $H(1 \mid 1)$. Streckt man den Graphen von g_1 mit dem Faktor 3 in Richtung der x-Achse und um 165 in Richtung der y-Achse, so stimmt der Hochpunkt mit dem von S überein. Der Funktionsterm lautet dann

$$s(x) = 165 \cdot g_1\left(\frac{1}{3}x\right) = 165 \cdot \left(\frac{1}{3} \cdot x\right) \cdot e^{1 - \frac{1}{3} \cdot x}$$

Man beachte: $165 = e^{5{,}11}$, also

$$s(x) = \left(\frac{1}{3} \cdot x\right) \cdot e^{5{,}11} \cdot e^{1 - \frac{1}{3} \cdot x} = \left(\frac{1}{3} \cdot x\right) \cdot e^{6{,}11 - \frac{1}{3} \cdot x}.$$

Aufgabe 4 *Analysis – Grundkurs (WTR/GTR)*

Ein Goldschmied möchte eine neue Schmuckform in seine Kollektion aufnehmen. Ein Entwurf zeigt die Designvorlage für eine Brosche (siehe Abbildung).

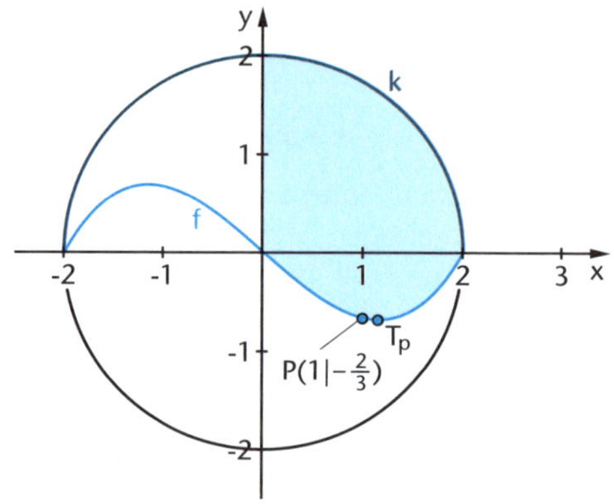

a) Berechnen Sie die Funktion f dritten Grades mithilfe der Abbildung. Erläutern Sie Ihren Ansatz. C2

[zur Kontrolle: $f(x) = \frac{2}{9}x^3 - \frac{8}{9}x$]

b) Der schraffierte Bereich in der Abbildung soll mit einer Schichtdicke von 0,001 cm vergoldet werden. 1 cm³ der verwendeten Legierung hat eine Masse von 12 g. Berechnen Sie die für eine Brosche benötigte Masse der Legierung. D2

c) Bei einer zweiten Variante der Brosche wird zusätzlich zu der durch f gegebenen Linie eine zweite Linie angebracht, die durch eine Funktion g mit $g(x) = a \cdot f(x)$, $a \geq 1$, beschrieben werden kann (siehe Abbildung).

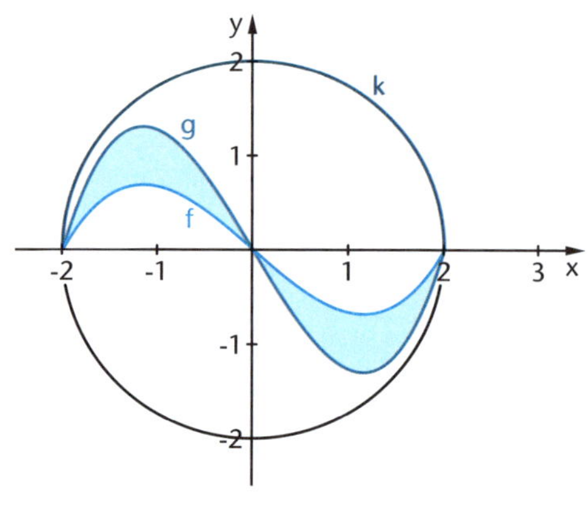

(1) Beschreiben Sie, wie der Graph von g aus dem Graphen von f hervorgeht. Nehmen Sie dabei auch Bezug auf die Lage der Nullstellen und Extrempunkte. B6

(2) Bestimmen Sie den Faktor a so, dass der schraffierte Flächeninhalt 1,6 cm² beträgt. D1 D2

(3) k ist die Kreisfunktion, die den oberen halbkreisförmigen Rand der Brosche im Intervall [−2; 2] beschreibt.
Erläutern Sie die nachfolgenden Zeilen (1) bis (3) und deuten Sie das Ergebnis im Sachzusammenhang. B2

(I) $k(x) = g(x)$,

(II) Lösung: $x_1 = -2$, $x_2 = 2$, $x_{3/4} = -\frac{\sqrt{8a \pm 2\sqrt{16a^2 - 81}}}{2\sqrt{a}}$

(III) $16a^2 - 81 \geq 0 \Rightarrow a \geq 2{,}25$

Lösung

a) Der angegebene Graph ist punktsymmetrisch zum Ursprung, es kommen also nur Potenzen von x mit ungeraden Exponenten im Funktionsterm vor: $f(x) = a \cdot x^3 + b \cdot x$.

Eine Nullstelle liegt bei $x = 2$ $\Leftrightarrow f(2) = 0$ $\Leftrightarrow 8 \cdot a + 2 \cdot b = 0$ (I),

$P\left(1 \middle| -\frac{2}{3}\right)$ ist Punkt des Graphen $\Leftrightarrow f(1) = -\frac{2}{3}$ $\Leftrightarrow a + b = -\frac{2}{3}$ (II).

Setzt man $b = -4a$ (aus (I)) in Gleichung (II) ein, so erhält man $a = \frac{2}{9}$.

Als Lösung für b folgt: $b = -\frac{8}{9}$, also:

$f(x) = \frac{2}{9}x^3 - \frac{8}{9}x$.

b) Der schraffierte Bereich setzt sich zusammen aus einem Viertelkreis und aus der Fläche zwischen Graph und x-Achse im Intervall [0;2].

Fläche des Viertelkreises: $\frac{1}{4} \cdot \pi \cdot 2^2 \approx 3{,}14$

Fläche zwischen Graph und Achse: $\left|\int\limits_0^2 \left(\frac{2}{9}x^3 - \frac{8}{9}x\right)dx\right| = \left|\left[\frac{1}{18} \cdot x^4 - \frac{4}{9}x^2\right]_0^2\right| = \frac{8}{9}$.

Gesamtfläche: $\left(\pi + \frac{8}{9}\right)\text{cm}^2 \approx 4{,}03\,\text{cm}^2$.

Masse der Legierung: $0{,}001\,\text{cm} \cdot 4{,}03\,\text{cm}^2 \cdot 12\,\frac{\text{g}}{\text{cm}^3} = 0{,}04836\,\text{g}$.

c) (1) Der Faktor a ist Streckfaktor für die Strckung des Graphen der Funktion f in Richtung der y-Achse. Alle Funktionswerte werden mit dem Faktor a multipliziert. Dadurch verändern sich die Nullstellen nicht. Bei den Extrempunkten bleiben die x-Werte erhalten, die y-Werte werden mit dem Faktor a multipliziert.

(2) Aus Symmetriegründen reicht es, eine Teilfläche zu betrachten:

Eine Lösung der Gleichung $\int_{-2}^{0}(g(x) - f(x))dx = 0{,}8$ muss bestimmt werden.
Es gilt:

$$\int_{-2}^{0}\left(a \cdot \left(\frac{2}{9} \cdot x^3 - \frac{8}{9} \cdot x\right) - \left(\frac{2}{9} \cdot x^3 - \frac{8}{9} \cdot x\right)\right)dx = \left[a \cdot \frac{2}{36}x^4 - a \cdot \frac{8}{18}x^2 - \frac{2}{36}x^4 + \frac{8}{18}x^2\right]_{-2}^{0}$$

$$= \frac{8}{9} \cdot a - \frac{8}{9},$$

also: $\frac{8}{9} \cdot a - \frac{8}{9} = 0{,}8 \Leftrightarrow a = 1{,}9$.

Alternativ kann man den Integralterm auch so bestimmen:

$\int\limits_{-2}^{0} f(x)\,dx = \frac{8}{9} \Rightarrow \int\limits_{-2}^{0} a \cdot f(x)\,dx = a \cdot \frac{8}{9}$.

Für eine schraffierte Teilfläche ist also der Flächeninhalt: $\frac{8}{9} \cdot a - \frac{8}{9}$.

(3) Erläuterung der Zeilen (I) bis (III):

(I) Berechnung der Schnittpunkte des Halbkreises k mit dem Graphen der Funktion g.

(II) Je nachdem, welchen Wert a hat, kann es außer den Randwerten $x_1 = -2$ und $x_2 = 2$ zwei weitere Schnittpunkte des Halbkreises mit dem Graphen von g geben.

(III) Aus dem Radikanden der inneren Wurzel kann man ablesen, für welche Werte von a weitere Schnittpunkte existieren: Für $a > 2{,}25$ existieren zwei weitere Schnittpunkte, für $a = 2{,}25$ liegt ein Berührpunkt vor.

Aufgabe 5 *Analysis – Leistungskurs (WTR/GTR)*

Das Moses Mabhida Stadion in Durban, Südafrika (siehe Bild) ist eines der Stadien, in denen die Fußballweltmeisterschaft 2010 ausgetragen wurde. Das charakteristische Element ist der Stahlbogen, der das Stadion überspannt. Die äußere Bogenspannweite am Boden beträgt 340 m und die Höhe im Scheitelpunkt 103 m.

Wählen Sie für die folgenden Berechnungen das Koordinatensystem so, dass die Bodenlinie auf der x-Achse und der höchste Punkt des Bogens auf der y-Achse liegt.

a) Der äußere Rand des Bogens soll zum einen durch die Polynomfunktion p mit $p(x) = a \cdot (x - x_1) \cdot (x + x_1)$, zum anderen durch die Kosinusfunktion c mit

$c(x) = A \cdot \cos\left(\frac{2\pi}{T} \cdot x\right)$ beschrieben werden.

Bestimmen Sie die Parameter a und x_1 sowie A und T so, dass die Graphen der Funktionen jeweils die im Text genannten Eigenschaften haben. C2 B7

b) Eine andere Möglichkeit, die Bogenform durch eine Funktion zu modellieren, ist die umgekehrte Kettenlinie k mit

$k(x) = C - \frac{1}{2\lambda} \cdot (e^{\lambda \cdot x} + e^{-\lambda \cdot x})$ und den Parametern $C \in \mathbb{R}$ und $\lambda \in \mathbb{R}^+$.

(1) Zeigen Sie, dass der Graph dieser Funktion symmetrisch zur y-Achse ist, und erläutern Sie die Bedeutung von C für den Funktionsgraphen. B1

(2) Berechnen Sie die Koordinaten des Hochpunktes des Graphen dieser Funktion in Abhängigkeit von C und λ. Die Überprüfung der notwendigen Bedingung ist ausreichend. B3

c) Für die Länge $L_a(x)$ des Bogens des Graphen einer Funktion f von der Stelle a bis zur Stelle x wird nachfolgend die Formel $L_a'(x) = \sqrt{1 + (f'(x))^2}$ hergeleitet.

Nachfolgend bedeutet AQ die Länge des Kurvenbogens zwischen den Punkten A und Q.

$\overline{AQ} = L_a(x_0 + \Delta x),\ \overline{AP} = L_a(x_0) \Rightarrow$

(I) $PQ = L_a(x_0 + \Delta x) - L_a(x_0)$

(II) $\overline{|PQ|} \leq \overline{PQ} = \sqrt{(\Delta x)^2 + (\Delta y)^2} \leq L_a(x_0 + \Delta x) - L_a(x_0)$

(III) $\sqrt{1 + \left(\frac{\Delta y}{\Delta x}\right)^2} \leq \frac{L_a(x_0 + \Delta x) - L_a(x_0)}{\Delta x} \Rightarrow$

(IV) $\lim\limits_{\Delta x \to 0} \sqrt{1 + \left(\frac{\Delta y}{\Delta x}\right)^2} \leq \lim\limits_{\Delta x \to 0} \frac{L_a(x_0 + \Delta x) - L_a(x_0)}{\Delta x} \Rightarrow \ldots$

(V) $\sqrt{1 + (f'(x))^2} = L_a'(x)$

(1) Erklären Sie die Herleitungsschritte bis einschließlich Zeile (III).
Beachten Sie dazu die nebenstehende Zeichnung.

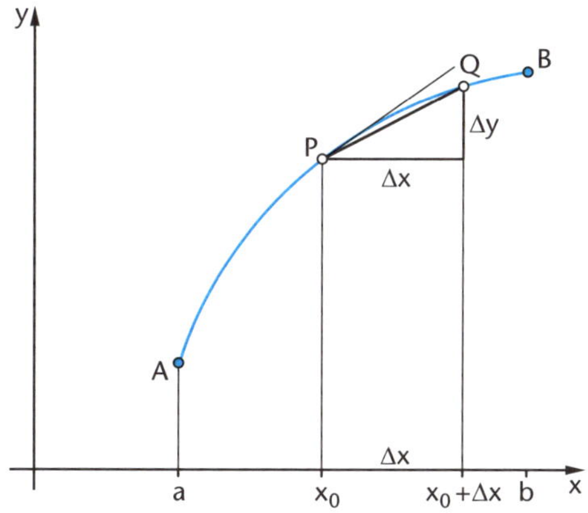

(2) Zeigen Sie, dass $\int \sqrt{1 + (k'(x))^2}\,dx = \frac{1}{2\lambda} \cdot (e^{\lambda \cdot x} - e^{-\lambda \cdot x}) + C$ gilt. D1

Hinweis: Bilden Sie zunächst auf beiden Seiten der Gleichung die Ableitung.

(3) Entlang des Stahlbogens verläuft auf einer Seite eine Bahn, mit der man vom Boden bis zur Aussichtsplattform im Scheitelpunkt des Bogens fahren kann.
Bestimmen Sie mithilfe der oben genannten Formel für $L_a'(x)$ und der Beziehung aus Aufgabe c) (2) die Länge der dabei zurückgelegten Strecke für $\lambda = 0{,}00645$.

Lösung

a) Beschreibung des Bogens durch eine Polynomfunktion p:

Das Koordinatensystem ist so gelegt, dass die quadratische Funktion den Scheitelpunkt im Punkt $(0\,|\,103)$ hat und die Nullstellen $x_1 = 170$ und $x_2 = -x_1 = -170$ symmetrisch zum Nullpunkt liegen. Aus der Lage der Nullstellen ergibt sich die Darstellung als Linearfaktorzerlegung: $p(x) = a \cdot (x - 170) \cdot (x + 170) = a \cdot (x^2 - 28\,900)$.

Mit $p(0) = 103$ folgt: $-28\,900 \cdot a = 103$, also $a = -0{,}003\,564$.

Bestimmung einer Kosinusfunktion $c(x) = a \cdot \cos(b \cdot x)$:
Die Amplitude a ergibt sich aus dem Funktionswert des Hochpunktes: $a = 103$.
Der Bogen erstreckt sich über eine halbe Periode des Graphen, d. h. die Periodenlänge ist 680. Aus der Bedingung $2\pi = 680 \cdot b$ ergibt sich $b = \frac{\pi}{340}$.

Die Funktionsgleichung ist: $c(x) = 103 \cdot \cos\left(\frac{\pi}{340} \cdot x\right)$.

b) (1) Für den Nachweis der Symmetrie ist zu zeigen: $k(x) = k(-x)$.

$$k(-x) = C - \frac{1}{2\lambda} \cdot (e^{\lambda \cdot (-x)} + e^{-\lambda \cdot (-x)}) = C - \frac{1}{2\lambda} \cdot (e^{-\lambda \cdot x} + e^{\lambda \cdot x})$$
$$= C - \frac{1}{2\lambda} (e^{\lambda \cdot x} + e^{-\lambda \cdot x}) = k(x).$$

C gibt die Verschiebung des Graphen in y-Richtung an.

(2) Notwendige Bedingung ist, dass $k'(x) = 0$:

$$k'(x) = -\frac{1}{2\lambda} \cdot (\lambda \cdot e^{\lambda \cdot x} - \lambda \cdot e^{-\lambda \cdot x}) = -\frac{1}{2\lambda} \cdot \lambda \cdot e^{\lambda \cdot x} \cdot (1 - e^{-2\lambda \cdot x});$$

$$k'(x) = 0 \Leftrightarrow e^{-2\lambda \cdot x} = 1 \Leftrightarrow -2\lambda \cdot x = 0 \Leftrightarrow x = 0.$$

$$k(0) = C - \frac{1}{2\lambda} (e^0 + e^0) = C - \frac{1}{\lambda}.$$

Der Hochpunkt hat die Koordinaten $H\left(0\,|\,C - \frac{1}{\lambda}\right)$

c) (1) (I) Die Länge des Kurvenstücks zwischen P und Q ist die Differenz der Bogenlänge von A nach Q und der von A nach P.

(II) Die Länge der Strecke PQ (Sekante) ist höchstens so groß wie die Länge des Bogens von P nach Q.
Die Streckenlänge |PQ| berechnet sich mit dem Satz des PYTHAGORAS zu

$|PQ| = \sqrt{(\Delta x)^2 + (\Delta y)^2}$.

(III) Division auf beiden Seiten der Ungleichung durch Δx:

Rechnungen für die linke Seite: $\frac{\sqrt{(\Delta x)^2 + (\Delta y)^2}}{\Delta x} = \sqrt{\frac{(\Delta x)^2 + (\Delta y)^2}{(\Delta x)^2}} = \sqrt{1 + \frac{(\Delta y)^2}{(\Delta x)^2}}$.

Auf der rechten Seite steht der Differenzenquotient der Funktion L_a.

(2) Nach dem Hauptsatz der Differenzial- und Integralrechnung gilt für die Ableitung auf der linken Seite der Gleichung:

$$\begin{aligned} f'(x) &= \sqrt{1 + (k'(x))^2} \\ &= \sqrt{1 + \left(-\frac{1}{2} \cdot (e^{\lambda x} - e^{-\lambda x})\right)^2} \\ &= \sqrt{1 + \left(\frac{1}{4} \cdot (e^{2\lambda x} - 2e^0 + e^{-2\lambda x})\right)} = \sqrt{1 + \frac{1}{4} \cdot (e^{2\lambda x} - 2 + e^{-2\lambda x})} \\ &= \sqrt{\frac{1}{4} \cdot (e^{2\lambda x} + 2 + e^{-2\lambda x})} = \frac{1}{2} \cdot \sqrt{(e^{\lambda x} + e^{-\lambda x})^2} = \frac{1}{2} \cdot (e^{\lambda x} + e^{-\lambda x}). \end{aligned}$$

Für die rechte Seite gilt:

$$f'(x) = \frac{1}{2\lambda} \cdot (\lambda \cdot e^{\lambda x} + \lambda \cdot e^{-\lambda x}) = \frac{1}{2} \cdot (e^{\lambda x} + e^{-\lambda x}).$$

Die Ableitungen der Funktionen auf der rechten und linken Seite der Gleichung sind gleich. Damit unterscheiden sich die beiden Funktionen nur um eine additive Konstante (C).

(3) Zu berechnen ist die Länge des Bogens von $x_1 = -170$ bis $x_2 = 0$. Nach den oben hergeleiteten Beziehungen gilt für die Bogenlänge:

$$\int_{-170}^{0} \sqrt{1 + (k'(x))^2}dx = \left[\frac{1}{2 \cdot 0{,}00645} \cdot (e^{0{,}00645 \cdot x} - e^{-0{,}00645 \cdot x})\right]_{-170}^{0} = \frac{1}{0{,}0129} \cdot (2{,}65963)$$

$$= 206{,}173.$$

Aus Symmetriegründen kann ebenso das Integral von 0 bis 170 berechnet werden. Die Bahn legt eine Strecke von ca. 206 m zurück.

Aufgabe 6 *Lineare Algebra/Analytische Geometrie – Grundkurs (WTR/GTR/CAS)*

Anlässlich der documenta 6 wurde 1977 in Kassel ein Laserkunstwerk errichtet, das historisch markante Punkte der Stadt durch deutlich sichtbare geradlinig verlaufende Laserstrahlen verbindet.
In einer anderen Stadt soll ein ähnliches Kunstwerk installiert werden. Die drei geplanten Laserstrahlen verbinden wichtige Punkte der Stadt (Angaben in Metern):

Laserfarbe	Ausgangspunkt	Zielpunkt
Rot	Museum M(0|0|0)	Bahnhof B(200|500|30)
Grün	Funkturm F(1400|1200|230)	Schloss S(800|400|130)
Blau	Funkturm F(1400|1200|230)	Bahnhof B(200|500|30)

a) Ermitteln Sie, ob die Punkte M, B, F und S in einer Ebene liegen. F3

b) Zur Finanzierung des Kunstwerkes soll wie damals in Kassel die Länge des längsten Laserstrahles in einzelnen Meterabschnitten für jeweils 10 € an Kunstfreunde „verkauft" werden.
   (1) Berechnen Sie die Einnahmen unter der Annahme, dass für alle vollen Meterabschnitte des längsten Strahles Käufer gefunden werden. E3
   (2) Zeichnen Sie die Laserstrahlen in einen Grundriss der Stadt im Maßstab 1 : 20 000 ein. Hierbei liegt die Grundfläche der Stadt in der xy-Ebene und die z-Achse zeigt senkrecht zur xy-Ebene in Richtung des Betrachters.
   Begründen Sie, warum nicht allein anhand des Grundrisses der längste Strahl ermittelt werden kann.

c) Die blaue Laserlichtquelle im Funkturm kann stufenlos so gedreht werden, dass sie nicht mehr zum Bahnhof, sondern zum Schloss leuchtet. Schwenkt man die Lichtquelle sehr schnell, nimmt der Beobachter diese Strahlen als Teil einer Ebene wahr.
   (1) Bestimmen Sie die Gleichung dieser Ebene in Parameter- und Koordinatenform. F4
   (2) Berechnen Sie den Winkel, um den die blauen Laserstrahlen im Funkturm schwenken. G1
   (3) Im Punkt (900 | 700 | 90) steht ein 50 Meter hoher Kirchturm. Ein künstlerischer Berater des Pro-jekts befürchtet, dass der Kirchturm beim Schwenken die blauen Laserstrahlen unterbricht und die Wirkung des Kunstwerks stört.
   Untersuchen Sie, ob der Kirchturm im Schwenkbereich der Laserstrahlen steht. F5

Lösung

a) Aufstellen der Ebenengleichung durch die Punkte M, B, F:

$$\vec{x} = \begin{pmatrix} 0 \\ 0 \\ 0 \end{pmatrix} + \alpha \cdot \begin{pmatrix} 200 \\ 500 \\ 30 \end{pmatrix} + \beta \cdot \begin{pmatrix} 1400 \\ 1200 \\ 230 \end{pmatrix}.$$

Überprüfen, ob S in der von M, B, F aufgespannten Ebene liegt:

$$\begin{pmatrix} 800 \\ 400 \\ 130 \end{pmatrix} = \alpha \cdot \begin{pmatrix} 200 \\ 500 \\ 30 \end{pmatrix} + \beta \cdot \begin{pmatrix} 1400 \\ 1200 \\ 230 \end{pmatrix} \Leftrightarrow \left| \begin{array}{l} 800 = 200\,\alpha + 1400\,\beta \\ 400 = 500\,\alpha + 1200\,\beta \\ 130 = 30\,\alpha + 230\,\beta \end{array} \right|.$$

Das lineare Gleichungssystem aus den ersten beiden Gleichungen wird gelöst:

$$\begin{vmatrix} 200\alpha + 1400\beta = 800 \\ 500\alpha + 1200\beta = 400 \end{vmatrix} \Leftrightarrow \begin{vmatrix} \alpha + 7\beta = 4 \\ 5\alpha + 12\beta = 4 \end{vmatrix} \Leftrightarrow \begin{vmatrix} 5\alpha + 35\beta = 20 \\ 5\alpha + 12\beta = 4 \end{vmatrix}$$

$$\Leftrightarrow \begin{vmatrix} 23\beta = 16 \\ 5\alpha + 12\beta = 4 \end{vmatrix} \Leftrightarrow \begin{vmatrix} \beta = \frac{16}{23} \\ \alpha = -\frac{20}{23} \end{vmatrix}.$$

Durch Einsetzen dieser Werte in die 3. Gleichung ergibt sich: $130 = \frac{3080}{23}$, also eine falsche Aussage.

Das lineare Gleichungssystem hat keine Lösung, die vier Punkte liegen damit nicht in einer Ebene.

b) (1) Für die Länge der Strahlen $\overrightarrow{MB}$, $\overrightarrow{FS}$, $\overrightarrow{FB}$ gilt:

$$|\overrightarrow{MB}| = \left|\begin{pmatrix} 200 \\ 500 \\ 30 \end{pmatrix}\right| = \sqrt{200^2 + 500^2 + 30^2} \approx 539{,}351$$

$$|\overrightarrow{FS}| = \left|\begin{pmatrix} 800 - 1400 \\ 400 - 1200 \\ 130 - 230 \end{pmatrix}\right| = \sqrt{(-600)^2 + (-800)^2 + (-100)^2} \approx 1004{,}99$$

$$|\overrightarrow{FB}| = \left|\begin{pmatrix} 200 - 1400 \\ 500 - 1200 \\ 30 - 230 \end{pmatrix}\right| = \sqrt{(-1200)^2 + (-700)^2 + (-200)^2} \approx 1403{,}57.$$

Die längste Strecke ist $\overline{FB}$, die Strecke, die der blaue Strahl vom Funkturm zum Bahnhof zurücklegt. Ihre Länge ist ≈ 1403,6 m. Wenn alle Abschnitte verkauft werden, betragen die Einnahmen hierfür 1403 · 10 € = 14030 €.

(2)

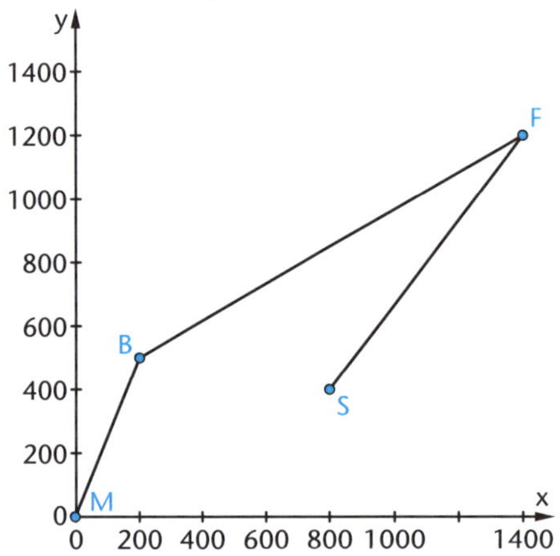

1 cm der Zeichnung entspricht 200 Metern in der Natur.
Der Grundriss berücksichtigt nicht die Höhe (z-Koordinate) der Punkte, die für die Berechnung der Streckenlängen aber von Bedeutung ist.

c) (1) Ebenengleichung der Ebene E durch die Punkte F, B und S

- in Parameterform: $E: \vec{x} = \begin{pmatrix} 1400 \\ 1200 \\ 230 \end{pmatrix} + \alpha \cdot \begin{pmatrix} -1200 \\ -700 \\ -200 \end{pmatrix} + \beta \cdot \begin{pmatrix} -600 \\ -800 \\ -100 \end{pmatrix}$,
- in Koordinatenform: Zunächst wird ein Normalenvektor $\vec{n}$ ermittelt, der auf beiden Richtungsvektoren senkrecht steht:

$$\vec{n} \perp \begin{pmatrix} -1200 \\ -700 \\ -200 \end{pmatrix} \text{ und } \vec{n} \perp \begin{pmatrix} -600 \\ -800 \\ -100 \end{pmatrix}$$

$$\Leftrightarrow \left| \begin{matrix} -1200\,n_1 - 700\,n_2 - 200\,n_3 = 0 \\ -600\,n_1 - 800\,n_2 - 100\,n_3 = 0 \end{matrix} \right| \Leftrightarrow \left| \begin{matrix} 12\,n_1 + 7\,n_2 + 2\,n_3 = 0 \\ 6\,n_1 + 8\,n_2 + n_3 = 0 \end{matrix} \right|$$

$$\Leftrightarrow \left| \begin{matrix} 7n_2 = 0 \\ 6\,n_1 + n_3 = 0 \end{matrix} \right| \Leftrightarrow \left| \begin{matrix} n_2 = 0 \\ n_3 = -6\,n_1 \end{matrix} \right|.$$

Mit $n_1 = 1$ erhält man $\vec{n} = \begin{pmatrix} 1 \\ 0 \\ -6 \end{pmatrix}$ und damit die Ebenengleichung

$$E: \vec{n} * \begin{pmatrix} x \\ y \\ z \end{pmatrix} = \vec{n} * \begin{pmatrix} 1400 \\ 1200 \\ 230 \end{pmatrix} \Leftrightarrow E: x - 6z = 20.$$

(2) Gesucht ist der Winkel α zwischen den Richtungsvektoren $\overrightarrow{FB}$ und $\overrightarrow{FS}$:

$$\alpha = \angle(\overrightarrow{FB}, \overrightarrow{FS}) = \angle\left(\begin{pmatrix} -1200 \\ -700 \\ -200 \end{pmatrix}, \begin{pmatrix} -600 \\ -800 \\ -100 \end{pmatrix}\right)$$

Es gilt: $\cos\alpha = \dfrac{\begin{pmatrix} -1200 \\ -700 \\ -200 \end{pmatrix} * \begin{pmatrix} -600 \\ -800 \\ -100 \end{pmatrix}}{\left|\begin{pmatrix} -1200 \\ -700 \\ -200 \end{pmatrix}\right| \cdot \left|\begin{pmatrix} -600 \\ -800 \\ -100 \end{pmatrix}\right|} = \dfrac{130}{\sqrt{19897}} \Rightarrow \alpha \approx 22{,}837°.$

(3) Beim Einzeichnen der Kirche in den Grundriss sieht man, dass der Kirchturm im Schwenkbereich des Laserstrahls liegen könnte.

Rechnerische Überprüfung:

Der Kirchturm kann als Strecke k beschrieben werden mit:

$$k: \vec{x} = \begin{pmatrix} 900 \\ 700 \\ 90 \end{pmatrix} + r \cdot \begin{pmatrix} 0 \\ 0 \\ 1 \end{pmatrix} \text{ mit } 0 \le r \le 50.$$

Schnittpunktuntersuchung von k mit der Ebene FBS (aus c) (1)):

$$900 + r \cdot 0 - 6 \cdot (90 + r) = 20 \Leftrightarrow r = \frac{170}{3} = 56{,}\overline{6} > 50.$$

Da $r > 50$ ist, liegt der Kirchturm nicht im Schwenkbereich des Laserstrahls.

Alternativ kann man auch den Wert für z ermitteln, der zum x-Wert 900 in der „Laserstrahl-Ebene" liegt. Man erhält: $900 - 6z = 20 \Rightarrow z = 146{,}67$. Auch hier kommt man zum Ergebnis, dass der Kirchturm nicht im Schwenkbereich des Lasers liegt, da die z-Koordinate des Kirchturms zwischen 90 und 140 liegt (Fußpunkt bei 90 m und die Höhe des Turms beträgt 50 m).

Aufgabe 7 *Lineare Algebra/Analytische Geometrie – Leistungskurs (GTR/WTR)*

Drei Punkte A_t, B_t und C_t bewegen sich jeweils entlang einer Geraden:

A_t auf der Geraden $\vec{g}_a: \vec{a}_t = \begin{pmatrix} 1 \\ 0 \\ 0 \end{pmatrix} + t \cdot \begin{pmatrix} 0 \\ 0 \\ 1 \end{pmatrix}$,

B_t auf der Geraden $\vec{g}_b: \vec{b}_t = \begin{pmatrix} 0 \\ 1 \\ 0 \end{pmatrix} + t \cdot \begin{pmatrix} 1 \\ 0 \\ 0 \end{pmatrix}$ und

C_t auf der Geraden $\vec{g}_c: \vec{c}_t = \begin{pmatrix} 0 \\ 0 \\ 1 \end{pmatrix} + t \cdot \begin{pmatrix} 0 \\ 1 \\ 0 \end{pmatrix}$.

Die Punkte A_t, B_t und C_t bilden für alle $t \in \mathbb{R}$ ein Dreieck Δ_t.

a) (1) Zeichnen Sie in das Koordinatensystem die drei Geraden sowie die Dreiecke Δ_0, Δ_1 und Δ_2 ein.

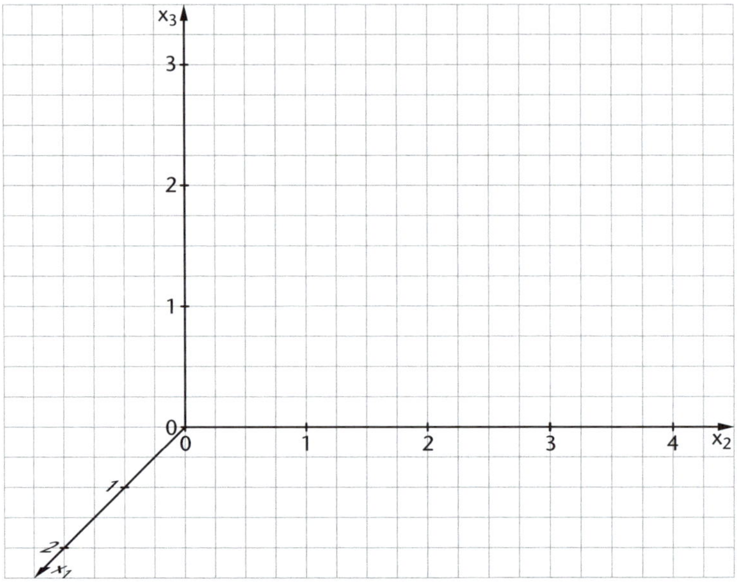

(2) Untersuchen Sie, ob die Dreiecke Δ_t gleichseitig sind. E3

(3) Die Punkte A_t, B_t und C_t legen für jedes t eine Ebene E_t fest. Bestimmen Sie eine Ebenengleichung E_t in Parameterform.

Zeigen Sie, dass $\vec{n} = \begin{pmatrix} t^2 - t + 1 \\ t^2 - t + 1 \\ t^2 - t + 1 \end{pmatrix}$ ein Normalenvektor von E_t ist, und

begründen Sie damit die Parallelität der Ebenen. E2 F3 F9

Bestimmen Sie den Abstand zweier beliebiger dieser Ebenen E_t und E_{t+k} mit $k \in \mathbb{R}$. G3

(4) Erläutern Sie die nachfolgend durchgeführten Rechenschritte und das Ergebnis im Sachzusammenhang. G2 G6

(I) $\overrightarrow{AB} = \begin{pmatrix} t-1 \\ 1 \\ -t \end{pmatrix}$; $\overrightarrow{AC} = \begin{pmatrix} -1 \\ t \\ 1-t \end{pmatrix}$

(II) $A(t) = \frac{1}{2}\left|\begin{pmatrix} t-1 \\ 1 \\ -t \end{pmatrix} \times \begin{pmatrix} -1 \\ t \\ 1-t \end{pmatrix}\right|$

(III) $A(t) = \frac{\sqrt{3}\cdot(t^2 - t + 1)}{2}$

(IV) $A'(t) = \frac{\sqrt{3}\cdot(2\cdot t - 1)}{2}$; $A''(t) = \sqrt{3}$

(V) $\frac{\sqrt{3}\cdot(2\cdot t - 1)}{2} = 0 \Rightarrow t = \frac{1}{2}$

(VI) $A''\left(\frac{1}{2}\right) = \sqrt{3} > 0 \Rightarrow$ Minimum

b) [GTR] Es sei $\varphi(t)$ der Winkel zwischen den Vektoren $\vec{u}_0 = \vec{b}_0 - \vec{a}_0$ und $\vec{u}_t = \vec{b}_t - \vec{a}_t$.

Bestätigen Sie, dass $f(t) = \cos(\varphi(t)) = \frac{2-t}{2\cdot\sqrt{t^2 - t + 1}}$ gilt.

Beschreiben Sie mithilfe des Graphen der Funktion f sowie der in Aufgabe a)(3) untersuchten Eigenschaften die Bewegung der Dreiecke. Untersuchen Sie in diesem Zusammenhang auch das Verhalten für betragsmäßig große t-Werte. G1

c) [WTR] Die Punkte A_t, B_t und C_t bilden zusammen mit dem Ursprung eine Schar von Pyramiden in Abhängigkeit von t. Das Volumen einer solchen Pyramide kann mit der Formel $V(t) = \frac{1}{6}\cdot\left|(\vec{a}_t \times \vec{b}_t) * \vec{c}_t\right|$ berechnet werden.

(1) Zeigen Sie, dass $V(t) = \frac{1}{6}\cdot|t^3 + 1|$ gilt, und bestimmen Sie t so, dass das Volumen V(t) den Wert $\frac{3}{2}$ annimmt.

(2) Untersuchen Sie, ob die Pyramide mit der minimalen Grundfläche auch die Pyramide mit dem minimalen Volumen ist. G6

Lösung

a) (1)

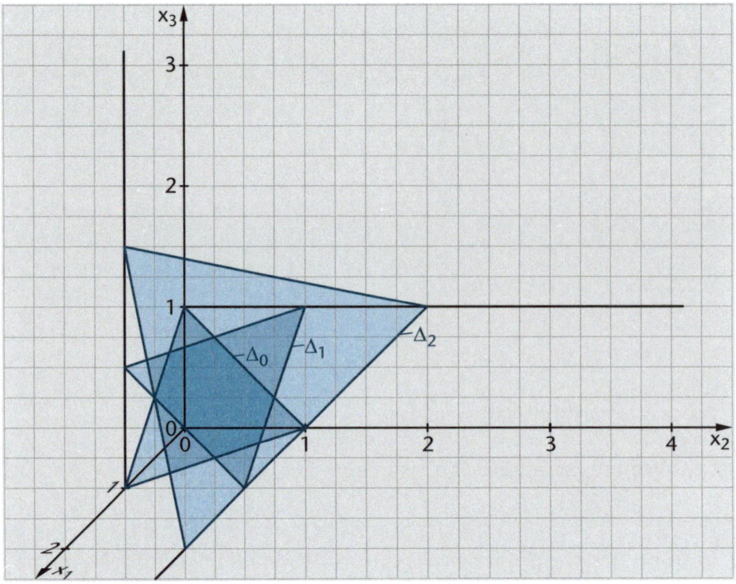

Dreieckspunkte für Δ_0: $A_0(1\,|\,0\,|\,0)$, $B_0(0\,|\,1\,|\,0)$, $C_0(0\,|\,0\,|\,1)$
Dreieckspunkte für Δ_1: $A_1(1\,|\,0\,|\,1)$, $B_1(1\,|\,1\,|\,0)$, $C_1(0\,|\,1\,|\,1)$
Dreieckspunkte für Δ_2: $A_2(1\,|\,0\,|\,2)$, $B_2(2\,|\,1\,|\,0)$, $C_2(0\,|\,2\,|\,1)$

(2) Berechnung der Längen der Dreiecksseiten:

$$|A_tB_t| = |\vec{b_t} - \vec{a_t}| = \sqrt{(t-1)^2 + (1-0)^2 + (0-t)^2} = \sqrt{2t^2 - 2t + 2}$$

$$|A_tC_t| = |\vec{c_t} - \vec{a_t}| = \sqrt{(0-1)^2 + (t-0)^2 + (1-t)^2} = \sqrt{2t^2 - 2t + 2}$$

$$|B_tC_t| = |\vec{c_t} - \vec{b_t}| = \sqrt{(0-t)^2 + (t-1)^2 + (1-0)^2} = \sqrt{2t^2 - 2t + 2}$$

Alle Dreiecksseiten haben dieselbe Länge, die Dreiecke $A_tB_tC_t$ sind also für alle Werte von t gleichseitig.

Zusatz (nicht verlangt): Für den Radikanden der Wurzelterme gilt:
$2\cdot(t^2 - t + 1) = 2\cdot[(t^2 - t + 0{,}25) + 0{,}75] = 2\cdot(t - 0{,}5)^2 + 2\cdot 0{,}75 > 0$ für alle $t \in \mathbb{R}$, d. h., für alle $t \in \mathbb{R}$ liegt tatsächlich ein Dreieck vor. Für t = 0 erhält man das Dreieck mit den kürzestmöglichen Seiten; dessen Seitenlänge beträgt $\sqrt{1{,}5}$.

(3) Mit $\overrightarrow{OA_t}$ als Stützvektor $\overrightarrow{A_tB_t}$ *und* $\overrightarrow{A_tC_t}$ als Richtungsvektoren erhält man als Parameterform der Ebenengleichungen E_t:

$$E_t\colon \vec{x} = \overrightarrow{OA_t} + r\cdot\overrightarrow{A_tB_t} + s\cdot\overrightarrow{A_tC_t} = \begin{pmatrix}1\\0\\t\end{pmatrix} + r\cdot\begin{pmatrix}t-1\\1-0\\0-t\end{pmatrix} + s\cdot\begin{pmatrix}0-1\\t-0\\1-t\end{pmatrix} = \begin{pmatrix}1\\0\\t\end{pmatrix} + r\cdot\begin{pmatrix}t-1\\1\\-t\end{pmatrix} + s\cdot\begin{pmatrix}-1\\t\\1-t\end{pmatrix}.$$

$\vec{n}$ ist genau dann ein Normalenvektor von E_t, wenn $\vec{n}$ auf beiden Richtungsvektoren von E_t senkrecht steht. Das ist der Fall, wenn das Skalarprodukt von $\vec{n}$ mit beiden Richtungsvektoren der Ebenen gleich Null ist:

$$\begin{pmatrix} t^2-t+1 \\ t^2-t+1 \\ t^2-t+1 \end{pmatrix} * \begin{pmatrix} t-1 \\ 1 \\ -t \end{pmatrix} = (t^2-t+1)\cdot(t-1)+(t^2-t+1)\cdot 1+(t^2-t+1)\cdot(-t)$$

$$= (t^2-t+1)\cdot(t-1+1-t) = 0 \qquad \text{und:}$$

$$\begin{pmatrix} t^2-t+1 \\ t^2-t+1 \\ t^2-t+1 \end{pmatrix} * \begin{pmatrix} -1 \\ t \\ 1-t \end{pmatrix} = (t^2-t+1)\cdot(-1)+(t^2-t+1)\cdot t+(t^2-t+1)\cdot(1-t)$$

$$= (t^2-t+1)\cdot(-1+t+1-t) = 0$$

Der angegebene Vektor $\vec{n}$ steht auf beiden Richtungsvektoren von E_t senkrecht und ist damit ein Normalenvektor zu den Ebenen E_t.
Alternativ lässt sich ein Normalenvektor zu E_t mithilfe des Kreuzprodukts der beiden Richtungsvektoren bestimmen:

$$\begin{pmatrix} t-1 \\ 1 \\ -t \end{pmatrix} \times \begin{pmatrix} -1 \\ t \\ 1-t \end{pmatrix} = \begin{pmatrix} t^2-t+1 \\ t^2-t+1 \\ t^2-t+1 \end{pmatrix} = \vec{n}.$$

Da die drei Komponenten des Vektors $\vec{n}$ gleich $t^2 - t + 1$ sind, also übereinstimmen, sind die Normalenvektoren zu den Ebenen E_t alle Vielfache des Vektors $\begin{pmatrix} 1 \\ 1 \\ 1 \end{pmatrix}$. Damit sind alle Ebenen E_t zueinander parallel. Mithilfe dieses Normalenvektors lassen sich die Ebenengleichungen für E_t und E_{t+k} in der Koordinatenform leichter angeben:

Ebenengleichung für E_t: $x + y + z = \begin{pmatrix} 1 \\ 1 \\ 1 \end{pmatrix} * \begin{pmatrix} 1 \\ 0 \\ t \end{pmatrix} = 1 + t$

Ebenengleichung für E_{t+k}: $x + y + z = \begin{pmatrix} 1 \\ 1 \\ 1 \end{pmatrix} * \begin{pmatrix} 1 \\ 0 \\ t+k \end{pmatrix} = 1 + t + k.$

Der Abstand der Ebene E_t zum Ursprung ist gegeben durch $d(E_t, O) = \frac{|1+t|}{|\vec{n}|}$,
der Abstand der Ebene E_{t+k} zum Ursprung durch $d(E_{t+k}, O) = \frac{|1+t+k|}{|\vec{n}|}$.

Da sich alle Ebenen im selben Halbraum befinden, kann man den Abstand zweier Ebenen wie folgt berechnen:

$$d(E_t;E_{t+k}) = \frac{|1+t+k-(1+t)|}{\left|\begin{pmatrix} 1 \\ 1 \\ 1 \end{pmatrix}\right|} = \frac{|k|}{\sqrt{3}}.$$

(4) (I) Aufstellen der Vektoren $\overrightarrow{AB}$ und $\overrightarrow{AC}$.

(II) Mithilfe des Kreuzproduktes der Vektoren $\overrightarrow{AB}$ und $\overrightarrow{AC}$ lässt sich mit der angegebenen Formel der Flächeninhalt des Dreieck ABC (Δ_t) in Abhängigkeit von t berechnen.

(III) Die Rechnungen aus (II) werden ausgeführt und der Flächeninhalt eines Dreiecks ABC wird als Funktion A(t) in Abhängigkeit von t angegeben.

(IV) Die ersten beiden Ableitungen der Funktion A werden gebildet.

(V) Die erste Ableitung dieser Flächeninhaltsfunktion wird Null, wenn $t = \frac{1}{2}$ ist.

(VI) Die zweite Ableitung hat an der Stelle $t = \frac{1}{2}$ einen positiven Wert. Damit ist die hinreichende Bedingung für das Vorliegen eines lokalen Minimums der Flächeninhaltsfunktion erfüllt.
Es gibt ein Dreieck mit minimalem Flächeninhalt. Für $t = \frac{1}{2}$ erhält man das Dreieck mit minimaler Fläche (vgl. auch Zusatz zu Teilaufgabe (2)).

b) $\vec{u_0} = \vec{b_0} - \vec{a_0} = \begin{pmatrix}0\\1\\0\end{pmatrix} - \begin{pmatrix}1\\0\\0\end{pmatrix} = \begin{pmatrix}-1\\1\\0\end{pmatrix}$; $\vec{u_t} = \vec{b_t} - \vec{a_t} = \begin{pmatrix}t\\1\\0\end{pmatrix} - \begin{pmatrix}1\\0\\t\end{pmatrix} = \begin{pmatrix}t-1\\1\\-t\end{pmatrix}$.

Für den Winkel φ zwischen diesen beiden Vektoren gilt:

$$\cos(\varphi(t)) = \frac{\vec{u_0} * \vec{u_t}}{|\vec{u_0}| \cdot |\vec{u_t}|} = \frac{(-1)\cdot(t-1) + 1\cdot 1 + 0\cdot(-t)}{\sqrt{(-1)^2 + 1^2 + 0^2}\cdot\sqrt{(t-1)^2 + 1^2 + (-t)^2}}$$
$$= \frac{2-t}{\sqrt{2}\cdot\sqrt{2\cdot(t^2-t+1)}} = \frac{2-t}{2\cdot\sqrt{t^2-t+1}}$$

Es gilt $\cos(\varphi(0)) = 1$, d. h. $\varphi(0) = 90°$.

Graph der Funktion f mit
$f(t) = \cos(\varphi(t))$:

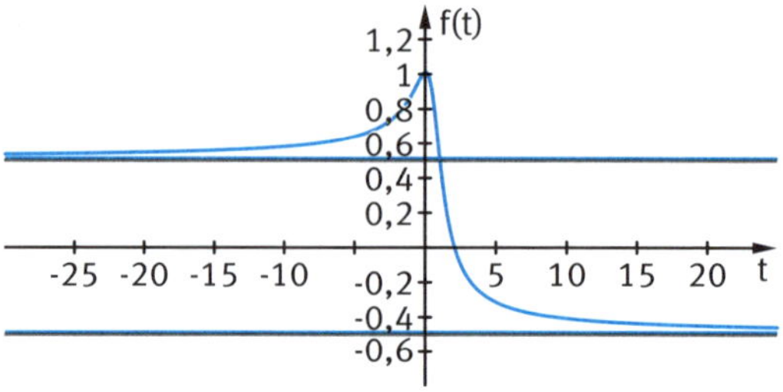

Für $t \to \infty$ gilt: $\cos(\varphi(t)) \to -0{,}5$, $\cos(120°) = -0{,}5$. Die Dreiecke werden für positive Werte von t um einen Winkel zwischen 0° und 120° gedreht. Außerdem werden sie parallel verschoben und zwar um $\frac{1}{\sqrt{3}}$, wenn t um 1 wächst. Zusätzlich erfolgt eine Streckung.

Für $t \to -\infty$ gilt: $\cos(\varphi(t)) \to 0{,}5$, $\cos(60°) = 0{,}5$. Die Dreiecke werden für negative Werte von t um einen Winkel zwischen 0° und 60° gedreht. Außerdem werden auch sie parallel verschoben und zwar um $\frac{1}{\sqrt{3}}$, wenn t um 1 wächst. Zusätzlich erfolgt eine Streckung.

Hinweis: Der formale Beweis des Verhaltens von $t \to +\infty$ bzw. $-\infty$ wird in der Lösung nicht erwartet. Für $t > 0$ gilt $t = |t|$ und der Term kann wie folgt umgeformt werden:
$\frac{2-t}{2\cdot\sqrt{t^2-t+1}} = \frac{1/|t|}{1/|t|}\cdot\frac{2-t}{2\cdot\sqrt{t^2-t+1}} = \frac{\frac{2}{t}-1}{2\cdot\sqrt{1-\frac{1}{t}+\frac{1}{t^2}}} \to -\frac{1}{2}$. Für $t<0$ muss man beachten: $|t| = -t$.

c) (1) $V(t) = \frac{1}{6}\cdot\left|(\vec{a_t}\times\vec{b_t}) * \vec{c_t}\right| = \frac{1}{6}\cdot\left|\left(\begin{pmatrix}1\\0\\t\end{pmatrix}\times\begin{pmatrix}t\\1\\0\end{pmatrix}\right) * \begin{pmatrix}0\\t\\1\end{pmatrix}\right| = \frac{1}{6}\cdot\left|\begin{pmatrix}-t\\t^2\\1\end{pmatrix} * \begin{pmatrix}0\\t\\1\end{pmatrix}\right| = \frac{1}{6}\cdot|t^3+1|$.

Das Volumen der Pyramide nimmt den Wert $\frac{3}{2}$ an, wenn gilt:

$\frac{1}{6}\cdot(t^3+1) = \frac{3}{2} \Leftrightarrow t^3+1 = 9 \Leftrightarrow t^3 = 8 \Leftrightarrow t = 2$ bzw.

$\frac{1}{6}\cdot(-(t^3+1)) = \frac{3}{2} \Leftrightarrow t^3 = -10 \Leftrightarrow t = -\sqrt[3]{10} \approx -2{,}154$.

Für $t = 2$ bzw. für $t \approx -2{,}154$ hat die Pyramide ein Volumen von $\frac{3}{2}$ VE.

(2) Das Volumen der Pyramide ist $V(t) = \frac{1}{6}\cdot|t^3+1|$. Dieser Wert wird minimal, wenn t^3+1 gleich null ist bzw. gegen null geht. Das ist der Fall für $t = -1$. Für $t = -1$ ist E_{-1}: $x + y + z = 0$ (vgl. a) (3)). Die Pyramidenspitze O(0 | 0 | 0) liegt mit den Dreieckspunkten in einer Ebene, es gibt im Grenzfall keine Pyramide, sondern nur ein Dreieck.

Die Pyramide mit der minimalen Grundfläche erhält man nach den Rechnungen in a) (4), wenn $t = \frac{1}{2}$ ist. Somit ist die Pyramide mit der kleinsten Grundfläche nicht die Pyramide mit dem kleinsten Volumen (die gibt es real nicht).

Aufgabe 8 *Lineare Algebra/Analytische Geometrie – Grundkurs (WTR/GTR/CAS)*

Auf dem Rasen eines Fußballstadions soll eine Bühne für eine Kundgebung aufgebaut werden. Der verantwortliche Architekt legt für die Planung ein dreidimensionales kartesisches Koordinatensystem an. Die Rasenfläche liegt in der x_1x_2-Ebene. Die x_3-Achse zeigt senkrecht zur x_1x_2-Ebene in Richtung des Betrachters. Im grau unterlegten Bereich wird ein Bühnenboden errichtet, der sich 1 m über dem Rasen befindet (siehe Skizze).
Alle in der Skizze eingetragenen Zahlenwerte sind in der Einheit Meter angegeben.

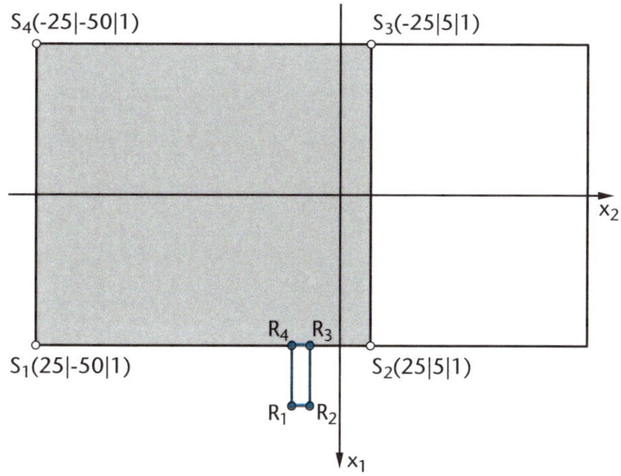

a) Um leichter auf den Bühnenboden zu gelangen, soll eine 3 m breite Rampe mit rechteckigem Grundriss gebaut und in $R_2(35\,|-5\,|\,0)$ und $R_3(25\,|-5\,|\,1)$ verankert werden.

(1) Geben Sie die Koordinaten der Eckpunkte R_1 und R_4 an und berechnen Sie die Länge der Rampe. E1 E3

(2) Nach DIN 18024-1 darf der Steigungswinkel einer barrierefreien Rampe maximal 3,4° betragen.
Berechnen Sie den Steigungswinkel der Rampe und entscheiden Sie, ob diese die DIN erfüllt. G1

b) Mit Seilen soll über dem Fußballplatz eine dreieckige Fläche aus Segeltuch gespannt werden. Zwei der drei Eckpunkte dieses Dreiecks liegen in $A(5\,|\,26\,|\,25)$ und $B(2\,|\,30\,|\,18)$.
Der dritte Eckpunkt C ist ein variabler Punkt auf dem Seil, welches von A zur Spitze des Flutlichtmastes $P(35\,|\,66\,|\,35)$ gespannt wird.

(1) Zeigen Sie, dass im Dreieck ABP bei A ein rechter Winkel vorliegt.
Erläutern Sie, dass das Dreieck ABC immer rechtwinklig ist – egal, wo sich der Punkt C auf dem Seil zwischen A und P befindet. E2

(2) Das Segeltuch, mit dem das Dreieck ABC bespannt werden soll, darf aus Gewichtsgründen höchstens 100 m² groß sein.
Bestimmen Sie die Koordinaten des Punktes C auf dem Seil, für den die Dreiecksfläche die zugelassene Maximalgröße hat. G2

c) Das Segeltuch wird bei C(17 | 42 | 29) fixiert und straff gespannt. Zu einer gewissen Uhrzeit fallen Sonnenstrahlen in Richtung $v = \begin{pmatrix} -1 \\ -5 \\ -3 \end{pmatrix}$ ein, so dass das Segeltuch einen dreieckigen Schatten auf den geplanten Bühnenboden wirft.

Die Schattenpunkte der Punkte B und C liegen bei $B_S\left(-3\tfrac{2}{3} \mid 1\tfrac{2}{3} \mid 1\right)$ und $C_S\left(7\tfrac{2}{3} \mid -4\tfrac{2}{3} \mid 1\right)$.

(1) Berechnen Sie die Koordinaten des Schattenpunktes A_S des Punktes A auf dem Bühnenboden.

F5

(2) Im Punkt M(0 | 0 | 1) soll ein Mikrofon aufgestellt werden.

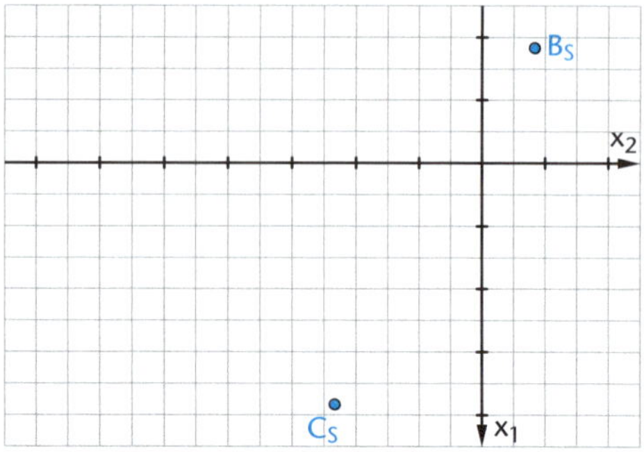

Zeichnen Sie unter Angabe einer geeigneten Skalierung der Achsen den Schatten des Segeltuchs in das Koordinatensystem ein.
Prüfen Sie zeichnerisch, ob der Fußpunkt M des Mikrofonstativs im Schatten liegt.

Lösung

a) (1) Der Skizze entnimmt man die Lage der Punkte R_1 und R_4: $R_1(35 \mid -8 \mid 0)$, $R_4(25 \mid -8 \mid 1)$.

Länge der Rampe: $\left|\overrightarrow{R_2R_3}\right| = \left|\begin{pmatrix} 25-35 \\ -5-(-5) \\ 1-0 \end{pmatrix}\right| = \left|\begin{pmatrix} -10 \\ 0 \\ 1 \end{pmatrix}\right| = \sqrt{101} \approx 10{,}05.$

Die Rampe ist ca. 10,05 m lang.

(2) Der Steigungswinkel α der Rampe ist: $\alpha = \angle\left(\begin{pmatrix} 1 \\ 0 \\ 0 \end{pmatrix}; \overrightarrow{R_3R_2}\right)$

Es gilt $\cos\alpha = \dfrac{\begin{pmatrix} 1 \\ 0 \\ 0 \end{pmatrix} * \begin{pmatrix} 10 \\ 0 \\ -1 \end{pmatrix}}{\left|\begin{pmatrix} 1 \\ 0 \\ 0 \end{pmatrix}\right| \cdot \left|\begin{pmatrix} 10 \\ 0 \\ -1 \end{pmatrix}\right|} = \dfrac{10}{\sqrt{101}} \Rightarrow \alpha \approx 5{,}7°.$

Die Rampe erfüllt die DIN nicht.

b) (1) Das Dreieck ABP hat bei A einen rechten Winkel, wenn die Vektoren $\overrightarrow{AB}$ und $\overrightarrow{AP}$ senkrecht zueinander sind, wenn also ihr Skalarprodukt null ergibt.

$\overrightarrow{AP} * \overrightarrow{AB} = \begin{pmatrix} 30 \\ 40 \\ 10 \end{pmatrix} * \begin{pmatrix} -3 \\ 4 \\ -7 \end{pmatrix} = -90 + 160 - 70 = 0.$

Das Dreieck ABP ist rechtwinklig mit einem rechten Winkel bei A.

Wenn C auf der Strecke $\overline{AP}$ liegt, gilt $\overrightarrow{AC} = \alpha \cdot \overrightarrow{AP}$.

Damit ist auch das Skalarprodukt von $\overrightarrow{AC}$ und $\overrightarrow{AB}$ gleich null, denn

$\overrightarrow{AC} * \overrightarrow{AB} = (\alpha \cdot \overrightarrow{AP}) * \overrightarrow{AB} = \alpha \cdot (\overrightarrow{AP} * \overrightarrow{AB}) = \alpha \cdot 0 = 0.$

Der rechte Winkel bei A bleibt bei Verkürzung der Strecke $\overline{AP}$ erhalten.

(2) Da das Dreieck ABC rechtwinklig ist mit rechtem Winkel bei A, gilt für den Flächeninhalt:

$$F_\nabla = \frac{1}{2} \cdot |AC| \cdot |AB| = \frac{1}{2} \cdot \alpha \cdot \left|\begin{pmatrix} 30 \\ 40 \\ 10 \end{pmatrix}\right| \cdot \left|\begin{pmatrix} -3 \\ 4 \\ -7 \end{pmatrix}\right| = 10 \cdot \sqrt{481} \cdot \alpha \approx 219{,}317 \cdot \alpha$$

($\overrightarrow{AC} = \alpha \cdot \overrightarrow{AP}$, vgl. b)(1)).

Der Flächeninhalt ist kleiner als $100\,m^2$, wenn $219{,}317 \cdot \alpha < 100$ ist, das heißt, wenn $\alpha < 0{,}456$ ist.

Für den Punkt C ergibt sich: $\overrightarrow{OC} = \overrightarrow{OA} + \alpha \cdot \overrightarrow{AP} = \begin{pmatrix} 5 \\ 26 \\ 25 \end{pmatrix} + \alpha \cdot \begin{pmatrix} 30 \\ 40 \\ 10 \end{pmatrix}$ mit $\alpha = 0{,}456$

$\Rightarrow C(5 + 0{,}456 \cdot 30 \,|\, 26 + 0{,}456 \cdot 40 \,|\, 25 + 0{,}456 \cdot 10) = (18{,}68 \,|\, 44{,}24 \,|\, 29{,}56)$.

Bei diesen Koordinaten für C hat das Segeltuch die zugelassene Maximalgröße von $100\,m^2$.

c) (1) Für die Punkte auf dem Bühnenboden gilt: $x_3 = 1$.

Für den Schattenpunkt A_S von $A(5\,|\,26\,|\,25)$ gilt daher:

$$\overrightarrow{OA_S} = \begin{pmatrix} 5 \\ 26 \\ 25 \end{pmatrix} + \alpha \cdot \begin{pmatrix} -1 \\ -5 \\ -3 \end{pmatrix} \text{ mit } x_3 = 1.$$

Aus $25 - 3 \cdot \alpha = 1$ folgt $\alpha = 8$.

Für die x_2- und x_3-Koordinaten von A_S erhält man damit:

$x_1 = 5 + 8 \cdot (-1) = -3$, $x_2 = 26 + 8 \cdot (-5) = -14$. Der Schattenpunkt von A ist der Punkt $A_S(-3\,|\,-14\,|\,1)$.

(2)

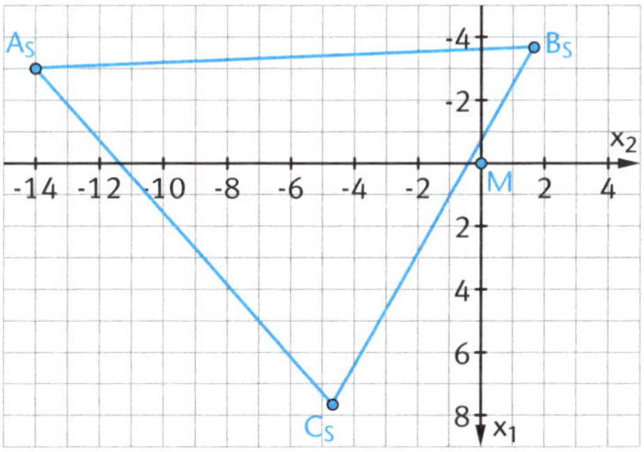

Der Punkt M entspricht dem Ursprung des zweidimensionalen Koordinatensystems und liegt offensichtlich nicht im Schatten.

Aufgabe 9 *Lineare Algebra/Analytische Geometrie Leistungskurs (WTR/GTR/CAS)*

a) Ein Bildschirmschoner zeigt einen sich drehenden Würfel, der sich in einem (auf dem Monitor nicht sichtbaren) dreidimensionalen Koordinatensystem bewegt. Für die Animation des Würfels und die Darstellung der Beleuchtungsverhältnisse sind verschiedene Berechnungen nötig.
Einige dieser Berechnungen sollen im Folgenden an einem einfachen Beispiel durchgeführt werden. Zum Anfangszeitpunkt besitzen die Punkte A, B und D der Grundfläche die folgenden Koordinaten: $A(-4|1|1)$, $B(1|1|1)$ und $D(-4|6|1)$.

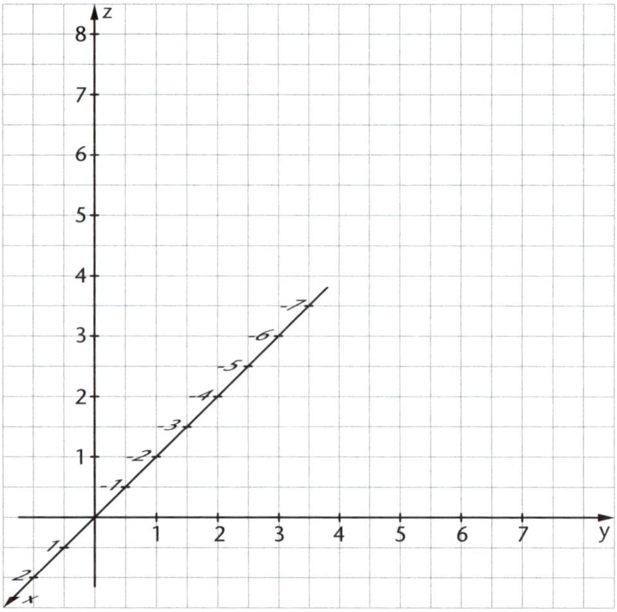

(1) Zeichnen Sie die Punkte A, B und D in ein selbst erstelltes Koordinatensystem ein, wie es in der Abbildung dargestellt ist. Geben Sie die Koordinaten der übrigen Eckpunkte des Würfels an und zeichnen Sie das Bild des Würfels. E1 E3

(2) Im Punkt $L(-40|23|26)$ befindet sich eine punktförmige Lichtquelle, durch die ein Schatten des Würfels in der xy-Ebene entsteht. Dabei wird unter anderem der Eckpunkt $(-4|1|6)$ in die xy-Ebene projiziert. Berechnen Sie die Koordinaten des Bildpunktes. F1 F5

(3) Ein Beobachter im Punkt $P(20|-7|16)$ sieht die Reflexion der punktförmigen Lichtquelle L aus Teilaufgabe (2) im Punkt $R(0|3|6)$ auf der Würfeloberseite.
Um die Position des Punktes R auf der Oberseite des Würfels zu bestimmen, benötigt man eine Ebene E_1 durch P und L, die senkrecht zur Oberseite des Würfels steht. Der Punkt R erfüllt dann die beiden folgenden Bedingungen:
I. R liegt auf der Schnittgeraden g der Ebene E_1 mit der Würfeloberseite.
II. Der Einfallswinkel zwischen dem einfallenden Lichtbündel und dem Normalenvektor der Würfeloberseite im Punkt R ist gleich dem Ausfallswinkel zwischen dem reflektierten Lichtbündel und diesem Normalenvektor.

Zeigen Sie, dass R Bedingung I erfüllt. F3 F4 F6

Zeigen Sie, dass R Bedingung II erfüllt. G1

b) Da bei der Berechnung der folgenden Animation des Würfels die entstehenden Koordinaten schwer einzuzeichnen sind, wird das 3-D-Koordinatensystem in ein „deckungsgleiches" 2-D-Koordinatensystem abgebildet (siehe Anleitung) und die dann berechneten zweidimensionalen Koordinaten eingezeichnet. Die Abbildungsmatrix T überführt die Koordinaten aus dem dreidimensionalen in den zweidimensionalen Raum.

Anleitung:
Über das 3-D-Koordinatensystem wird ein 2-D-Koordinatensystem so gelegt, dass die

Koordinatenursprünge übereinstimmen und die x-Achse des 2-D-Koordinatensystems sich mit der y-Achse des 3-D-Koordinatensystems deckt. Die y-Achse des 2-D-Koordinatensystems deckt sich mit der z-Achse des 3-D-Koordinatensystems. Aus den dreidimensionalen Einheitsvektoren ergeben sich neue zweidimensionale Vektoren.

Beispiel:
Der Einheitsvektor $\begin{pmatrix} 0 \\ 1 \\ 0 \end{pmatrix}$ geht in den Vektor $\begin{pmatrix} 1 \\ 0 \end{pmatrix}$ über. Punkte können jetzt mit den Koordinaten des 2-D-Koordinatensystems angegeben werden.

Beispiel: Aus dem Punkt D(−4 | 6 | 1) wird der Punkt D′(8 | 3).

(1) Bestimmen Sie die Abbildungsmatrix T. H1

(2) Gegeben sei die Matrix $\begin{pmatrix} \cos\alpha & -\sin\alpha & 0 \\ \sin\alpha & \cos\alpha & 0 \\ 0 & 0 & 1 \end{pmatrix}$.

Erläutern Sie die geometrische Wirkung der Abbildung, die durch die Matrix $M = T \cdot F$ beschrieben wird. H4

Lösung

a) (1) Den Punkt C der Grundfläche erhält man, indem man z. B. den Vektor $\overrightarrow{AB}$ an Punkt D anträgt:

$$\overrightarrow{OC} = \overrightarrow{OD} + \overrightarrow{AB} = \begin{pmatrix} -4 \\ 6 \\ 1 \end{pmatrix} + \begin{pmatrix} 1-(-4) \\ 1-1 \\ 1-1 \end{pmatrix} = \begin{pmatrix} 1 \\ 6 \\ 1 \end{pmatrix} \Rightarrow C(1 \mid 6 \mid 1).$$

Die Seitenlänge des Würfels lässt sich z. B. als Abstand der Punkte A und B bestimmen: $|AB| = \sqrt{(1-(-4))^2 + (1-1)^2 + (1-1)^2} = 5$, sie beträgt 5 Längeneinheiten.

Damit sind die übrigen Eckpunkte des Würfels:
E = A′(−4 | 1 | 6), F = B′(1 | 1 | 6), G = C′(1 | 6 | 6), H = D′(−4 | 6 | 6). x =

Zeichnung:

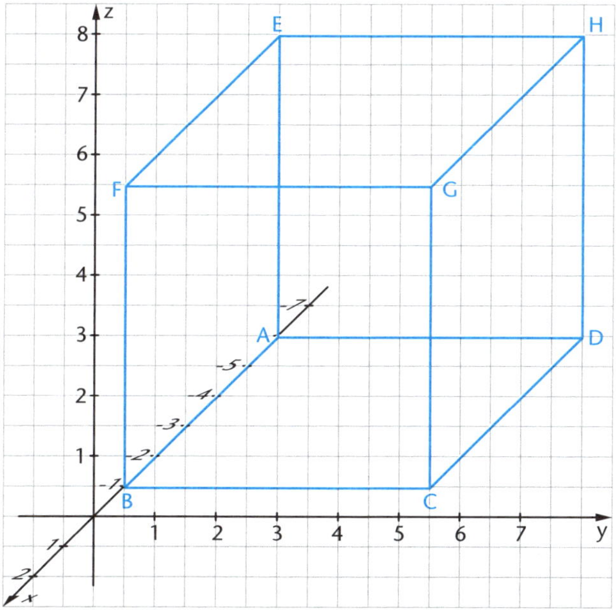

(2) Der Schattenpunkt E_S des Würfeleckpunktes E(–4 | 1 | 6) liegt auf der Geraden durch E mit dem Richtungsvektor $\overrightarrow{LE}$ und liegt außerdem in der xy-Ebene.

Parameterdarstellung der Geraden: $\vec{x} = \begin{pmatrix} -4 \\ 1 \\ 6 \end{pmatrix} + r \cdot \begin{pmatrix} -4-(-40) \\ 1-23 \\ 6-26 \end{pmatrix} = \begin{pmatrix} -4 \\ 1 \\ 6 \end{pmatrix} + r \cdot \begin{pmatrix} 36 \\ -22 \\ -20 \end{pmatrix}$.

Für Punkte der xy-Ebene gilt: z = 0.
Aus 6 – 20 r = 0 folgt r = 0,3.
Einsetzen von r = 0,3 in die Geradengleichung liefert für die Koordinaten des Schattenpunktes E_S: (–4 + 0,3 · 36 | 1 + 0,3 · (–22) | 6 + 0,3 · (–20)) = (6,8 | –5,6 | 0).

(3) R erfüllt Bedingung I:
Die Würfeloberseite ist parallel zur xy-Ebene und liegt in der Ebene mit der Koordinatengleichung z = 6.
Die Ebene E_1 geht durch die Punkte P und L und steht senkrecht zur Würfeloberseite. Damit ist der Vektor $\overrightarrow{PL}$ ein Richtungsvektor von E_1. Als weiteren Richtungsvektor kann man einen Normalenvektor $\vec{n}$ der Würfeloberseite wählen, z. B. $\vec{n} = \begin{pmatrix} 0 \\ 0 \\ 1 \end{pmatrix}$.

Mit Punkt P als Aufpunkt erhält man damit eine Parameterdarstellung von E_1:

$$E_1: \vec{x} = \begin{pmatrix} 20 \\ -7 \\ 16 \end{pmatrix} + s \cdot \begin{pmatrix} -40-20 \\ 23-(-7) \\ 26-16 \end{pmatrix} + t \cdot \begin{pmatrix} 0 \\ 0 \\ 1 \end{pmatrix} = \begin{pmatrix} 20 \\ -7 \\ 16 \end{pmatrix} + s \cdot \begin{pmatrix} -60 \\ 30 \\ 10 \end{pmatrix} + t \cdot \begin{pmatrix} 0 \\ 0 \\ 1 \end{pmatrix}.$$

Auf der Schnittgeraden von E_1 mit der Würfeloberseite liegen genau die Punkte von E_1, für die z = 6 ist: $16 + 10s + t = 6 \Leftrightarrow t = -10 - 10s$.
Durch Einsetzen von t in die Gleichung von E_1 erhält man als Gleichung für die Schnittgerade g:

$$g: \vec{x} = \begin{pmatrix} 20 \\ -7 \\ 16 \end{pmatrix} + s \cdot \begin{pmatrix} -60 \\ 30 \\ 10 \end{pmatrix} + (-10 - 10s) \cdot \begin{pmatrix} 0 \\ 0 \\ 1 \end{pmatrix} = \begin{pmatrix} 20 \\ -7 \\ 6 \end{pmatrix} + s \cdot \begin{pmatrix} -60 \\ 30 \\ 0 \end{pmatrix}.$$

Der Punkt R liegt auf dieser Schnittgeraden, denn für seine Koordinaten gilt:

$$\begin{pmatrix} 0 \\ 3 \\ 6 \end{pmatrix} = \begin{pmatrix} 20 \\ -7 \\ 6 \end{pmatrix} + s \cdot \begin{pmatrix} -60 \\ 30 \\ 0 \end{pmatrix} \text{ mit } s = \frac{1}{3}.$$

R erfüllt Bedingung II:
Der Einfallswinkel zwischen dem einfallenden Lichtbündel und der Würfeloberseite ist gleich dem Winkel zwischen $\overrightarrow{LR}$ und $\vec{n}$:

$$\angle(\overrightarrow{LR}; \vec{n}) = \angle\left(\begin{pmatrix} -40 \\ 20 \\ 20 \end{pmatrix}; \begin{pmatrix} 0 \\ 0 \\ 1 \end{pmatrix}\right) = \cos^{-1}\left(\frac{\begin{pmatrix} -40 \\ 20 \\ 20 \end{pmatrix} * \begin{pmatrix} 0 \\ 0 \\ 1 \end{pmatrix}}{\left|\begin{pmatrix} -40 \\ 20 \\ 20 \end{pmatrix}\right| \cdot \left|\begin{pmatrix} 0 \\ 0 \\ 1 \end{pmatrix}\right|}\right) = \cos^{-1}\left(\frac{\sqrt{6}}{6}\right).$$

Das reflektierte Lichtbündel entspricht dem Vektor $\overrightarrow{RP}$. Der Ausfallswinkel zwischen diesem Vektor und dem Normalenvektor der Würfeloberseite ist:

$$\angle(\overrightarrow{RP}; \vec{n}) = \cos^{-1}\left(\frac{\begin{pmatrix} 20 \\ -10 \\ 10 \end{pmatrix} * \begin{pmatrix} 0 \\ 0 \\ 1 \end{pmatrix}}{\left|\begin{pmatrix} 20 \\ -10 \\ 10 \end{pmatrix}\right| \cdot \left|\begin{pmatrix} 0 \\ 0 \\ 1 \end{pmatrix}\right|}\right) = \cos^{-1}\left(\frac{\sqrt{6}}{6}\right).$$

Die Winkel sind gleich groß, R erfüllt damit die Bedingung II.

b) (1) Die Matrix T ist bestimmt durch die Bilder der Einheitsvektoren:

Wenn das Koordinatensystem so wie es in Aufgabenteil 1 dargestellt ist, gewählt wird, ergeben sich folgende Abbildungen:

$$\begin{pmatrix}1\\0\\0\end{pmatrix} \to \begin{pmatrix}-0{,}5\\-0{,}5\end{pmatrix};\ \begin{pmatrix}0\\1\\0\end{pmatrix} \to \begin{pmatrix}1\\0\end{pmatrix};\ \begin{pmatrix}0\\0\\1\end{pmatrix} \to \begin{pmatrix}0\\1\end{pmatrix}.$$

Die gesuchte Matrix T lautet dann: $T = \begin{pmatrix}-0{,}5 & 1 & 0\\-0{,}5 & 0 & 1\end{pmatrix}$.

Zur Überprüfung bilden wir den Punkt D mittels T ab:

$$T \cdot \overrightarrow{OD} = \begin{pmatrix}-0{,}5 & 1 & 0\\-0{,}5 & 0 & 1\end{pmatrix} \cdot \begin{pmatrix}-4\\6\\1\end{pmatrix} = \begin{pmatrix}-0{,}5 \cdot (-4) + 1 \cdot 6 + 0 \cdot 1\\-0{,}5 \cdot (-4) + 0 \cdot 6 + 1 \cdot 1\end{pmatrix} = \begin{pmatrix}8\\3\end{pmatrix} = \overrightarrow{OD'}.$$

Alternativ können die Koordinaten von D und D′ genutzt werden, um die erste Spalte der Abbildungsmatrix T zu bestimmen:

Es muss gelten: $T \cdot \overrightarrow{OD} = \overrightarrow{OD'} \Rightarrow \begin{pmatrix}a & 1 & 0\\b & 0 & 1\end{pmatrix} \cdot \begin{pmatrix}-4\\6\\1\end{pmatrix} = \begin{pmatrix}8\\3\end{pmatrix} \Rightarrow \begin{vmatrix}-4a + 6 = 8\\-4b + 1 = 3\end{vmatrix}$.

Lösung des LGS ist $a = -0{,}5$ und $b = -0{,}5$. Man gelangt so ebenfalls zur Matrix T

mit $T = \begin{pmatrix}-0{,}5 & 1 & 0\\-0{,}5 & 0 & 1\end{pmatrix}$.

(2) Die Matrix F beschreibt eine Drehung um den Winkel α um die z-Achse, T ist eine Projektion vom R^3 in den R^2. Die Matrix M beschreibt die Hintereinanderausführung der beiden Abbildungen: Der Würfel wird zunächst mittels F um den Winkel α um die z-Achse gedreht und dann mittels T in das zweidimensionale Koordinatensystem projiziert.

Aufgabe 10 *Stochastik – Grundkurs (WTR/GTR/CAS)*

Zur Fußballweltmeisterschaft 2014 bietet ein Schokoladenhersteller zusätzlich zu jeder Tafel Schokolade ein (von außen nicht erkennbares) Sammelbild an. Die Bilder zeigen Spieler aller beteiligten Nationen. Besonders beliebt sind die Sammelbilder mit den deutschen Nationalspielern. Nach Angaben des Herstellers enthält jede fünfte Tafel ein Bild eines Spielers der deutschen Nationalmannschaft. Die Bilder werden völlig zufällig in die Verpackungen gelegt.

a) Peter kauft im Supermarkt 20 Tafeln Schokolade. Es sollen folgende Ereignisse betrachtet werden:
   A: Er findet genau vier Bilder deutscher Nationalspieler.
   B: Es sind mindestens sechs Bilder deutscher Nationalspieler dabei.
   C: Peter findet in der letzten geöffneten Verpackung zum ersten Mal das Bild eines deutschen Nationalspielers.
   Begründen Sie, dass man die Zufallsexperimente A und B als BERNOULLI-Kette auffassen kann, und geben Sie deren Parameter an.
   Bestimmen Sie die Wahrscheinlichkeiten der oben genannten Ereignisse. J2 K3

b) Inga möchte unbedingt ein Bild irgendeines deutschen Nationalspielers bekommen. Berechnen Sie die Anzahl der Schokoladentafeln, die sie mindestens kaufen muss, um mit einer Wahrscheinlichkeit von mehr als 99 % mindestens ein solches Bild zu erhalten. K5

c) Die Filialleiterin eines Supermarktes führt eine Werbeaktion durch. Sie verspricht jedem Kunden, der einen Karton mit 20 Schokoladentafeln kauft und dabei nicht mindestens zwei Bilder eines deutschen Nationalspielers bekommt, die Auszahlung von 10 Euro. An einem Karton mit 20 Tafeln Schokolade macht sie außerhalb der Werbeaktion einen Gewinn von 5 Euro. Berechnen Sie den zu erwartenden Gewinn pro verkauftem Karton während der Werbeaktion. K2

d) Die Filialleiterin hat nach einiger Zeit den Verdacht, dass der Anteil der Bilder deutscher Nationalspieler unter 20 % liegt. Sie untersucht 100 Schokoladentafeln und wird dem Hersteller weiterhin vertrauen, wenn sie mehr als 15 Bilder deutscher Nationalspieler findet.
   (1) Bestimmen Sie unter diesen Voraussetzungen die Wahrscheinlichkeit, mit der die Filialleiterin den Hersteller zu Unrecht verdächtigen wird. K3
   (2) Erklären Sie, unter welcher Voraussetzung man die Wahrscheinlichkeit berechnen könnte, mit der die Filialleiterin dem Hersteller fälschlicherweise glaubt, und leiten Sie eine Formel zur Berechnung her. L3

Lösung

a) Die Zufallsgröße X: *Anzahl der Tafeln mit einem Bild eines deutschen Nationalspielers* kann als binomialverteilt angenommen werden mit $n = 20$ und $p = 0{,}2$. Voraussetzungen für einen Binomialansatz sind:
   - Beschränkung auf zwei mögliche Ergebnisse bei der Zufallsauswahl (es ist ein deutscher Spieler abgebildet oder ein Spieler einer anderen Nation)
   - Unabhängigkeit der Bilder in den Tafeln (wird vorausgesetzt, da im Text steht, die Bilder würden zufällig in die Verpackungen gelegt).

   Unter diesen Voraussetzungen kann man die hinter den Ereignissen A und B stehenden Zufallsversuche als BERNOULLI-Kette ansehen.

Ereignis A: $P(X = 4) = \binom{20}{4} \cdot 0{,}2^4 \cdot 0{,}8^{16} = 0{,}2182$,

Ereignis B: $P(X \geq 6) = 1 - P(X \leq 5) = 1 - \text{binomcdf}(20, 0.2, 5)$
$= 1 - \sum_{k=0}^{5} \binom{20}{k} 0{,}2^k \cdot 0{,}8^{20-k} \approx 1 - 0{,}8042 = 0{,}1958.$

Der Wert für $P(X \leq 5) = 0{,}8042$ kann aber auch der Tabelle der kumulierten Wahrscheinlichkeiten mit $n = 20$, $p = 0{,}2$ und $k = 5$ entnommen werden.

Ereignis C (nacheinander 19-mal Misserfolg, dann 1 Erfolg):
$P(C) = 0{,}8^{19} \cdot 0{,}2^1 \approx 0{,}00288.$

b) Für die Zufallsgröße X: *Anzahl der Tafeln mit einem Bilder eines deutschen Nationalspielers* soll gelten: $P(X \geq 1) > 0{,}99$.

$P(X \geq 1) > 0{,}99 \Leftrightarrow 1 - P(X = 0) > 0{,}99$ (Berechnung über das Gegenereignis)

$\Leftrightarrow 1 - 0{,}8^n > 0{,}99 \Leftrightarrow 0{,}8^n < 0{,}01 \Leftrightarrow n \cdot \log(0{,}8) < \log(0{,}01)$

$\Leftrightarrow n > \frac{\log(0{,}01)}{\log(0{,}8)} \approx 20{,}64.$

Wenn Inga mindestens 21 Tafeln Schokolade kauft, ist die Wahrscheinlichkeit, dass mindestens eine Tafel ein Bild eines deutschen Nationalspielers enthält, größer als 99 %.

c) Die Wahrscheinlichkeit für eine Auszahlung von 10 € ist (mit der Zufallsgröße X: *Anzahl der Tafeln mit einem Bild eines deutschen Nationalspielers*):

$P(X < 2) = P(X \leq 1) = P(X = 0) + P(X = 1) = \binom{20}{0} \cdot 0{,}2^0 \cdot 0{,}8^{20} + \binom{20}{1} \cdot 0{,}2^1 \cdot 0{,}8^{19}$
$= 0{,}06918.$
Damit ist zu erwarten, dass im Mittel pro Karton $0{,}069 \cdot 10\,€ = 0{,}69\,€$ auszuzahlen sind.

Der ursprünglich zu erwartende Gewinn von 5€ pro Karton sinkt damit auf $(5 - 0{,}69)\,€ = 4{,}31\,€$.

d) (1) Es ist die Behauptung zu überprüfen, dass der Anteil der Bilder deutscher Nationalspieler unter 20 % liegt, $p < 0{,}2$.
Bei einem „statistischen Beweis" geht man von der gegenteiligen Hypothese als Nullhypothese aus, d. h. zu testen ist die (linksseitige) Hypothese $p \geq 0{,}2$ in der Hoffnung, dass diese Hypothese nach unten verworfen werden kann.
Nullhypothese H_0: Der Anteil der Bilder deutscher Nationalspieler ist nicht kleiner geworden, er beträgt also weiterhin mindestens 20 %, kurz: $p \geq 0{,}2$.
Die Filialleiterin verdächtigt den Hersteller zu Unrecht, wenn sie nicht mehr als 15 Bilder deutscher Nationalspieler bei den 100 Tafeln findet, aber der Anteil der Bilder insgesamt nicht kleiner geworden ist (Fehler 1. Art).
Falls für den Anteil der Schokoladentafeln tatsächlich gilt, dass $p = 0{,}2$ ist, kann die Wahrscheinlichkeit dafür berechnet werden, dass die Filialleiterin den Hersteller zu Unrecht verdächtigt:
$P(X \leq 15) = \text{binomcdf}(100, 0{,}2{,}15) = 0{,}1285.$

(2) Wenn eine falsche Nullhypothese aufgrund des Testergebnisses nicht verworfen werden kann, weil es im Annahmebereich liegt, spricht man von einem Fehler 2. Art. Diesen Fehler kann man nur berechnen, wenn man die „tatsächliche Erfolgswahrscheinlichkeit" $p_1 < 0{,}2$ kennt, also die Wahrscheinlichkeit, mit der ein Hersteller tatsächlich die Bilder der deutschen Nationalspieler in die Tafeln mischt. Der Annahmebereich der falschen Hypothese p_0 ist $A = \{16, 17, \ldots, 100\}$, die Fehlerwahrscheinlichkeit für einen Fehler 2.Art berechnet sich zu:
$P_{p=p_1}(X \geq 16) = 1 - P_{p=p_1}(X \leq 15) = 1 - \text{binomcdf}(100, p_1, 15).$

Aufgabe 11 *Stochastik – Leistungskurs (WTR/GTR/CAS)*

a) Im Kampf gegen Doping sollten bei den Olympischen Sommerspielen in London mit neuen Verfahren „saubere Spiele" gewährleistet werden. Es sollten 5000 Tests durchgeführt werden.

Ein Mediziner äußert Zweifel, da weltweit pro Jahr ca. 300 000 Dopingtests durchgeführt würden, davon nur 0,3 % mit positivem Ergebnis. Dies stehe im Widerspruch zu Studien, bei denen ein wesentlich größerer Anteil der Nachwuchssportler Doping zugaben.

(1) Nehmen Sie an, dass es sich bei den geplanten Dopingtests bei den Olympischen Sommerspielen in London um BERNOULLI-Experimente handelt. Geben Sie eine Definition der Zufallsvariablen X und nennen Sie die Bedingungen, unter denen X als binomialverteilt angenommen werden kann. K3

(2) Beschreiben Sie die Bedeutung der folgenden Rechnung im Sachzusammenhang:

$$\sum_{i=10}^{19} \binom{5000}{i} \cdot 0{,}003^i \cdot 0{,}997^{5000-i} \approx 0{,}806 \,.$$ K3

b) Mit neuen Verfahren verspricht ein renommiertes französisches Labor die Quote der Dopingtests mit positivem Ergebnis von 0,3 % auf 1 % zu erhöhen. In einem ersten Test unter 1000 Teilnehmern der Leichtathletik Jugendweltmeisterschaften wurden 6 Sportlerinnen und Sportler des Dopings überführt. Ein Heidelberger Molekularbiologe hält die Euphorie für verfrüht. Beide Seiten versuchen ihre Sichtweise durch ein Testverfahren zu untermauern.

Französisches Labor	**Heidelberger Molekularbiologe**
Nullhypothese: $p_0 = 0{,}01$	Nullhypothese: $p_0 = 0{,}003$
Gegenhypothese: $p_1 < 0{,}01$	Gegenhypothese: $p_1 > 0{,}003$
Signifikanzniveau: $\alpha = 0{,}04$	Signifikanzniveau: $\alpha = 0{,}04$

(1) Bestimmen Sie die jeweiligen Annahmebereiche der Nullhypothese und beurteilen Sie anhand des Testergebnisses das neue Testverfahren. L5 L6

(2) Beschreiben Sie an einem der beiden Testverfahren, was in diesem Sachzusammenhang die Fehler 1. und 2. Art sind, und bestimmen Sie anschließend für beide Testverfahren den Fehler 2. Art. Verwenden Sie für die Berechnung des Fehlers 2. Art die Wahrscheinlichkeit der Nullhypothese des jeweils anderen Labors. L3 L6

c) Ein amerikanischer Dopingexperte machte 2012 eine drastische Aussage in Bezug auf die Olympischen Spiele: „Etwa 60 % aller Athleten sind gedopt."
Mit Hilfe einer anonymen Umfrage wollen Medizinstudenten herausfinden, wie hoch die Dunkelziffer der gedopten Athleten bei den Olympischen Spielen ist. Dabei soll ein Verfahren verwendet werden, das den Befragten weitgehenden Schutz verspricht.
Der Athlet soll die Frage beantworten:
„Stimmt es, dass Sie im Wettkampf oder im Training Dopingmittel benutzt haben?"
Die Antwort soll er nach folgender Regel geben:
Aus einer Urne mit 4 roten, 2 schwarzen und 3 weißen Kugeln zieht der Athlet zunächst unbeobachtet eine Kugel. Ist sie rot, beantwortet er die Frage mit „nein", ist sie schwarz, mit „ja".
Zieht er eine weiße Kugel, so antwortet er wahrheitsgemäß (mit „ja" oder „nein").

Von 3010 getesteten Athleten antworten 1093 mit „ja".

(1) Stellen Sie das Testverfahren mit Hilfe eines Baumdiagramms dar und ermitteln Sie daraus den Anteil an gedopten Athleten. J1 J2

(2) Einige Athleten befürchten, dass sie bei einer Antwort „ja" eher des Dopings verdächtigt werden könnten als bei „nein".

Ermitteln Sie die Wahrscheinlichkeit, dass ein Athlet, der mit „ja" geantwortet hat, wirklich Dopingmittel benutzt hat. Verwenden Sie dabei die in Aufgabe c) (1) ermittelte Wahrscheinlichkeit p. J3 J4

Lösung

a) (1) Die Zufallsgröße X: *Anzahl der positiven Dopingproben* kann als binomialverteilt angesehen werden, wenn
- es nur zwei mögliche Ergebnisse der Zufallsauswahl gibt (die Dopingprobe ist positiv oder negativ),
- die Ergebnisse der Dopingproben unabhängig voneinander sind und damit die Wahrscheinlichkeit für ein positives Testergebnis auf jeder Stufe gleich bleibt.

(2) Der Vorgang wird als 5000-stufige Bernoulli-Kette interpretiert mit den Ergebnissen „Dopingprobe ist positiv" (Erfolg) bzw. „Dopingprobe ist negativ" (Misserfolg) mit der „Erfolgswahrscheinlichkeit" $p = 0{,}003$ für einen positiven Dopingtest und der „Misserfolgswahrscheinlichkeit" $q = 1 - 0{,}003 = 0{,}997$ für einen negativen Dopingtest.
Die Potenz $0{,}003^i$ ist die Wahrscheinlichkeit dafür, dass i der 5000 Dopingtests positiv sind, $0{,}997^{5000-i}$ die Wahrscheinlichkeit, dass die übrigen 5000 – i Dopingproben einen negativen Test aufweisen. Der Term $0{,}03^i \cdot 0{,}997^{5000-i}$ ist die Wahrscheinlichkeit eines jeden Pfades im Baumdiagramm, der i Erfolge (positive Dopingtests) und 5000 – i Misserfolge (negative Tests) enthält. Insgesamt gibt es $\binom{5000}{i}$ Pfade im Baumdiagramm, die zu diesem Ergebnis führen, da es $\binom{5000}{i}$ Möglichkeiten gibt, für die positiven Tests i der 5000 Stufen auszuwählen.

Durch die Summenbildung werden die Wahrscheinlichkeiten für 10, 11, 12, …, 19 positive Dopingproben addiert.

Der Gesamtterm gibt also die Wahrscheinlichkeit dafür an, dass von 5000 Dopingproben mindestens 10, aber höchstens 19 positiv sind. Diese Wahrscheinlichkeit beträgt 80,6 %.

b) (1) Das französische Labor testet mit seiner Nullhypothese die Behauptung, dass die Quote der Dopingtests mit positivem Ergebnis auf 1 % gestiegen ist. Die Gegenhypothese lautet H_1: Der Anteil der positiven Dopingtests ist kleiner als 0,01.
Das französische Institut führt also einen linksseitigen Hypothesentest durch mit $n = 1000$, $p = 0{,}01$ und gibt ein Signifikanzniveau von 4 % vor. Die Entscheidungsregel ist vom Typ: *Verwirf H_0, wenn $X \leq k$.* Gesucht ist der größtmögliche Wert für k, derart, dass $P(X \leq k) \leq 0{,}04$.
Bestimmung des kritischen Wertes mithilfe der Tabelle der kumulierten Binomialverteilung oder mithilfe eine Rechners:
Für $n = 1000$ und $p = 0{,}01$ ist der kleinste Wert für k mit $P(X \leq k) \leq 0{,}04$ gegeben für $k = 4$, denn $P(X \leq 4) = 0{,}0287$ und $P(X \leq 5) = 0{,}0661 > 0{,}04$.
Annahmebereich: $A = \{5, 6, …, 1000\}$.

Der Heidelberger Molekularbiologe testet mit der Nullhypothese $p = 0{,}003$ die Behauptung, dass der Anteil von positiven Dopingtests weiterhin 3 ‰ beträgt. Er nimmt eine kritische Haltung zum neuen Verfahren ein. Er wird erst dann von seiner kritischen Haltung abgehen, wenn die Anzahl der positiven Dopingtests deutlich gestiegen ist. Seine Gegenhypothese ist H_1: $p > 0{,}003$. Er führt einen rechtsseitigen Hypothesentest mit dem Signifikanzniveau 4 % durch. Die Entscheidungsregel ist vom Typ: *Verwirf* H_0*, wenn* $X \geq k$. Gesucht ist der kleinstmögliche Wert für k, derart, dass $P(X \geq k) \leq 0{,}04$.
Bestimmung des kritischen Wertes mithilfe der Tabelle der kumulierten Binomialverteilung oder mithilfe eines Rechners:
Für $n = 1000$ und $p = 0{,}01$ ist der größte Wert für k mit $P(X \geq k) \leq 0{,}04$ gegeben für $k = 7$, denn $P(X \geq 7) = 0{,}0333$ und $P(X \geq 6) = 0{,}0836 > 0{,}04$.
Annahmebereich: $A = \{0, 1, \ldots, 6\}$.

Bei beiden Testverfahren liegt das Testergebnis $k = 6$ im Annahmebereich von H_0. Beide Institute können ihre Hypothese nicht verwerfen und sehen ihre Ansicht bestätigt. Die Testverfahren lassen keine eindeutigen Schlussfolgerungen zu.

(2) Ein Fehler 1. Art liegt vor, wenn eine wahre Nullhypothese abgelehnt wird, obwohl sie zutrifft. Das bedeutet für die Tester des Französischen Labors, dass der Anteil der Dopingtests mit positivem Ergebnis auf 1 % gestiegen ist, aber in der Stichprobe weniger als 5 positive Tests gefunden wurden. Sie verwerfen also ihre Hypothese zu Unrecht.
Ein Fehler 2.Art liegt vor, wenn eine falsche Nullhypothese nicht abgelehnt wird, d. h. in Wirklichkeit liegt der Anteil der positiven Dopingtests unter 1 %, aber das französische Labor sieht seine These bestätigt, weil in der Stichprobe 6 oder mehr positive Testergebnisse gefunden werden. Falls der tatsächliche Anteil für ein positives Testergebnis bei $p = 0{,}003$ liegt, ergibt sich für den Fehler 2. Art: $P_{p=0{,}003}(X \geq 5) \approx 0{,}1845$.

Für den Heidelberger Biologen bedeutet der Fehler 1. Art, dass seine Hypothese, dass der Anteil der positiven Tests weiterhin nur $p = 0{,}003$ beträgt, richtig ist, aber in der Stichprobe wurden mehr als 6 positive Proben gefunden, daher lehnt er seine Hypothese zu Unrecht ab.
Ein Fehler 2. Art bedeutet für ihn, dass er seine Hypothese, das neue Testverfahren sei nicht besser als das alte, nicht ablehnt, da weniger als 7 positive Proben in der Stichprobe gefunden wurden. In Wirklichkeit jedoch liefert das neue Verfahren mehr positive Tests.
Falls der tatsächliche Anteil für ein positives Testergebnis bei $p = 0{,}01$ liegt, ergibt sich für den Fehler 2. Art: $P_{p=0{,}01}(X \leq 6) \approx 0{,}1289$.

c) (1) Man betrachtet nacheinander auf der 1.Stufe eines Baumdiagramms die Farbe der gezogenen Kugel (rot, weiß oder schwarz) und auf der zweiten Stufe die (ehrliche) Antwort auf die Frage nach der Nutzung von Dopingmittel mit den Ausprägungen „ja" (j) oder „nein" (n). p ist der (unbekannte) Anteil der befragten Athleten, die ein Dopingmittel genommen haben.

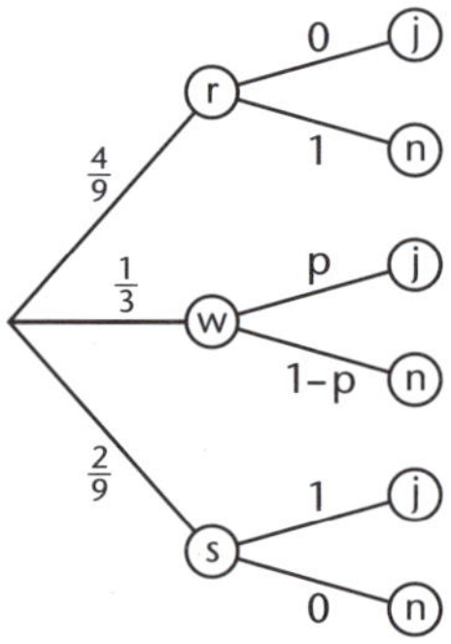

Insgesamt haben 1093 von 3010 Athleten mit „ja" geantwortet, das heißt, der Anteil der „ja"-Antworten ist $\frac{1093}{3010}$. Daraus lässt sich p berechnen:

$P(j) = \frac{4}{9} \cdot 0 + \frac{1}{3} \cdot p + \frac{2}{9} \cdot 1 \approx \frac{1093}{3010}$, also $p = \frac{3817}{9030} \approx 0{,}423$.

Die Dopingwahrscheinlichkeit beträgt demnach ca. 42,3 %.

(2) Erstellung eines Baumdiagramms:

1\. Stufe: Unterteilung nach gedopten (g) und nicht gedopten (ng) Athleten mit der Wahrscheinlichkeit von p = 0,423 für einen gedopten Sportler (Ergebnis aus Aufgabenteil c) (1)) und q = 1 − 0,423 = 0,577 für einen nicht gedopten Sportler.

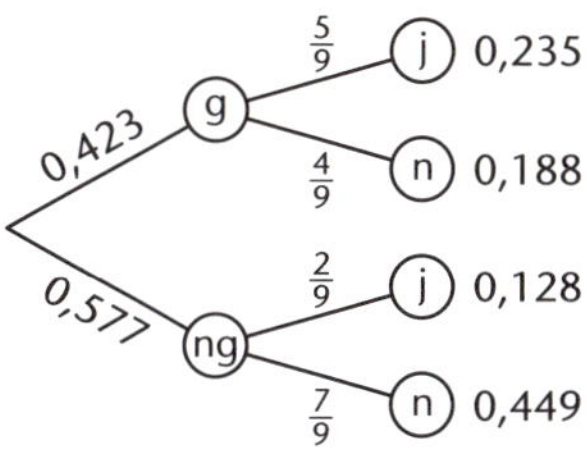

2\. Stufe: In $\frac{1}{3} + \frac{2}{9} = \frac{5}{9}$ aller Fälle antwortet ein gedopter Athlet mit „ja", ein nicht gedopter antwortet nur in $\frac{2}{9}$ aller Fälle mit „ja", nämlich nur, wenn das Würfelergebnis schwarz ist.

Die Wahrscheinlichkeiten lassen sich in eine Vierfeldertafel eintragen:

	Antwort „ja" (j)	Antwort „nein" (n)	gesamt
gedopt (g)	0,235	0,188	0,423
nicht gedopt (ng)	0,128	0,449	0,577
gesamt	$\frac{1093}{3010} \approx 0{,}363$	$\frac{1917}{3010} \approx 0{,}637$	1

Hieraus lässt sich dann das umgekehrte Baumdiagramm entwickeln und die gesuchte bedingte Wahrscheinlichkeit ablesen, wobei die bedingten Wahrscheinlichkeiten der 2. Stufe als Quotienten gemäß Pfadmultiplikationsregel berechnet werden:

$0{,}647 \approx \frac{0{,}235}{0{,}363}$ und $0{,}295 \approx \frac{0{,}188}{0{,}637}$.

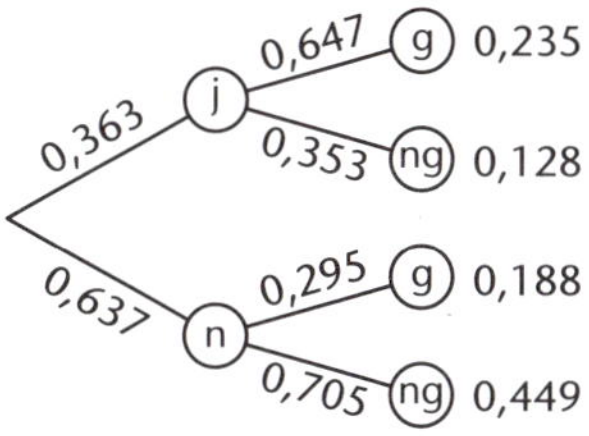

Gesucht ist die bedingte Wahrscheinlichkeit dafür, dass ein Athlet gedopt hat unter der Bedingung, dass er mit „ja" geantwortet hat: $P_j(g) = \frac{0{,}235}{0{,}363} = 0{,}647$.

Die bedingte Wahrscheinlichkeit kann auch direkt mit der Bayes'schen Formel berechnet werden. Die totale Wahrscheinlichkeit dafür, dass ein Sportler mit „ja" antwortet, erhält man durch die Summe der Produkte (vgl. Pfade im Baumdiagramm, die auf j enden):

$$P(j) = P(g) \cdot P_g(j) + P(ng) \cdot P_{ng}(j) = 0{,}423 \cdot \frac{5}{9} + 0{,}577 \cdot \frac{2}{9} \approx 0{,}363.$$

Mit dem Satz von Bayes ergibt sich hieraus:

$$P_j(g) = \frac{0{,}423 \cdot \frac{5}{9}}{0{,}423 \cdot \frac{5}{9} + 0{,}577 \cdot \frac{2}{9}} \approx 0{,}647 = 64{,}7\,\%.$$

Die Wahrscheinlichkeit, dass ein Athlet gedopt hat, wenn er mit „ja" geantwortet hat, beträgt 64,7 % (und ist damit deutlich höher als die totale Wahrscheinlichkeit, mit „ja" zu antworten).

Aufgabe 12 *Stochastik – Grundkurs (WTR/GTR/CAS)*

Zahl der Woche Nr. 042 vom 21.10.2008

137 000 Migrantenkinder ohne [allgemeinen] Schulabschluss

WIESBADEN – Kinder von Migranten tun sich schwer im deutschen Schulsystem. Das Statistische Bundesamt hat anhand von Zahlen aus dem Jahr 2007 den Schulerfolg von „Menschen mit Migrationshintergrund" untersucht, die ihre schulische Ausbildung ausschließlich in Deutschland erhalten haben. Dazu mussten diese entweder in Deutschland geboren oder beim Zuzug höchstens fünf Jahre alt gewesen sein. Von den 2,0 Millionen Menschen mit Migrationshintergrund, die [...] das deutsche Schulsystem [...] durchlaufen haben, haben 137 000 keinen allgemeinen Schulabschluss erreicht [...]. Zu den „Menschen mit Migrationshintergrund" zählen alle seit 1950 Zugewanderten und ihre Nachkommen. [Unter den Personen ohne Migrationshintergrund] gab es im Übrigen 847 000 Menschen ohne [allgemeinen] Schulabschluss, das sind 1,5 % [aller Personen dieser Personengruppe].

Statistisches Bundesamt www.destatis.de/jetspeed/portal/cms/Sites/destatis/Internet/DE/Presse/pm/zdw/2008/PD08__042__p002.psml
(abgerufen am 16.08.2011).

Hinweis: Im obigen Artikel sowie im Nachfolgenden werden ausschließlich Personen betrachtet, die das deutsche Schulsystem durchlaufen haben.

a) (1) Geben Sie mit Hilfe der Daten aus dem Text des Statistischen Bundesamtes die fehlenden Werte in folgender Tabelle an; runden Sie die Zahlen dabei sinnvoll. J3

Personen	mit allgemeinem Schulabschluss	ohne allgemeinen Schulabschluss	**Summe**
mit Migrationshintergrund			
ohne Migrationshintergrund			
Summe			

(2) Berechnen Sie die relative Häufigkeit, dass es sich bei einer Person mit allgemeinem Schulabschluss um jemanden mit Migrationshintergrund handelt. J3

b) Wegen verstärkter Integrationsbemühungen geht man davon aus, dass unter den Personen mit Migrationshintergrund der Anteil derer, die keinen allgemeinen Schulabschluss erreichen, im Jahr 2014 auf 5% gesunken sein wird. Bestimmen Sie unter diesen Voraussetzungen die Wahrscheinlichkeiten der folgenden Ereignisse:

E_1: Im Jahr 2014 erreichen von 50 zufällig ausgewählten Personen mit Migrationshintergrund genau 2 keinen allgemeinen Schulabschluss.

E_2: Im Jahr 2014 erreichen von 100 zufällig ausgewählten Personen mit Migrationshintergrund mindestens 90 einen allgemeinen Schulabschluss.

Begründen Sie Ihren mathematischen Ansatz zur Bestimmung der Wahrscheinlichkeiten. K3

c) Laut Statistischem Bundesamt soll die Quote der Schulabgänger aus allgemeinbildenden Schulen mit allgemeiner Hochschulreife von derzeit 31 % auf rund 35 % bis ins Jahr 2015 gesteigert werden. Im Wahlkampf verspricht die Partei A, die Quote für das Jahr 2015 auf über 40 % zu steigern.

(1) Im Jahr 2015 werden 100 Schulabgänger zufällig ausgewählt und nach ihrem Schulabschluss gefragt. Entwickeln Sie einen geeigneten Hypothesentest und geben Sie eine Entscheidungsregel auf der Basis von $\alpha \leq 5\,\%$ an, mit der die Partei A überprüfen kann, ob sie ihr Wahlversprechen gehalten hat. L5

(2) Stellen Sie dar, welche Fehler auftreten können, und diskutieren Sie jeweils deren Bedeutung im Sachzusammenhang. L3

Lösung

a) (1) Anzahl der Personen mit allgemeinem Schulabschluss und Migrationshintergrund: 2 000 000 – 137 000 = 1 863 000 (1. Zelle der Tabelle).

Der Angabe „847 000 Menschen ohne (allgemeinen) Abschluss, das sind 1,5 % (aller Personen dieser Personengruppe)" entnimmt man die Zahl 56 467 000 als Gesamtzahl der Menschen dieser Personengruppe (ohne Migrationshintergrund).

Die übrigen Werte der Tabelle ergeben sich durch Ergänzung.

Personen	mit allgemeinem Schulabschluss	ohne allgemeinen Schulabschluss	**Summe**
mit Migrationshintergrund	1 863 000	137 000	2 000 000
ohne Migrationshintergrund	55 620 000	847 000	56 467 000
Summe	57 483 000	984 000	58 467 000

(2) Berechnung der relativen Häufigkeit: Anteil der Personen mit Migrationshintergrund und allgemeinem Abschluss an allen Personen mit allgemeinem Schulabschluss:

$h_{\text{Abschluss}}(\text{Migration}) = \frac{1\,863\,000}{57\,483\,000} = 0{,}0324 = 3{,}24\,\%$.

b) Die Zufallsgröße X: *Anzahl der Personen mit Migrationshintergrund ohne Schulabschluss* mit $n = 50$ und $p = 0{,}05$ und entsprechend die Zufallsgröße Y: *Anzahl der Personen mit Migrationshintergrund mit Schulabschluss* mit $n = 100$ und $p = 0{,}95$ können nach Aufgabenstellung als binomialverteilt angesehen werden. Die Voraussetzungen für einen Binomialansatz sind:

- Beschränkung auf nur zwei mögliche Ergebnisse bei der Zufallsauswahl (die Personen haben einen Schulabschluss oder nicht),
- Unabhängigkeit eines Schulabschlusses für die einzelnen Personen (wird vorausgesetzt, da eine große Stichprobenmenge betrachtet wird).

Ereignis E_1: $P(X = 2) = \binom{50}{2} \cdot 0{,}05^2 \cdot 0{,}95^{48} \approx 0{,}2611 = 26{,}11\,\%$.

Die Wahrscheinlichkeit dafür, dass genau 2 von 50 zufällig ausgewählten Personen mit Migrationshintergrund keinen Schulabschluss haben, beträgt 26,11 %.

Ereignis E_2: $P(Y \geq 90) = P(X \leq 10) = \text{binomcdf}(100,\ 0.05,\ 10) = 0{,}9885 = 98{,}85\,\%$.

Die Wahrscheinlichkeit dafür, dass mindestens 90 von 100 ausgewählten Personen mit Migrationshintergrund einen Schulabschluss haben, beträgt 98,85 %.

c) (1) Die Partei gibt das Versprechen, dass sie die Quote der Schulabgänger auf über 40 % steigert, d. h.: $p > 0{,}4$. Um dies durch einen „statistischen Beweis“ abzusichern, geht man von der gegenteiligen Hypothese als Nullhypothese aus. Zu testen ist also die (rechtsseitige) Hypothese H_0: $p \leq 0{,}4$ – in der Hoffnung, dass diese Hypothese wegen signifikanter Abweichungen nach oben verworfen und so das Wahlversprechen der Partei „statistisch“ nachgewiesen werden kann.

Nullhypothese H_0: Die Quote der Schulabgänger mit allgemeiner Hochschulreife wurde auf höchstens 40 % gesteigert, also $p \leq 0{,}4$.

Gegenhypothese H_1: Die Quote der Schulabgänger mit allgemeiner Hochschulreife wurde auf mehr als 40 % gesteigert, also $p > 0{,}4$.

Die Entscheidungsregel ist vom Typ: *Verwirf H_0, wenn $X \geq k$.* Dabei ist die Zufallsgröße X: *Anzahl der Schulabgänger mit allgemeiner Hochschulreife* binomialverteilt mit $n = 100$ und $p \leq 0{,}4$. Gesucht ist der kleinstmögliche Wert von k derart, dass $P(X \geq k) \leq 0{,}05$ (α-Fehler).
Der kritische Wert k zur Hypothese wird für $p = 0{,}4$ bestimmt. Für kleinere Erfolgswahrscheinlichkeiten p gilt dann die Aussage $P(X \geq k) \leq 0{,}05$ erst recht.

Alternative 1: Der kritische Wert von k wird mit Hilfe der Sigma-Regeln bestimmt: $P(X > \mu + 1{,}64 \cdot \sigma) \approx 0{,}05$.
Für $n = 100$ und $p = 0{,}4$ ist $\mu = 40$, $\sigma = 4{,}9 > 3$ (die LAPLACE-Bedingung ist also erfüllt) und $\mu + 1{,}64 \cdot \sigma \approx 48{,}03$.

Überprüfen der Fehlerwahrscheinlichkeiten für einen Fehler 1. Art:
$P(X \geq 48) = 0{,}0638 > 0{,}05$, $P(X \geq 49) = 0{,}0423 < 0{,}05$.

Die Entscheidungsregel lautet also: *Verwirf H_0, wenn in der Stichprobe mehr als 48 Personen eine allgemeine Hochschulreife haben.* Wenn bei der Befragung von 100 Personen 49 oder mehr einen Schulabschluss mit allgemeiner Hochschulreife haben, kann die Partei davon ausgehen, dass sie ihr Wahlversprechen eingehalten hat.

Alternative 2: Bestimmung des kritischen Werte k mithilfe der Tabellen der kumulierten Binomialverteilung:
$P(X \geq k) \leq 0{,}05 \Leftrightarrow 1 - P(X \leq k - 1) \leq 0{,}05 \Leftrightarrow P(X \leq k - 1) \geq 0{,}95$.
Den Tabellen entnimmt man: $k - 1 = 48 \Rightarrow k = 49$.

Auch hier gelangt man zur Entscheidungsregel, dass man bei 49 oder mehr Personen mit allgemeiner Hochschulreife die Nullhypothese verwirft.

(2) Ein Fehler 1. Art liegt vor, wenn eine wahre Nullhypothese abgelehnt wird, d. h. obwohl der Anteil der Personen mit Hochschulreife nicht über 40 % liegt, geht man von einer Einhaltung des Wahlversprechens aus, da in der Stichprobe extrem viele Menschen mit Hochschulreife waren (und wir damit evtl. als Partei unglaubwürdig).

Ein Fehler 2. Art liegt vor, wenn eine falsche Nullhypothese nicht abgelehnt wird, d. h. in Wirklichkeit ist der Anteil der Personen mit Hochschulreife gestiegen, aufgrund einer vergleichsweise niedrigen Anzahl von Personen mit Hochschulreife in der Stichprobe geht man aber davon aus, dass die 40 %-Quote nicht überschritten wurde. Die Partei hat also ihr Wahlversprechen umgesetzt, realisiert dies aber nicht. (Und es gibt evtl. personelle Konsequenzen, die nicht gerechtfertigt sind.)

Aufgabe 13 *Stochastik Leistungskurs (WTR/GTR/CAS)*

a) Auf einem Flughafen werden die aufgegebenen Gepäckstücke unabhängig voneinander auf ein Förderband gelegt. Die Wahrscheinlichkeit, dass ein Gepäckstück das Ziel Frankfurt hat, sei p.

(1) Die Wahrscheinlichkeit, dass von zwei aufeinanderfolgenden Gepäckstücken mindestens eines nicht das Ziel Frankfurt hat, sei 93,75 %.
Berechnen Sie daraus die Wahrscheinlichkeit p. J2

(2) Nun werden 10 aufeinanderfolgende Gepäckstücke betrachtet. Berechnen Sie die Wahrscheinlichkeit dafür, dass genau drei Gepäckstücke Frankfurt als Ziel haben. K3

(3) Von 10 aufeinanderfolgenden Gepäckstücken hat keines Frankfurt als Ziel. Entscheiden Sie begründet, ob P_1 oder P_2 die Wahrscheinlichkeit für dieses Ereignis darstellt:
$P_1 = (1 - p)^{10}$ oder $P_2 = 1 - p^{10}$.
Beschreiben Sie das Ereignis, das zu der anderen Wahrscheinlichkeit gehört. J2

b) Das Handgepäck wird wie folgt kontrolliert:
Bei Kontrolle 1 wird das Gepäck mit einem Spezialgerät durchleuchtet. Nur wenn dieser Vorgang kein eindeutiges Ergebnis liefert, wird er ein zweites Mal durchgeführt (Kontrolle 2).
Liegt dann immer noch kein eindeutiges Ergebnis vor, wird das Gepäckstück geöffnet und geprüft (Kontrolle 3).
Kontrolle 1 und Kontrolle 2 dauern je 10 Sekunden, Kontrolle 3 dauert 5 Minuten.
Zwischen zwei Kontrollvorgängen vergehen 30 Sekunden.

Kontrolle 1 führt mit 90 %iger Wahrscheinlichkeit zu einem eindeutigen Ereignis, Kontrolle 2 nur mit 60 %.

(1) Stellen Sie den Sachverhalt ohne Berücksichtigung der Zeiten in einem Baumdiagramm dar. J1

(2) Berechnen Sie die zu erwartende durchschnittliche Dauer für eine Gepäckkontrolle. K2

c) Einer Fluggesellschaft wird ein automatisches Lesegerät für das Sortieren des Gepäcks angeboten, das eine Quote von weniger als 1 % an Lesefehlern verspricht. Die Fluggesellschaft ist skeptisch und will ihre Vermutung mit einer Irrtumswahrscheinlichkeit von maximal 2,5 % an 3000 gekennzeichneten Gepäckstücken testen lassen.
Bestimmen Sie die Entscheidungsregel für diesen Test.

Berechnen Sie die Wahrscheinlichkeit für einen Fehler 2. Art für diese Entscheidungsregel, wenn Lesefehler tatsächlich nur mit einer Wahrscheinlichkeit von 0,5 % auftreten. L3 L5 K8

Lösung

a) (1) Man kann den Sachverhalt als zweistufigen Bernoulli-Versuch auffassen mit den Ergebnissen:
F: das Ziel ist Frankfurt mit der Wahrscheinlichkeit p bzw.
$\overline{F}$: ein anderes Ziel mit der Wahrscheinlichkeit $q = 1 - p$.
Mit den Zufallsgrößen X: *Anzahl der Gepäckstücke mit dem Ziel Frankfurt* und
Y: *Anzahl der Gepäckstücke mit einem anderen Ziel als Frankfurt*, ist

$P(Y \geq 1) = 1 - P(Y = 0) = 1 - P(X = 2) = 1 - p^2$.

Aus der Gleichung $1 - p^2 = 0{,}9375$ folgt: $p = 0{,}25$.

(2) Die Zufallsgröße X: *Anzahl der Gepäckstücke mit dem Ziel Frankfurt* ist nach Voraussetzung binomialverteilt mit $n = 10$ und $p = 0{,}25$, denn

- es gibt nur zwei mögliche Ergebnisse für ein Gepäckstück (Ziel Frankfurt oder ein anderes Ziel),
- die Gepäckstücke haben nach Aufgabenstellung unabhängig voneinander Frankfurt als Ziel, so dass die Wahrscheinlichkeit auf jeder Stufe gleich groß ist.

Deshalb gilt: $P(X = 3) = \binom{10}{3} \cdot 0{,}25^3 \cdot 0{,}75^7 = 0{,}2503$.

(3) $1 - p$ ist die Wahrscheinlichkeit dafür, dass ein Gepäckstück nicht Frankfurt als Ziel hat. Damit gibt dann $(1 - p)^{10}$ die Wahrscheinlichkeit dafür an, dass 10 Gepäckstücke in Folge nicht nach Frankfurt gehen. Das ist die Wahrscheinlichkeit P_1.

Das Ereignis mit der Wahrscheinlichkeit P_2 ist das Gegenereignis zum Ereignis mit der Wahrscheinlichkeit p^{10}, was zum Ereignis: „Alle 10 Gepäckstücke gehen nach Frankfurt“ gehört. Das Gegenereignis hierzu ist: „Mindestens eins der 10 Gepäckstücke geht nicht nach Frankfurt.“

b) (1) Der Vorgang lässt sich in einem dreistufigen Baumdiagramm darstellen, wobei jede Kontrolle einer Stufe entspricht. Die Ausgänge auf den Stufen sind jeweils:
E: das Ergebnis ist eindeutig bzw.
$\overline{E}$: das Ergebnis ist nicht eindeutig.
Die zugehörigen Wahrscheinlichkeiten variieren von Stufe zu Stufe, so wie im Text angegeben. In dem Fall, dass ein eindeutiges Ergebnis vorliegt, wird nicht weiter kontrolliert, das Baumdiagramm wird dann an diesen Stellen nicht weiter fortgesetzt.

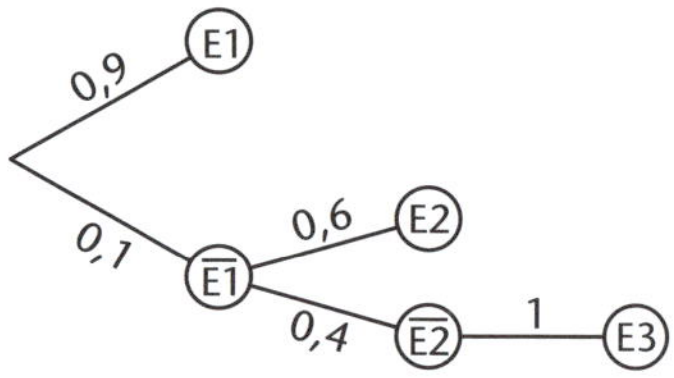

(2) Kontrolle 1 dauert 10 Sekunden und liefert in 90 % der Fälle ein eindeutiges Ergebnis. In $0{,}1 \cdot 0{,}6$ aller Fälle wird ein eindeutiges Ergebnis nach der zweiten Kontrolle erzielt; die Zeit hierfür beträgt $10 + 10 = 20$ Sekunden für die Kontrolle und noch 30 Sekunden für die Wartezeit, also insgesamt 50 Sekunden. Die Zeit, um ein Gepäckstück dreimal zu kontrollieren, beträgt $10 + 10 + 5 \cdot 60 = 320$ Sekunden, hinzu kommt eine Wartezeit von $2 \cdot 30$ Sekunden, also insgesamt 380 Sekunden mit einer Wahrscheinlichkeit von $0{,}1 \cdot 0{,}4 \cdot 1$.

Die durchschnittliche Zeit für eine Gepäckkontrolle entspricht dem Erwartungswert μ als Summe der Produkte aus Wahrscheinlichkeit und Zeitdauer auf den einzelnen Stufen:
$\mu = 0{,}9 \cdot 10 + 0{,}1 \cdot 0{,}6 \cdot 50 + 0{,}1 \cdot 0{,}4 \cdot 380 = 27{,}2$.

Die durchschnittliche Zeit für eine Gepäckkontrolle beträgt 27,2 Sekunden.

c) Im Aufgabentext wird die Vermutung genannt, dass die Quote von Lesefehlern beim neuen Gerät sinkt, d. h. vermutet wird: $p < 0{,}01$. Die Fluggesellschaft ist skeptisch und möchte ihre Vermutung absichern. Um durch einen „statistischen Beweis" eine Vermutung zu überprüfen, geht man von der gegenteiligen Hypothese als Nullhypothese aus. Zu testen ist also die (linksseitige) Hypothese H_0: $p \geq 0{,}01$ – in der Hoffnung, dass diese Hypothese wegen signifikanter Abweichung nach unten verworfen und so der Erfolg des neuen Lesegerätes „statistisch" nachgewiesen werden kann.
Nullhypothese H_0: Das neue Lesegerät hat eine Quote von mindestes 1 % Lesefehlern, also: $p \geq 0{,}01$
Gegenhypothese H_1: Das neue Lesegerät produziert weniger als 1% Lesefehler, also: $p < 0{,}01$.

Die Entscheidungsregel ist vom Typ: *Verwirf H_0, wenn $X \leq k$.* Dabei ist die Zufallsgröße X: *Anzahl der Lesefehler* binomialverteilt mit $n = 3000$ und $p \geq 0{,}01$. Gesucht ist der größtmögliche Wert von k derart, dass $P(X \leq k) \leq 0{,}025 = 2{,}5\,\%$ (Irrtumswahrscheinlichkeit = maximale Wahrscheinlichkeit für Fehler 1. Art).
Der kritische Wert k zur Hypothese wird für $p = 0{,}01$ bestimmt. Für größere Erfolgswahrscheinlichkeiten p gilt dann die Aussage $P(X \leq k) \leq 0{,}025$ erst recht.

1. Methode: Bestimmen des kritischen Wertes mithilfe der Approximation durch die Normalverteilung

Überprüfen der LAPLACE-Bedingung:

Es ist $\sigma = \sqrt{3000 \cdot 0{,}01 \cdot (1 - 0{,}01)} = \sqrt{29{,}7} \approx 5{,}45 > 3$,

$$P(X \leq k) \approx \Phi\left(\frac{k + 0{,}5 - \mu}{\sigma}\right) \leq 0{,}025 \Leftrightarrow \frac{k + 0{,}5 - 30}{5{,}45} \leq -1{,}96 \Leftrightarrow k \leq 18{,}8.$$

Die Entscheidungsregel lautet hier: *Verwirf H_0 bei höchstens 18 Lesefehlern.*

Verwerfungsbereich: $V = \{0, 1, 2, \ldots, 18\}$;
Annahmebereich: $A = \{19, 20, 21, \ldots, 3000\}$.

2. Methode: Systematische Suche mit der Binomialverteilung

$$P(X \leq 18) = \sum_{k=0}^{18} \binom{3000}{k} \cdot 0{,}01^k \cdot 0{,}99^{3000-k} \approx 0{,}01259 < 2{,}5\,\%,$$

$$P(X \leq 19) = \sum_{k=0}^{19} \binom{3000}{k} \cdot 0{,}01^k \cdot 0{,}99^{3000-k} \approx 0{,}0214 < 2{,}5\,\%,$$

$$P(X \leq 20) = \sum_{k=0}^{20} \binom{3000}{k} \cdot 0{,}01^k \cdot 0{,}99^{3000-k} \approx 0{,}0346 > 2{,}5\,\%$$

Hier gelangt man zur Entscheidungsregel: *Verwirf H_0 bei höchstens 19 Lesefehlern.*

3. Methode: Bestimmung des kritischen Wertes zum Signifikanzniveau 2,5 % mithilfe der Sigmaregeln

Es gilt: $P(X \leq \mu - 1{,}96\sigma) \approx 0{,}025$. Für $n = 3000$ und $p = 0{,}01$ ist $\mu = 30$ und $\sigma = 5{,}45$,

also $\mu - 1{,}96\sigma \approx 19{,}318$.

Die Entscheidungsregel zum Signifikanzniveau 2,5 % lautet daher: *Verwirf H_0, wenn in der Stichprobe von 3000 getesteten Koffern höchstens 19 Lesefehler auftreten.*

Verwerfungsbereich: $V = \{0, 1, \ldots, 19\}$,
Annahmebereich: $A = \{20, 21, 22, \ldots, 3000\}$

Berechnung der Wahrscheinlichkeit für einen Fehler 2. Art:
Ein Fehler 2. Art liegt vor, wenn eine falsche Nullhypothese nicht abgelehnt wird, d. h. die Quote an Lesefehlern liegt unter 1 %, da aber in der Stichprobe zufällig sehr viele Lesefehler aufgetreten sind, geht man davon aus, dass das neue Gerät mindestens 1 % Fehler zulässt, obwohl die tatsächliche Fehlerquote $p_1 = 0{,}005$ beträgt.

Für $n = 3000$ und $p = 0{,}005$ ist $P_{0,005}(X \geq 19)$ zu berechnen.

1. Methode: Berechnung durch Näherung mit der Normalverteilung
Mit den Ergebnissen der Näherung mit der Normalverteilung ist $P(X \geq 19)$ zu berechnen:

Es ist $n = 3000$, $p_1 = 0{,}005$, $\mu = 15$, $\sigma = \sqrt{3000 \cdot 0{,}005 \cdot 0{,}995} \approx 3{,}86 > 3$,

$P_{p_1=0,005}(X \geq 19) = 1 - P_{p_1=0,005}(X \leq 18) \approx 1 - \Phi\left(\frac{18 + 0{,}5 - 15}{3{,}86}\right) = 1 - \Phi(0{,}907) \approx 0{,}181.$

Die Wahrscheinlichkeit für einen Fehler 2. Art beträgt ungefähr 18 %.

2. Methode: Berechnung mit einem Rechner
Über den Ansatz der Binomialverteilung ist $P(X \geq 19)$ zu berechnen mit $n = 3000$, $p_1 = 0{,}005$:

$P_{p_1=0,005}(X \geq 19) = 1 - P_{p_1=0,005}(X \leq 18) \approx 1 - 0{,}82 = 0{,}18.$

Stichwortverzeichnis